Generationenverhältnisse in Deutschland und China

Chinese-Western Discourse

―
Band 4

Generationenverhältnisse in Deutschland und China

—

Soziale Praxis – Kultur – Medien

Herausgegeben von
Almut Hille, Huang Liaoyu
und Benjamin Langer

DE GRUYTER

Gefördert vom DAAD mit Mitteln des Auswärtigen Amts

DAAD Deutscher Akademischer Austauschdienst
德意志学术交流中心

ISBN 978-3-11-048871-5
e-ISBN (PDF) 978-3-11-049381-8
e-ISBN (EPUB) 978-3-11-049177-7
ISSN 2199-2835

Library of Congress Cataloging-in-Publication Data
A CIP catalog record for this book has been applied for at the Library of Congress.

Bibliografische Information der Deutschen Nationalbibliothek
Die Deutsche Nationalbibliothek verzeichnet diese Publikation in der Deutschen Nationalbibliografie; detaillierte bibliografische Daten sind im Internet über http://dnb.dnb.de abrufbar.

© 2016 Walter de Gruyter GmbH, Berlin/Boston
Druck und Bindung: CPI books GmbH, Leck
♾ Gedruckt auf säurefreiem Papier
Printed in Germany

www.degruyter.com

Inhalt

Einleitung —— 1

I Literarische Generationserzählungen in Zeiten gesellschaftlichen Umbruchs

Ralf Klausnitzer
Generationenverhältnisse im chinesischen und deutschen
Familienroman —— 23

Li Shuangzhi
Die Jugendbewegungen in der deutschen Literaturgeschichte und ihre
Rezeption in der 4. Mai-Bewegung in China —— 47

Benjamin Langer
Väter und Söhne und der große Umbruch in China
    Die Problematik der Generationen bei Lu Xun und Richard
    Huelsenbeck —— **59**

Ma Jian
Generationenkonflikte und ihre ‚chinesische' Lösung bei Hermann Hesse —— 77

II Generationsentwürfe und politische Ideologien

Arnd Bauerkämper
‚Generation' als Selbstdeutung
    Die Erinnerung an den Nationalsozialismus —— **91**

Susanne Scharnowski
**Jugendrebellion und Generationenkonflikte der 1950er und 1960er Jahre in
Filmen der DDR —— 115**

Katja Pessl
In the Heat of the Sun **– Freiheit, Sexualität und Leidenschaft**
    Filmische Erinnerungen an die Jugend während der Kulturrevolution —— **135**

Inge Stephan
Genre – Gender – Generationen —— 153

III Neue identitäre Verortungen jüngerer Generationen

Olivia Kraef-Leicht
Schwarzer Yi, Weißer Yi ?
   Jugend, Identität und Tabu im Wandel —— 173

Guo Yi und Liu Yue
Generationswechsel der chinesischen Auswanderer und soziokulturelle Merkmale der neuen Migrantengeneration nach 1978 —— 195

Liu Yue
Werteausprägungen und Wertewandlungen gegenwärtiger jüngerer Generationen im chinesisch-deutschen Vergleich —— 211

Zhang Tao
Die ‚Jugendzeit' und Generationenverhältnisse und -konflikte im aktuellen chinesischen und deutschen Film
   Eine vergleichende Analyse —— 229

IV Lebensphasen und Generationszugehörigkeiten

Hans Bertram und Carolin Deuflhard
Rushhour, wirtschaftliche Entwicklung und die Zukunft mit Kindern —— 253

Almut Hille
***Generation Praktikum* oder *Habenichtse*?**
   Globalisierungserfahrungen und Generationenbilder in der aktuellen deutschsprachigen Literatur —— 275

Christoph Wulf
Eine Herausforderung für das Verhältnis der Generationen —— 289

Michael Jaeger
Das Ende der Utopie vom neuen Menschen
  Tiziano Terzanis Reportagen über die Zeitenwende des ausgehenden 20. Jahrhunderts —— **309**

V Literarischer Appendix

Li Shuangzhi und Wang Bo
Aprilscherz mit 17 Jahren **von Huang Fan** —— 329

Huang Fan
Aprilscherz mit 17 Jahren —— 329

Autorenverzeichnis —— 333

Personenregister —— 337

Einleitung

Der Begriff der Generation wird gegenwärtig nahezu inflationär in öffentlichen Diskursen verwendet. Seine schillernde Unschärfe scheint ihn als Projektionsfläche für (Selbst-)Etikettierungen und Selbstvergewisserungen zu prädestinieren. Von der ‚Generation Golf', der ‚Generation Praktikum', der ‚Generation Ally' oder der ‚Generation Beziehungsunfähig' ist in Deutschland, von der Generation der ‚90er' in China die Rede – es stellt sich die Frage, was sie charakterisieren und was die Angehörigen einzelner Generationen miteinander verbinden könnte. Neben solchen medial sehr erfolgreich in Szene gesetzten Entwürfen und Zuschreibungen steht eine anwachsende kultur- und sozialwissenschaftliche Forschung, die den Begriff der Generation zu präzisieren und in ihm aufgehobene Konzepte in ihrem konstruktiven Charakter zu erfassen sucht. Die Konstruktion von Generationen ist eng mit der europäischen Moderne, mit der Differenzierung familialer Lebensformen und der Konstitution von Jugend als Entwicklungsbegriff verbunden. In der Gegenwart werden ‚Generationen' zunehmend als soziale Akteure begriffen[1] und gerade jüngere Generationen etwa auf ihre Gestaltungs- und Innovationsfähigkeit, auf ihr Verantwortungsgefühl für eine friedliche Zukunft der Menschheit in ihrer natürlichen Umgebung hin beschrieben. 2015 meinen Sozialwissenschaftler anhand der Shell-Jugendstudie eine ‚neue Jugend' in Deutschland auszumachen: die „Generation Aufbruch".[2] Sie blickt, so zeigen es die Daten der Studie, optimistisch in die (persönliche) Zukunft, will mitgestalten und neue Horizonte erschließen, gemeinsam mit den Menschen, mit denen sie in Deutschland und Europa zusammenlebt. Was diese ‚Generation' als Novum ausmacht, ist ein zunehmendes politisches Interesse und Engagement: Jugendliche, die sich in der etablierten Parteienpolitik kaum wiederfinden, politisieren sich in Protestaktionen auf der Straße oder im Internet, engagieren sich für Klimaschutz und Gerechtigkeit sowie aktuell für die vielen Zufluchtsuchenden in Deutschland und gegen rechte Parteien oder Gruppierungen.[3]

Betrachtet man gegenwärtige Generationen in China, so werden sie vorrangig als die ‚Vor-1980er' bzw. ‚Nach-1980er' bezeichnet, die vor oder nach Beginn

---

1 Vgl. zu den vorgenannten Thesen Jureit und Wildt 2005. Zu aktuellen Auseinandersetzungen mit dem Konzept der Generation vgl. auch Weigel et al. 2005; Parnes et al. 2008; Kraft und Weißhaupt 2009.
2 Vgl., auch zu den folgenden Ausführungen, die Shell-Jugendstudie 2015: Shell Deutschland 2015.
3 Vgl. das Interview mit dem Politikwissenschaftler Heinz Kleger über die Anti-Pogida-Demonstrationen Anfang 2016 in Potsdam: Wichers 2016.

der Reform- und Öffnungspolitik 1978 in sehr unterschiedlichen sozialen Umfeldern aufwuchsen. Eine Vielzahl an wissenschaftlichen und öffentlichen Diskussionen gilt den ‚Post-80ern': Sie sind Einzelkinder, umsorgt von den Familien und aufgewachsen in einer marktwirtschaftlich orientierten Gesellschaft, die ihnen gerade im städtischen Umfeld in immer höherem Maße Wohlstand und Konsummöglichkeiten bietet (vgl. etwa Kun 2012). Weitgehend ‚ideologiefrei' positionieren sie sich in der Gesellschaft ihres weltweit zunehmend einflussreichen Heimatlandes, das zumindest an der Oberfläche kaum noch von den Erschütterungen des auch in China ‚kurzen' 20. Jahrhunderts geprägt ist. Ein gemeinsames ‚Generationenverständnis' prägen dabei vorrangig jene aus, die im selben Jahrzehnt geboren sind – man spricht insofern in der Alltagskommunikation von der ‚80er-Generation', der ‚90er-Generation' und so fort. Jeweils verbindend wirken für sie Elemente der Alltags- und Populärkultur, aber auch Erinnerungen an wichtige ‚nationale Ereignisse' wie die Olympischen Spiele 2008 in Peking. Eine so verstandene Generationenzugehörigkeit kann in einem Land, in dem Umwelt und Gesellschaft rasanten Veränderungsprozessen unterliegen, zweifelsohne zu einem festen Bezugspunkt identitärer Verortung werden. Man bekennt sich leicht zu seiner jeweiligen Generation, und in den Medien und sozialen Netzwerken spielt das Thema eine prägnante Rolle.

Wie diese Generationen die chinesische Gesellschaft und die (globale) Politik und Entwicklung weiter prägen werden, ist eine Frage, die man nicht zuletzt anhand empirischer Studien zu ihren Wertvorstellungen und (persönlichen) Zukunftsplänen zu beantworten sucht (vgl. etwa Xie 2010; Wang und Yang 2011; vgl. auch den Beitrag von Liu Yue in diesem Band zu Wertvorstellungen jüngerer Generationen in China und Deutschland). Aber auch die kulturelle Kommunikation – stets ein Ort für Experimente, ein Laboratorium für Utopien und Dystopien, in dem das Mögliche über das ‚Reale' hinaus gedacht werden kann – wird zum Seismographen gegenwärtiger und möglicher zukünftiger gesellschaftlicher Entwicklungen. Betrachtet man die Arbeiten jüngerer Künstler oder Autoren oder die innovative Comic- und Filmszene des Landes, so scheinen sich auch in China Angehörige einer jüngeren Generation im Aufbruch zu befinden, wenn auch gegen Widerstände der ‚Älteren'.[4] Sie halten sich nicht mehr an ‚traditionelle' Regeln und ideologische Vorgaben, die in der ‚Realität' täglich konterkariert zu werden scheinen, sie partizipieren via Internet aktiv an einer globalen Populärkultur und

---

4 Diese kann man allerdings überwinden, indem man – wie der Protagonist in Benjamins Comic *Remember* – den zensierenden Chefredakteur eines Verlags kurzerhand niederschlägt (vgl. Benjamin 2008, 8, 16–18) oder wie die Autorin Wei Hui ein in China verbotenes Buch wie *Shanghai Baby* (1999) im Ausland publiziert.

finden sich in Internetforen zusammen, um eigene Identitätsentwürfe oder Lebensvorstellungen (neu) zu verhandeln. Das Politische oder ‚Ideologische' streifen sie dabei eher am Rande. Es ist ein Versatzstück ihres Alltags, das sie auch in künstlerische Produktionen aufnehmen, wie zum Beispiel die bildenden Künstler Cao Fei, Ta Men, Wen Ling, Wu Junyong und Zhou Jinhua, deren Arbeiten in dem Buch *Young Chinese Artists. The next Generation* (2010) einem weltweiten Publikum präsentiert werden.

Können die heute Jüngeren tatsächlich eine ‚Generation Aufbruch' werden – weltweit, angesichts zahlreicher Krisen und Herausforderungen, die nur noch in übergreifendem globalen Rahmen zu lösen sind? Trägt das Internet zur Emergenz einer neuen (politischen) Generation bei (vgl. Hörisch 1997; vgl. auch das Schlagwort von der ‚Generation@'), die Verantwortung für ihre Zukunft übernimmt? Knüpfen die heute Jüngeren an (politische und künstlerische) Jugendbewegungen des 20. Jahrhunderts, aber auch des 19. und 18. Jahrhunderts an? Wie rezipieren sie Erfahrungen vorheriger Generationen und agieren in Wechselbeziehungen zu ihnen?

Der in der Moderne konzipierte, nicht unstrittige Begriff der Generation kann – in kritischer Reflexion betrachtet – auch für die Spätmoderne der Gegenwart Analyse- und Beschreibungsmöglichkeiten bieten. Im europäischen Diskurs entwickelt sich das äußerst vielgestaltige, mitunter kaum greifbare moderne Konzept der Generation seit der Zeit um 1800. In ihm wird in biologischer, geistesgeschichtlicher, erziehungs- und sozialwissenschaftlicher Perspektive ein „Denken in Begriffen von generationalen Abfolgen" gefasst, das in seiner Entstehungszeit als neu und radikal zu gelten hatte.[5] Ist das Konzept in seiner sozial- und geistes- bzw. kulturwissenschaftlichen Ausrichtung als eine „Theorie der intergenerationellen Beziehungen" eng mit den Überlegungen von Wilhelm Dilthey im späteren 19. Jahrhundert und Karl Mannheim im früheren 20. Jahrhundert verbunden, stammt die „Metapher der Generation" doch aus dem Feld der Biologie (vgl. Parnes 2005, 247). Bereits 1819 benannte der Schriftsteller und Naturforscher Adelbert von Chamisso in einem Traktat ein zoologisches Problem im Kontext der Vererbung als „Generationswechsel"; bis zur Mitte des 19. Jahrhunderts hatte sich „die Rede von den Generationen" im zoologischen und botanischen Diskurs weitgehend durchgesetzt und wurde in nachfolgenden Arbeiten von Georg Mendel und anderen perpetuiert (vgl. Parnes 2005, 244–245). Friedrich Schleiermacher reklamierte den Begriff – an pädagogische Schriften Immanuel Kants aus den frühen 1780er Jahren anknüpfend, in denen Generationen als Einheiten im Prozess

---

5 Vgl. Ohad Parnes: „Es ist nicht das Individuum, sondern es ist die Generation, welche sich metaphorisiert." Parnes 2005, 244.

der Erziehung betrachtet werden – nachdrücklich für die Pädagogik bzw. die Erziehungswissenschaften. In seiner Berliner Vorlesung über die *Grundzüge der Erziehungskunst* 1826 sprach er vom „Wechsel der Generationen" und der wechselseitigen Interaktion zwischen den Generationen; die „Einwirkung der älteren Generation auf die jüngere" und die Weitergabe von Fertigkeiten an diese betrachtet er als den eigentlichen Sinn von Erziehung. (Zitiert nach Parnes 2005, 242) In der Mitte des 19. Jahrhunderts, in der dritten Auflage von Heinrich A. Pierers *Universal-Lexikon* (ab 1840) taucht das Wort „Generation" erstmals als eigenes Lemma auf. Es ist damit im deutschsprachigen Diskurs „in das Register des enzyklopädischen Wissens [aufgenommen]" (Weigel 2005, 117). Wenig später konzipiert Wilhelm Dilthey die Generation als analytische Kategorie, die die Möglichkeit bietet, „die Beziehungen von Individuum und Umwelt wie auch diejenigen zu den Vorgängern und Nachfolgern" zu analysieren und spezifisch zu beschreiben.[6]

Er nutzt die Kategorie zum Verständnis von Kultur bzw. Literatur sowie zu deren Periodisierung und entwickelt anhand der Literaturgeschichte einen historischen Begriff von Generationen und deren ‚Abfolgen', der bis zum frühen 20. Jahrhundert weiter ausgearbeitet wird, etwa von den Literaturhistorikern Friedrich Kummer und Julius Petersen, dem Schriftsteller und Kunstkritiker Julius Meier-Graefe, den Kunsthistorikern Heinrich Wölfflin und Wilhelm Pinder, dem Historiker Ottokar Lorenz oder dem Philosophen José Ortega y Gasset. Vor und besonders nach dem Ersten Weltkrieg erlebt das Konzept der Generation eine starke Konjunktur: Anhand ihres persönlichen, einschneidenden Kriegserlebnisses werden Jahrgangsgruppen nun als Generationen im Sinne von Erfahrungseinheiten formiert und deutlich markiert. 1928 verleiht Karl Mannheim dem sozialwissenschaftlichen Konzept von Generation seine entscheidende Prägung. In seiner Studie *Das Problem der Generationen* definiert er, nicht zuletzt in Auseinandersetzung mit den Arbeiten Wilhelm Diltheys und Wilhelm Pinders, drei Ebenen, auf denen sich die Zugehörigkeit zu Generationen manifestiert:
- die Generationslagerung, die eine verwandte Lagerung von demselben Geburtsjahrgang zurechenbaren Individuen im sozialen Raum beschreibt und „die daraus erstehende Möglichkeit an denselben Ereignissen, Lebensgehalten usw. zu partizipieren [...] von derselben Art der Bewußtseinsschichtung

---

6 Vgl. Parnes 2005, 250, der sich auf Schriften Diltheys wie *Das Erlebnis und die Dichtung. Lessing, Goethe, Novalis, Hölderlin* bezieht. Vgl. in diesem Zusammenhang auch Parnes' Verweis auf Karl Marx, der in seinen frühen Schriften die Geschichte als Aufeinanderfolge einzelner Generationen, die von allen vorausgehenden profitieren, deren ‚Erbe' aber weiterentwickeln und modifizieren, darstellt: Parnes 2005, 248.

aus", die sie wiederum von anderen, auch präsenten Generationen unterscheidet (Mannheim 1970, 536);
- den Generationszusammenhang, der „entscheidend mehr als bloße Generationslagerung" ist und sich über die tatsächliche „*Partizipation* an den gemeinsamen *Schicksalen* [Hervorhebungen im Original]" einer historisch-sozialen Einheit konstituiert (Mannheim 1970, 542);
- die Generationseinheit, die diejenigen Gruppen umfasst, „die innerhalb desselben Generationszusammenhangs in jeweils verschiedener Weise diese Erlebnisse *verarbeiten* [Hervorhebung im Original]" (Mannheim 1970, 544).

In der Frage, was eine Generationseinheit formt, schreibt Mannheim besonders der „Kultursphäre" und ihren verschiedenen „Gattungen" (Mannheim 1970, 564) Bedeutung zu. Deren Akteuren, beispielsweise einer „Literatenschicht", obliege die „schöpferische [...] Formung der Generationsimpulse" (Mannheim 1970, 559), die „nur dann wirklich wirksam und expansionsfähig" würden, „wenn sie die typischen Erlebnisse" einer Generation „zu gestalten imstande" seien (Mannheim 1970, 548). Im Bereich der ästhetischen Praxis scheint Mannheim damit die kohärenzbildenden Kräfte einer Generationseinheit zu vermuten und sie gleichzeitig in besonderer Weise für analysierbar zu halten (vgl. Honold 2005, 43). Diese Annahmen finden auch in gegenwärtigen wissenschaftlichen Studien Beachtung. Arjun Appadurai fordert in seinen Überlegungen zur Verortung der Kulturwissenschaften in einem globalen Feld, auch literarische Texte als Grundlagen von Analysen und Modellbildungen zu betrachten, da die „Fiktion, die Literatur [...], wie der Mythos auch einen Bestandteil des begrifflichen Repertoires moderner Gesellschaften dar[stellt]" (Appadurai 1998, 28). Er betont, dass „viele Leben heute unauflöslich mit Darstellungsweisen verknüpft sind", die „vielfältigsten Darstellungsformen (Filme, Romane, Reiseberichte)" insofern in die (Re-)Konstruktion von Lebenswelten einbezogen werden müssen (vgl. Appadurai 1998, 36–37). Entsprechend entwirft der Sozialwissenschaftler Claus Leggewie sein Porträt der Generation der *89er* (in Deutschland) in Reflexion des Auto-Porträts der *Generation X* von Douglas Coupland und unterstreicht explizit die Bedeutung literarischer Quellen für die sozialwissenschaftliche Praxis (vgl. Leggewie 1995, 19). David Bebnowski nutzt in seiner Studie *Generation und Geltung* (2012) literarische Generationenporträts, um neu etablierte bzw. etikettierte Generationen, insbesondere die *Generation Praktikum*, zu beschreiben. In den literarischen Porträts sieht auch er soziale Phänomene verarbeitet, die sich sonst kaum detailliert betrachten ließen (vgl. Bebnowski 2012, 30, 185–226). Es sind die ‚Darstellungsweisen', in denen unser Leben und unsere Identität(en) präsentiert werden, die zum (Selbst-)Verständnis von Generationen beitragen bzw. dieses erst etablieren.

Für die chinesische und die deutsche Jugend um 1800 nahm Karl Mannheim in der Exemplifizierung seiner Begrifflichkeiten explizit eine unterschiedliche Generationslagerung an und wählte damit für seine deutschsprachige Leserschaft wohl eine so ‚fremd' wie irgend möglich wirkende, starke Kontrastierung. Es fehl(t)e der chinesischen und der deutschen Jugend „eine potentielle Partizipation an gemeinsam verbindenden Ereignissen und Erlebnisgehalten" (Mannheim 1970, 536). Dies hat sich – im Sinne Mannheims, der einen gemeinsamen historisch-sozialen Lebensraum als Voraussetzung einer gemeinsamen Generationslagerung annahm – bis heute nicht verändert. Gleichwohl stellen sich durch beschleunigte Kommunikationsmöglichkeiten, durch die gleichzeitige Erlebbarkeit globaler (Medien-)Ereignisse und eine dynamisch wachsende Mobilität Fragen der ‚potenziellen Partizipation' an gemeinsamen bzw. ‚gemeinsam verbindenden' Ereignissen und Erlebnisgehalten neu.

Gegenwärtig verändern sich sowohl in Deutschland als auch in China der (von Globalisierungsprozessen beeinflusste) Arbeitsmarkt und das Berufsleben, die Norm- und Wertvorstellungen sowie Lebensstile und -entwürfe gerade jüngerer Generationen, aber auch die (Wechsel-)Beziehungen zwischen den Generationen, die Zeiterfahrungen und die Merkmale des Alterns. Sowohl Deutschland als auch China stehen vor einem tiefgreifenden demografischen Wandel, dessen Folgen erst in Umrissen erkennbar sind. Damit verbunden sind weitreichende kulturelle Verschiebungen in den beiden Ländern: Selbstverständnis und Tätigkeitsfelder von Altersgemeinschaften geraten ebenso in Bewegung wie die Verhältnisse der Generationen untereinander. Ihre besondere Repräsentation finden diese neuen Dimensionen von Generationenverhältnissen in jenen Kunst- und Kommunikationsformen, die seit ihren Anfängen gesellschaftliche Problemfelder dargestellt und diskutiert haben: in Literatur, Bildender Kunst und Film, in jüngerer Zeit auch den Neuen Medien. Sie zeigen die Dynamik neuer Generationenverhältnisse, die aufgrund wachsender Differenzen zwischen konventionellen Sozial- und Rollenmustern einerseits und individuellen Selbstverwirklichungs- und Glücksansprüchen andererseits zu veränderten Entwürfen generationsspezifischer Ordnungen führen. Konflikte zwischen den Generationen scheinen dabei eine bislang nur untergeordnete Rolle zu spielen. Gegenwärtige jüngere Generationen in Deutschland und China verhalten sich Generationenkonflikten gegenüber eher indifferent. Einvernehmlichkeit mit den Eltern (und auch der Elterngeneration) wird in empirischen Untersuchungen immer wieder festgestellt. Eine Fokussierung auf Familie und soziale Beziehungen sowie ein hohes Verantwortungsbewusstsein gehören zum Wertekanon.⁷ In der kulturellen Kommunikation jedoch deuten sich Konflikte zwischen den Generationen (bereits) an: Die in diesem Band betrachteten aktuellen Kinofilme aus Deutschland und China wie *Oh Boy, Am Himmel der Tag, Heaven Eternal – Earth Everlasting, So Young* und *In the Heat of the Sun*, Romane wie Katharina Hackers *Habenichtse* und Erzählungen wie Huang Fans *Aprilscherz mit 17 Jahren* oder Comics wie *Ein Leben in China* von P. Ôtié und Li Kunwu stehen dafür.

Mit dem vorliegenden Band werden die sich verändernden Generationenverhältnisse und -konflikte in Deutschland und China einer ersten interdisziplinären Annäherung, einer exemplarischen Beschreibung und historischen Sondierung unterzogen. Im Dialog zwischen den Disziplinen werden Fragen der sozialen Praxis intergenerationeller Beziehungen, ihrer kulturellen Implikationen sowie ihrer künstlerischen und medialen Repräsentationen diskutiert. 2014 fand unter dem Schirm des interdisziplinären Zentrums für Deutschlandstudien an der Peking Universität eine Tagung mit dem Titel *Jung und Alt in Deutschland und China. Generationenverhältnisse und Generationenkonflikte im interkulturellen Vergleich* statt, deren Beiträge nun in erweiterter Fassung publiziert werden.

Natürlich sind bei vergleichenden Analysen sozialer und kultureller Phänomene in Gesellschaften wie der deutschen und der chinesischen kritische Reflexion und Vorsicht geboten; ebenso bei der analytischen Verwendung des in wissenschaftlichen und öffentlichen Diskursen in jüngerer Zeit so inflationär wie unscharf verwendeten Begriffs der Generation. Gleichzeitig hat sich der Begriff im Kontext des Bandes als geeignete Kategorie zur Beschreibung sozialer und kultureller Phänomene wie zur Deutung von Ähnlichkeiten und wiederkehrenden Mustern erwiesen. In den einzelnen Beiträgen erfolgen kritische Auseinandersetzungen mit unterschiedlichen Forschungspositionen und unterschiedlichen (disziplinären) Begrifflichkeiten, was wir als grundlegend für die interdisziplinäre wissenschaftliche Arbeit erachten, gerade auch im deutsch-chinesischen Kontext.

Der Band ist in vier Teile und einen literarischen Appendix gegliedert. Gesellschaftliche Umbruchsituationen und die mit ihnen verbundenen Generationsentwürfe und Generationserzählungen in Deutschland und China im 20. Jahrhundert stehen im Fokus der ersten beiden Teile, während das gegenwärtige, von einer beschleunigten Globalisierung geprägte frühe 21. Jahrhundert den Rahmen der zweiten Hälfte des Bandes bildet.

---

7 Vgl. die Shell-Jugendstudien der letzten Jahre und den Beitrag von Liu Yue in diesem Band.

Im Mittelpunkt des **ersten Teils** *Literarische Generationserzählungen in Zeiten gesellschaftlichen Umbruchs* stehen literarische Texte des frühen 20. Jahrhunderts, jener Jahre vor und nach dem Ersten Weltkrieg, in denen der Begriff der Generation eminente Bedeutung erlangt.

Ralf Klausnitzer diskutiert kulturelle Verhandlungen der mehrfach dimensionierten Beziehungen zwischen Generationen exemplarisch anhand der beiden kanonischen Familienromane *Der Traum der Roten Kammer* (wohl 1759) von Cao Xueqin und *Buddenbrooks* (1901) von Thomas Mann. Im Fokus stehen Parallelen und Ähnlichkeiten beispielsweise in der Zeichnung generationsspezifischer Selbst- und Fremdbilder, die in beiden Romanen fast musterhaft ausgeprägt sind. Diskutiert werden aber auch fundamentale Unterschiede in den Perspektiven und Darstellungsformen, in denen etwa die Ansprüche jüngerer Protagonisten problematisiert werden. Abschließende Betrachtungen gelten Familienromanen in der aktuellen deutschsprachigen Literatur wie Eugen Ruges *In Zeiten des abnehmenden Lichts* (2011). Skizziert wird, wie generationsspezifische Zuschreibungen oder Paradigmen unter den Bedingungen pluralisierter Lebensformen der Gegenwart beobachtet und ästhetisch dargestellt werden.

Li Shuangzhi überträgt den Begriff der Jugendbewegung, der eine moderne Umbruchserfahrung in Form eines Generationenkonflikts kennzeichnet und in der Forschung häufig als ein genuin deutsches Phänomen zwischen dem *Fin de Siècle* und dem Dritten Reich betrachtet wird, auf die Literaturgeschichtsschreibung und nach Fernost. Er betrachtet besonders den Sturm und Drang und das Junge Deutschland als Jugendbewegungen in der deutschen Literaturgeschichte, die in der 4. Mai-Bewegung 1919 in China intensiv rezipiert werden. Chinesische Dichter und Intellektuelle greifen damals nach Signifikanten des Jugendkonzepts in der deutschen Literatur bzw. Literaturgeschichte, um sie für ihr eigenes Unternehmen einer Verjüngung und Erneuerung der chinesischen Nation zu proklamieren. In seiner transkulturellen Reproduktion erlangt das Konzept hohe Relevanz für die chinesische Modernisierungserfahrung.

Das Narrativ des Generationenkonflikts ist in der deutschen Literatur seit Mitte des 18. Jahrhunderts überwiegend geprägt von der Revolte der Söhne gegen die Herrschaft ihrer – häufig als Vertreter einer überkommenen Ordnung angesehenen – Väter. Insbesondere im frühen 20. Jahrhundert, als der (radikale) Bruch als vorherrschendes Merkmal der Beziehungen zwischen den Generationen an die Stelle der Kontinuität tritt, gewinnt die Erzählung des Vater-Sohn-Konflikts an Bedeutung und gipfelt in den literarischen Vatermord-Phantasien der Expressionisten. In den 1920er Jahren hingegen ist von einer allgemeinen ‚Vaterlosigkeit' die Rede – angesichts der Zäsur, die Erster Weltkrieg und Nachkriegszeit für das Erleben insbesondere männlicher jüngerer Generationen bedeuteten, hatten die Väter als Vorbilder, aber auch als (Hass-)Gegner ausgedient. Sie hatten den Söhnen schlicht nichts mehr zu sagen. Auch in China spielt der – aus der im konfuzianischen Wertesystem verankerten autoritären Stellung der Väter resultierende – Vater-Sohn-Konflikt als Impetus der sozialen und gesellschaftlichen Umbruchsphase zwischen ca. 1915 und 1925, die in der 4. Mai-Bewegung von 1919 ihren Höhepunkt fand, eine bestimmende Rolle. **Benjamin Langer** zeichnet am Beispiel exemplarischer Texte des als Vorreiter der chinesischen literarischen Moderne geltenden Schriftstellers Lu Xun, der Erzählung *Das Tagebuch eines Verrückten* (1918) und des Essays *Neue Väter braucht das Land* (1919), sowie am Roman *China frisst Menschen* (1930) des einstigen Dadaisten Richard Huelsenbeck nach, wie diese beiden Autoren die entsprechenden Diskurse in ihren Werken aufgreifen und – besonders im Fall von Lu Xun – mitprägen. **Ma Jian** spürt ebenfalls deutsch-chinesischen Wechselbeziehungen in kulturellen Repräsentationen von Generationenkonflikten nach. Er zeigt auf, wie Hermann Hesses durchaus zeittypische Rezeption chinesischer Philosophie sich in seiner literarischen Darstellung von Individuationsprozessen und den damit verbundenen Generationenkonflikten niederschlägt und dem Autor wohl zugleich dabei half, seine eigene, konfliktgeprägte Auseinandersetzung mit der Elterngeneration zu verarbeiten und zu einem versöhnlichen, vom Gedanken der Einheit getragenen Generationenverständnis zu finden.

In einem **zweiten Teil** werden Generationsentwürfe in Deutschland und China im Kontext politischer Ideologien des ‚kurzen' 20. Jahrhunderts betrachtet. Einleitend fasst **Arnd Bauerkämper** den Begriff der Generation nicht nur als Möglichkeit der Selbstdeutung von Gruppen, sondern auch als Kategorie und Konzept für die historische Erinnerungsforschung. Mit Blick auch auf die literarische Gestaltung historischer Narrative zeichnet er Prozesse generationsstiftender Bewusstseinsbildungen anhand tiefgreifender Umbrüche wie dem Ende des Ersten Weltkrieges 1918, der nationalsozialistischen ‚Machtergreifung' 1933, dem Zusammenbruch des ‚Dritten Reiches', der Gründung der beiden deutschen Staaten oder der Wiedervereinigung Deutschlands 1990 nach. Besondere Aufmerksamkeit findet die Erinnerung an den Nationalsozialismus, anhand derer ‚Generationenschichten' in der Bundesrepublik und in der DDR konstituiert werden. So grenzten sich beispielsweise in den 1960er Jahren in der Bundesrepublik die ‚45er' von den jüngeren ‚68ern' ab, die einen gesellschaftlichen und kulturellen Wandel anstießen, und umgekehrt, während in der DDR entsprechende Generationszuschreibungen fehlten. Die Generationen blieben ‚still' – zumindest in der Öffentlichkeit –, weshalb mit Blick auf den ostdeutschen Staat auch von einer „stummen Vergemeinschaftung" (König 2014, 426) der Generationen die Rede ist.

Erst nach 1990 treten sie hervor. Auch die Erinnerung an den Nationalsozialismus erfährt im vereinigten Deutschland eine erneute Veränderung. Es ist eine ‚dritte Generation', die nach dem „Abschied von den Zeitgenossen" (Frei 2000, 18) nun die Erinnerungskultur prägt, exemplarisch in ‚neuen' Familienromanen, die sich mit der Großeltern- und Elterngeneration auseinandersetzen.

Susanne Scharnowski verweist auf Filme der ostdeutschen Produktionsfirma DEFA, in denen Jugendrebellion und Generationenkonflikte der 1950er und 1960er Jahre in der DDR, ansonsten unterdrückt von einer Zensur- und Verbotspraxis, durchaus eine Rolle spielen. Wird die Jugendkultur der 1950er Jahre gemeinhin über eine ‚Amerikanisierung' (west-)europäischer Konsum- und Verhaltensmuster beschrieben, so ist deutlich zu machen, dass auch die Jugend der DDR keineswegs immun gegen eine ‚Amerikanisierung' war. Zu den wichtigsten Elementen einer ‚amerikanisierten' jugendlichen Subkultur gehörten Musik – besonders der *Rock and Roll* –, Kleidung, Gestus und Habitus. Sie wurden auch im Osten Deutschlands gepflegt und jugendliche Filmhelden wie Marlon Brando in *The Wild One* (deutsch: *Der Wilde*; 1953) oder James Dean in *Rebel Without a Cause* (deutsch: *Denn sie wissen nicht, was sie tun*; 1955) wurden zu Ikonen. In Filmen wie *Berlin Ecke Schönhauser* (1957), *Die Glatzkopfbande* (1962) – ein Film, der sich explizit auf *The Wild One* bezieht – und *Jahrgang 45* (1966) erfährt die jugendliche Subkultur in der DDR, ihre Rebellion gegen Elterngeneration, Staat und Gesellschaft, künstlerische Gestaltung.

Katja Pessl rückt mit *In the Heat of the Sun* (1994) einen der erfolgreichsten chinesischen Kinofilme seit Beginn der ‚Öffnung' des Landes in den Fokus. In ihm wird die Geschichte einer Jugend in Peking zu Zeiten der 1966 beginnenden Kulturrevolution erzählt. Die mit der Metapher der Sonne aufgerufene ‚strahlende Erinnerung' an die Kulturrevolution steht in starkem Kontrast zur Erinnerung an die Kulturrevolution als ‚dunkelste' Zeit in der Geschichte Chinas. In seinem sehr persönlichen Film lotet der Regisseur des Films, Jiang Wen, anhand des Schicksals des jugendlichen Protagonisten Ma Xiaojun und seiner Freunde aus, wie deren Erlebnisse in ein Narrativ passen, das eigentlich nur Raum lässt für die Jugend als ‚Speerspitze der Revolution' oder als ‚verlorene Generation der Landverschickten'. Jiang Wen gehört zur sogenannten ‚Sechsten Generation' chinesischer Filmemacher,[8] die ihre Ausbildung nach dem Ende der Kulturrevolution

---

8 Die chinesische Filmgeschichte wird – wenn auch nicht unumstritten – in der Regel anhand von Generationen ‚erzählt'. Zur ‚ersten Generation' gehören die Filmpioniere bis in die 1920er Jahre. Die ‚zweite Generation' umfasst die Regisseure der 1930er und 1940er Jahre, der frühen Blütezeit des chinesischen Films. Die ‚dritte Generation' bilden die Regisseure des sozialistischen Realismus und die ‚vierte Generation' diejenigen, die kurz vor der Kulturrevolution ihre

und der Wiedereröffnung der Akademien begann. Er steht für diese neue Generation und für ihre ‚neu bebilderte' Erinnerung an die Kulturrevolution.

Neben einer vitalen Filmszene ist in den letzten zehn Jahren in China auch eine sehr lebendige junge Comic-Szene zu beobachten (vgl. auch Seifert 2008). Nachdem in den 1990er Jahren zunächst japanische Manga viele junge Leserinnen und Leser begeisterten, sind es nun einheimische Studios, die äußerst erfolgreich Comics verschiedener Stilrichtungen produzieren. Einer der Stars der Szene ist Benjamin – 1974 als Zhang Lin in der Provinz Hei Long Jian geboren –, dessen Arbeiten auch in Deutschland im Hamburger Verlag Tokyopop erscheinen. In Comics wie der (autobiografischen) Geschichte *Remember* (2004) oder *One day* (2007) lässt er eine Jugend aufstehen gegen einen normierten Alltag und „diese alten Spießer ... mit ihren altchinesischen Bürokratenhirnen" (Benjamin 2008, 15), die nicht ehrlich sind und jungen Leuten ihre eigenständigen (künstlerischen) Wege zu versperren suchen. Er lässt ‚die Jugend' aber auch nachdenken über die stete Unterstützung der Eltern für ihre Kinder und in Armut lebende Alte, die im ‚neuen China' keinen Platz mehr haben.

Inge Stephan wählt für ihre Betrachtungen den thematisch und ästhetisch anders gelagerten Comic *Ein Leben in China* (2012/13) von P. Ôtié und Li Kunwu, einem 1955 in der Provinz Yunnan geborenen Zeichner. *Ein Leben in China* ist eine in französisch-chinesischer Koproduktion entstandene Trilogie, die das Aufbrechen der heute zu beobachtenden Kluft zwischen der, wie Inge Stephan schreibt, „alten Generation der maoistischen Revolution und der jungen Generation der Internet-Revolution" anhand einer Familiengeschichte nachzuzeichnen sucht. Inge Stephan liest die Trilogie als Generationenroman, erzählt in der Perspektive eines 1955 geborenen Jungen, der die Entwicklungen Chinas in den letzten 60 Jahren erlebt.

In einem **dritten Teil** werden neue identitäre Verortungen jüngerer Generationen in China und Deutschland betrachtet.

Olivia Kraef-Leicht unterstreicht die besondere Rolle, die das Internet in den Verhandlungen (neuer) politischer und kultureller Identität jüngerer Generationen in China spielt. Anhand der komplexen Konstruktion und Struktur von Identität und dem mit ihr verbundenen Selbstverständnis der Nuosu, einer Untergruppe der chinesischen ethnischen Minderheit der Yi, beleuchtet sie die Verquickung von Identitätssuche und -wandel, Internet und Generationenkonflikt.

Ausbildung beendeten, nachfolgend aber nicht arbeiten konnten und erst seit der Reform- und Öffnungsperiode Filme drehen. Die ‚fünfte Generation' studierte nach dem Ende der Kulturrevolution und nach der Wiedereröffnung der Akademien. Eine ‚sechste Generation' schließt ihre Ausbildung nach 1989 ab und wendet sich vorrangig urbanen Themen zu.

Exemplarisch analysiert sie bei jungen Nuoso populäre Internetforen, in denen Fragen ihrer Identität zum ersten Mal seit den 1950er Jahren nicht nur im privaten Rahmen, sondern im öffentlichen Raum diskutiert werden. Die Option der anonymen Diskussion bietet, ähnlich wie in anderen sozialen Netzwerken in China, jungen Nuosu-UserInnen die Möglichkeit, sich jenseits der Tabus von Staat und Familie um eine Klärung ihrer eigenen Identität zu bemühen. Mittels der relativen Anonymität und der Möglichkeiten der inhaltlichen und symbolischen Selbstinszenierung wird Schwarzen wie Weißen Yi – Untergruppen der Nuosu in einer Art von Kasten – in Internetforen die Möglichkeit geboten, sich neu aufeinander einzulassen und in den Aussagen der jeweils anderen zu spiegeln. Begriffe und Konfigurationen wie im vorliegenden Fall zum Beispiel Kaste oder ‚Rasse' geraten in Bewegung und wirken sich in ihrer Bewegung auf Konfigurationen in Kultur und Gesellschaft aus.

Die Geschichte der massenhaften Auswanderung aus China geht in das 19. Jahrhundert zurück. Nach der letzten offiziellen Erhebung lebten Ende 2014 ca. 60 Millionen Chinesinnen und Chinesen im Ausland, wobei seit Beginn der Reform- und Öffnungspolitik 1978 eine neue Welle der Auswanderung aus dem Festland Chinas zu beobachten ist. Eine ‚neue Generation' chinesischer Migrantinnen und Migranten, die sich von ihren ‚traditionellen' Vorläufern unterscheidet, wandert auch nach Europa ein. Im Mittelpunkt des Beitrags von **Guo Yi und Liu Yue** steht die Frage, was diese ‚neue Generation', die durch eine Mannigfaltigkeit an Migrationswegen und -modellen gekennzeichnet ist, besonders macht. Neben Arbeitsmigration und Familiennachzug sind es heutzutage auch Investitions- und beispielsweise Bildungsmigration, die zu beobachten sind. Weiterhin gibt es neben der ersten Generation der ‚neuen Migranten', die größtenteils als Erwachsene auswanderten, bereits ihre Nachwuchsgeneration(en), die zumeist im Ausland geboren und aufgewachsen sind, Chinesisch häufig nicht mehr als ihre Muttersprache im engeren Sinne betrachten und nur wenige identitäre Merkmale einer in der Forschung so genannten ‚Chineseness' ausbilden. Der Beitrag überblickt und systematisiert die aktuelle Forschungslage und steckt anhand der neuen Perspektiven, die sich hinsichtlich eines ‚Generationswechsels' chinesischer Migrantinnen und Migranten gewinnen lassen, Forschungsfelder ab, die auch künftig mit Blick auf die ‚neue chinesische Migration' (nach Europa) weiter an Bedeutung gewinnen werden.

Liu Yue geht in ihrem Beitrag Werteausprägungen und möglichen Wertewandlungen bei jüngeren Generationen in China und Deutschland nach. Sie sieht jüngere Generationen in China seit dem Ende der 1970er Jahre in einer Lebenswelt aufwachsen, die von einer rasanten gesellschaftlichen Transformation durch Industrialisierung und Globalisierung sowie von Begegnungen zwischen

Alt und Neu, Tradition und Moderne, Ost und West geprägt ist. Traditionelle, an konfuzianischen Leitvorstellungen orientierte Werte wie Loyalität, Pietät und Opferbereitschaft werden erschüttert, während ‚zeitgemäße' Werte bislang kaum definiert oder gar allgemein akzeptiert sind. Eine zunehmende Unabhängigkeit des Individuums vom Staat und ein anwachsendes Privatinteresse treten in Erscheinung; gleichzeitig bleiben – wie Liu Yue anhand einer eigenen empirischen Untersuchung in den Jahren 2011 bis 2013 unter chinesischen Studierenden zeigen kann – eine Fokussierung auf Familie und soziale Beziehungen sowie ein hohes Verantwortungsbewusstsein erhalten. Zum Vergleich wurde von Oktober 2012 bis November 2013 eine repräsentative Auswahl deutscher Studierender befragt, die ähnliche Werteausprägungen zeigen. In beiden Gesellschaften ist ein Wertepluralismus zu beobachten. Deutlich wird einmal mehr, dass Werte bzw. Wertvorstellungen nicht statisch sind, sondern dynamischen Wandlungsprozessen unterliegen.

Zhang Tao rückt filmische Generationenbilder und veränderte Auffassungen der ‚Jugendzeit' in China und Deutschland in den Mittelpunkt ihrer Überlegungen. Aktuell sind Coming-of-Age-Filme – die teilweise keine mehr sind bzw. sein dürften, betrachtet man das Alter ihrer Protagonisten – große Publikumserfolge in beiden Ländern. Exemplarisch werden die Debütfilme einiger jüngerer Regisseurinnen und Regisseure betrachtet: *Oh Boy* (2012, Regie: Jan-Ole Gerster), *Am Himmel der Tag* (2012, Regie: Pola Schirin Beck), 80'*后* (engl. *Heaven Eternal, Earth Everlasting*, 2009, Regie: Li Fangfang und 致我*们终将逝去的青春* (engl. *So Young*, 2013, Regie: Zhao Wei). In ihnen werden, in teilweise experimenteller filmischer Ästhetik, Auseinandersetzungen mit Liebe, (Homo-)Sexualität und Tod, aber auch mit den Beziehungen zu den eigenen Eltern beobachtet. Das Verhältnis von Nähe und Ferne scheint unterschiedlich aufgefasst zu werden, ebenso wie die Wege, auf denen junge Leute ihre Positionen in der Familie, in der Gesellschaft und in der Auseinandersetzung mit der Geschichte des eigenen Landes suchen.

In einem **vierten Teil** werden vom gesellschaftlichen und kulturellen Wandel der Gegenwart bewirkte Herausforderungen für jüngere und ältere Generationen sondiert.

Hans Bertram und **Carolin Deuflhard** reflektieren die Unsicherheiten und Schwierigkeiten in der Gestaltung einer (verlängerten) Lebenszeit heutiger jüngerer Generationen in Deutschland. Gewissheiten, die noch für die Elterngeneration galten, verlieren ihre Gültigkeit. Gleichzeitig steigen die beruflichen Anforderungen und der Konkurrenzdruck auf dem Arbeitsmarkt. Beruf und Familie sind nur schwer miteinander vereinbar, woran auch die jüngeren familienpolitischen Maßnahmen der Bundesregierung wenig ändern konnten. Ungefähr zwischen dem 27. und 35. Lebensjahr entsteht eine ‚Rushhour' des Lebens, in der sehr gut qualifizierte jüngere Leute Berufs- und möglichen Karrierestart sowie die Gründung einer Familie und die Fürsorge für kleinere Kinder gleichzeitig bewältigen müssen – bei einem niedrigeren Einkommen als es noch ihren Eltern zur Verfügung stand.

Auf der Basis empirischer Daten werden die skizzierten Wandlungsprozesse und ihre Ursachen nachgezeichnet sowie Lösungsmöglichkeiten diskutiert. In China ist zwar das Durchschnittseinkommen insbesondere in urbanen Kontexten in den letzten Jahren kontinuierlich angestiegen, ansonsten lässt sich aber eine ähnliche Entwicklung wie in Deutschland beobachten: Auch dort sind Beruf und Familie schwer vereinbar, die Organisation der Kinderbetreuung stellt junge Eltern oft vor große Schwierigkeiten. Häufig sind sie auf Unterstützung durch die Großeltern angewiesen, die aber nur möglich ist, wenn diese nicht zu weit vom Arbeits- und Wohnort der Kinder entfernt leben. Zugleich stellt die ältere Generation eine zusätzliche finanzielle und emotionale Belastung dar: Als Folge der Ein-Kind-Politik bei gleichzeitiger Beibehaltung eines traditionellen Versorgungsmodells, das kaum staatliche Renten vorsieht, sondern sich auf die Fürsorge der Nachkommen verlässt, müssen neben dem Kind[9] oft noch zwei Großelternpaare (und möglicherweise vier Urgroßelternpaare) unterstützt und gegebenenfalls gepflegt werden. Der hierdurch entstandene Druck auf die mittlere Generation wird zunehmend zu einem Problem für Staat und Gesellschaft (vgl. Gillert 2015; Trentmann 2013; Kirchner 2013).

Beobachtbar sind die genannten Wandlungsprozesse auch in literarischen Generationenbildern und Auto-Porträts verschiedener Generationen, die oft erst über entsprechende Texte als solche etabliert werden. Sie verzeichnen in den letzten Jahren beachtliche Publikumserfolge in Deutschland. Auto-Porträts wie *Generation Golf* (2001) von Florian Illies oder *Generation Ally* (2002) von Katja Kullmann, Praktikantenromane wie *Die Lebenspraktikanten* (2006) von Nikola Richter und *Copy Man* (2009) von Henrik Markus oder Slam-Poetry-Texte wie *Generation Praktikum* von Marc-Uwe Kling, *Und wenn ich nun einfach nichts tue?* von Nadja Schlüter oder *Meine Generation* von Sebastian 23 erzählen von einer ‚Neuen Arbeitswelt' und ‚Neuen Generationenverhältnissen'. **Almut Hille** betrachtet diese Narrative als exemplarisch für gegenwärtige ‚Erzählungen von der

---

9 Für dessen Ausbildung große – auch finanzielle – Anstrengungen zu unternehmen sind, um ihm später eine gute Berufslaufbahn zu ermöglichen. Der hierdurch entstandene Druck hat sich zu Beginn des 21. Jahrhunderts noch deutlich erhöht, als erstmals Arbeitslosigkeit unter Absolventinnen und Absolventen von Hochschulen auftrat. Vgl. Alpermann 2014, 408–409.

Globalisierung'. In ihnen werden die Zusammenhänge zwischen (globaler) Ökonomie und Arbeit sowie die möglichen Auswirkungen struktureller Veränderungen in Wirtschaft und Politik auf das soziale und individuelle Leben erkundet. Sie rücken auch in komplexeren literarischen Generationenbildern, die nicht als Auto-Porträts einer einzelnen Generation angelegt sind, in den Fokus. Ein Erfolgsroman wie Katharina Hackers *Die Habenichtse* (2006) spielt mit vielfältigen Ausprägungen von Generationenverhältnissen, aber auch Narrativen wie der ‚Neuen Armut', der ‚Fernliebe' oder der ‚Angst vor Terror und Krieg'. Die betrachteten Texte zeigen, wie gesellschaftliche Phänomene und Diskurse in der Literatur verdichtet, metaphorisiert und in den subjektiven Perspektiven ihrer Figuren differenziert werden. Gerade von jüngeren Autorinnen und Autoren wird das Meta-Narrativ der Globalisierung polyphon in vielfältigen Dimensionen und Perspektiven entfaltet, oft mit experimentellen sprachlichen Mitteln in neuen literarischen Formaten.

Wurde zu Beginn des 20. Jahrhunderts der Begriff der ‚Generation' vor allem mit der ‚Jugend' assoziiert, so rückt heute zunehmend das ‚Alter' in den Blickpunkt. Demographische Verschiebungen, die aus einer in den letzten Jahrzehnten stark gestiegenen Lebenserwartung und zugleich kontinuierlich sinkenden Geburtenzahl resultieren, werden in den westlichen Industriegesellschaften, aber auch in China zunehmend zur Herausforderung. So betrug die durchschnittliche Lebenserwartung im Jahr 2010 in Deutschland 77,8 Jahre (Männer) und 82,8 Jahre (Frauen), in China im Gesamtdurchschnitt rund 74 Jahre (wobei es zwischen einzelnen Provinzen Unterschiede von bis zu zwölf Jahren gab). In beiden Ländern wird die Lebenserwartung voraussichtlich weiter steigen: So soll die durchschnittliche Lebenserwartung bei Geburt in Deutschland im Jahr 2060 bereits 84,8 Jahre (Männer) bzw. 88,8 Jahre (Frauen) betragen.[10] Daraus ergibt sich eine gravierende Verschiebung in der Altersstruktur. Schon 2013 betrug der Anteil von Kindern und jungen Menschen unter 20 Jahren an der Gesamtbevölkerung nur noch 18%, derjenige der über 65-Jährigen hingegen 21%. 2060 wird der Anteil der Jungen voraussichtlich auf 16% geschrumpft, bereits jeder Dritte hingegen älter als 65 Jahre sein (32% bis 33%). Eine ähnliche Entwicklung zeichnet sich in China ab: Dort geht man davon aus, dass die Gesellschaft im Jahr 2050 zu 25% aus über 65-Jährigen bestehen wird; in Städten und Regionen, in denen die Ein-Kind-Politik ab den 1980er Jahren besonders strikt durchgesetzt wurde, rechnet man sogar mit Altenanteilen bis zu 40%. An der drohenden Überalterung wird wohl auch die jüngste Lockerung der Ein-Kind-Politik wenig ändern können

---

10 Zu diesen und den folgenden Angaben siehe für Deutschland: Statistisches Bundesamt 2015. Für China: Scharping 2014.

– die zunehmende Verbreitung eines urbanen, mobilen Lebensstils und wachsende Konsumbedürfnisse dürften ihren Teil zu einer weiterhin niedrigen Geburtenrate beitragen, die in Verbindung mit dem wachsenden Bevölkerungsanteil der Alten zu einer erheblichen Belastungsprobe für die traditionell gruppen- und gemeinschaftsbezogenen Werte der chinesischen Kultur werden kann. **Christoph Wulf** betrachtet alternde Gesellschaften, von denen wir mit Blick auf Deutschland und China – wenn auch unter unterschiedlichen Voraussetzungen – sprechen können, als komplexe Herausforderung für das Verhältnis der Generationen. Er untersucht, worin die sozialen, kulturellen und gesellschaftlichen Herausforderungen des Alters liegen und entwickelt einen Zusammenhang zwischen Zeiterfahrung und Altern sowie mögliche Merkmale einer ‚Generation der Alten'. Altern und Alter umfassen biologische und medizinische, psychische und soziale, philosophische und literarisch-ästhetische, historische und ethnologische Aspekte. Es ist eine neue ‚Kultur des Alters', die sich gegenwärtig ausprägt. Sie ermöglicht und erfordert neue Austauschprozesse zwischen den Generationen. In der diesbezüglichen Rede von der Solidarität der Generationen gilt es, zwischen der öffentlichen Solidarität des Staates und seiner Institutionen und der familialen Solidarität zu unterscheiden. Über beide einander ergänzende Formen der Solidarität werden die Beziehungen zwischen den Generationen geregelt, die sich als Austauschverhältnisse begreifen lassen, die von Geben, Nehmen und Erwidern bestimmt sind. Ihnen liegt, wie Christoph Wulf zeigt, eine mimetische Struktur zugrunde, wobei der mimetische Charakter des Austauschs zwischen den Generationen im Bereich der Familie und der familialen Solidarität besser greifbar ist als auf der Ebene des Staates und der staatlichen Solidarität.

Im Mittelpunkt der Überlegungen von **Michael Jaeger** steht das publizistische ‚Alterswerk' des Journalisten und Schriftstellers Tiziano Terzani. In ihm wendet sich der langjährige, 1984 aus China ausgewiesene Korrespondent des *Spiegel* den alten Kulturen, den Religionen und Philosophien Asiens zu. Einst in die Studentenrevolten 1968 in Europa und den USA involviert, die nicht zuletzt Ausdruck eines tiefgreifenden Generationenkonfliktes sind, begeistert er sich für das ‚rote China', das als emanzipatorische Alternative zum ‚Westen', als Rebellion gegen alles Alte und Überkommene, die Faszinationskraft einer realisierbaren Utopie erlangt. Michael Jaeger betont die Koinzidenz der westlichen und östlichen Ereignisse, die der chinesischen Perspektive in den Jugend- und Studentenbewegungen Europas und Nordamerikas eine gewaltige Suggestionskraft verlieh. Auch für Tiziano Terzani erweist sich die Kulturrevolution und ihr Verständnis von der ‚Erneuerung des Menschen' erst später als „entsetzliche Tragödie [...] mit unzähligen Opfern, schrecklichen Blutbädern". Er wendet sich nun den alten Kulturen Asiens zu, die fortan durch das Rationalisierungsprojekt eines nunmehr globalen Modernisierungsprozesses bedroht werden, und beschreibt die letzten, verschwindenden Spuren einer alten und einzigartigen, bislang unkolonisierten Welt. Und schließlich – in seinem ‚Alterswerk' – erzählt Terzani in einer existentiellen, spirituellen und philosophischen Perspektive von der großen Reise seines Lebens zu sich selbst, deren reales und zugleich symbolisches Ziel in den Bergen des Himalaja erreicht ist, in der denkbar größten Entfernung sowohl zum westlichen Imperialismus wie auch zum modernen Rationalismus.

Ein **literarischer Appendix** stellt mit Huang Fan einen Schriftsteller vor, der seine Kindheit und Jugend in den 1960er und 1970er Jahren in China verbrachte und mit seinen Arbeiten seit den 1990er Jahren zu einem der Repräsentanten einer neueren Autorengeneration wurde. Ein Auszug aus seiner Erzählung *Aprilscherz mit 17 Jahren*, die einen familiären Generationenkonflikt in der „pseudoanarchischen Luft der Kulturrevolution" (so Li Shuangzhi und Wang Bo in ihren einleitenden Worten) berührt, wird erstmals in deutscher Sprache vorgelegt.

Mit den Fragen nach Generationenverhältnissen und Generationskonflikten in Deutschland und China werden gesellschaftlich brisante und kulturell überaus relevante Problemfelder berührt. Wissenschaftlerinnen und Wissenschaftler aus Deutschland und China diskutieren sie in diesem Band in interdisziplinärer Perspektive. Gemeinsam unternehmen sie eine Annäherung an ein Thema, das in Zukunft weiter an Bedeutung gewinnen wird. Für ihr Engagement danken wir allen Beiträgerinnen und Beiträgern sehr herzlich.

Unser Dank für die finanzielle Förderung der Tagung und der Publikation gebührt dem Deutschen Akademischen Austauschdienst (DAAD). Für die anregende und geduldige Begleitung der Publikation danken wir Frau Dr. Manuela Gerlof, Frau Dr. Anja-Simone Michalski und Frau Stella Diedrich vom Verlag De Gruyter in Berlin, für die umsichtige Unterstützung bei der Erstellung des Manuskripts Frau Narges Roshan.

Berlin und Peking, März 2016   Almut Hille, Huang Liaoyu, Benjamin Langer

Literatur

Alpermann, Björn. „Sozialer Wandel und gesellschaftliche Herausforderungen in China". *Länderbericht China*. Hg. Doris Fischer und Christoph Müller-Hofstede. Bonn 2014. 397–434.

Appadurai, Arjun. „Globale ethnische Räume. Bemerkungen und Fragen zur Entwicklung einer transnationalen Anthropologie". *Perspektiven der Weltgesellschaft*. Hg. Ulrich Beck. Frankfurt/Main: Suhrkamp, 1998. 11–40.

Bebnowski, David. Generation und Geltung. Von den „45ern" zur „Generation Praktikum" – übersehene und etablierte Generationen im Vergleich. Bielefeld: transcript, 2012.

Benjamin. *Remember*. Hamburg: Tokyopop, 2008.
Frei, Norbert. „Abschied von den Zeitgenossen. Erbantritt – Nationalsozialismus und Holocaust im Generationenwechsel". *Süddeutsche Zeitung* (09.09.2000): 18.
Gillert, Sonja. „Chinas Ende der Ein-Kind-Politik kommt zu spät". *Die Welt* (01.11.2015). http://www.welt.de/debatte/kommentare/article148284645/Chinas-Ende-der-Ein-Kind-Politik-kommt-zu-spaet.html (26.04.2016)
Honold, Alexander. „‚Verlorene Generation'. Die Suggestivität eines Deutungsmusters zwischen Fin de siècle und Erstem Weltkrieg". *Generation. Zur Genealogie des Konzepts – Konzepte von Genealogie*. Hg. Sigrid Weigel, Ohad Parnes, Ulrike Vedder und Stefan Willer. München: Wilhelm Fink, 2005. 31–56.
Hörisch, Jochen (Hg.). *Mediengenerationen*. Frankfurt/Main: Suhrkamp, 1997
Jureit, Ulrike, und Michael Wildt (Hg.). *Generationen. Zur Relevanz eines wissenschaftlichen Grundbegriffs*. Hamburg: Hamburger Edition, 2005.
Kirchner, Ruth. „Alt werden im Reich der Mitte". *Deutschlandfunk* (24.01.2013). http://www.deutschlandfunk.de/alt-werden-im-reich-der-mitte.724.de.html?dram:article_id=235284 (26.04.2016).
König, Christian. *Flüchtlinge und Vertriebene in der DDR-Aufbaugeneration. Sozial- und biographiegeschichtliche Studien*. Leipzig: Leipziger Universitätsverlag, 2014.
Kraft, Andreas, und Mark Weißhaupt (Hg.). *Generationen: Erfahrung – Erzählung – Identität*. Konstanz: UVK, 2009.
Kun, Kun. „Generation Ich". *ZEIT Geschichte* 1 (2012). http://www.zeit.de/zeit-geschichte/2012/01/China-Reportage-Kun (27.04.2016).
Leggewie, Claus. *Die 89er. Portrait einer Generation*. Hamburg: Hofmann und Campe, 1995.
Mannheim, Karl. „Das Problem der Generationen". *Wissenssoziologie. Auswahl aus dem Werk. Karl Mannheim*. Eingeleitet und herausgegeben von Kurt H. Wolff. Neuwied am Rhein und Berlin: Luchterhand, 1970. 509–565.
Parnes, Ohad. „Generationen als biologische und soziologische Einheiten in der Epistemologie der Vererbung im 19. Jahrhundert". *Generation. Zur Genealogie des Konzepts – Konzepte von Genealogie*. Hg. Sigrid Weigel, Ohad Parnes, Ulrike Vedder und Stefan Willer. München: Wilhelm Fink, 2005. 235–259.
Parnes, Ohad, Ulrike Vedder und Stefan Willer (Hg.). *Das Konzept der Generation. Eine Wissenschafts- und Kulturgeschichte*. Frankfurt/Main: Suhrkamp, 2008.
Scharping, Thomas. „Bevölkerungspolitik und demografische Entwicklung: Alte Probleme, neue Perspektiven". *Länderbericht China*. Hg. Doris Fischer und Christoph Müller-Hofstede. Bonn: Bundeszentrale für politische Bildung, 2014. 67–99. https://www.die-gdi.de/uploads/media/Laenderbericht_China_Blick_ins_Buch.pdf (02.04.2016).
Seifert, Andreas. *Bildgeschichten für Chinas Massen. Comic und Comicproduktion im 20. Jahrhundert*. Köln, Weimar, Wien: Böhlau, 2008.
Shell Deutschland (Hg.). *Jugend 2015. 17. Shell-Jugendstudie*. Frankfurt/Main: Fischer Taschenbuch Verlag, 2015. http://www.shell.de/aboutshell/our-commitment/shell-youth-study-2015.html (03.03.2016).
Statistisches Bundesamt (Hg.). *Bevölkerung Deutschlands bis 2060. 13. koordinierte Bevölkerungsvorausberechnung*. Wiesbaden: Statistisches Bundesamt, 2015. www.destatis.de/DE/Publikationen/Thematisch/Bevoelkerung/VorausberechnungBevoelkerung/BevoelkerungDeutschland2060Presse5124204159004.pdf?__blob=publicationFile (04.03.2016).

Trentmann, Nina. „Wenn Fremde den Besuch bei den Eltern übernehmen". *Die Welt* (02.11.2013). http://www.welt.de/wirtschaft/article121462075/Wenn-Fremde-den-Besuch-bei-den-Eltern-uebernehmen.html (26.04.2016).

Wang, Junxiu, und Yang Yiyin (Hg.). *Annual Report on Social Mentality of China*. Beijing: Social Sciences Academic Press, 2011.

Weigel, Sigrid. „Zur Dialektik von Geschlecht und Generation um 1800. Stifters Narrenburg als Schauplatz von Umbrüchen im genealogischen Denken". *Generation. Zur Genealogie des Konzepts – Konzepte von Genealogie*. Hg. Sigrid Weigel, Ohad Parnes, Ulrike Vedder und Stefan Willer. München: Wilhelm Fink, 2005. 109–124.

Weigel, Sigrid, Ohad Parnes, Ulrike Vedder und Stefan Willer (Hg.). *Generation. Zur Genealogie des Konzepts – Konzepte von Genealogie*. München: Wilhelm Fink, 2005.

Wichers, Katharina. „,Pogida ist gescheitert'". *Potsdamer Neueste Nachrichten* (19.02.2016). http://www.pnn.de/potsdam/1051671/ (03.03.2016).

Xie, Hongzhong. *Values Orientation of Undergraduate Students*. Beijing: Social Sciences Academic Press, 2010.

I Literarische Generationserzählungen in Zeiten gesellschaftlichen Umbruchs

Ralf Klausnitzer
Generationenverhältnisse im chinesischen und deutschen Familienroman

Von den vielen kommunikativen Interaktionen, die menschliche Gesellschaften prägen, sind nur wenige von so fundamentaler Bedeutung wie die mehrfach dimensionierten Beziehungen zwischen Generationen. Welche Rolle die Relationen zwischen Älteren und Jüngeren bzw. vorangehenden und nachfolgenden Generationen allein für die kulturelle Reproduktion der Gattung spielen, zeigt schon ein Blick auf die komplexen Zusammenhänge bei der Weitergabe von Wissensbeständen, die soziales Zusammenleben wie kulturelle Identität in grundlegender Weise fundieren und konditionieren: Eltern vermitteln Kenntnisse und Methoden an ihre Kinder, die ihrerseits eigene Erfahrungen machen und mit ihnen überkommene Geltungsansprüche in Frage stellen und verändern. Die Angehörigen nachwachsender Kohorten lernen von vorangehenden Älteren, indem sie Erkenntnisse und epistemische Praktiken übernehmen, diese an veränderte Bedingungen anpassen und modifizieren. Die so bewahrten und zugleich immer wieder erneuerten Wissensbestände bilden einen wesentlichen Bestandteil jener weitreichenden intergenerationellen Transferprozesse, in deren Verlauf kondensierte Erfahrungen, explizite Normen und implizite Werte von Kohorte zu Kohorte vermittelt und verändert werden. (Jureit und Wildt 2005; Kraft und Weißhaupt 2009)[1]

Zusammenhänge zwischen Generationen formieren sich also schon in den für menschliche Gesellschaften unabdingbaren Prozessen der Weitergabe von Wissen und Werten, mit denen epistemische Bestände und soziale Normen von älteren an jüngere Generationen vermittelt werden: Lehren und Lernen, Vermitteln und Anwenden, Erwerben und Erproben von Kenntnissen sind notwendige kulturelle Praktiken, in denen nachwachsende Kohorten in Konzepte und Verfahren initiiert werden (müssen), um die Reproduktion gesellschaftlicher Systeme auf Dauer zu stellen. Beziehungen zwischen ‚Alten' und ‚Jungen' sind jedoch nicht auf Prozesse des Wissenstransfers beschränkt. Sie finden sich ebenso in ökonomischen und juristischen Zusammenhängen – etwa in den mehrfach dimensionierten Prozessen der Weitergabe jenes Eigentums, das als ‚Erbe' immenses Potenzial für die erweiterte Reproduktion oder aber für tiefgreifende Konflikte gewinnen kann. Beziehungen zwischen Generationen sind also

---

[1] Zu generationellen Strukturen bei der Weitergabe von epistemischen Beständen Behrs et al. 2013.

in der Politik, in der Wirtschaft, im Kunstsystem und in der Wissenschaft von grundlegender Bedeutung – und zwar als Gegenstand sozialer Praktiken wie von unterschiedlich strukturierten Beobachtungen.

Intergenerationelle Verhältnisse stiften und sichern zugleich gesellschaftliche Dynamik. Denn strukturelle Asymmetrien in der Verteilung von Wissen und entsprechenden Handlungs- bzw. Sanktionsmöglichkeiten zwischen ‚Alten' und ‚Jungen' sind sowohl Ermöglichungsbedingung und Katalysator als auch Resultat kultureller Tradierungs- und Erneuerungsbewegungen: Während die Angehörigen der älteren Generation über einen – im Prozess der eigenen Sozialisierung erworbenen – Informations- bzw. Wissensvorsprung verfügen und auch damit ihre dominierenden Positionen innerhalb hierarchischer Sozialordnungen sichern, sind die ‚Jungen' gezwungen, sich anzupassen und tradierte Muster konformen Verhaltens zu übernehmen (wenn sie nicht riskieren, durch abrupte Kündigungen des Solidarpaktes zwischen den Generationen neue Ordnungen zu etablieren). Zugleich sind die ‚Alten' auf Akzeptanz und Unterstützung durch nachwachsende Generationen angewiesen – insbesondere wenn sie aus aktiven Reproduktionszusammenhängen ausscheiden und das solidarische Verhalten ihrer Nachkommen benötigen.

Werden sich individuelle Akteure der strukturellen Asymmetrien in kulturellen und epistemischen Transferprozessen bewusst und nutzen ihre durch Altersgemeinschaft und Bildungserlebnisse gestifteten Gemeinsamkeiten zur kommunikativ vermittelten Identitätsbildung, können sich Varianten eines generationsspezifischen Selbstbewusstseins ausbilden. Dabei spielen relational organisierte Strukturen des Zugangs zu epistemischen Ressourcen eine wichtige Rolle: Beziehungen zwischen Eltern und Kindern, Lehrenden und Lernenden, Meistern und Schülern geben fundamentale Ordnungsmuster vor, die sich (im europäischen Raum seit den Modernisierungsprozessen des 18. Jahrhunderts) mit variierenden Ausprägungen eines ‚Generationsbewusstseins' verbinden können. An diesen komplexen Prozessen beteiligt sind zeitgleiche Beobachter, die auf je eigene Weise die deklarativen und performativen Akte von Generations-Genese(n) wahrnehmen und bewerten, diskutieren und problematisieren. Schließlich und nicht zuletzt entstehen Generationen durch retrospektive Rekonstruktionen kultureller Kommunikation, in deren Rahmen spätere Beobachter je eigene Perspektiven auf historische Vorgänge entwickeln und zur Ordnung des kulturellen Strukturwandels generationsbezogene Begriffe nutzen.[2]

---

[2] Die Ergebnisse der literatur- und kulturwissenschaftlichen Generationenforschung können an dieser Stelle nicht nachgezeichnet werden. Erste Ansätze zur theoretischen Reflexion des

Für die Gestaltung der komplexen Beziehungen zwischen den Generationen haben Gesellschaften unterschiedliche Regeln und Verfahren, Übereinkommen und Wertesysteme entwickelt. In China stellt die konfuzianische Ethik eine seit Jahrhunderten stabile Grundlage für Sozialbeziehungen bereit, in deren Rahmen das Alter sowohl die Qualität von Wissen als auch die soziale Position seines Inhabers verbürgt. Eltern-Kind-Beziehungen sind hier von starker Loyalität geprägt: Den Eltern sowie den Ahnen bleiben nachwachsende Generationen verpflichtet; radikale Revolten gegen hierarchische Gliederungen in familiären und staatlichen Ordnungen hat es – so scheint es zumindest dem westlichen Blick – bis auf wenige Ausnahmen nicht gegeben. Erst in der Kultur der Gegenwart lassen sich – so eine erste und durch genauere Observationen noch zu präzisierende Vorannahme – Veränderungen des familialen Generationengefüges registrieren, die nicht zufällig in Literatur und Film ihren künstlerischen Ausdruck gefunden haben.

Demgegenüber haben sich in Europa seit der Frühen Neuzeit andere Muster entwickelt. Gesellschaftliche und kulturelle Innovationen fanden und finden hier vor allem auch als Ergebnis von *Auseinandersetzungen zwischen den Generationen* statt. Diskrepanzen zwischen den Einstellungen einer älteren Generation und veränderten Norm- und Wertvorstellungen einer jüngeren Kohorte führen zu *Generationenkonflikten*, deren Kern komplexe Kollisionen zwischen unterschiedlichen Geltungsansprüchen bilden. Um es stark verkürzt zu formulieren: Die Erfahrungen der etablierten ‚Alten' kollidieren mit Erwartungen und Ansprüchen der ‚Jungen', die auf sozialen Wandel rascher reagieren (können). Verschärft wird dieser Konflikt durch die bereits erwähnten strukturellen Asymmetrien in Chancenverteilung und Sanktionsmöglichkeiten: Während die ältere Generation vorhandene Positionen besetzt, über Wissensvorsprünge sowie über die Macht des Belohnens und Strafens verfügt, leidet die jüngere Generation unter dem Fehlen entsprechender Möglichkeiten. Wird dieses Leiden be-

---

Generationenbegriffs zur historischen Beschreibung und Erklärung einer durch gemeinsame Bildungserfahrungen und ästhetische Strategien geprägten Einheit unternahm Dilthey 1964, 36–39. Die von Dilthey selbst später präzisierten Bestimmungen befruchteten eine intensivierte Diskussion des Generationsbegriffs in den 1920er Jahren; so durch Pinder 1926; Mannheim 1928, 157–185 und 309–330, wieder in Mannheim 1964, 509–565; Alewyn 1929; Hoppe 1930; Petersen 1930; Wechßler 1977; Schorske 1979; Jureit und Wildt 2005; Kraft und Weißhaupt 2009. – Literaturwissenschaftlich einschlägig sind Schmitz 1984; Roseman 1995; Lauer 2010. – Aus kulturwissenschaftlicher Perspektive aufschlussreich Weigel et al. 2005; Parnes et al. 2008 sowie die Beiträge des Göttinger Graduiertenkollegs ‚Generationsgeschichte', darunter Bohnenkamp et al. 2009; Weisbrod 2009; Goltz 1968; Berghoff et al. 2013.

wusst und ausgesprochen, formieren sich *Jugendbewegungen*, die vor allem infolge medialer Repräsentationen einen kaum zu unterschätzenden Einfluss auf die Dynamik des kulturellen Wandels gewinnen – vom literarischen ‚Sturm und Drang', der als Prototyp der modernen Jugendbewegung in den 1770er Jahren in Erscheinung tritt (Eibl 1987)[3], über die Generation der Romantiker, die um 1770 zur Welt kommen und um 1800 eine mehrfach dimensionierte ‚Epochenschwelle' inszenieren (Schmitz 1995; Schmitz 1984), bis hin zur Generation der Expressionisten, die zwischen 1880 und 1895 geboren sind und zwischen 1910 und 1925 das kulturelle Feld verändern.[4]

Der nahezu inflationäre Gebrauch des Begriffs ‚Generation' in den Medien der Gegenwart dokumentiert zugleich die Schwierigkeiten im Umgang mit dieser Kategorie: Zu finden ist die Bezeichnung ‚1968er' für eine Altersgemeinschaft, die zwischen 1940 und 1950 geboren wurde und die Emanzipationsbestrebungen seit Ende der 1960er Jahre als prägendes Moment weitreichender gesellschaftspolitischer und kultureller Einstellungen erfuhr. Bereits zwei Bücher von Florian Illies suggerieren, ein Kleinwagen sei das verbindende Symbol einer Generation, die zwischen 1965 und 1975 (im Westen Deutschlands) zur Welt kam und mit den Modellen dieses Fahrzeugtyps groß wurde. (Illies 2003) Während die Unbekannte in der Bezeichnung ‚Generation X' eher für das Fehlen von Gemeinsamkeiten steht, wird die durch Techno-Musik sozialisierte ‚Generation XTC' mit dem Akronym für eine Partydroge markiert. (Böpple und Knüfer 1998) Und das Label ‚Generation @' meint all diejenigen, die mit dem Medium Internet aufgewachsen sind. (Opaschowski 1999) Daneben gibt es die ‚Generation Praktikum', die ‚Generation Porno' und sogar die ‚Generation Umhängetasche'. In diesen Varianten dient der Generationsbegriff zur Etikettierung eines immer rascheren Wechsels von Anschauungen und Lebensstilen; er fungiert als Marketing-Instrument mit dem Ziel, durch Stiftung von Gruppen-Identitäten die immer knappere Ressource Aufmerksamkeit zu gewinnen und davon zu profitieren. (Hörisch 1997)

Trotz der eminenten Bedeutung von Generationenverhältnissen in der chinesischen und in der deutschen Kultur sind diese Beziehungen erst in Ansätzen zum Gegenstand systematischer Überlegungen und historischer Sondierungen geworden. Im Rahmen dieses Beitrags können ihre kulturellen Verhandlungen und medialen Repräsentationen natürlich nicht umfassend, sondern nur exemplarisch diskutiert werden. Dazu sind in einem ersten Schritt wesentliche

---

3 Auch Eibl 1995, 113–133: *Der Aufbruch der Kohorte*.
4 Dazu schon Fauchereau 1975; differenzierter und mit Blick auf die Wechselverhältnisse zwischen Philologie und Poesie die Dissertation von Behrs 2013.

Funktionen des Generationenbegriffs zur kulturellen (Selbst-)Beschreibung gesellschaftlicher Gruppen und Strukturen zu umreißen. Daran anschließend werden Darstellungen von Generationserfahrungen in der chinesischen und in der deutschen Literatur diskutiert – und zwar im Vergleich der beiden kanonischen Familienromane 紅樓夢 (*Der Traum der roten Kammer*) und *Buddenbrooks*. Ein abschließender Ausblick skizziert, wie generationsspezifische Paradigmen und Konsequenzen unter den Bedingungen pluralisierter Lebensformen der Gegenwart beobachtet und ästhetisch dargestellt werden.

Die dabei thematisierten Vorgänge sind überaus aufschlussreich – nicht nur in kultur- und literaturwissenschaftlicher Hinsicht. Denn in den hier vorgestellten Prozessen formieren sich kulturelle Muster, die auch künftige Verhandlungen zwischen Generationen bestimmen werden.

1 Funktionen des Generationenbegriffs zur kulturellen (Selbst-)Beschreibung gesellschaftlicher Gruppen und Strukturen

Wenn hier der Versuch unternommen wird, die Begriffe ‚Generationenverhältnisse' und ‚Generationskonflikte' für den interkulturellen Vergleich zu nutzen, geschieht dies unter zwei Voraussetzungen. Zum einen ist dem unklaren und ungeklärten Gerede über ‚Generationen' im Feuilleton wie in manchen Bereichen der Wissenschaft eine hinreichend klare Explikation der grundlegenden Begrifflichkeiten gegenüber zu stellen. Zum anderen gilt es, die Schwierigkeiten und Probleme eines Begriffes zu reflektieren, der in seiner Konstitution als *performative* Kategorie zur Selbstdarstellung innerhalb eines vorstrukturierten kulturellen Feldes stets der Gefahr unterliegt, komplexe Verhältnisse unzulässig zu reduzieren und einseitig darzustellen.

Zu differenzieren ist zum ersten ein familiengeschichtlich-genealogischer und ein kulturell-sozialer Generationenbegriff. Der familiengeschichtlich-genealogische Generationenbegriff bezieht sich auf die Vorgänge biologisch-sozialer Reproduktion, in deren Zusammenhang nicht nur Erbinformationen und Regeln des Zusammenlebens weitergegeben werden (müssen), um Gesellschaften mit ihren unterschiedlichen Subsystemen auf Dauer zu stellen: Mit jedem Kind, das geboren wird, erscheint im Familienzusammenhang eine neue Generation, der Wissensbestände und Normen und Werte zu vermitteln sind, bevor sie ihrerseits eigene Erfahrungen macht und mit ihnen überkommene Geltungsansprüche in Frage stellt und verändert.[5] Die Angehörigen nachwachsender Generationen lernen von vorangehenden Älteren, indem sie deren Kenntnisse, Methoden und Werte übernehmen, diese an veränderte Bedingungen anpassen und modifizieren. Bewahrte und zugleich immer wieder erneuerte Bestände werden in Transferprozessen von Eltern an Kinder, von Lehrern an Schüler, von Ausbildern an Auszubildende weitergegeben – und von diesen verändert.

Mit dem Anschluss an überindividuelle Parameter erweitert sich der familiengeschichtlich-genealogische Generationenbegriff zu einem *kulturell-sozialen Generationenbegriff*. Die Angehörigen einer Kohorte – also einer durch gemeinsame Geburtsdaten gebildeten Altersgemeinschaft – formieren sich als Generation, wenn sie bestimmte historische Ereignisse und Konstellationen als identitätsstiftende Entwicklungskräfte erfahren. Übereinstimmender Geburtszeitraum und damit verbundene Gleichzeitigkeit des Aufwachsens und Lernens bedingen analoge Einwirkungen, denen diese Individuen in ihrer Adoleszenz- und Formationsphase, d. h. in den Jahren der größten Aufnahmebereitschaft,

---

5 Die besondere Bedeutung von expliziten und impliziten *Regeln* und des damit verbundenen *Regelwissens* für Prozesse des Wissenstransfers zwischen Generationen kann an dieser Stelle nicht ausgeführt werden. Festzuhalten bleibt, dass Regeln jene Konditionen festlegen, auf die sich soziale Gemeinschaften einigen (müssen), um Kommunikationen dauerhaft möglich zu machen; dazu und zur Unterscheidung von konstitutiven und regulativen Regeln schon Rawls 1955, Searle 1965.

Konstitutive Regeln sind gegenstandsbestimmend; sie begründen eine bestimmte Praxis, die aus distinkten und miteinander verbundenen Einheiten ('Praxemen') besteht. Regulative Regeln funktionieren als einschränkende Bestimmung zulässiger Ausübungen und setzen bestimmte Kompetenzen voraus. Die gleichsam fundamentale kulturelle Funktion konstitutiver Regeln wird klarer, wenn man die Legitimität von Regelverletzungen thematisiert. Eine Frage wie „Kann man die Regel, die das Schachmatt festlegt, verletzen?" ist bei Interesse an der Selbsterhaltung des so konstituierten Spiels ebenso unangebracht wie die Frage nach der Zulässigkeit von Plagiaten bei einer wissenschaftlichen Arbeit. Wer den König trotz Schachmatt-Position weiter bewegt, spielt vielleicht weiter – doch kein Schach mehr. Und wer Inhalte und Formulierungen aus fremden Arbeiten ohne Nachweis in die eigene Dissertation übernimmt, bewegt sich außerhalb des auf dokumentierte Eigenleistungen programmierten Systems Wissenschaft und muss mit dem Ausschluss aus einer auch durch symbolische Gratifikationen zusammengehaltenen Gemeinschaft rechnen (selbst wenn die Doktorwürde nicht unbedingt als Eintrittskarte für eine wissenschaftliche Karriere erworben wurde). Mit anderen Worten: Konstitutive Regeln können nicht verletzt werden, ohne dass sich das Spiel im Ganzen ändert bzw. endet – was gravierende Folgen haben kann. Weil die Einhaltung von Regelverletzungen mitunter schwierig ist – denn Kontrollen können überaus aufwändig ausfallen und immer nur stichprobenartig sein – müssen gerade konstitutive Regeln tief in das Selbstverständnis der handelnden Akteure eingelassen werden.

ausgesetzt sind. Ähnliche Erfahrungen mit Kultur und gesellschaftlichen Zuständen können jedoch nur aufgrund übereinstimmender oder analoger Dispositionen und Voraussetzungen gemacht werden. Karl Mannheim nennt diesen Aspekt ‚soziale Lagerung'. Er kennzeichnet die Zugehörigkeit von altersgemeinschaftlich verbundenen Individuen zu bestimmten sozialen Schichten oder Klassen und beschreibt die Möglichkeit der Teilhabe von unterschiedlichen Akteuren an einer gemeinsamen Kultur.

Der gemeinsame *historisch-soziale Lebensraum* formiert ein Gruppenbewusstsein, dessen Komplexität nicht zu unterschätzen ist: Man sucht nach eigenen Positionen und antwortet auf Erwartungen mit Protest; man registriert eine zunehmende Desintegration und entwickelt ein besonderes Kontingenzbewusstsein. Hinzu treten *Formations-* bzw. *Bildungserlebnisse*, die aus der verwandten ‚Generationslagerung' einen ‚Generationszusammenhang' machen.[6] Dieser Zusammenhang – verstanden als gemeinsame Partizipation an historischen Konstellationen und Ereignissen – bildet jedoch nur eine Voraussetzung für das sichtbare Hervortreten einer Kohorte als Generation. Erst wenn die gleichsam virtuellen Gemeinschaften von Gleichaltrigen zu *gemeinsamen* und *aufeinander bezogenen Orientierungs- und Handlungsmustern* finden und diese artikulieren, lässt sich – ebenfalls im Anschluss an Karl Mannheim – von einer ‚Generationseinheit' sprechen. Die Artikulation generationsspezifischer Identitäten erfolgt in unterschiedlichen Sektoren der kulturellen Kommunikation: In der kulturellen Öffentlichkeit und in der Politik, im Lebensstil und in der Musik, in der bildenden Kunst sowie in Literatur und Film. Die Varianten sind so weit gefächert, dass sie an dieser Stelle nicht einmal kursorisch erläutert werden können. Hinzuweisen ist hier nur auf das Spektrum von generationsbezogenen Äußerungsformen in der literarischen Kommunikation: Es reicht von der Propagierung gemeinsamer ästhetischer Ideale in der Kommunikation mit der kulturellen Öffentlichkeit über die Erzeugung von Visibilität durch Manifeste, Anthologien und Zeitschriften bis zu manifester Gruppenbildung, wobei sich Zirkel mit zumindest nomineller Gleichberechtigung von den durch Führerstruktur und formelle Exklusivität dominierten Autoren- oder Dichterkreisen unterscheiden.

Diese nur sehr knappen und fragmentarischen Überlegungen zeigen, wie begrenzt und präzisierungsbedürftig der Generationsbegriff für die Beschreibung und Erklärung kultureller Verhältnisse ist – vor allem auch in Bezug auf den Vergleich so unterschiedlicher Gesellschaften wie der chinesischen und der deutschen. Als Kategorie zur Beobachtung und Deutung von Ähnlichkeiten und

---

6 So in Anlehnung an die Terminologie von Mannheim 1928 und 1964.

wiederkehrenden Mustern kann er dennoch verwendet werden – wenn man ihn entsprechend limitiert und vorsichtig gebraucht. Dazu ist zwischen einer (a) performativen und (b) retrospektiven Verwendungsweise des Begriffs zu unterscheiden:

- Performative Verwendung findet der Generationsbegriff durch aktive Akteure, die mit der Propagierung von gruppenspezifisch geteilten Werten wie ‚Neuheit' sowie der Opposition gegen das ‚Alte' Unterscheidungen vornehmen und Positionen in einem vorgeprägten Feld zu besetzen suchen.
- Retrospektiv wird der Begriff der Generation in Rekonstruktionen verwendet, die nach übergreifenden historisch-sozialen und kulturellen Primärerfahrungen fragen, um aus Erlebnissen der Formationsphase bestimmte Rückschlüsse auf analoge Wahrnehmungs- und Handlungsmuster zu ziehen.

Klar dürfte sein, dass eine performative Verwendung des Generationsbegriffs nicht für eine wissenschaftliche Erfassung literarischer Generationen in Betracht kommt – die Risiken der subjektiven Verzeichnung sind zu hoch. Deshalb wird nachfolgend eine Bestimmung von kulturellen Generationen vorgeschlagen, die den Begriff als Ergebnis retrospektiver Rekonstruktionen mit begrenzten heuristischen Funktionen auffasst. Generationen sind in dieser Perspektive spezifizierte Gruppen von Individuen, die aufgrund übereinstimmender bzw. ähnlicher Sozialisationserfahrungen in der Formationsphase in so signifikanter Weise geprägt wurden, dass nachweisbare Gemeinsamkeiten in Bezug auf weltanschaulich-philosophische Überzeugungen oder ästhetische Ideale sowie deren Präsentation in der Öffentlichkeit festgestellt und untersucht werden können. Diese Übereinstimmungen führen zu gruppenspezifischen Habitusformen, Ähnlichkeiten in präferierten Gattungen, Themen und Motiven sowie zu einer – vor allem in der Anfangsphase generationeller Kristallisationen feststellbaren – Sprache, die sich von Ausdrucksformen vorangegangener oder auch gleichzeitiger Gruppen unterscheidet.

Auf retrospektiv rekonstruierende Weise kann der Begriff ‚Generation' also übereinstimmende Konstellationen und damit verbundene soziale, kulturelle, ästhetische Prägungen beschreiben. Eine Erklärung von Ähnlichkeiten in Themen, Motiven, Stilen muss aber über diese generationsspezifischen Faktoren hinausgehen und weitere Ursachen des kulturellen Strukturwandels berücksichtigen.[7]

---

[7] Die Schwierigkeiten bei der Beschreibung und Erklärung kulturellen Wandels sind immens und hier nicht darzustellen. Die komplexen Voraussetzungen des Erklärens erläutert Elster

Von besonderer Bedeutung erweist sich die Möglichkeit, kulturelle Innovationen als Ergebnis von Auseinandersetzungen zwischen Generationen zu deuten. Der Generationskonflikt erscheint in dieser Perspektive als das Resultat von Diskrepanzen zwischen den Einstellungen einer älteren und veränderten Norm- und Wertvorstellungen einer jüngeren Generation. Übereinstimmendes Merkmal aller dieser generationsspezifischen Bewegungen ist die Radikalität, mit der eine Opposition zwischen ‚jung‘ und ‚alt‘, ‚neu‘ und ‚überlebt‘ gestaltet wird: Die jugendliche Kohorte nimmt für sich höhere Werte in Anspruch und setzt sie der ‚schlechten‘ Wirklichkeit entgegen. Sie operiert im Namen eines höheren Wissens gegen ein borniertes Establishment und kritisiert das Bestehende als Ergebnis von Kompromissen, die durch Berufung auf den eigenen, ‚reinen‘ Wertekanon der Heuchelei überführt und verurteilt werden.

Um kurz zusammenzufassen: Um ‚Generationen‘ (zunächst im kulturellen Rahmen einer Gesellschaft, aber auch im interkulturellen Vergleich) beobachten und beschreiben zu können, sind folgende Merkmale nachzuweisen und zu observieren:

- Zugehörigkeit zu einer Altersgemeinschaft und gemeinsame Erfahrung gesellschaftlicher, sozio-kultureller, ästhetischer etc. Prägungen;
- übereinstimmende Reaktionen auf vorfindliche Strukturen des jeweiligen Feldes (in Politik und Wirtschaft, Kunst und Wissenschaft); Formierung von Werten und Idealen;
- Propagierung und Verteidigung dieser gemeinsamen Werte und Ideale in der Kommunikation mit der Öffentlichkeit; Erzeugung von Sichtbarkeit durch Manifeste, Zeitschriften, Anthologien etc.;
- Binnenstrukturierung einer Gruppe bzw. einer Bewegung mit nomineller Gleichberechtigung (im Gegensatz zu den durch Führerstruktur und formelle Exklusivität ausgezeichneten Parteien etc.).

2007; methodologisch aufschlussreich Frings 2008 sowie die Beiträge von Salmon 1998 (hier vor allem 125–141: *Why Ask "Why?"? An Inquiry Concerning Scientific Explanation*; 333–346: *Alternative Models of Scientific Explanation*). Unter den Beiträgen aus der deutschen Literaturwissenschaft vgl. dazu den Sammelband von Titzmann 1991 sowie vor allem die Überlegungen von Eibl 1996 und Eibl 2000.

2 Generationen in der chinesischen und in der deutschen Literatur: Vergleich der Familienromane *Der Traum der roten Kammer* und *Buddenbrooks*

Jeder Leser im Reich der Mitte kennt den Roman *Der Traum der roten Kammer* (紅樓夢). Auch in Europa ist dieser wohl berühmteste chinesische Roman bekannt; in Deutschland nicht zuletzt dank der neuen Übersetzung von Rainer Schwarz und Martin Woesler. (Tsau und Gau 2009) Im Folgenden möchte ich danach fragen, wie dieser literarische Text ein Wissen über Generationenverhältnisse und Generationskonflikte vermittelt. Besonders aufschlussreich ist dabei sein Vergleich mit analogen literarischen Formaten in Europa: Denn es lässt sich zeigen, dass der deutsche Familienroman, der im 18. Jahrhundert entsteht und im 19. und 20. Jahrhundert seine Blüte erlebt, ganz ähnliche Probleme verarbeitet wie das chinesische Werk, das in epischer Breite den Niedergang der in Peking lebenden Familie Jia zur Zeit der Qing-Dynastie darstellt. Hinzu kommen bedeutende Parallelen, aber auch gravierende Unterschiede in der Thematisierung und Gestaltung von Jugend- und Adoleszenz-Problemen. Meine zentrale These ergibt sich aus dem Vergleich des chinesischen Romans *Der Traum der roten Kammer* mit einem deutschen Roman, der seinem erst 25-jährigen Verfasser später den Nobelpreis für Literatur einbringen sollte: Sowohl der im 18. Jahrhundert verfasste Familienroman *Der Traum der roten Kammer* als auch der Roman *Buddenbrooks. Verfall einer Familie* von Thomas Mann stellen wesentliche Zeugnisse für das Potenzial von Literatur dar, ein vielfältiges und differenziertes Wissen über historische und mentalitätsgeschichtliche Prozesse und also auch über die Beziehungen zwischen Generationen zu vermitteln.[8]

---

[8] Nicht zu diskutieren sind in diesem Zusammenhang die Fragen, die sich aus den vielfältigen Bezugnahmen deutscher Literaten auf (ein imaginiertes) China und seine Sozialbeziehungen ergeben. Dabei spielen Referenzen auf China und die (bewunderte) chinesische Kultur in literarischen Texten eine wichtige Rolle: Der Historiker und Schriftsteller David Fassmann (1683–1744) gibt in seinem vierbändigen Werk *Der auf Ordre und Kosten seines Kaysers reisende Chineser* (Leipzig 1721–1733) zeitgenössisches Bildungsgut kulturhistorischer Provenienz weiter (wobei er schriftstellerischer Phantasie den Vorzug vor historischer Exaktheit einräumt); Friedrich II. von Preußen (1712–1786) verfasst den Staatsroman *Relation de Phihihu, émissaire de l'empereur de la Chine en Europe* (Cologne [Köln] 1760); Christoph Martin Wieland verlegt den Idealstaat seines Fürstenspiegels *Der goldne Spiegel* (Leipzig 1772) in ein synkretistisch entworfenes chinesisch-indisch-persisches Morgenland. – Noch Herbert Rosendorfers erstmals 1983

Die Entstehungs- und Erfolgsgeschichte von Thomas Manns Familienroman ist bekannt und hier nur kurz anzudeuten. Das voluminöse Werk, das im Oktober 1901 im S. Fischer-Verlag erscheint und mit dem Nebentitel *Verfall einer Familie* den Gegenstand und die Verlaufsform andeutet (und darin dem naturalistischen Monumentalwerk *Les Rougon-Macquart* von Émile Zola mit der programmatischen Erweiterung *Histoire naturelle et sociale d'une famille sous le Second Empire* folgt) beruht auf einem mehrjährigen Schreibprozess, in dessen Verlauf der junge Autor eine Fülle verschiedener Wissensbestände akkumuliert hatte. Diese Kenntnisse reichen von ökonomischen Zusammenhängen und wirtschaftsgeschichtlichen Daten wie etwa den Weizenpreisen zwischen 1835 und 1877 (über die sich Thomas Mann von Konsul Wilhelm Marty, einem Vetter des Vaters, in „langen Schreibmaschinen-Ausführungen" [Mann 1990, 280] informieren ließ) bis zu medizinischen Erklärungen über den Verlauf einer Typhus-Erkrankung, die der Autor nach eigenem Eingeständnis der aktuellen Auflage von Meyers Konversationslexikon entnahm und „ungeniert" in seinen Text einmontierte.[9] Auf ein kulturelles Wissen beziehen sich jene Textelemente und -eigenschaften, die der Autor in seinen rezeptionssteuernden Bemühungen selbst herausstellte: In den Anweisungen, die Thomas Mann dem Freund Otto Grautoff gab (und die dieser auch wortidentisch in mehreren Rezensionen umsetzte) fungieren als „zwei echt deutsche Ingredienzien" des Buches „Musik und Philosophie" sowie die „Leitmotiv-Technik", die eine „wagnerische Wirkung" erzielen sollte.[10] Neben den von genauer Beobachtung zeugenden Kenntnissen sozialer Beziehungen in hanseatischen Handelshäusern offeriert der Roman schließlich ein spezielles familiengeschichtliches Wissen: Der Text

---

veröffentlichter Roman *Briefe in die chinesische Vergangenheit* demonstriert in der imaginierten Zeitreise des altchinesischen Mandarins Kao-tai in das München der modernen Bundesrepublik die Möglichkeiten von Literatur, im (konstruierten) Spiegel der anderen Kultur die Konditionen und Beweggründe des eigenen Verhaltens zu modellieren.
9 So Thomas Mann an Theodor W. Adorno. Brief vom 30. Dezember 1945 (Mann 1963, 470).
10 Thomas Mann an Otto Grautoff. Brief vom 26. November 1901 (Mann 1975, 139–140). Entsprechend sollte Otto Grautoff verfahren. „Durch das ganze Werk geht ein echt deutscher Zug", heißt es in seiner Besprechung in den *Münchener Neuesten Nachrichten* vom 24.12.1901; in der Hamburger Zeitschrift *Der Lotse* erklärt er: „im ganzen Habitus, geistig, gesellschaftlich und schon dem Gegenstande nach, sind ‚Buddenbrooks' ein echt deutscher Roman zu nennen". Als „zwei echt deutsche Ingredienzien" identifizieren seine Besprechungen Musik und Philosophie; als Einflussfaktoren werden in nahezu gleich lautenden Formulierungen Tolstoi, Dostojewski und Turgenjew sowie Dickens genannt. Auch die Aussage, der Roman protestiere „gegen den Geist des Überbrettls der Fünf-Secunden-Lyrik und jeder gewissenlosen und schnellfertigen Romanschreiberei", wurde durch Thomas Mann im Brief vom 26. November 1901 detailliert vorgegeben.

bezieht sich mit überaus zahlreichen Referenzen auf reale Personen und Konstellationen in Thomas Manns Heimatstadt Lübeck, von denen der Verfasser aus familiären Dokumenten und insbesondere aus einem ausführlichen Bericht seiner Schwester Julia wusste. Insofern zielten Thomas Manns unverblümte Versuche zur Steuerung des Lese-Verhaltens durch Vorgaben an den Rezensenten – die zwar ein „starkes Stück" (Harprecht 1995, 175), doch kein singuläres Ereignis waren – auf mehr als nur eine besondere Ausrichtung der Aufmerksamkeit. Zum einen suchte der noch junge Schriftsteller damit ein generations- und gruppenübergreifendes Publikum zu gewinnen, nachdem er die Reaktionen auf seine ersten Veröffentlichungen sehr genau registriert und festgestellt hatte, dass ihm die „Sympathien der litterarischen Generation"[11] galten, der er selbst angehörte. Zum anderen sollten seine Anweisungen an den Verfasser der Besprechungen die „nationalen" Qualitäten seines Werkes exponieren und von den realen Vorbildern des Textes ablenken.

Auch wenn die beiden Romane in ganz unterschiedlichen kulturellen Welten spielen, gibt es zwischen Thomas Manns *Buddenbrooks* und dem *Traum der Roten Kammer* unübersehbare Parallelen. Diese ergeben sich zunächst aus personaler Konfiguration und Handlungsverlauf: Während Thomas Mann die Geschichte einer Lübecker Kaufmanns-Familie entfaltet, die nach wirtschaftlichem Aufstieg langsam verfällt, erzählt der chinesische Roman, der von Cao Xueqin (曹雪芹) (1715/1724–1763/1764) wahrscheinlich im Jahr 1759 vollendet wurde, mit über 350 Figuren eine filigran verästelte Geschichte vom Aufstieg und Verfall einer chinesischen Aristokratenfamilie. In deren Zentrum steht die Geschichte des Sohnes Jia Baoyu (買寶玉/贾宝玉), der als freier Geist zum Dichter wird. Die Haupthandlung gruppiert sich um diesen Protagonisten und um seine zwei Kusinen Lin Daiyu (林黛玉 ‚Blaujuwel') und Xue Baochai (薛寶釵/薛宝钗). Thomas Manns Roman *Buddenbrooks* endet mit Todesfällen und dem wirtschaftlichen Ruin der vormals reichen Familie; im Roman vom *Traum der roten Kammer* besteht die Zentralfigur Jia Baoyu die Staatsprüfung auf Provinzebene und entsagt dann der Welt.

Nicht weiter zu diskutieren ist hier die 2011 von Zhang Yiyi aufgeworfene These, nach welcher der Autor Cao Xueqin eine Frau war. Denn zunächst sollen die Analogien und Ähnlichkeiten zwischen dem chinesischen und dem europäischen Familienroman markiert werden. Übereinstimmungen bestehen primär in der realistischen Schilderung der sozialen und kulturellen Welt, in der sich die Protagonisten bewegen. Obwohl Thomas Manns Roman die Stadt Lübeck nicht einmal mit Namen nennt, entsteht beim Lesen ein plastisches Bild der

---

11 So Thomas Mann an Franz Brümmer. Brief vom 7. April 1900. Wysling 1975, 19.

Stadt an der Trave. Ähnlich gelingt es dem Roman *Der Traum der roten Kammer*: Obwohl der Autor die Ereignisse in die Ming-Zeit zurückdatiert, um der Zensur zu entgehen, beschreibt sein Roman detailliert die Gesellschaft und sozialen Verhältnisse unter der Herrschaft des Kaisers Qianlong (1735–1796); auch deshalb gilt er als gelungenste Darstellung Chinas in der Qing-Dynastie (1644–1912). Aspekte der wichtigen chinesischen Philosophie-Strömungen des Daoismus, Konfuzianismus und Buddhismus lassen sich im Werk nachweisen. Und wie der Roman von Thomas Mann verschlüsselt auch *Der Traum der Roten Kammer* seine realhistorischen Referenzen: Zahlreiche Textfiguren beziehen sich auf tatsächlich existierende Personen, so dass bereits in den überlieferten Original-Handschriften Eingriffe vorgenommen wurden – denn der Autor Cao Xueqin wollte diese realen Personen schützen.

Zugleich gibt es gravierende Unterschiede. *Der Traum der Roten Kammer* erzählt eine Familiengeschichte und thematisiert dabei in besonderer Weise die Probleme der jungen Protagonisten; die Hauptfiguren sind zwischen zwölf und neunzehn Jahre alt. (Auch deshalb ist dieser Roman bei der chinesischen Jugend noch immer beliebt.) Thomas Manns Roman *Buddenbrooks* entfaltet ebenfalls eine Familiengeschichte in epischer Breite; die Jugend der Figuren aber ist eine vorübergehende Episode und wird im Fall von Hanno Buddenbrook sogar durch den Tod beendet – während die Romanfigur Jia Baoyu ins Kloster geht. Noch wichtiger: *Der Traum der Roten Kammer* geht von einer mythischen Exposition aus, die im ersten Kapitel eingeführt wird: Die Göttin Nüwa kann einen Stein nicht zur Reparatur des Himmelsdaches verwenden, dieser wird beseelt und bittet um die Mitnahme in die Welt. Der Stein ernährt eine Blume namens Purpur-Perle mit Tautropfen; er wird schließlich als der zentrale Protagonist Jia Baoyu wiedergeboren.

Nun lassen sich die zentralen Fragen beantworten: Welche generationsspezifischen Selbst- und Fremdbilder werden in den beiden Romanen entwickelt? Wie erklären sich diese Muster? Und warum weisen die beiden erfolgreichen Romane diese Parallelen auf?

Zunächst sind die gattungsspezifischen Analogien festzuhalten. In beiden Kulturen funktioniert die literarische Gattung Roman als ein Wissensspeicher, um weitreichende Einsichten in kulturhistorische und mentalitätsgeschichtliche Wandlungsprozesse zu vermitteln. *Der Traum der Roten Kammer* ist ein Familien- und Generationenroman, der autobiografische Erfahrungen des Autors verarbeitet und zugleich mit buddhistischen Erkenntnissen von der Nichtigkeit des irdischen Daseins verbindet; wiederkehrendes Bild ist die Metapher vom „roten Staub" für die Welt. Der Roman *Buddenbrooks* ist nach zahlreichen Selbstzeugnissen des Autors ebenso von persönlichen Erfahrungen geprägt;

zugleich erscheint er als „Seelengeschichte des deutschen Bürgertums, von der nicht nur dieses selbst, sondern auch das europäische Bürgertum überhaupt sich angesprochen fühlen konnte" (Mann 1990, 383). Das Werk, so Thomas Mann weiter, sei ein „als Familiensaga verkleideter Gesellschaftsroman, der als solcher dem westeuropäischen Typ des Romans näherstand als dem deutschen" (Mann 1990, 383). Als Bestandteil einer großangelegten Generationenerzählung exemplifiziert etwa die Figur des Hanno Buddenbrook eine in der Darstellungsgesamtheit narrativ entfaltete Erkenntnis, die schon der Nebentitel des Romans „Verfall einer Familie" andeutet; zugleich ist er selbst figuraler Träger dieses Wissens, wenn er seinen Eintrag im Stammbaum der Familie durchstreicht und auf die wütende Frage des Vaters nach den Gründen für diesen „Unfug" antwortet: „Ich glaubte ... ich glaubte ... es käme nichts mehr." (Mann 2002, 576)

Es lässt sich die These formulieren, dass auch der chinesische Roman *Der Traum der Roten Kammer* den „Verfall einer Familie" schildert. Er exemplifiziert das Sprichwort: „Reichtum überdauert keine drei Generationen", indem er zeigt, wie eine junge Generation, die von ihren Eltern mit Reichtum ausgestattet wurde, in gesellschaftliche und finanzielle Schwierigkeiten gerät. Dabei ist es der Dynastien-Wechsel, durch den sich die kaiserliche Gunst von der Familie wendet – während im Roman von Thomas Mann die Krisen-Erscheinungen der bürgerlichen Gesellschaft und eine nachlassende Vitalität zum Untergang der Familie führen.

Die literarischen Mittel zur Demonstration dieses Untergangs sind überraschend ähnlich: Im Roman *Der Traum der Roten Kammer* stirbt die sehnsüchtig liebende Kusine Lin Daiyu aus Liebeskummer. Qin Keqing begeht Selbstmord, Jia Yuanchun und Miao Yu sterben plötzlich. Im Roman *Buddenbrooks* stirbt Clara kurz nach ihrer Heirat an Tuberkulose, der Familienvater und Senator Thomas stirbt an einem vereiterten Zahn, sein Sohn Hanno erliegt als Gymnasiast dem Typhus.[12] – Zugleich gibt es in beiden Werken analoge Techniken der Vorausdeutung auf Kommendes. Im Roman *Der Traum der Roten Kammer* sind es vor allem Träume, im Roman *Buddenbrooks* spezifisch eingesetzte Leitmotive wie etwa die immer schlechter werdenden Zähne, die Rolle der Musik und Lektüre-Erlebnisse.

Zu einem Wissensspeicher der besonderen Art werden in beiden Romanen die genauen Mitteilungen über Alltagskenntnisse: Im *Traum der Roten Kammer* wird die Zubereitung von Hähnchen detailliert erläutert; im Roman *Buddenbrooks* erscheint eine wissenschaftliche Darstellung der Typhus-Erkrankung.

---

12 Dazu instruktiv Erhart 2004.

Als weitergehende These lässt sich festhalten, dass beide Romane ein spezifiziertes Wissen generationenbezogener Art speichern. Diese Kenntnisse gewinnen sie aus der literarischen Verarbeitung individueller und kollektiver Erfahrungen. Die familiengeschichtlichen Bezüge von Thomas Manns Roman wurden bereits genannt. Auch *Der Traum der roten Kammer* basiert auf den Erfahrungen, die der Autor im Laufe des langsamen wirtschaftlichen Abstiegs seiner Familie machen musste und die er mit genialer Erzähltechnik und unter intensiven Rückgriffen auf seine Bildungsbestände ausformuliert. Sein Großvater war Beamter und die Familie wohlhabend, bevor sie in Ungnade fiel und ihr Vermögen konfisziert wurde. Zurückgezogen in einem westlichen Vorort von Beijing lebend, verfasste er unter schwierigen äußeren Bedingungen die ersten 80 Kapitel des Romans und starb nach schwerer Krankheit.

Eine abschließende Beobachtung soll der Rezeptionsgeschichte der in den beiden Romanen modellierten Generationenverhältnisse gelten. Sowohl *Der Traum der Roten Kammer* von Cao Xueqin als auch Thomas Manns Roman *Buddenbrooks* gelten als kanonische Darstellungen familiärer Strukturen.[13] Diese literarisch generierten Bilder von familiär strukturierten Generationsbeziehungen und deren Problemen konnten deshalb solche Wirkungen erzielen, weil sie (a) übergreifende Erfahrungen zum Ausdruck brachten und also repräsentativ wirkten; und (b) durch ihre episch breite und zugleich verästelte Struktur eine Fülle von Anschlussmöglichkeiten für Interpretationen boten. Hier ist nur darauf hinzuweisen, dass *Der Traum der Roten Kammer* einer der ersten Romane ist, der eine dem Kaiserhof verbundene Familie detailliert beschreibt (was durch die Kenntnisse des Autors möglich wurde). Neben diesem gehobenen Sozial-Milieu werden aber auch soziale Mittel- und Unterschichten beschrieben. Die zahlreichen Anspielungen auf den Kaiserhof machen ihn zugleich zu einer Fundgrube für die politische und die Ideengeschichte – nicht ohne Grund hat sich in China eine ‚Rot-Forschung' (紅学风雨) ausgebildet, die ein Hongloumeng-Wörterbuch (紅楼梦大辞典) hervorbrachte und philologisch nahezu alle Details des Romans untersucht.[14] – Zugleich ist *Der Traum der Roten Kammer* eines der ersten Werke der chinesischen Erzählliteratur, das Emotionen literarisch thematisiert und bearbeitet. So ist etwa der auktoriale Erzähler vom Gefühl der Wehmut bzw. der Melancholie getragen. Diese grundlegende Melancholie gestaltet auch der Roman von Thomas Mann, der gleichfalls ein breites Panorama von Figuren mit differenzierten Gefühlen entwirft.

---

13   Dazu jetzt auch Gutjahr 2012 und Marx 2012.
14   Die sinologischen Forschungen aus dem deutschen Raum dokumentiert der Sammelband von Kubin 1999.

Zum Schluss dieser hier nur knapp skizzierten Überlegungen sind zwei Thesen zu formulieren, die weitergehende Forschungen anregen bzw. stimulieren können.

(1) Analogien zwischen Thomas Manns Roman *Buddenbrooks* und dem Roman *Der Traum der Roten Kammer* von Cao Xueqin ergeben sich aus dem Muster einer literarischen Gattung, die vielfältige Wissensbestände über Generationen und generationelle Zusammenhänge auf besondere Weise narrativiert, individualisiert, exemplifiziert und damit zu einem besonderen Speicher für soziale und kulturelle Erfahrungen avanciert. Diese literarische Gattung ist der Roman, der – und das ist keineswegs selbstverständlich – sowohl in Europa als auch in China zu einem besonderen Format der literarischen Repräsentation gesellschaftlicher Verhältnisse aufsteigt.

(2) In beiden Romanwerken finden sich analoge Textverfahren und Strukturmuster zur literarischen Verarbeitung sozialer Umbruchserfahrungen. Diese Übereinstimmungen zeigen, wie wichtig eine vergleichende Erforschung literarischer Formen und Gattungen bleibt – vor allem auch in kulturübergreifender Perspektive.

3 Beobachtungen der Gegenwart: Generationsprobleme unter den Bedingungen pluralisierter Lebensformen

Als im Sommer 2012 auf einer Veranstaltung der Brandenburgischen Landeszentrale für politische Bildung die Frage diskutiert wurde, warum die sogenannte ‚Nach-Wende-Generation' aus der früheren DDR mit der Generation ihrer Eltern nicht ähnlich kritisch ins Gericht ginge, wie es die Studentenbewegung 1968 in der BRD tat,[15] lagen zahlreiche literarische Texte vor, die genau dieses Problem in unterschiedlichen Perspektiven darstellten: Nach Werken aus den 1990er Jahren wie dem satirischen Entwicklungsroman *Helden wie wir* von Thomas Brussig oder dem „Roman aus der ostdeutschen Provinz" *Simple*

---

15 Schubert 2016. Die problematischen Aspekte dieses Vortrags lassen sich hier nicht näher erläutern; hinzuweisen ist jedoch auf die starke These von einer ‚Generationensolidarität' der sogenannten ‚Dritten Generation Ost' zu ihrer Elterngeneration, die den ‚Wende-Kindern' ein ‚1968 Ost' versagt hätte. Die Behauptung einer unzureichend kritischen Auseinandersetzung dieser Generation mit der DDR ist auch mit auch mit Blick auf die nachfolgend zu diskutierende Literatur zweifelhaft.

Storys von Ingo Schulze erschienen vor allem seit der Jahrtausendwende diverse Texte, die sich den zeitgeschichtlichen Ereignissen im allgemeinen und intergenerationellen Beziehungen im Besonderen widmeten. Zu diesen gehören u. a. der Debütroman *Junge Talente* von André Kubiczek (2002) und seine weltumspannende Familiengeschichte *Der Genosse, die Prinzessin und ihr lieber Herr Sohn* (2012), das Sachbuch *Zonenkinder* von Jana Hensel (2002), der Roman *Mit der Geschwindigkeit des Sommers* von Julia Schoch (2009) und der „Bildungsroman" *Der Hals der Giraffe* von Judith Schalansky 2011). Erinnert man sich zudem an die vielfach diskutierten Romane *Der Turm. Geschichten aus einem versunkenen Land* von Uwe Tellkamp (2008), *Haltet euer Herz bereit. Eine ostdeutsche Familiengeschichte* von Maxim Leo (2010), *In Zeiten des abnehmenden Lichts. Roman einer Familie* von Eugen Ruge (2011), *Ab jetzt ist Ruhe. Roman meiner fabelhaften Familie* von Marion Brasch (2012) oder *Legende vom Glück des Menschen* von Peggy Mädler (2011) sowie an Filme wie *Die fetten Jahre sind vorbei* (D 2004, Regie: Hans Weingartner) oder den vielfach ausgezeichneten Debütstreifen *Oh Boy* (D 2012, Regie: Jan-Ole Gerster) wird rasch klar, dass sich die Gestaltungsweisen von Generationserfahrungen in Literatur und Film der Gegenwart stark diversifiziert haben.[16]

Folgende Ausgangsbeobachtungen eignen sich zur Strukturierung eines Feldes, das nicht allein aufgrund seiner unabgeschlossenen Struktur weiterer Explorationen bedarf:

(a) Seit Beginn der 1990er Jahre wenden sich literarische und filmische Werke verstärkt familiären Strukturen und intergenerationellen Beziehungen zu. Diese unter anderen von Harald Welzer schon 2004 konstatierte „Konjunktur der Familien- und Generationenromane"[17] lässt sich als ästhetische Reaktion auf die in der Gegenwart zu beobachtende Krise von Familienverhältnissen deuten.[18] Die bürgerliche Kern- bzw. Kleinfamilie, die seit ihrer Formierung im

---

16 Berührungspunkte mit dem hier verhandelten Feld der literarischen Gestaltung intergenerationeller Beziehungen haben auch die vielschichtigen literarischen Produktionen von Jacob Hein, Irina Liebmann, Schmidt, Katrin , Susanne Schädlich, Jutta Voigt, Robert Ide, Hanna Hünninger, Jenny Erpenbeck, Inka Parei u. a., die hier leider nicht näher dargestellt werden können.
17 Welzer 2004. Welzer behandelt hier Romane von Ulla Hahn (*Unscharfe Bilder*), Uwe Timm (*Am Beispiel meines Bruders*), Stephan Wackwitz (*Ein unsichtbares Land*), Reinhard Jirgl (*Die Unvollendeten*) und Tanja Dückers (*Himmelskörper*).
18 Die Frage, was als ‚Gegenwart' gilt, ist eine ebenfalls weitreichende und kontrovers diskutierte Frage, der hier nicht weiter nachgegangen werden kann. Für die nachfolgenden Überlegungen wird darunter in Bezug auf die Verhältnisse in der Volksrepublik China die Zeit nach

18. Jahrhundert in einer heteronormativen und patriarchalisch verfassten Arbeitsgesellschaft reproduktive Funktionen übernahm und „relationale Beziehungen ihrer Mitglieder" mit „normativen Setzungen" und emotionalen Bindungen kombinierte (Brinker-von der Heyde und Scheuer 2004, 8), gerät aufgrund gesellschaftspolitischer und sozio-struktureller Umbrüche zunehmend unter Druck. Literarische Texte – die als Seismographen gesellschaftlichen Wandels gelten – konstatieren zunehmend ihre Brüchigkeit, beschreiben Auflösungserscheinungen, ja sogar ihren Zerfall.[19] Um es thesenhaft verknappt zu formulieren: Die Familie mit ihrer Beziehungsökonomie zwischen Generationen wird literarisch zum Thema, da sie realgesellschaftlich vor besonderen Herausforderungen steht.[20]

(b) Der signifikant vervielfältigten Thematisierung von Familienverhältnissen korrespondiert eine zunehmende Beobachtung und Gestaltung von Adoleszenz-Problemen und der damit verbundenen Konfliktverhältnisse zwischen älterer und jüngerer Generation. Wiederum stark zusammengefasst formuliert: Die Familie – und weniger die Öffentlichkeit oder staatliche Institutionen wie Schule oder Universität – avanciert zum soziokulturellen Raum, in dem intergenerationelle Kollisionen ausgetragen werden. Hatten literarische Zeugnisse in der kulturellen Umbruchssituation um 1900 noch diverse öffentliche Plattformen zur Inszenierung intergenerationeller Auseinandersetzungen gewählt und ihre Protagonisten in der Schule oder der Bildungsanstalt gegen vorgesetzte Normen rebellieren lassen (so in Frank Wedekinds „Kindertragödie" *Frühlings Erwachen* oder in Robert Musils *Verwirrungen des Zöglings Törleß*), ist der literarische Rückzug auf innerfamiliäre Konstellationen wohl kaum zu übersehen. Auch wenn es selbstverständlich Ausnahmen gibt wie den an einem Gymnasium handelnden Roman *Spieltrieb* von Julie Zeh oder den bereits er-

---

der von Deng Xiaoping 1978 eingeleiteten Reform- und Öffnungspolitik verstanden. Im deutschen Kulturraum gilt als „Gegenwart" die Zeit nach der gesellschaftsgeschichtlichen Zäsur 1989/1990, die signifikante Differenzen zu den Zeiträumen ‚nach 1945' bzw. ‚Nachkriegskultur' sowie den an politischen Systemvorgaben angelehnten Rubrizierungen aufweist. Exemplarisch für diese von der Literaturwissenschaft reflektierte Problemstellung ist Tommek 2015a; mit methodologischen Überlegungen Tommek 2015b.
19 So die Diagnose von Martinec und Nitschke 2009, 9. Diese Diagnose trifft schon für die Familienromane des ausgehenden 19. und beginnenden 20. Jahrhunderts zu (siehe dazu den ersten Abschnitt des Beitrags).
20 So die für die Gegenwart getroffene Diagnose von Löffler 2005, 17: „Wir leben im Zeitalter der Schrumpf-, Rumpf- und Patchworkfamilien. [...] Zugleich aber blüht der Familienroman wie nie zuvor." Dazu jetzt auch Galli und Costagli 2010.

wähnten „Bildungsroman" *Der Hals der Giraffe* von Judith Schalansky – der literarische Rückzug in private Lebenswelten und familiäre Beziehungen scheint unübersehbar. Dabei lässt sich als dominantes Muster die Dissoziation bzw. Auflösung vorgängiger Muster der Rebellion und des Aufbruchs erkennen: Im Zentrum zahlreicher Texte und Filme stehen verunsicherte und zweifelnde Angehörige der jungen Generation, die sich in einer unübersichtlichen Welt nur noch schwer zurechtfinden. Paradigmatisch für die Präsenz dieser ‚Generation Y' im Kunstsystem ist die post-migrantische Protagonistin Mascha in Olga Grjasnowas Debütroman *Der Russe ist einer der Birken liebt* aus dem Jahr 2012, aber auch die Filmfigur Nico Fischer in Jan-Ole Gersters vielfach prämiertem Film *Oh Boy*.

(c) Die Auflösung bisheriger intergenerationeller Konfliktmuster in Literatur und Film der Gegenwart ist erklärungsbedürftig. Denn die neuere deutsche Literatur hatte seit Mitte des 18. Jahrhunderts vor allem Konflikte zwischen herrschenden Vätern und ihren im Namen höherer Werte rebellierenden Söhnen gestaltet; das Spektrum reicht von Friedrich Schillers erstem Drama *Die Räuber* (aus dem Jahr 1781) bis zu Thomas Braschs bitterer Abrechnung *Vor den Vätern sterben die Söhne* (von 1977). Die nun in literarischen Texten und in Spielfilmen thematisierten und problematisierten Generationskonflikte sehen anders aus: Gegen die ökonomisch und (familien-)politisch herrschenden Väter regt sich kaum Widerstand; die nachwachsende Generation ist von wirtschaftlich erzwungener Anpassung geprägt und rebelliert nicht, sondern driftet ziellos durch eine Welt pluralisierter Angebote. Wenn es zu Kollisionen kommt, dann zu symbolischen Aktionen wie in dem Film *Die fetten Jahre sind vorbei* oder zu Exzessen der Gewalt wie in dem verstörenden Film *Kriegerin* (D 2011, Regie: David Wnendt).

Alle hier kurz skizzierten Entwicklungslinien der modernen Verhandlungen von Generationenverhältnissen zeigen sich exemplarisch in Eugen Ruges Roman *In Zeiten des abnehmenden Lichts*, der 2011 erschien. Dieser zu einem Bestseller avancierte Roman ist zum einen – wie schon im Nebentitel markiert – der „Roman einer Familie" und nimmt weitreichende literarische Tradition auf. Er partizipiert an den Gattungsregeln und dem kulturellen Kapital des Familienromans, der im deutschen Sprachraum vor allem durch Thomas Manns Roman *Buddenbrooks* geprägt wurde. Doch während der berühmte Vorgänger sein Programm mit dem Nebentitel „Verfall einer Familie" explizit markiert und seine Geschichte in chronologischer Abfolge entfaltet, verfährt Eugen Ruge sub-tiler und raffinierter: Er verzichtet auf rezeptionsanleitende Vorausdeutungen, er arbeitet mit drei Zeitebenen, und er setzt das Mosaik der Handlung vom Zweiten Weltkrieg bis ins Jahr 2001 aus einem halben Dutzend Figurenperspektiven zusammen.

Auf diese Weise formiert der Text multiperspektivische Bilder, die auf der Grundlage je eigener Beobachtungen und Wahrnehmungen die Wissensformen unterschiedlicher Alters- und Erfahrungsgemeinschaften kondensieren. Der so aus unterschiedlichen Perspektiven entstehende Jahrhundert-Roman, der deutsche Geschichte im globalen Kontext auf exemplarische Weise erzählt und dabei vor allem die Bedeutungen von Ideen und Überzeugungen im Spannungsfeld politischer Lenkungsansprüche thematisiert, könnte genauer analysiert sowie mit Werken der chinesischen Gegenwartsliteratur verglichen werden. Dabei lässt sich zeigen, wie die artifiziellen Gestaltungsweisen von Figurenperspektiven und Zeitebenen ein differenziertes Generationswissen erzeugen.

Da diese Analyse aus Zeit- und Raumgründen nicht erfolgen kann, ist ein knappes Fazit zu ziehen. Beziehungen zwischen Generationen bleiben ein weites Feld kultureller Verhandlungen und ästhetischer Darstellungen. Davon profitieren Literatur- und Medienwissenschaften, die den unterschiedlichen Formen und Formaten generationeller Erfahrungen nachgehen. Gefordert sind zugleich auch die Kultur- und Sozialwissenschaften im deutschen und im chinesischen Sprachraum – denn sie gewinnen mit den Gestaltungsweisen von Generationsverhältnissen und -konflikten in Literatur und Film ein nicht zu unterschätzendes Reservoir von Beobachtungsmaterial für eigene Explorationen. Was bleibt, sind also vor allem Anregungen und Problemstellungen. Was aber ist für wissenschaftliche Bemühungen besser als solche Herausforderungen?

Literatur

Alewyn, Richard. „Das Problem der Generationen in der Geschichte". *Zeitschrift für deutsche Bildung* 5 (1929): 519–527.

Behrs, Jan, Benjamin Gittel und Ralf Klausnitzer. *Wissenstransfer. Konditionen, Praktiken, Verlaufsformen der Weitergabe von Erkenntnis*. Bern: Peter Lang, 2013.

Behrs, Jan. *Der Dichter und sein Denker. Wechselwirkungen von Literatur und Literaturwissenschaft in Realismus und Expressionismus*. Stuttgart: Hirzel, 2013.

Berghoff, Hartmut, Uffa Jensen, Christina Lubinski und Bernd Weisbrod (Hg.). *History by Generations. Generational Dynamics in Modern History*. Göttingen: Wallstein, 2013.

Bohnenkamp, Björn, Till Manning und Eva-Maria Silies (Hg.). *Generation als Erzählung. Neue Perspektiven auf ein kulturelles Deutungsmuster*. Göttingen: Wallstein 2009.

Böpple, Friedhelm, und Ralf Knüfer. *Generation XTC. Techno und Ekstase*. Berlin: Volk und Welt, 1998.

Brinker-von der Heyde, Claudia, und Helmut Scheuer. *Familienmuster – Musterfamilien. Zur Konstruktion von Familie in der deutschen Literatur*. Frankfurt/Main: Peter Lang, 2004.

Dilthey, Wilhelm. „Über das Studium der Geschichte, der Wissenschaften vom Menschen, der Gesellschaft und dem Staat [1875]". *Gesammelte Schriften*. Bd. V. Wilhelm Dilthey. Stuttgart und Göttingen: Teubner/Vandenhoeck & Ruprecht, 1964. 31–73.

Eibl, Karl. „Autonomie und Funktion, Autopoiesis und Kopplung. Ein Erklärungsangebot für ein literaturwissenschaftliches Methodenproblem mit einem Blick auf ein fachpolitisches Problem". *Nach der Sozialgeschichte. Konzepte für eine Literaturwissenschaft zwischen Historischer Anthropologie, Kulturgeschichte und Medientheorie*. Hg. Martin Huber und Gerhard Lauer. Berlin und New York: Niemeyer, 2000. 175–190.

Eibl, Karl. *Die Entstehung der Poesie*. Frankfurt/Main und Leipzig: Insel, 1995.

Eibl, Karl. „Die erste deutsche Jugendrevolte: Sturm und Drang". *Der Generationenkonflikt*. Hg. Norbert Hinske und Meinhard Schröder. Trier: Pressestelle Universität 1987.

Eibl, Karl. „Literaturgeschichte, Ideengeschichte, Gesellschaftsgeschichte – und ‚Das Warum der Entwicklung'". *Internationales Archiv für Sozialgeschichte der deutschen Literatur* 21.2 (1996): 1–26.

Elster, Jon. *Explaining Social Behavior. More Nuts and Bolts for the Social Sciences*. Cambridge: Cambridge University Press, 2007.

Erhart, Walter. „Thomas Manns Buddenbrooks und der Mythos zerfallender Familien". *Familienmuster – Musterfamilien. Zur Konstruktion von Familie in der Literatur*. Hg. Claudia Brinker-von der Heyde und Helmut Scheuer. Frankfurt/Main et al.: Peter Lang, 2004. 161–184.

Fauchereau, Serge. „La Génération expressionniste". *Critique. Revue Générale des Publications Françaises et Étrangères* 31 (1975): 485–506.

Frings, Andreas. „Erklären und Erzählen. Narrative Erklärungen historischer Sachverhalte". *Erzählen, Erklären, Verstehen. Beiträge zur Wissenschaftstheorie und Methodologie der historischen Kulturwissenschaften*. Hg. Andreas Frings und Johannes Marx. Berlin: Akademie Verlag, 2008. 129–164.

Galli, Matteo, und Simone Costagli. „Chronotopoi. Vom Familienroman zum Generationenroman". *Deutsche Familienromane. Literarische Genealogien und internationaler Kontext*. Hg. Matteo Galli und Simone Costagli. Paderborn: Fink, 2010. 7–20.

Goltz, Anna von der (Hg.). *"Talkin' 'bout my generation" – Conflicts of Generation Building and Europe's 1968*. Göttingen: Wallstein, 2011.

Gutjahr, Ortrud. „Beziehungsdynamiken im Familienroman. Thomas Manns Buddenbrooks". *Thomas Mann*. Hg. Ortrud Gutjahr. Würzburg: Königshausen und Neumann, 2012. 21–44.

Harprecht, Klaus. *Thomas Mann. Eine Biographie*. Reinbek b. Hamburg: Rowohlt, 1995.

Hoppe, Karl. „Das Problem der Generation in der Literaturwissenschaft". *Zeitschrift für Deutschkunde* 45 (1930): 726–748.

Hörisch, Jochen (Hg.). *Mediengenerationen*. Frankfurt/Main: Suhrkamp, 1997.

Illies, Florian. *Generation Golf*. München: Argon, 2000.

Illies, Florian. *Generation Golf zwei*. München: Blessing, 2003.

Jaeger, Hans: „Generationen in der Geschichte". *Geschichte und Gesellschaft* 3 (1977): 429–452.

Jureit, Ulrike, und Michael Wildt (Hg.). *Generationen. Zur Relevanz eines wissenschaftlichen Grundbegriffs*. Hamburg: Hamburger Edition, 2005.

Kraft, Andreas, und Mark Weißhaupt (Hg.). *Generationen: Erfahrung – Erzählung – Identität*. Konstanz: UVK, 2009.

Lauer, Gerhard (Hg.). *Literaturwissenschaftliche Beiträge zur Generationsforschung*. (= Göttinger Studien zur Generationsforschung, Bd. 3). Göttingen: Wallstein, 2010.

Löffler, Sigrid. „Die Familie. Ein Roman". *Literaturen* 6 (2005): 17–26.

Mann, Thomas. *Briefe an Otto Grautoff 1894–1901 und an Ida Boy-Ed*. Hg. von Peter de Mendelssohn. Frankfurt/Main: Fischer, 1975.

Mann, Thomas. *Briefe*. Hg. von Erika Mann. Bd. II: 1937–1947. Frankfurt/Main: Fischer, 1963.
Mann, Thomas. *Buddenbrooks. Verfall einer Familie*. Große kommentierte Frankfurter Ausgabe. Bd. 1. Hg. von Heinrich Detering. Frankfurt/Main: Fischer, 2002.
Mann, Thomas. „Lübeck als geistige Lebensform (1926)". *Gesammelte Werke in 13 Bänden*. Bd. XI. Thomas Mann. Frankfurt/Main: Fischer, 1990. 376–398.
Mannheim, Karl. „Das Problem der Generationen". *Kölner Vierteljahreshefte für Soziologie* 7 (1928): 157–185, 309–330.
Mannheim, Karl. *Wissenssoziologie. Auswahl aus dem Werk*. Eingeleitet und herausgegeben von Kurt H. Wolff. Neuwied am Rhein und Berlin: Luchterhand, 1964.
Martinec, Thomas, und Claudia Nitschke. *Familie und Identität in der deutschen Literatur*. Frankfurt/Main: Peter Lang, 2009.
Marx, Friedhelm. *Thomas Manns „Buddenbrooks" und die Familienromane der Gegenwartsliteratur*. Bonn: Bernstein, 2012.
Opaschowski, Horst. *Generation @. Die Medienrevolution entläßt ihre Kinder. Leben im Informationszeitalter*. Hamburg: British American Tabacco, 1999.
Parnes, Ohad, Ulrike Vedder und Stefan Willer. *Das Konzept der Generation. Eine Wissenschafts- und Kulturgeschichte*. Frankfurt/Main: Suhrkamp, 2008.
Petersen, Julius. „Die literarischen Generationen". *Philosophie der Literaturwissenschaft*. Hg. Emil Ermatinger. Berlin: Junker und Dünnhaupt, 1930. 130–187.
Pinder, Wilhelm. *Das Problem der Generation in der Kunstgeschichte Europas*. Berlin: Frankfurter Verlags-Anstalt, 1926.
Rawls, John. „Two concepts of rules". *Philosophical Review* 64 (1955): 3–32.
Roseman, Mark (Hg.). *Generations in Conflict. Youth Revolt and Generation Formation in Germany 1770–1968*. Cambridge: Cambridge University Press, 1995.
Salmon, Wesley C. *Causality and Explanation*. New York: Oxford University Press, 1998.
Schubert, Thomas. *Generationensolidarität – ein ostdeutsches (Nachwende)Phänomen? Ein Beitrag zur Aufarbeitungsdebatte*. http://www.politische-bildung-brandenburg.de/sites/default/files/downloads/ generationensolidaritaet_vortrag.pdf (07.02.2016).
Schmitz, Walter. „‚Die Welt muss romantisiert werden…'. Zur Inszenierung einer Epochenschwelle durch die Gruppe der ‚Romantiker' in Deutschland". *Germanistik und Komparatistik*. Hg. Henrik Birus. Stuttgart und Weimar: Metzler, 1995. 290–308.
Schmitz, Walter. „Literaturrevolten: Zur Typologie von Generationsgruppen in der deutschen Literaturgeschichte". *Das Lebensalter in einer neuen Kultur? Zum Verhältnis von Jugend, Erwerbsleben und Alter*. Hg. Rudolf Walter Leonardt. Köln: Bachern, 1984. 144–165.
Schmitz, Walter. „Literaturrevolten: Zur Typologie von Generationsgruppen in der deutschen Literaturgeschichte". *Das Lebensalter in einer neuen Kultur? Zum Verhältnis von Jugend, Erwerbsleben und Alter*. Hg. Rudolf Walter Leonhardt. Köln: Bachern, 1984. 144–165.
Schorske, Karl. „Generational Tension and Cultural Change". *Generations*. Hg. Stephen R. Graubard. New York und London: Norton, 1979. 111–122.
Searle, John R. „How to derive ‚Ought' from ‚Is'". *Philosophical Review* 71 (1964): 43–58.
Searle, John R. „What is a speech act?" *Philosophy in America*. Hg. Max Black. London: George Allen & Unwin, 1965. 121–139.
Titzmann, Michael (Hg.). *Modelle des literarischen Strukturwandels*. Tübingen: Niemeyer, 1991.
Tommek, Heribert. *Der lange Weg in die Gegenwartsliteratur. Studien zur Geschichte des literarischen Feldes in Deutschland von 1960 bis 2000*. Berlin und Boston: De Gruyter 2015a.

Tommek, Heribert. „Die Formation der Gegenwartsliteratur. Deutsche Literaturgeschichte im Lichte von Pierre Bourdieus Theorie des literarischen Feldes". *Internationales Archiv für Sozialgeschichte der deutschen Literatur* 40,1 (2015b): 110–143.

Tsau, Hsüä-tjin [Cao Xueqin] und Ë Gau [Gao E]. *Der Traum der Roten Kammer oder Die Geschichte vom Stein*. Übersetzt von Rainer Schwarz und Martin Woesler. Herausgegeben von Martin Woesler. Bochum: Bochumer Universitätsverlag, ²2009.

Wechßler, Eduard. *Die Generation als Jugendreihe und ihr Kampf um die Denkform*. Leipzig: Quelle & Meyer, 1930.

Weigel, Sigrid, Ulrike Vedder, Ohad Parnes und Stefan Willer (Hg.). *Generation. Zur Genealogie des Konzepts – Konzepte von Genealogie*. München: Wilhelm Fink, 2005.

Weisbrod, Bernd (Hg.). *Historische Beiträge zur Generationsforschung*.Göttingen: Wallstein, 2009.

Welzer, Harald. „Schön unscharf. Über die Konjunktur der Familien-und Generationenromane". *Literatur. Beilage zu Mittelweg* 36, Nr. 1 (2004): 53–64.

Wysling, Hans (Hg.). *Dichter über ihre Dichtungen: Thomas Mann*. München und Frankfurt/Main: Heimeran, 1975.

Li Shuangzhi
Die Jugendbewegungen in der deutschen Literaturgeschichte und ihre Rezeption in der 4. Mai-Bewegung in China

1 Einführung

Die Tatsache, dass die Jugend, die biografisch-biologische Bezeichnung der Lebensphase zwischen der Kindheit und dem Erwachsensein, in der Sozial-, Kultur- und Literaturgeschichte stets zu einer ästhetischen und poetologischen Kategorie erhöht wurde und wird, teilen wohl alle menschlichen Zivilisationen. Nicht zuletzt zeugen dichterische Darstellungen in verschiedenen Kulturkreisen, auch in Deutschland und China, davon, wie die Jugend in semantischem Zusammenhang mit Schönheit, Lebensfreude und Erneuerungsmöglichkeit bzw. Innovationstendenz besondere Geltung findet.

Der Begriff Jugendbewegung hingegen, dessen Popularität in Deutschland im 20. Jahrhundert wesentlich Hans Blühers Geschichtsbeschreibung in seinem *Wandervogel. Geschichte einer Jugendbewegung* (1912) zu verdanken ist, kennzeichnet eine moderne Umbruchserfahrung in der Form des Generationenkonflikts und wird in der Forschung häufig als ein genuin deutsches Phänomen zwischen dem *Fin de Siècle* und dem Dritten Reich betrachtet. Das Spezifische des Jugendkonzepts besteht nicht zuletzt in der seit der Jahrhundertwende um sich greifenden Kulturkritik, deren Zielscheibe die durch die autoritäre, starre und alte Väter-Generation vertretene Bürgerwelt ist:

> [D]er Altersunterschied wird als soziale und kulturelle Diskrepanz gedeutet, die Krise der Jugend gewinnt die Konturen eines philosophischen und politischen Problems. Die Jungen wollen nicht mehr alt und wie die Alten werden. Sie treten [...] als schwer zu klassifizierende oder zu berechnende Kraft in Erscheinung. Indem sie eine „ganz andere" Gesellschaftsverfassung einklagen, signalisieren sie den Zeitumbruch. (Koebner et al. 1985, 9–10)[1]

In meiner Arbeit am vorliegenden Aufsatz habe ich Unterstützung vom chinesischen staatlichen Förderungsprogramm „Ästhetik des Fin de siècle und Erfahrung mit der Modernität in deutschsprachigen Ländern" (Nr. 14CWW020) erhalten.

1 Zur Auseinandersetzung mit der Kulturkritik in der Jugendbewegung vgl. Bohnenkamp 1974.

Die somit konstruierte Jugend als Träger der gesellschaftlichen Reform und nationalen Regeneration erweist sich als eine dem konkreten historischen Kontext der europäischen Modernisierung entwachsene Denkfigur, die seither über nationale und kulturelle Grenzen hinweg rekurriert und reproduziert wird.[2]

Der Konnex der Jugendbewegung, der ursprünglich der Beschreibung einer deutschen Sozialbewegung dient, lässt sich nun auch auf das Literaturgeschichtsschreiben übertragen, sieht man in der Verbindung der Jugend mit der dynamischen Kraft und dem Aufbruchswunsch auch eine konstante Formel für die poetische und poetologische Repräsentation der Jugend in der deutschsprachigen Dichtung. Allerdings sollte man hier von einer Plural-Form der Jugendbewegungen sprechen, die nicht nur jeweils die Selbst- und Fremdbestimmungen der Jugend in verschiedenen zeitgeschichtlichen Kontexten markieren, sondern auch eine diachronische Interreferenz und daher eine Kontinuität der Jugend-Konzeptionen in der Literaturgeschichte aufweisen.[3]

Eben diese dichterische Beschäftigung mit der Jugend zur Gestaltung des imaginären Aus- und Umbruchs lässt sich auch in einem anderen Kontext, in der literarischen Modernisierungswelle um *die* Jugendbewegung in China, nämlich um die 4. Mai-Bewegung 1919, beobachten. „Die damalige auch soziale und kulturelle Umbruchsphase", die ich im Einverständnis mit dem Sinologen Wolfgang Kubin mit den „Eckdaten von 1915 und 1925" (Kubin 2005, 25) bestimme, zeigt nicht nur eine Affinität der Jugend für gesellschaftliche Reformen und nationale Regeneration. Die chinesischen Intellektuellen und Dichter greifen auch direkt nach dem obengenannten deutschen Jugendkonzept, um für ihr eigenes Unternehmen zu plädieren, es zu proklamieren und zu formulieren.

Im Folgenden werde ich zuerst die Formation einiger bedeutender Jugendbewegungen in der deutschen Literaturgeschichte skizzieren und dann die Transformation derselben in der chinesischen Rezeption um 1919 nachzeichnen, um herauszufinden, welche Signifikanten das Schlagwort Jugend in der deutschen literarischen und literaturgeschichtlichen Narration gewinnt, und wie jene durch die transkulturelle Reproduktion hohe Relevanz für die chinesische Modernisierungserfahrung erlangen.

---

2 Zu Einflüssen der deutschen Jugendbewegung auf andere europäische Länder vgl. Nasarski 1967.

3 Dass die Jugendbewegung im engeren Sinne auch die Linie der Jugend-Narrative in der deutschen Literaturgeschichte aufgreift, wird schon mehrfach von der Forschung nachgewiesen. Walter Z. Laqueur bemerkt z. B.: „Ihre [Jugendbewegung, L.S.] Wurzeln indes reichen mindestens hundert Jahre zurück, bis zur ‚Sturm- und Drangzeit', zur Burschenschaft und vor allem zur deutschen Romantik." (Laqueur 1962, 13)

2 Mehrmalige Entdeckung der Jugend in der deutschen Literaturgeschichte

Zweifelsohne steht der Sturm und Drang am Anfang der Reihe der Jugendbewegungen als literarischen Bewegungen. Der spektakuläre Auftritt einer jungen Generation deutscher Dichter zeichnet sich eben durch die Artikulation der eigenen jugendlichen Leiden und Leidenschaften aus, was eine bis dato beispiellose Manier markiert. Führt der junge Goethe mit seinem Romanprotagonisten, dem leidenden jungen Werther, einen Inbegriff der „kranken Jugend" mit dem „kalkulierten Wahnsinn"[4] vor, schreibt der junge Schiller in seinen Dramastücken *Die Räuber* und *Kabale und Liebe* die Generationenverhältnisse neu. Während im von den beiden großen Stürmern und Drängern rezipierten Drama *Emilia Galotti* die familiäre Konstellation Vater-Tochter zugunsten der Symbolisierung der bürgerlichen Tugend im Zentrum steht, gewinnt Schillers dramatisches Werk im Wesentlichen mit dem ausgeprägten Vater-Sohn-Konflikt, der sich bei nachfolgenden Generationen zu einem konstanten Grundzug der poetischen Jugend-Narration entwickelt, an Bewegungskraft (vgl. Luserke-Jaqui 2005, 78).

Obwohl die Jugend kaum als selbst ernannter Wesenszug in den literaturkritischen und poetologischen Schriften des Sturm und Drang zum Vorschein kommt, verzeichnet die Forschung seine literaturgeschichtliche Bestimmung wiederholt im Zeichen der Jugend, und dies nicht nur aufgrund der stofflichen Fülle der Jugendfiguren, sondern auch in Hinblick auf innovative Ansprüche in der Poetik. Eine Beschreibung in der Literaturgeschichte lautet beispielsweise: „Es war die junge Intelligenz, die gegen erstarrte poetische Regeln, gesellschaftliche Konventionen und Einseitigkeiten der Aufklärung protestierte, indem sie ihre eigenen Überlegungen und Kunstwerke denen ihrer Väter entgegensetzte." (Karthaus 2000, 27)

So wird der Jugendbegriff mit der literaturwissenschaftlichen Erkenntnis über Generationenunterschiede beladen und ein Verweisungssystem zwischen der individuellen Lebensgeschichte und deren dichterischer Verarbeitung, dem gesellschaftlichen Umwandlungsprozess und der ästhetisch-poetologischen Umorientierung konstruiert. Aus der Perspektive erscheint der chronologische Generationenwechsel im System der Literatur an sich nunmehr als ständig erneuerte Besetzung der Jugend und Neubestimmung derselben.

Die Frühromantiker, die Goethe und Schiller gegenüber als jüngere Generation posieren, beziehen die Jugend auf ihre romantische Poesie und konzipieren

---

[4] Zum Begriff der kranken Jugend als literaturhistorischem Deutungsmuster vgl. Martin 2002.

sie teilweise als einen anthropologisch-kosmischen Idealzustand. In seinem Roman *Lucinde* etwa stellt der romantische Theoretiker Friedrich Schlegel eine „ewige Sehnsucht nach der ewigen Jugend" (Schlegel 1962, 58) vor, die auch in zwei romantischen Jünglingsgeschichten, Hölderlins *Hyperion* und Novalis' *Heinrich von Ofterdingen* Resonanzen findet. In diesem Phantasiebild, der Kombination der Jugend mit der Ewigkeit, lässt sich der Leitbegriff der Frühromantik veranschaulichen: die progressive Universalpoesie, die eine ästhetische Unendlichkeit verspricht. So erwägt man in der Forschung die Jugend als „ein romantisches Konzept", denn „[d]ie Generation tritt im Zeichen der neuen Jugend, ihres Autonomieanspruchs, ihres ‚Idealismus' und ihres Gefühlsreichtums an" (Ewers 1997).

Wirkt die Jugend als eine rein ästhetische Symbolfigur bei den Romantikern utopisch und realitätsfern, zeigt sich alsbald ein anderer Pol bei wieder einer neuen Generation, die um 1830 auf den Schauplatz der literarischen *und* politischen Öffentlichkeit vordringt: das Junge Deutschland. Das Prädikat der Jugend ergibt sich in ihrem Fall jedoch aus dem Zusammenspiel der Selbst- und Fremdbestimmung der Gruppe. Das unfreiwillig zugeordnete Mitglied Heinrich Heine höhnt:

> Das ist nun jenes fabelhaft Junge Deutschland, wogegen in der offiziellen und servilen Presse so viel polemisiert ward. Die edelmütigen Feinde hatten ein sehr leichtes und ungefährliches Spiel, da sie immer gegen einen Namen kämpften, den niemand als den seinigen vertreten und sich mit einer Solidarität belasten wollte. (Heine 1979, 294)

Aber genau die von den Feinden pejorativ gebrauchte Namensbezeichnung beweist *ex negativo* die politische Stoßkraft des Jugendkonzepts, das jedenfalls weniger auf die politisierte Dichtung als auf die politisch ambitionierten Dichter hinweisen kann. Ein anderer Jungdeutscher stellt in seinem Rückblick fest:

> Eine solche wird es immer geben, ein Modernes wird immer da sein. Insofern sind solche Bezeichnungen mißlich. Aber es ereignet sich doch, daß eine Epoche größeren Nachdruck auf ihre Jugend legt, als die andere, daß eben die Jugend zum Unterscheidungsworte genommen wird. Und dies geschah in den dreißiger Jahren in politischer und literarischer Bezeichnung durch die wichtigsten Länder Europas. Jeune, giovine, jung war eine Parole geworden, die viel Unreifes bezeichnen half, aber den lebendigsten Schwung der Zeit in sich begriff. (Laube 1840, 93)

Die Jugend als Parole in der literarischen Konkurrenz, die Jugend als Identifikationsfigur der Darstellung und die Jugend als ästhetisches Programm, all dies erfährt eine intensive Belebung um die letzte Jahrhundertwende, also um 1900. Hermann Bahr hält dem „jüngsten Deutschland" (vgl. Bahr 2005), den Naturalisten in Berlin, das angeblich von ihm initiierte Junge Wien bzw. Junge Österreich entgegen, ganz im Gestus der Überwindung des Naturalismus. Die euphorisch ausgerufene Revolution der Literatur geht also mit dem Jugendmythos einher, der den Ausbruchswunsch der jüngeren Großbürgersöhne sowohl im wilhelminischen Reich also auch in der Doppelmonarchie kennzeichnet. Die Bestrebung nach der literarischen Moderne als Reaktion auf die zunehmend beschleunigte Modernisierung der Gesellschaft ist aber von der schmerzlichen oder gar traumatischen Erfahrung des Unbehagens an der Moderne vorangetrieben und auch geprägt. Dementsprechend bringen die teilweise tatsächlich jugendlichen Autoren wie Hugo von Hofmannsthal, Leopold von Andrian etc. bei ihrer Jugenddarstellung ein problematisches bzw. krisenhaftes Selbstbild hervor, wobei eine narzisstische Schönheitsbesessenheit als Krankheit zum Tod ausgedrückt wird (vgl. Li 2013). Eine andere realistischere Variante der auch psychopathologisch getönten Adoleszenzkrise bildet sich in zahlreichen Schülergeschichten bei Frank Wedekind, Hermann Hesse, Thomas Mann, Rainer Maria Rilke usw. heraus, die auf die gesellschaftskritische Schärfe in der Beschreibung des Generationenkonflikts im Sturm und Drang zurückgreifen und die Schwierigkeiten der Autonomie der Jugendlichen beklagen (vgl. dazu Mix 1995).

Einerseits die Idealisierung des vitalen und frischen Jugendbilds, das auch im populären Jugendstil formuliert wird, andererseits die dichterische Thematisierung der jugendlichen Problematik auf der ästhetischen und gesellschaftlichen Ebene: Die kulturelle Herstellung der Jugend in Deutschland bzw. Österreich am Anfang des 20. Jahrhunderts ist als eine vieldeutige Enkodierung vor dem Hintergrund der selbstreflexiven Moderne zu beobachten, die nicht nur ihre Fortsetzung in der eigentlichen Jugendbewegung und im Expressionismus nach dem Ersten Weltkrieg, sondern auch ein sehr bedeutendes Pendant im Fernen Osten zur gleichen Zeit findet.

3 Die Konstruktion des jungen Chinas unter deutscher Inspiration

In der deutschen Literatur- und Kulturgeschichte seit dem späten 18. Jahrhundert stellt die Jugend, so stellen wir fest, wiederholt das Kennzeichen einer Bewegung dar, die im Gestus des Abschiednehmens vom Alten das Neue für sich behauptet und erfindet. Die chinesischen Intellektuellen am Anfang des 20. Jahrhunderts, die sich verstärkt als eine Generation zwischen dem Alten und Neuen verstehen und stilisieren, suchen ebenfalls in der Entdeckung bzw. Erfindung der Jugend eine Ausdrucksform des Ausbruchswunschs.

So initiiert die 1900 veröffentlichte Programmschrift von Liang Qichao (梁启超), *Rede über das junge China* (少年中国说), den folgenreichen Rekurs auf die Jugend als Symbolbild für die Regeneration der Nation. Ausgelöst wird diese Jugend-Narration von der Wahrnehmung der Gefährdung seitens der europäischen bzw. japanischen imperialistischen Mächte, aus deren Sicht China als ein uraltes, stagnierendes und daher lebensunfähiges Reich erscheinen soll. Dem trüben und schwächlichen Bild des Alters hält Liang eine vitale, dynamische und daher zukunftsfähige Jugend entgegen. Die eifrige Aufwertung der Jugend in der dualistischen Polarisierung führt letztendlich zur Aufforderung an die chinesische Jugend, Träger der Verjüngung bzw. Erneuerung der Nation China zu werden:

> Wenn die Jugend der ganzen Nation eine Jugend im wahrhaften Sinne ist, dann ist die Aussicht unseres Chinas auf den Fortschritt als Zukunftsnation wohl kaum hoch genug einzuschätzen. [...] Deshalb fällt heutzutage die Verantwortung nirgendwo anders hin als ausschließlich auf die Schultern unserer Jugend. Wird die Jugend intelligent, so wird auch die Nation intelligent; wird die Jugend reich, so wird auch die Nation reich; wird die Jugend stark, so wird auch die Nation stark; wird die Jugend selbstständig, so wird auch die Nation selbstständig; wird die Jugend frei, so wird auch die Nation frei; wird die Jugend fortschrittlich, so wird auch die Nation fortschrittlich. (Liang 1989, 12)[5]

Die rhetorisch hervorhebende Verbindung des erwünschten Nationalbilds mit dem idealisierten Jugendbegriff manifestiert den dringlichen Wunsch nach Umgestaltung und Neugründung der chinesischen Nation, einem von Liang und seinen Gleichgesinnten unermüdlich betriebenen Projekt. Die Verjüngungsvorstellung der Nation gehört jedoch zu einem Jugendmythos, der auch im deutschen politischen Propagandadiskurs von der Thronbesteigung Wilhelms II. bis zum Ende des Ersten Weltkriegs intensiv ausgetragen wird. Beispielsweise zeigt ein Pamphlet mit dem bezeichnenden Titel *Das Recht der jungen Völker* den Anklang von Liangs Idealbild des jungen Chinas:

> Ein Volk wird jung, indem es jung wirkt: indem es aus der Welt, die es vorfindet, in die Welt wirkt, die es selbst schafft. Es tritt unter den Völkern hervor, wenn sich in ihm genügende Kräfte angesammelt haben, die ein altes Volk nicht mehr aufbringt, um sich gegen fremden Willen, Unwillen, Nichtwillen durchzusetzen. [...] Jugend ist ein Entschluß. (Zit. nach Trommler 1985, 15)

Besagt die wesensverwandte Konstruktion eines Jugendbilds der Nation die gemeinsame Strategie der Mobilisierung der Landsleute für jeweils andere politische Zwecke, bildet das Konzept des jungen Chinas seither einen spezifischen

---

5 Übersetzung d. Verf.

Topos im inländischen, vor allem kulturellen und gesellschaftlichen Frontkampf, der im Studentenprotest[6] am 4. Mai 1919 brisant in Erscheinung tritt. Aber schon zuvor wird dieses Ereignis durch die von zahlreichen Hochschullehrern, Journalisten und Schriftstellern getragene *Bewegung der neuen Kultur* (新文化运动) vorbereitet, die tatsächlich im Zeichen der Jugend steht.

1915 wird die *Zeitschrift für die Jugend* (青年杂志) gegründet, die ein Jahr später mit dem noch prägnanteren Namen *Die Neue Jugend* (新青年) benannt wird und die Rolle des Organs für die teilweise radikalen Reformer der chinesischen Kultur spielt. Im Einleitungswort des allerersten Bandes der *Zeitschrift für die Jugend* wiederholt der Herausgeber Chen Duxiu (陈独秀), Kernfigur der chinesischen Jugendbewegung um 1919, Liangs Appell an die chinesische Jugend und stellt anschließend seine Kriterien für das wahrhafte Jungsein auf: Autonomie statt Sklavendasein, Fortschrittsdenken statt Konservatismus, Strebsamkeit statt Weltflucht, Weltoffenheit statt Geschlossenheit, Pragmatismus statt Formalismus, Orientierung an der Wissenschaft (Ratio) statt an der Phantasie (Aberglauben) (vgl. Chen 1915, 7). In so einem Entwurf der Jugend lässt sich leicht die vitalistische und innovative Imagination des Jugendmythos erkennen, die auf „die strikte Trennung von Alt und Neu und die simplifizierenden Zuschreibungen" (Kubin 2005, 27). gründet. Und die antitraditionelle oder gar ikonoklastische Einstellung, die die ganze Bewegung des 4. Mai kennzeichnet, verhilft zur Herausbildung eines modernen Ich- bzw. Subjektbegriffs mit Ansprüchen auf Freiheit und Mündigkeit, so dass man mit gutem Grund hierin eine chinesische Aufklärung sieht.[7]

Im gleichen Zug der Aufklärung und Modernisierung wird im Jahr 1919, im direkten Anschluss an die politische Bewegung, der *Verein für das Junge China* (少年中国会) ins Leben gerufen, dessen Gründer sich eine Umsetzung von Liangs Konzept in die Praxis als Ziel der Organisation vorstellen. Einer der wichtigsten Gründer und Organisatoren, Li Dazhao (李大钊), zeigt schon davor mit zahlreichen Publikationen sein Engagement in der Bildung einer zukunftsfähigen chinesischen Jugend. Unter seinen die Jugend thematisierenden Zeitungsartikeln ist einer von besonderem Interesse für die Rezeption des deutschen Jugendkonzepts in China, denn in dem 1916 veröffentlichten, der Gründung der Zeitschrift *Die Morgenglocke* (晨钟) gewidmeten Aufsatz greift der Autor das Junge Deutschland als Vorbild auf:

---

6 Der Protest richtet sich vorwiegend gegen die Entscheidung der Versailler Konferenz, die ehemalige deutsche Kolonie Qingdao anstatt an China zurück an Japan zu übergeben.
7 Zur Auseinandersetzung über die Charakterisierung der 4. Mai-Bewegung als eine chinesische Aufklärung und ihre Unterschiede von der europäischen Aufklärung vgl. Weigui 2006.

> Der deutsche Geist im unbeugsamen Kampf ist nicht den Leistungen von Bismarck, Treitschke und Bernhardi zu verdanken, sondern hat eine Basis, die von jugendlichen Denkern und Künstlern, die vorher der deutschen Kultur lobgesungen haben, erschaffen wurde. Die Welt preist Heine, kennt ihn aber nur als Dichter der Melancholie, nicht als Sänger des „Jungen Deutschlands". Die sogenannten „Jungen Deutschen" haben die 1848er Revolution als Zentrum ihrer Bewegung gehabt und das deutsche Volk durch ihre kulturellen Reformen erschüttert. [...] Zu dieser Zeit griffen hervorragende Männer wie Heine, Gutzkow, Wienbarg, Mundt, Laube u. a. zu den Federn, um die Zeitpolitiken scharf zu kritisieren, die alte Ordnung anzugreifen, die Götzentugend abzulehnen, den formellen Glauben zu verfluchen, jegliche verfaulte Vergangenheit zu zerbrechen, jegliche vorgegebene Zivilisation zu zerstören und den Neubau des Staats und die Auferstehung des Lebens zu verkünden. Somit wurde die deutsche Nation wieder verjüngt und die Grundlage des Deutschen Reichs wurde im Ideal der schöngeistigen Jugend vorbereitet. (Chen 2006, 169)[8]

So verblüffend die hier geschilderte Kontinuität zwischen den demokratisch- liberalistischen oppositionellen Aktionen des jungen Deutschlands und dem Aufstieg des zweiten Deutschen Reichs in seinem Hang zu Nationalismus und Militarismus erscheint, so unübersehbar ist die transformierende Funktionalisierung des Jugendkonzepts aus einem fremden Kontext als Orientierungspunkt. Indem Li die Verjüngung der deutschen Nation auf das patriotische Tun und Treiben der jungen Denker und Künstler zurückführt, regt er die chinesische Jugend an, dem deutschen Beispiel folgend sich zuerst gedanklich und kulturell hin zu einer neuen Gesellschaftsform umzuorientieren. Seine Charakterisierung des Jungen Deutschlands zielt also auf die Herstellung eines jugendlichen Selbstbewusstseins unter jungen Chinesen ab, „das sowohl mit dem bürgerlichen Nationalismus wie auch mit allen Formen eines engen, nicht bloß defensiven Patriotismus kollidiert" (Weigui 2006, 61).

Allerdings ist zu bemerken, dass die nationalistische oder patriotische Neigung in der Konstruktion des chinesischen Jugendmythos um 1919 vor allem die dezidierte Verwerfung der chinesischen Traditionen und der alten gesellschaftlichen Ordnung mitbestimmt und zugleich eine nahezu pathetische Aufnahme der westlichen, d.h. modernen Einflüsse[9] motiviert. Die beiden Aspekte kann man auch in der Rezeption des deutschen Jugendbilds des Sturm und Drang beobachten. Repräsentativ dafür ist das Beispiel von Guo Moruo (郭沫若), der in den 1920er Jahren mit seiner aufsehenerregenden Gedichtsammlung *Die Göttin* (女神 1921) der am meisten bewunderte Vertreter der chinesischen neuen Jugend bzw. neuen Literatur schlechthin geworden ist. Darin wird ein völlig neues, unendlich

---

8 Übersetzung d. Verf.
9 Darin sehen zahlreiche Forscher im Westen und auch in China eine „bis heute ungelöste ‚chinesische' Frage" (Kubin 2005, 27). Vgl. auch Chen 2009, 41–77.

erhobenes Ich à la nietzscheanischer Übermensch gefeiert, dem eine Egophanie nachzusagen wäre (vgl. Kubin 2005, 47). Nicht zufällig gilt Guo auch als einer der ersten chinesischen Schriftsteller, die vom deutschen Sturm und Drang, vor allem dem jungen Goethe, begeistert sind und dessen leidenschaftliches Jugendbild in China bekannt machen. Guo übersetzt 1922 den Klassiker der ersten deutschen Jugendbewegung in der Literaturgeschichte, *Die Leiden des jungen Werther*, ins Chinesische und stellt im Vorwort dem chinesischen Publikum das Zeitalter des Sturm und Drang und insbesondere das ‚Wertherfieber' in Europa vor. Sowohl der junge Goethe als Genie-Dichter als auch der junge Werther mit seinem Hang zu Schwermut und Tragik sind nunmehr auch Musterbild und Ausdrucksform für die chinesische junge Generation in ihrer Selbstwahrnehmung und -vorstellung.

Sie erlebt den Ausbruchsimpuls, das Unbehagen im alten System und die Leiden zwischen dem Alten und Neuen in der deutschen Dichtung und gewinnt dadurch Einsicht in ihre eigenen Lebenserfahrungen und auch Sehnsucht nach der Umgestaltung ihrer Daseinsformen. Die chinesische Literaturgeschichte in den 1920er und 1930er Jahren weist signifikante Familiengeschichten mit einem ausgeprägten Vater-Sohn-Konflikt auf, die sich auch auf die Einflüsse aus dem Westen und insbesondere aus Deutschland zurückführen lassen. Ba Jins Roman *Die Familie* (家, 1933) und Cao Yus Dramastück *Das Gewitter* (雷雨, 1934) zeigen beispielsweise sowohl in der Thematisierung der Jugendproblematik und der gesellschaftskritischen Schärfe als auch in der ästhetischen Dynamik große Affinität zur Jugend-Dichtung in der deutschen Literaturgeschichte.[10]

Interessanterweise beschreibt Guo gut zwanzig Jahre später, von der neuen Auflage seiner Werther-Übersetzung veranlasst, dieses Werk und seinen Autor mit der romantischen Symbolfigur der ewigen Jugend:

> Ein wertvolles Buch scheint ewig jugendlich zu sein. Das Lesen solcher Bücher scheint einen auch ewig jung halten zu können. Auf der Erde gibt es wahrhaft nichts noch Wertvolleres als die Jugend. [...] Wer die ewige Jugend für sich behalten kann, der ist ein großer Mensch. Goethe, an ihm kann ich immer noch die Größe erspüren. Um uns alle noch jünger zu machen, habe ich mich für den Neudruck des Gesangs an die Jugend entschieden. (Guo 1983, 257)[11]

Freilich kann diese poetologische Denkfigur der ewigen Jugend, die den unsterblichen Wert des Buches und des Autors aufeinander bezieht, nur beschränkt mit

---

10 Inwiefern die Korrespondenz als bewusste bzw. beabsichtigte Übernahme und Transformation zu bewerten ist, überlassen wir der weiteren eingehenden Quellenforschung.
11 Übersetzung d. Verf.

dem romantischen ästhetischen Programm im gleichen Bild verglichen werden. Eine intertextuelle Bezugnahme seitens Guo ist auch eher unwahrscheinlich. Dennoch teilen die deutschen Romantiker und der chinesische Dichter das gleiche Verfahren der Encodierung des Jugendbilds mit der Reflexion über die Funktion der Dichtung, die über die Konstruktion des Selbstbilds der jungen Generation hinausgeht. Die Jugend, die in der Dichtung gestaltet wird und dieser Dichtung selbst wiederum die ästhetische Unendlichkeit verleiht, erweist sich daher als ein kulturübergreifendes Signalzeichen mit Bewegungskräften.

4 Zusammenfassung

Die Jugend als ein modernes Konzept im gesellschaftlichen und ästhetischen Bereich wird im Zusammenhang mit der Generationsvorstellung und -wahrnehmung produziert und reproduziert. Die Jugendbewegungen in der Literaturgeschichte, die trotz der verschiedenen Gestalten und Wirkungen stets neben Konnotationen von Rebellion, Reform und Revolte auch auf eine Identitätsbildung durch Konfrontation von Altem und Neuem hinweisen, markieren die Modernisierungsgeschichte in so unterschiedlichen Ländern wie Deutschland und China. Während die deutschen Varianten des Jugendkonzepts unter sich schon ein Verweisungssystem bilden, zeigt die 4. Mai-Bewegung in China eine produktive Übernahme und Transformation des deutschen Jugendkonzepts, besonders des Jungen Deutschland und des Sturm und Drang. Die diskursive Herstellung der Jugend, der kulturelle Zuschreibungsprozess und nicht zuletzt die dichterisch inszenierte Selbstvorstellung erweisen sich in der intrakulturellen und transkulturellen Wiederholung und Verwandlung als ein offenes und unendliches Projekt, dessen Nuancen in der Repräsentation des Eigenen und Fremden noch weitere komparatistische, kultur- und literaturwissenschaftliche Studien gelten sollten.

Literatur

Bahr, Hermann. „Das jüngste Deutschland". *Studien zur Kritik der Moderne*. Hermann Bahr. Hg. Claus Pias. Weimar: VDG, 2005. 47–69.
Blüher, Hans. *Wandervogel. Eine Geschichte der Jugendbewegung*. Berlin: Weise, 1912.
Bohnenkamp, Hans. „Jugendbewegung als Kulturkritik". *Kulturkritik und Jugendkult*. Hg. Walter Rüegg. Frankfurt/Main: Vittorio Klostermann, 1974. 23–37.

Chen, Duxiu. „Jinggao Qingnian [Paränese an die Jugend]". *Qingnian Zazhi* [*Zeitschrift für Jugend*]. Bd. 1. Shanghai 1915. Neudruck 2011.

Chen, Lai. *Tradition and Modernity. A Humanist View.* Leiden und Boston: Brill, 2009.

Laqueur, Walter Z. *Die Deutsche Jugendbewegung. Eine historische Studie.* Köln: Wissenschaft und Politik, 1962.

Ewers, Hans-Heino. „Jugend – ein romantisches Konzept? Die zweifache Bedeutung der Romantik in der Geschichte moderner Jugendentwürfe". *Jugend – ein romantisches Konzept?* Hg. Günter Oesterle. Würzburg: Königshausen & Neumann, 1997. 45–60.

Guo, Moruo. „Chongyin Ganyan [Gedanken beim Neudruck]". *Guo Moruo Jiwai Xuba Ji* [*Guo Moruos Werk: Vor- und Nachwort*]. Chongqing: Sichuan Renmin Chubanshe, 1983.

Heine, Heinrich. *Säkularausgabe. Bd. 10: Pariser Berichte 1840–1848.* Berlin: Akademie Verlag, 1979.

Karthaus, Ulrich. *Sturm und Drang. Epoche – Werke – Wirkung.* München: C.H. Beck, 2000.

Koebner, Thomas, Rolf-Peter Janz und Frank Trommler (Hg.). *„Mit uns zieht die neue Zeit". Der Mythos Jugend.* Frankfurt/Main: Suhrkamp, 1985.

Kubin, Wolfgang. *Die chinesische Literatur im 20. Jahrhundert.* München: K.G. Sauer, 2005.

Laube, Heinrich. *Geschichte der deutschen Literatur.* Bd. 4. Stuttgart: Hallberger'sche Verlagshandlung, 1840.

Liang, Qichao. *Yin Bing Shi He Ji.* Bd. 1.5. Beijing: Zhong Hua Shu Ju, 1989.

Luserke-Jaqui, Matthias (Hg.). *Schiller Handbuch. Leben – Werk – Wirkung.* Stuttgart und Weimar: Metzler, 2005.

Li, Dazhao. „Chengzhong zhi Shiming [Sendung der Morgenglocke]". *Li Dazaho Quanji* [*Sämtliche Werke von Li Dazhao*]. Bd. 1. Beijing: Renmin Chubanshe, 2006.

Li, Shuangzhi. *Die Narziss-Jugend. Eine poetologische Figuration in der deutschen Dekadenz-Literatur um 1900 am Beispiel von Leopold von Andrian, Hugo von Hofmannsthal und Thomas Mann.* Heidelberg: Winter, 2013.

Martin, Ariane. *Die kranke Jugend. J. M. R. Lenz und Goethes Werther in der Rezeption des Sturm und Drang bis zum Naturalismus.* Würzburg: Königshausen & Neumann, 2002.

Mix, York-Gothart. *Die Schulen der Nation. Bildungskritik in der Literatur der frühen Moderne.* Stuttgart und Weimar: Metzler, 1995.

Nasarski, Peter. *Deutsche Jugendbewegung in Europa. Versuch einer Bilanz.* Köln: Wissenschaft und Politik, 1967.

Schlegel, Friedrich. *Dichtungen. Kritische Friedrich-Schlegel-Ausgabe Bd. 5.* München, Paderborn, Wien: Ferdinand Schöningh, 1962.

Trommler, Franz. „Mission ohne Ziel. Über den Kult der Jugend im modernen Deutschland". *„Mit uns zieht die neue Zeit". Der Mythos Jugend.* Hg. Thomas Koebner, Rolf-Peter Janz und Frank Trommler. Frankfurt/Main: Suhrkamp, 1985.

Weigui, Fang. *Selbstreflexion in der Zeit des Erwachens und des Widerstandes. Moderne chinesische Literatur 1919–1949.* Wiesbaden: Harrassowitz, 2006.

Benjamin Langer
Väter und Söhne und der große Umbruch in China

Die Problematik der Generationen bei Lu Xun und Richard Huelsenbeck

1 „Neue Väter braucht das Land"

„Neue Väter braucht das Land", so lautet der programmatische Titel eines Essays des chinesischen Schriftstellers Lu Xun, den er im November 1919 unter dem Pseudonym Tang Si in der Zeitschrift *Xin Qingnian* (*Neue Jugend*) veröffentlichte und der – zumindest vordergründig – ganz im Zeichen der geistigen Aufbruchsstimmung im Zuge der 4. Mai-Bewegung steht. Diese Bewegung, die als klassische Jugendbewegung verstanden werden kann[1], setzte sich für einen völligen Umbruch der als morsch und überlebt angesehenen althergebrachten, vom Konfuzianismus geprägten Gesellschaftsstrukturen ein. Sie „versuchte eine Rettung Chinas einerseits durch Übernahme westlicher Zivilisation und andererseits durch eine kritische Hinterfragung und Neubewertung der traditionellen Werte der chinesischen Gesellschaft." (Kuhn 2004, 126) Eine besondere Rolle für den Entwurf einer neuen Gesellschaft spielte die Neuordnung der Beziehungen innerhalb der Familie, waren sie doch Grundpfeiler des konfuzianischen Kults der „ritualisierten Unterordnung" (Kuhn 2004, 127) mit seinen Drei Grundregeln und Fünf Grundbeziehungen.[2] Von großer Symbolkraft war insbesondere die von Lu Xun in seinem Essay aufgegriffene Generationsbeziehung zwischen Vater und Sohn, schließlich war sie für die zumeist jüngeren Vertreter der Bewegung ganz unmittelbar spürbar. So veröffentlichte etwa der Historiker Gu Jiegang (1893–1980) seine in den Tagen des 4. Mai entstandene „Kritik des traditionellen Familiensystems […] aus Furcht vor seinem Vater unter einem Pseudonym" (Kuhn 2004, 144).[3]

---

1 Siehe etwa den Beitrag von Li Shuangzhi in diesem Band.
2 „Die Drei Grundregeln ordnen die Beziehungen von Fürst zu Untertan, Vater zu Sohn und Ehemann zu Ehefrau. Die Fünf Grundbeziehungen beschreiben das Verhältnis von Fürst zu Minister, Vater zu Sohn, älterem zu jüngerem Bruder, Ehemann zu Ehefrau, Freund zu Freund." (Kuhn 2004, 127)
3 Zu Gu Jiegang, seiner Generationenkritik und seinem gespaltenen Verhältnis zur 4. Mai-Bewegung siehe auch Richter 1992, 155–159.

Die chinesische 4. Mai-Bewegung kann also als Rebellion der Söhne gegen die Väter, der Jugend gegen die ältere Generation betrachtet werden. Durch die Abstrahierung individueller Vater-Sohn-Konflikte und ihre Verlagerung auf die gesamtgesellschaftliche Ebene bildete sich eine durch gemeinsame Erfahrungen und Ziele verbundene Generation der ‚Jungen' heraus, die noch heute als „Generation der Studentenbewegung vom 4. Mai 1919" (Kuhn 2004, 126) zusammengefasst wird und sich als Generation im Sinne einer ‚Imagined Community' auffassen lässt.[4]

Damit bestehen – unter anderen Prämissen – deutliche Parallelen zur Entwicklung in Deutschland, wo der gesellschaftliche Wandel in der zweiten Hälfte des 19. Jahrhunderts zur Herausbildung von Jugendbewegungen und damit verbundenen Generationenkonflikten führte, sich der „Generationenbruch als Deutungsmuster und als Narrativ zu verabsolutieren" (Parnes et al. 2008, 227) schien. Barbara Stambolis spricht in diesem Zusammenhang von der „Auflehnung der Söhne gegen die Väter, die leitmotivisch die Wende zum 20. Jahrhundert bestimmte" (Stambolis 2005, 43). Als Zäsur, von der ein besonderer Impetus zur Herausbildung von Generationen ausging[5], gilt in Deutschland der Erste Weltkrieg:

> In der sozialwissenschaftlichen Forschung stellt der Weltkrieg weiterhin *das* zentrale Beispiel für den kausalen Zusammenhang von gesellschaftlichen Totalereignissen und Generationenbildungen dar. Wie keine andere Phase des 20. Jahrhunderts waren die folgenden Nachkriegsjahre davon geprägt, mittels des Begriffs der Generation die unterschiedlichen Erfahrungen von jüngeren und älteren Soldaten sowie jenen zu beschreiben, die zu jung waren, um eingezogen zu werden, den Krieg aber als Kinder und Jugendliche erlebt hatten. (Jureit und Wildt 2005, 11)

Im Folgenden soll die von diesen Umbrüchen geprägte Auseinandersetzung mit individuellen, familialen Generationsbeziehungen und den dazu in enger Wechselbeziehung stehenden gesamtgesellschaftlichen Generationenverhältnissen[6]

---

4 Zu diesem Generationskonzept siehe Roseman 2005.
5 Und zur Erforschung von Generationen. Einen Überblick hierzu gibt in diesem Band Ralf Klausnitzer.
6 Die Unterscheidung von Generationsbeziehungen und Generationenverhältnissen erfolgt hier in Anlehnung an Franz-Xaver Kaufmann: „Der Begriff *Generationsbeziehungen* wird [...] auf die beobachtbaren Folgen *sozialer Interaktionen* zwischen Angehörigen verschiedener, in der Regel familial definierter Generationen beschränkt. Der Begriff *Generationenverhältnisse* soll dagegen die für die Beteiligten nicht unmittelbar erfahrbaren [...] *Zusammenhänge* zwischen den Lebenslagen und kollektiven Schicksalen unterschiedlicher Altersklassen oder Kohorten bezeichnen." (Kaufmann 1993, 97) Siehe auch Leisering 1992, 42–55. Kaufmann und Leisering beziehen den Begriff ‚Generationenverhältnisse' zwar insbesondere auf den Sozialstaat, er lässt sich aber zweifelsohne auch in anderen Zusammenhängen anwenden, etwa zur Beschreibung der Rolle generationeller Zugehörigkeit im konfuzianischen Wertesystem.

in China und Deutschland anhand ihrer Repräsentation in beispielhaften literarischen Texten aufgezeigt werden. Hierzu werden zunächst die Erzählung *Das Tagebuch eines Verrückten* (Erstveröffentlichung 1918) und der eingangs erwähnte Essay *Neue Väter braucht das Land* (Erstveröffentlichung 1919) von Lu Xun und anschließend, vor dieser Folie, der Roman *China frisst Menschen* (1930) von Richard Huelsenbeck, der vor chinesischer Kulisse auch die europäische – und insbesondere deutsche – Generationenproblematik der 1920er Jahre behandelt, in den Blick genommen.

2 „... mein Gott, wie lang ist's her ... noch nicht eine Generation ..."

In diesem für Lu Xun so enttäuschenden, zerrissenen China der 1920er Jahre siedelte Richard Huelsenbeck seinen im Jahr 1930 veröffentlichten Roman *China frisst Menschen* an. Der Titel scheint in direktem Bezug zu Lu Xuns Darstellung der chinesischen Tradition als Verkörperung des Kannibalismus zu stehen. Ob Huelsenbeck vom *Tagebuch eines Verrückten* wusste, sei allerdings dahingestellt. Eine deutsche Übersetzung erschien jedenfalls erstmals 1955.[7] Vorstellbar ist, dass ihm auf einer seiner Reisen nach China in den Jahren 1925 und 1929, die ihm als Inspiration für *China frisst Menschen* dienten,[8] von der Erzählung Lu Xuns berichtet oder zumindest ein Echo der um 1919 auch über diese hinaus verbreitete These von der kannibalischen Verfasstheit des traditionellen chinesischen Moralsystems (vgl. Kubin 1994, 190 sowie Weggel 1990, 36) zugetragen wurde. Es muss allerdings konstatiert werden, dass bei Huelsenbeck nicht mehr die zu überwindenden traditionellen chinesischen Werte menschenfresserisch sind, sondern das gebeutelte, heftig umkämpfte Land selbst, in dem nun scheinbar gar keine moralischen Werte mehr gelten und das so insbesondere zur Gefahr für Vertreter des ‚Westens' wird, die sich mit häufig kolonialistischer Attitüde in seine Belange einmischen:[9] „China frisst Menschen, Europäer und Chinesen, aber mehr Europäer ..." (Huelsenbeck 1930, 128)

---

7 In Lu 1955. Siehe Bieg 1989b, 197.
8 Siehe hierzu Bae 1999, 158–161. Zur ersten Reise nach China im Jahr 1925 als Schiffsarzt, aus der die Reportage-Erzählung *Der Sprung nach Osten* (Hülsenbeck 1928) hervorging, siehe auch Streim 2011, 158–162.
9 Liu Weijian sieht den Romantitel ganz in einer Kolonialismuskritik Huelsenbecks begründet: „Bestialisch und verleumdend klingt zunächst der Titel, als ob es sich um ein klischeebeladenes Nachplappern der ‚Gelben Gefahr' handele. Doch nach näherer Lektüre zeigt sich, dass es dem

Mögliche intertextuelle Zusammenhänge zwischen Lu Xun und Huelsenbeck nachzuweisen, wäre gegebenenfalls ein Desiderat für weitere Forschungen. Für diesen Beitrag soll es genügen, dass Huelsenbecks Darstellung eines Chinas im Umbruch und seiner Bevölkerung Lu Xuns pessimistischer Einschätzung des Potenzials einer chinesischen ‚neuen Generation' durchaus entspricht.

Dies zeigt sich insbesondere in der Schilderung der chinesischen Hauptprotagonisten des Romans, des Generals Chang Shao Kiang und seiner amerikanisch sozialisierten Frau Betsy, und ihres Umfelds. Die Figuren Chang und Betsy – sie sind offensichtlich stark an den realen Vorbildern Jiang Kaishek[10] und dessen Ehefrau Song Meiling orientiert (siehe Liu 2007, 298 und Kuhn 2004, 292), wobei sich Huelsenbeck allerdings deutliche schriftstellerische Freiheit erlaubt – sehen sich selbst durchaus als Vertreter einer neuen, fortschrittlichen chinesischen Generation und zeigen das auch in Aussehen und Auftreten. General Chang ist westlich gekleidet, gibt sich im Kreis seiner Offiziere betont unhierarchisch[11] und geht – auch mit Gewalt – gegen Traditionen wie das Feng Shui und das „Wahrsagen aus dem I-Ging" vor: „Ich habe diese Zauberei verboten ... wisst ihr das nicht? Wir wollen hier keine Barbaren sein ... wir sind moderne Menschen ... ebenso wie die Engländer in Hongkong ... könnt ihr das nicht begreifen?" (Huelsenbeck 1930, 112) Insgeheim aber sehnt er sich nach dem Leben früherer Generationen zurück: „Warum kann man nicht nach altchinesischer Methode sich an einen See zurückziehen und dort still lieben, Gedichte lesen und heissen Reiswein trinken? ... Warum kann man das nicht? Ist doch auch ganz nett?" (Huelsenbeck 1930, 119)

Man kann es nicht, weil der gesellschaftliche Umbruch, in dem sich das Land seit Jahren befindet, keine Rückkehr mehr zulässt, so sieht es zumindest Chang: „Früher die Ahnen... mein Gott, wie lang ist's her ... noch nicht eine Generation

---

Autor umgekehrt darum geht, die Unmenschlichkeit, die sich aufgrund der westlichen kulturellen Voreingenommenheit und der kolonialistisch-imperialistischen Barbarei im damaligen China abspielt, zu illustrieren." (Liu 2007, 294) Dies ist in Teilen sicher richtig (zur politischen Verortung des Huelsenbeckschen Blicks auf China siehe auch Streim 2011, 158–162), vernachlässigt aber den möglichen Zusammenhang mit dem chinesischen Menschenfresser-Diskurs in der Bewegung des 4. Mai.

10 Diese Schreibweise des Namens folgt Kuhn 2006.

11 Was bei den Offizieren eher auf Unverständnis stößt und auch ihn selbst vor gewisse Schwierigkeiten stellt: „Exzellenz Chang liebte es, sehr kameradschaftlich mit seinen Offizieren zu sein. Washington, Roosevelt, Friedrich der Grosse eine Mischung aus demokratischem Held und gewaltigem Heerführer schwebte ihm vor. Allerdings war vieles unklar, er wusste es nicht. Schadet nichts. Was heisst das hier? China steht auf. Folgen wir der Parole Sunyatsens." (Huelsenbeck 1930, 121)

… das Land ist mit Gräbern bedeckt. Man feierte das Drachenfest. Jetzt Liebesmahl nach europäischem Muster." (Huelsenbeck 1930, 124)

Es ist also nur eine halbherzige Abkehr von der Lebensweise noch der Elterngeneration, die Chang vollzieht. Dies zeigt sich insbesondere, als er den sowjetischen Militärberater Vorontsoff mit der Erklärung schockiert, er habe sich nur durch seine Frau Betsy von der westlichen Lebensweise überzeugen lassen:

> „Ehe ich modern wurde", sagt Chang lächelnd, „hatte ich zwei Frauen wie alle gebildeten Chinesen … jawohl zwei …" Ekelhaft, dieser Chang, zwei Frauen, tiefes Asien, scheusslich, sexuelle Not. Es fehlt die Aufklärung, denkt Vorontsoff. „Betsy, die Nebenfrau, war intelligent, ich schickte sie zur Erziehung nach Amerika, sie war in Washington, jawohl …" „Und? …" „Was heisst und? Wollen Sie denn immer von Politik reden? Betsy ist wie ihr sagt halb zivilisiert … aber reizvoll, sehr reizvoll … sie hat Launen bekommen in Amerika … wunderbar … kleines Tier, schlägt auch mal aus … herrlich … nicht so tot und ergeben wie der alte Typ der Chinesin … sehen Sie, Vorontsoff, das hat mich überzeugt …" „Wann kommen wir weiter …" „Das hat mich überzeugt von der Notwendigkeit einer westlichen Zivilisation in China … nur das!" (Huelsenbeck 1930, 127)

Besagte Betsy ist allerdings geradezu eine Karikatur nur oberflächlich verstandener westlicher ‚zivilisierter' Lebensweise. Sie ist modern und aufreizend gekleidet, mit „kurzem Rock und grellseidenen Strümpfen" (Huelsenbeck 1930, 98) – einem so kurzen Rock, dass hin und wieder der „Beginn eines grünen Schlüpfers" (Huelsenbeck 1930, 276) sichtbar wird –, trägt eine Kurzhaarfrisur, raucht und kann eine Schreibmaschine bedienen, entspricht also durchaus der westlichen ‚modernen Frau' der 1920er Jahre. Zugleich aber wünscht sie sich die traditionelle Prügelstrafe zurück – „Früher, als man sie [die Chinesen] prügeln konnte, gab's eine Chance, aber jetzt, wo man ihnen mit Menschlichkeit kommen will, ist's vorbei …" (Huelsenbeck 1930, 98) – und ist aus einem einzigen Grund dagegen, dass General Chang Todesurteile verhängt und Kriegszüge unternimmt, bei denen er sich gezwungen sehen könnte, dem Gegner „den Kopf abschlagen" zu lassen: Ihre amerikanischen Freundinnen könnten davon in der Zeitung lesen, und das würde sie „kompromittieren" (vgl. Huelsenbeck 1930, 100 und 278).

Hinsichtlich der Generationenverhältnisse im China der 1920er Jahre (der Roman spielt etwa im Zeitraum von 1923 bis 1927)[12] lässt sich also konstatieren, dass in Huelsenbecks Schilderung tatsächlich eine – wenn auch im Grunde nur halbherzige – Abwendung von der Lebensweise der älteren Generationen stattgefunden hat, allerdings ohne die traditionellen Verhältnisse wirklich durch etwas

---

12 Darauf deutet folgender Passus hin: „Vier Jahre sind vergangen. General Chang Shao Kiang hat einen siegreichen Feldzug hinter sich. Im Jahre 1927 verliess er Kanton und kam, begeistert von der revolutionären Bevölkerung empfangen, in Schanghai an." (Huelsenbeck 1930, 311)

Neues zu ersetzen. Die Folge ist ein hybrider Übergangszustand, in dem hohles Nachahmen (westlicher) Verhaltensmuster und damit verbundene Identitätskrisen an der Tagesordnung sind. Die Schilderung von konkreten familialen Generationsbeziehungen spielt dabei allerdings im Unterschied zu den europäischen Protagonisten des Romans bezeichnenderweise keine Rolle.

3 „Das hat er sicherlich der Erziehung seiner Eltern zu verdanken"

Lu Xun (eigentlich Zhou Shuren, 1881–1936), „der zu den radikalen Neuerern der chinesischen Literatur gezählt werden darf" (Kuhn 2004, 139), wurde insbesondere durch seine in chinesischer Umgangssprache verfasste Erzählung *Kuangren riji*, in der Übersetzung des Sinologen Wolfgang Kubin *Das Tagebuch eines Verrückten*, zum Vorreiter der chinesischen literarischen Moderne: Laut Kubins *Geschichte der chinesischen Literatur* wird der „eigentliche Beginn einer modernen Literatur in China" allgemein „mit zwei Daten angesetzt" – eines davon ist das Datum der Erstveröffentlichung von Lu Xuns *Kuangren riji* (Kubin 2005, 11). In der Folge avancierte er in der (orthodoxen) Literaturwissenschaft zugleich „zum Vertreter der neuen Kulturbewegung und später der Bewegung vom 4. Mai (1919), kurz, zum Vertreter der geistigen und nationalen Neuorientierung Chinas" (Kubin 1994, 185–186). Kubins Urteil zu Letzterem fällt allerdings eindeutig aus: „Dies ist jedoch Unsinn." (Kubin 1994, 186) Stand Lu Xun revolutionären Ambitionen, wie sie die Generation des 4. Mai verkörperte, trotz seiner früheren Faszination für den Geist der Rebellion, den er bei den europäischen Romantikern entdeckt hatte[13], doch insgesamt skeptisch distanziert gegenüber. Schon zum Verfassen des *Tagebuchs eines Verrückten* musste er durch die Herausgeber der Zeitschrift *Xin qingnian*, des Organs der chinesischen Jugendbewegung[14], mit denen er befreundet war, überredet werden, zumindest berichtet er dies selbst in der Vorrede zu dem Band *Nahan* (in Kubins Übersetzung *Applaus*), in der die Erzählung 1923 neu erschien (siehe Lu 1994a, 13). Kuhn fasst das dort wiedergegebene Gespräch folgendermaßen zusammen:

---

13 Siehe hierzu Gruner 1989 sowie Kubin 1994, 181–182.
14 Zu dieser Zeitschrift, die 1915 als *Qingnian zazhi* (*Zeitschrift für die Jugend*) von Chen Duxiu gegründet und 1917 in *Xin qingnian* (*Neue Jugend*, Untertitel: *La jeunesse*) umbenannt wurde, siehe Kuhn 2004, 131–137 und in vorliegendem Band den Beitrag von Li Shuangzhi.

Als ein Freund den früh gealterten Lu Xun 1917 bat, für die Zeitschrift *Xin qingnian* [...] einen Beitrag zu schreiben, fragte er nur, was das für einen Sinn mache. Für Lu Xun war die chinesische Tradition wie ein Gefängnis. Dafür hatte er das Bild vom Eisenhaus erfunden, in dem seine Bewohner schliefen und langsam erstickten, ohne Todesschmerz zu empfinden. Er stellte die Frage, ob man wirklich glaube, den Schlafenden einen Gefallen zu erweisen, wenn man einige von ihnen, die einen leichten Schlaf haben, wecke, um diese Unglücklichen die Agonie des Todeskampfes erleben zu lassen. Lu Xuns revolutionäre Freunde wollten sich mit einem solchen Bild nicht abfinden. Sie meinten, dass es dem Aufgeweckten möglich sein müsse, das Eisenhaus zu zerstören. (Kuhn 2004, 140)

Letztlich erschien *Das Tagebuch eines Verrückten* am 15. Mai 1918 in der Zeitschrift *Xin qingnian*. Lu Xuns Erzählung handelt von einem, der plötzlich ‚aufwacht', dem die Augen aufgehen und der erkennt, dass es bei all den Werten, die von der ihn umgebenden Gesellschaft vertreten werden, letztlich nur um eines geht: Menschen zu fressen. In Nachbarn, Bekannten, selbst in seinen nächsten Familienangehörigen sieht er nun Menschenfresser, die es auch auf ihn abgesehen haben. Und als er nachforscht, entdeckt er die tiefe Verwurzelung des Kannibalismus in der konfuzianisch geprägten Tradition:

> Daß man seit alters Menschen gefressen hat, war mir noch in Erinnerung, allerdings nur vage. Ich bin daher die Geschichtsbücher durchgegangen; sie waren ohne Jahresangaben, und auf jeder Seite standen krumm und schief die Worte „Humanität, Rechtlichkeit, Wahrheit und Tugend" gekritzelt. Da ich ohnehin nicht schlafen konnte, las ich aufmerksam die halbe Nacht, bis ich zwischen den Zeilen die zwei Worte erkannte, aus denen jedes Buch bestand: „Menschen fressen"! (Lu 1994b, 20)

Allerdings ist die Menschenfresserei aus Sicht des Tagebuchschreibers eine überaus lebendige Tradition, die also nicht nur aus Texten in alten Geschichtsbüchern resultieren kann. Einen Hauptgrund sieht er vielmehr in dem bereits kleinen Kindern gepredigten althergebrachten Konzept der Generationenfürsorge, das absolute Aufopferungsbereitschaft insbesondere der Söhne für die Eltern einforderte:

> Ich erinnere mich einer Szene, als ich um die Vier war und vor der Haupthalle saß, um mich abzukühlen; mein großer Bruder sagte, bei Krankheit der Eltern verlange die Pietät von einem Sohn, sich ein Stück Fleisch aus dem Leib zu schneiden, es zu kochen und aufzutischen. Mutter hatte dem ebenfalls nichts entgegenzusetzen. Kann man ein Stück essen, kann man natürlich auch das Ganze essen. (Lu 1994b, 31)[15]

---

15 Dieses Gebot extremer Generationenfürsorge entnahm Lu Xun dem klassischen Geschichtswerk *Songshi* (*Geschichte der Song*) über die Song-Dynastie (siehe Lu 1994b, 222).

Überhaupt wird die mündliche Tradierung von Generationenwissen innerhalb der Familie dafür verantwortlich gemacht, dass bereits die Jüngsten Teil des menschenfresserischen Systems sind:

> Ich troff am ganzen Körper vor Schweiß. Er war doch so viel jünger als mein Bruder, und dennoch war er einer von ihnen. Das hat er sicherlich der Erziehung seiner Eltern zu verdanken. Ich fürchte, er hat auch seinen Sohn schon unterwiesen. Daher schauen mich selbst die kleinen Kinder so böse an. (Lu 1994b, 26)

Hinzu kommt die Korrumpierung durch das (heimliche) Vermischen der Speisen, die jüngeren Familienmitgliedern serviert werden, mit Menschenfleisch. Auch der Tagebuchschreiber selbst sieht sich so zum Menschenfresser gemacht, auch er, der rebelliert und daraufhin als Verrückter abgestempelt wird, ist Teil des Systems, das er verabscheut. Nur ein letzter Hoffnungsschimmer bleibt ihm: Könnte eine ganz neue, noch nicht korrumpierte Generation die Gesellschaft in eine bessere Zukunft führen? „Vielleicht gibt es Kinder, die noch keine Menschen gefressen haben? Rettet die Kinder ..." (Lu 1994b, 32) Dass diese Hoffnung vergeblich ist, zeigt allerdings schon die Einleitung der Kurzgeschichte in Form einer Rahmenhandlung, in der der Erzähler berichtet, wie er das Tagebuch vom älteren Bruder des vermeintlich Verrückten ausgehändigt bekam. Der ‚Verrückte' sei zu diesem Zeitpunkt bereits wieder von seiner Krankheit genesen und habe eine Stelle als Beamter angetreten – womit er wieder Teil der von ihm bekämpften Ordnung geworden ist. Und mehr noch: „Als Beamter wird der einstige Rebell ebenjene Gewalt ausüben helfen, unter der er selber zu leiden hatte." (Kubin 1994, 189)

Programmatischer und kämpferischer wird die Generationenfrage von Lu Xun in seinem im Herbst 1919, also ein knappes halbes Jahr nach den Geschehnissen des 4. Mai, verfassten Essay *Neue Väter braucht das Land* gestellt. Nichts anderes als eine Reform der Familie und damit einhergehend eine Veränderung der Generationenverhältnisse in China verlangt er, wieder ausgehend von der stark asymmetrischen familialen Generationsbeziehung[16] zwischen Vätern und Söhnen:

> In diesem Artikel möchte ich mich mit der Frage, wie die Familie zu reformieren sei, auseinandersetzen und hier, da chinesische Eltern, vor allem die Väter, große Autorität haben, insbesondere einige Überlegungen zur bis dato sakrosankten Vater-Sohn-Problematik anstellen. (Lu 1994c, 187)

---

16 „Als *asymmetrische Generationsbeziehung* wird [...] eine Beziehung bezeichnet, bei der ein Beziehungspartner über ein überlegenes Machtpotential verfügt, gleichviel worauf dieses Machtpotential beruht." (Sackmann 2004, 32)

Im Weiteren erläutert er, warum das bisherige Generationensystem, in dem alles auf das Wohl der älteren Generationen ausgerichtet ist und von den jüngeren Generationen absoluter Gehorsam und die Bereitschaft zur Selbstaufopferung gefordert werden, nicht nur unmenschlich ist[17], sondern auch jeglicher Evolution, jeglicher Fortentwicklung der chinesischen Gesellschaft im Wege steht und letztlich sogar zu ihrem Aussterben führen könnte. Um den Niedergang aufzuhalten, ist laut Lu Xun eine Abwendung von den konfuzianischen Werten unvermeidlich. An ihre Stelle sollte eine „von natürlichen Instinkten geleitete Liebe" (Lu 1994c, 197) der Eltern zu ihren Kindern treten, eine Liebe, die Verständnis für die besonderen Bedürfnisse der Jugendlichen hat, sie in ihren Belangen unterstützt und zu emanzipierten, „starken, aufrechten, selbständigen und edlen Charakteren heranreifen" (Lu 1994c, 198) lässt. Nur so sei der natürliche Fortgang der Evolution gewährleistet:

> Jeder aufgeklärte Mensch will, daß seine Kinder stärker, gesünder, intelligenter, gebildeter und auch glücklicher werden, als er es war, daß seine Kinder ihn und alles Vergangene überragen. Aber bis es soweit ist, muß es Veränderungen geben. Das heißt: Kinder und Kindeskinder dürfen nicht länger unbesehen das Erbe ihrer Vorväter übernehmen. Worte des Konfuzius wie „Nur der ist ein pflichtbewußter Sohn, der während der dreijährigen Trauerzeit nichts an des Vaters Gepflogenheiten ändert" sind purer Unsinn und die Ursache von Regression und Rückständigkeit. Hätte schon der Einzeller in grauer Vorzeit dieser Maxime gehuldigt, hätte er es niemals gewagt, sich zu teilen und zu vervielfachen, und es würde auch keine Menschen auf der Erde geben. (Lu 1994c, 196)

Mit der radikalen Abkehr von einer aus Genealogie resultierenden Kontinuität und mit der Auffassung der jungen Generation als Verkörperung „des Neuen schlechthin" (Parnes et al. 2008, 227) stimmt Lu Xun wie eingangs gezeigt mit zeitgenössischen westlichen Diskursen überein. Dies gilt ebenso für seine sexualreformerischen Überlegungen im Essay *Neue Väter braucht das Land* – und auch die positiven Einlassungen zur Eugenik, von denen er sich später allerdings distanziert hat (siehe Lu 1994c, 159–160 und 395).[18]

Als Vorbild für sein neues Familien- und Generationsmodell nennt Lu Xun folgerichtig die modernen Generationsbeziehungen in westlichen Familien. Er erklärt dies allerdings damit, dass die „europäisch-amerikanische Familie nicht

---

17 Dabei bezieht er sich nicht nur wieder auf die Selbstverstümmelung des Sohnes, um den kranken Eltern ein kannibalisches Mahl aus dem eigenen Fleisch kochen zu können, sondern bringt noch mehr Beispiele inhumaner, selbstverleugnender Fürsorge für die Eltern aus klassischen Werken der chinesischen Literatur (siehe Lu 1994c, 203).
18 Zu sexualreformerischen Konzepten im Kontext von Generationsdiskursen siehe etwa Parnes et al. 2008, 228–229, und zur Eugenik Parnes et al. 2008, 248–258, sowie etwa Petermann 2007.

halb so autokratisch wie die chinesische" sei. Habe man Europäer und Amerikaner früher „sogar mit wilden Tieren verglichen", gestünden nun selbst die „,Schüler der Weisen', ,die Verfechter der moralischen Prinzipien', ein, daß es in deren Familien weder ,unloyale Söhne' noch ,rebellierende jüngere Brüder'" gebe (Lu 1994c, 199) Der Grund dafür sei offensichtlich: „Sie mögen sich, weil alle gleichwertig sind, weil es keine Stellungskämpfe zwischen Vater und Sohn bzw. unter Brüdern gibt." (Lu 1994c, 199)

Dieser Befund überrascht, war Deutsch doch immerhin Lu Xuns „zweite Fremdsprache" (Bieg 1989a, 179), über die er sich – neben dem Japanischen – ihn interessierende ausländische Literatur aneignete. Über den ‚Generationenbruch' als vorherrschendes Narrativ muss er bei seiner offensichtlichen Vertrautheit mit zeitgenössischen westlichen Diskursen im Bilde gewesen sein. Dass er etwa den häufig in Vatermord-Phantasien gipfelnden Vater-Sohn-Konflikt in der expressionistischen Literatur[19] nicht wahrgenommen haben sollte, erscheint kaum glaublich. Doch im Kampf gegen die konfuzianische Tradition war vermutlich jedes Mittel recht.

Allerdings erscheint auch dieser Kampf in dem sonst so programmatischen Essay im Zwielicht. Die Distanzierung Lu Xuns von der rebellischen Generation des 4. Mai scheint auf, wenn er die ‚Revolution' der Jüngeren relativiert und ihren Willen, wirklich Grundlegendes zu verändern, in Zweifel zieht:

> Zum zweiten gab es früher in Familien oft Streit, den man nun nach der gängigen Terminologie „Revolution" nennt. Tatsächlich handelt es sich dabei um eine Auseinandersetzung wegen Geld fürs Bordell oder um eine Prügelei wegen Glücksspiel oder ähnlichem. Das sind jedoch völlig andere Reformen als die, welche aufgeklärte Menschen anstreben. Diese streitsüchtigen Söhne, die sich selbst „Revolutionäre" nennen, gehören zweifelsohne zum alten Menschenschlag. Sie werden ihre Kinder nicht in Freiheit aufwachsen lassen. Sie werden sie entweder völlig vernachlässigen oder aber nach einem Exemplar des konfuzianischen „Klassikers der Kindespflicht" suchen und ihnen befehlen, es laut zu lesen, damit sie Opferbereitschaft „von alten Vorbildern lernen". (Lu 1994c, 203–204)

Letztlich bleibt auch hier nur die unbestimmte Hoffnung, dass es „aufgeklärte Chinesen" trotz der „schweren Last der Tradition" vermögen, „das Tor der Dunkelheit doch so weit auf[zu]stemmen, daß die Kinder hindurchschlüpfen in die Weite und ins Licht, um fortan als vernünftige aufrechte Menschen ein glückliches Leben zu führen"[20] (Lu 1994c, 205).

---

19 Vgl. hierzu die überblicksartige Darstellung in Hermand 1970.
20 Auch diese Formulierung findet ihre Entsprechung im zeitgenössischen deutschen Diskurs. So nannte der Reformpädagoge Gustav Wyneken in seiner Schrift *Die neue Jugend* diese „ein Geschlecht [...], das aus dem Dunkeln ins Helle strebt" (siehe Parnes et al. 2008, 228).

Dass selbst dieser verhaltene Optimismus Lu Xuns enttäuscht werden sollte, zeigt die Aufnahme des Essays in die Sammlung *Fen* (*Totenmahl*), die 1927 erschien und laut Kubin auch als „Grablegung der Hoffnungen von einst" (Kubin 1994, 208) aufgefasst werden muss. Zu häufig wurden die einstigen Ideale von ehemaligen ‚Revolutionären' verraten, zu ernüchternd war die politische Instabilität und Zerrissenheit des von Warlords, Parteien und ausländischen Mächten umkämpften Landes, zu unbefriedigend war letztlich die „Vermischung westlicher Vorstellungen und Ideologien mit chinesischem Kulturerbe" (Kuhn 2004, 148–149), wie sie von vielen Angehörigen der ‚Generation des 4. Mai' vorgenommen wurde.

4 „Der Mann ist imstande, setzt sich auf die Bahn und kommt her"

Für die europäischen Protagonisten in *China frisst Menschen* gilt, dass sie sehr stark über eine Abgrenzung gegenüber der Elterngeneration bzw. explizit gegenüber den Vätern definiert werden, die teilweise sogar so weit geht, dass sie eine neue Identität annehmen. So heißt der reiche Unternehmer Jim Sokotny, der mit der großbürgerlichen Engländerin Esther – Glimps genannt – verheiratet ist, eigentlich „Chaim Sokauer, in einigen Pässen auch Sokolow" (Huelsenbeck 1930, 75), ist Jude und stammt aus Saloniki. Seine Abgrenzung von den Eltern und die damit einhergehende Verleugnung seines Jüdisch-Seins (wobei er das Stigma, das er durch dieses Jüdisch-Sein empfindet, nicht einmal als britischer Staatsbürger im Fernen Osten ganz überwinden kann) liegen offensichtlich insbesondere in seinem Wunsch nach gesellschaftlichem Aufstieg begründet. Ähnlich ist es bei Leutnant von Köppke, dem deutschen Militärberater General Changs:[21]

> Der Vater dieses grossen, breitschultrigen und hochblonden Mannes, der in hohen lacklerdernen Gamaschen selbstbewusst daherkam, hiess eigentlich Köppke; er stammte aus einer Familie, die generationenlang in Alt-Moabit gewohnt hatte und dann aus irgendeinem nicht mehr festzustellenden Grunde nach Baden gezogen war. Das „von" rutschte während

---

21 Als reales Vorbild dieser Figur lässt sich wohl Max Bauer identifizieren, der Jiang Kaishek als Militärberater diente, zu seinem engen Vertrauten wurde und in China an den Pocken starb. Allerdings wurden deutsche Berater erst nach Jiang Kaisheks Bruch mit der Sowjetunion und der Entlassung der sowjetischen Berater eingesetzt, anders als im Roman, in dem von Köppke in einem Konkurrenzverhältnis zum sowjetischen Berater Vorontsoff steht. Zu den deutschen Militärberatern siehe Fabritzek 1973, 106–112.

der sibirischen Fahrt in den Pass und nahm sich nun entsprechend der Haltung seines Besitzers dort sehr gut aus. [...] Köppke hatte mit dem „von" vor seinem Namen unbewusst die Vorstellung übernommen, er stamme aus einem Schloss in der Mark. Er sagte das auch jedem, wenn er gefragt wurde. (Huelsenbeck 1930, 94–95)

Ihre Abgrenzung ist allerdings eher abstrakt, über die konkreten Beziehungen zu den Eltern erfährt der Leser nichts. Dies ist anders bei den eigentlichen deutschen Hauptprotagonisten des Romans, die als Mannschaftsmitglieder des im Waffenschmuggel eingesetzten und von den Engländern in Hongkong aufgebrachten Schiffs *Stadtrat Becker* in China gestrandet sind: Steward Emil Bröckelmann und Funker Will Schramm. Zwar besteht zwischen beiden ein deutlicher Altersunterschied – Bröckelmann ist zu Beginn des Romans sechzehn Jahre alt, sein Geburtsjahr dürfte also etwa 1907 sein, während Schramm im Ersten Weltkrieg als Unteroffizier eingesetzt war –, sie gehören also nach der üblichen Lesart zu unterschiedlichen Generationen als Erfahrungsgemeinschaften: der ‚Frontgeneration', deren Angehörige die Massenschlachten des Krieges als junge Soldaten durchlebten, und der Generation, deren Kindheit und Jugend durch Krieg und Nachkriegszeit geprägt war (vgl. etwa Stambolis 2005, 35; Roseman 2005, 191–193). Beide verbindet aber, dass sie ihre Lebenswirklichkeit als grundsätzlich different zur Lebenswirklichkeit der Elterngeneration sehen, womit sie als typische Vertreter der jüngeren Generationen im Deutschland der 1920er Jahre, die sich über den als Zäsur erlebten Weltkrieg definierten, betrachtet werden können: „Väter erschienen als ‚Greise', deren Lebensstil und soziales Kapital für die Söhne einer Vergangenheit angehörten, die mit dem Ersten Weltkrieg untergegangen war." (Stambolis 2005, 36) Zwar ist kein gewaltsames Aufbegehren gegen diese Väter spürbar, die Rebellion erschöpft sich schlicht in der räumlichen und ideellen Abwendung vom Elternhaus: Schramm bricht sein Studium ab, geht zunächst nach Italien und dann zur See, während Bröckelmann von zu Hause fortläuft und – gegen den Widerstand seines Vaters, eines Bäckermeisters in Magdeburg – ebenfalls zum Seemann wird. Beide landen auf der „Stadtrat Becker" und letztlich in China. Zumindest Schramm, der Ältere von beiden, scheint mit diesem Schritt – auch wenn er hin und wieder die Reaktion der Eltern auf bestimmte Ereignisse imaginiert, etwa als er beschließt, sich als Offizier General Changs Armee anzuschließen („Schramm als Schlachtenlenker, vom Pulverdampf umwölkt, Befehle erteilend. Was würden die Eltern dazu sagen?"; Huelsenbeck 1930, 270) – mit den Eltern abgeschlossen zu haben. Zu entfernt ist ihr Erfahrungs- und Erlebnisraum von dem seinen:

> Wann hat er zuletzt nach Hause geschrieben? Hat er überhaupt nach Hause geschrieben? Die Alten werden die Hände ringen und sich bei ihrem eingemotteten Schöpfer beklagen ... hahaha ... [...] ... verdammt, da können sie sich beklagen ... die ahnen nicht, was sich hier

tut ... [...] das werden die Alten, die zu ihrem eingemotteten Schöpfer beten, nie begreifen ... nie ... nie werden sie das begreifen ... (Huelsenbeck 1930, 330)

Bröckelmanns Auseinandersetzung mit dem Vater[22] nimmt hingegen eine prominente Stellung im Roman ein, sie wird immer wieder thematisiert, ja rahmt die Handlung in gewisser Weise ein, da sie sowohl das erste Kapitel als auch das letzte, das aus einem – letztlich wohl nicht abgeschickten – Brief Schramms an Bröckelmanns Vater besteht, maßgeblich bestimmt. Dabei wird explizit, dass Bröckelmanns Ausbruch aus dem von materieller Sicherheit und elterlicher Fürsorge – aber auch Autorität – geprägten familiären Umfeld ebenfalls insbesondere aus einem eklatanten intergenerationellen Unverständnis resultiert: einem Unverständnis der älteren Generation für die Bedürfnisse und Vorstellungen der jüngeren und umgekehrt einem Unverständnis der jüngeren Generation für die als langweilig und überkommen empfundene Lebensweise der älteren:

„Du willst zur See?" sagte der Vater. „Du bist wohl verrückt. Ich geb dir 'ne Ohrfeige. Ich hau dich braun und blau. Bist du ein Zigeuner? Haben wir dich deshalb geboren und auf die Welt gesetzt, dass du dich wie ein Zigeuner aufführst? Was heisst denn das anders ... Die See ... Seemann, das ist nicht besser, als wenn einer mit 'nem Wagen herumzieht und Kunststücke macht." Der Vater ist gut und heftig und sauber, aber er ahnt nicht, was so im Herzen eines sechzehnjährigen Menschen vor sich geht. Emil gerät in Wut, wenn er die Stimme des Vaters hört. Die Mutter beschwichtigt, hält die Hände über das Kind, entzieht Emil den väterlichen Ohrfeigen, aber sie weiss ja auch nichts. Sie ist eine gute, alte dicke Frau. Es werden hier viele Brötchen gebacken, es riecht nach frischem Brot, hier wollen wir leben und sterben. Hier haben wir unser Auskommen, so denkt die Mutter. Sie weiss nichts von Emil, wenn sie ihm auch manchmal über die Haare streicht und dabei seufzt. Emil will gar nicht, dass ihm über die Haare gestrichen wird. Himmel, Gotts Donner ... nein, es gibt noch andere Dinge auf der Welt als die Brötchenbäckerei, und vielleicht gibts auch noch was anders als immer nur nach dem Geldverdienen angeln. Jawohl. (Huelsenbeck 1930, 5–6)

Bröckelmann aber gelingt es letztlich nicht, sich dem Vater ganz zu entziehen, weder auf dem Schiff noch im fernen China. So bemerkt er zum einen, wie stark er doch von dessen Werten geprägt ist: „Er suchte nach einer neuen Jacke. Wenn er auch mit vielem, (sic!) nicht einverstanden gewesen war, glaubte er doch jetzt, dass der Vater mit der Sauberkeit recht gehabt hatte." (Huelsenbeck 1930, 14)

---

22 Der sich noch, anders als sein Sohn, in eine von Kontinuität, nicht vom Bruch geprägte Generationenfolge eingebettet sieht: „Bei Bröckelmanns sass abends alles friedlich um den Tisch, selbst die Dienstboten sassen dabei. Der Vater wollte das so, weil sein eigener Vater, wie er sagte, es ebenso gemacht habe. Himmel, Arm und Zwirn." (Huelsenbeck 1930, 185)

Hinzu kommt eine starke Sehnsucht nach zu Hause, insbesondere nach dem Vater, dem auch Bröckelmanns letzte Worte nach seinem Selbstmordversuch im ersten Romankapitel gelten: „‚Vater ‚' murmelte er vor sich hin, ‚Vater ... vergiss mich nicht ... ja Vater ... zur See ... wenn ich wiederkomme ...'" (Huelsenbeck 1930, 22) Und nicht zuletzt die Furcht vor der (fürsorglichen) Autorität des Vaters, die ihn in China davon abhält, das deutsche Konsulat um Hilfe zu bitten: „Wenn dann so 'n windiger Kerl, so 'n Assessor, einen Brief an Vater schreibt, ist der Salat da. Der Mann ist imstande, setzt sich auf die Bahn und kommt her. Und dann ist der Salat da. Um Gotteswillen, mit dem Konsulat nichts!"[23] (Huelsenbeck 1930, 174)

Letztlich ist also auch Bröckelmanns Rebellion gegen die Vatergeneration nur halbherzig und hätte, ein wenig mehr Verständnis für seine Bedürfnisse als junger Mensch in den 1920er Jahren vorausgesetzt, vielleicht sogar abgewendet werden können. Das behauptet zumindest Schramm in seinem den Roman beschließenden Brief an den Magdeburger Bäckermeister, dem er vorwirft, durch sein mangelndes Einfühlungsvermögen für den gewaltsamen Tod seines Sohnes in China verantwortlich zu sein:

> Es gibt auch noch was anderes als der Allgemeinheit nützlich zu sein. Sie soziales Wesen, Sie! Sie tragen an allem die Schuld! Hätten Sie Ihrem Emil auf Ihren Kuchenseen ein Schiffchen eingerichtet, damit er seine Sehnsucht nach der grossen Welt hätte befriedigen können. Hätten Sie ihm doch auf Ihren Striezelbergen herumzukraxeln erlaubt und ihm eine Spekulatius als Wanderstab in die Hand gedrückt. Hätten Sie ihm doch mit eigener Hand seine Sehnsüchte und Märchen gknetet, er wäre heute noch bei Ihnen und Sie hätten es nicht nötig, sich bei mir, einem armseligen Strandläufer und Opiumkranken, nach seinem Tod zu erkundigen. Jetzt fault er auf einem Europäerfriedhof bei Kanton, Herr Bäckermeister. Sie Mitglied einer sozialen Gemeinschaft kleiner Gehirne. (Huelsenbeck 1930, 340)

Doch intergenerationelles Verständnis kann laut Schramm eben nicht (mehr) vorausgesetzt werden, es ist schlechterdings unmöglich. Daher ist letztlich auch der Brief, den er an den Bäckermeister schreibt, sinnlos: „Aber das verstehen Sie ja alles nicht [...]. Meine Eltern sind gute Bürgersleute, 'n bisschen wohlhabender als Sie, nicht ganz so verklebt mit Mohn, Hefe und Marzipan wie Sie ... aber die würden das auch nicht verstehen." (Huelsenbeck 1930, 324)

---

23 Schramm kommentiert diese Szene später so: „Bröckelmann hatte keinerlei Lust, zum Konsulat zu gehen, weil er sich vorstellte, die würden gleich an seine Eltern schreiben, er hätte sich 'ne Kugel ins Korpus geschossen. Er denkt wie 'n Schüler manchmal. Vielleicht fürchtet er, wird ihm der alte Bäckermeister die Hosen stramm ziehen, wenn er nach Magdeburg zurückkommt ..." (Huelsenbeck 1939, 257)

Das Bild, das Huelsenbeck in *China frisst Menschen* von den Generationsbeziehungen seiner europäischen Protagonisten – und damit dem Verhältnis zwischen den Generationen, in die zumindest die deutschen Hauptfiguren eingebettet sind, der Vorkriegs- und der Kriegsgeneration – zeichnet, ist also wie schon bei den chinesischen Protagonisten zwiespältig. Die Abkehr der jüngeren Generationen von den Eltern, die zum Teil aus dem Wunsch nach sozialem Aufstieg, zum Teil aus einem grundlegenden intergenerationellen Unverständnis herrührt, wäre hier letztlich wohl besser unterblieben. Scheitern doch alle tragisch auf dem von ihnen eingeschlagenen Weg: Bröckelmann stirbt in den Kampfhandlungen in Kanton (ausgerechnet in einem von Leutnant von Köppke verantworteten Giftgasangriff), Sokotny wird als Geisel General Changs erschossen, von Köppke stirbt an den Pocken und Schramm strandet opiumsüchtig und mittellos in Shanghai.[24] Von dem Aufbruch der Jungen ‚aus der Dunkelheit ins Helle' der Jugendbewegungen zu Beginn des 20. Jahrhunderts ist nichts mehr zu spüren. Und auch die radikale Absage an die Väter, wie sie noch etwa von den Expressionisten vertreten wurde, schwächt der ehemalige Dadaist Huelsenbeck ab zu einem auch hier eher halbherzigen Ausbruch aus dem althergebrachten Gefüge der familialen Generationenbindung, der möglicherweise schon durch das Angebot eines „Schiffchens auf Kuchenseen" hätte abgewendet werden können.

5 Fazit

Sowohl in Deutschland als auch in China fanden in den ersten zwei Jahrzehnten des 20. Jahrhunderts tiefgreifende Umbrüche statt, während deren insbesondere die jeweiligen, traditionell stark von der Autorität der Älteren geprägten Generationenverhältnisse neu verhandelt wurden. Sie wurden vom Glauben an die Jugend als Träger einer zukünftigen, besseren Gesellschaft bestimmt und können zugleich mit bestimmten Ereignissen als historische Zäsuren verknüpft werden: der Bewegung des 4. Mai in China und dem Ersten Weltkrieg in Deutschland. Eine prominente Rolle in der damaligen chinesischen Diskussion der Generationenverhältnisse spielte der Schriftsteller Lu Xun, der, beeinflusst durch zeitgenössische westliche Diskurse, eine radikale Abkehr von den durch den Konfuzianismus vorgegebenen traditionellen Generationenverhältnissen forderte. Eine

---

24 Der Vollständigkeit halber sollte hier noch eine Tochter erwähnt werden, Glimps Sokotny, die mit ihrem Mann u. a. deswegen nach China gekommen ist, weil sie „der Gewalt des Vaters entgehen wollte" (Huelsenbeck 1930, 243) und nach dem Bankrott und gewaltsamen Tod Sokotnys und einer Affäre mit Schramm als Kaufhausdiebin im Gefängnis landet.

genaue Lektüre einschlägiger Texte Lu Xuns und ihre Kontextualisierung mit den Bänden, in denen sie in den 1920er Jahren neu herausgegeben wurden, machen allerdings deutlich, wie skeptisch er von Anfang an der Möglichkeit einer wirklichen Veränderung gegenüberstand und wie enttäuscht er angesichts der Realitäten im China nach dem 4. Mai 1919 war. Richard Huelsenbecks Roman *China frisst Menschen*, der aus seiner spezifischen Perspektive sowohl die chinesischen als auch die deutschen Generationenverhältnisse der 1920er Jahre in den Blick nimmt, vermittelt einen ähnlichen Eindruck. Zwar hat laut Huelsenbeck in beiden Ländern ein deutlicher Bruch zwischen den Generationen stattgefunden, er hat aber nicht zu einer als positiv empfundenen, von Aufbruchsstimmung geprägten Gegenwart geführt. Er ist vielmehr halbherzig, von Opportunismus und mangelndem Verständnis geprägt und führt letztlich nur in die Krise – oder sogar ins Verderben.

Literatur

Bae, Ki-Chung. *Chinaromane in der deutschen Literatur der Weimarer Republik*. Marburg: Tectum, 1999.

Bieg, Lutz. „Lu Xun im deutschen Sprachraum". *Aus dem Garten der Wildnis. Studien zu Lu Xun (1881–1936)*. Hg. Wolfgang Kubin. Bonn: Bouvier, 1989. 177–184. Im Text zitiert als Bieg 1989a.

Bieg, Lutz. „Verzeichnis der Primär- und Sekundärliteratur zu Lu Xun im deutschen Sprachraum". *Aus dem Garten der Wildnis. Studien zu Lu Xun (1881–1936)*. Hg. Wolfgang Kubin. Bonn: Bouvier, 1989. 185–215. Im Text zitiert als Bieg 1989b.

Fabritzek, Uwe G. *Gelber Drache, Schwarzer Adler*. München, Gütersloh, Wien: C. Bertelsmann, 1973.

Gruner, Fritz. „Lu Xuns frühe Schrift ‚Über die Kraft der romantischen Poesie' (Moluo shili shuo)". *Aus dem Garten der Wildnis. Studien zu Lu Xun (1881–1936)*. Hg. Wolfgang Kubin. Bonn: Bouvier, 1989. 19–27.

Hermand, Jost. „Oedipus lost: Oder der im Massenerleben der Zwanziger Jahre ‚aufgehobene' Vater-Sohn-Konflikt des Expressionismus". *Die sogenannten Zwanziger Jahre*. Hg. Reinhold Grimm und Jost Hermand. Bad Homburg: Gehlen, 1970. 203–224.

Huelsenbeck, Richard. *China frisst Menschen*. Zürich: Orell Füssli, 1930.

Hülsenbeck, Richard. *Der Sprung nach Osten*. Dresden: Jess, 1928.

Jureit, Ulrike, und Michael Wildt. „Generationen". *Generationen. Zur Relevanz eines wissenschaftlichen Grundbegriffs*. Hg. Ulrike Jureit und Michael Wildt. Hamburg: Hamburger Edition, 2005. 7–26.

Kaufmann, Franz-Xaver. „Generationsbeziehungen und Generationenverhältnisse im Wohlfahrtsstaat". *Generationenbeziehungen in „postmodernen" Gesellschaften*. Hg. Kurt Lüscher und Franz Schultheis. Konstanz: UVK, 1993. 95–108.

Kubin, Wolfgang. „,Die Verzweiflung trügt wie die Hoffnung'. Nachwort zur Werkausgabe". *Das trunkene Land. Sämtliche Gedichte. Reminiszenzen.* Lu Xun. Band VI der von Wolfgang Kubin herausgegebenen Werkausgabe. Zürich: Unionsverlag, 1994. 167–216.

Kubin, Wolfgang. *Geschichte der chinesischen Literatur. Bd. 7: Die chinesische Literatur im 20. Jahrhundert.* München: K. G. Saur, 2005.

Leisering, Lutz. *Sozialstaat und demographischer Wandel: Wechselwirkungen, Generationenverhältnisse, politisch-institutionelle Steuerung.* Frankfurt/Main: Campus, 1992.

Liu, Weijian. *Kulturelle Exklusion und Identitätsentgrenzung. Zur Darstellung Chinas in der deutschen Literatur 1870–1930.* Bern et al.: Peter Lang, 2007.

Lu, Hsün. *Die Reise ist lang. Gesammelte Erzählungen.* Aus dem Chinesischen übersetzt von Joseph Kalmer. Düsseldorf: Progress Verlag, 1955.

Lu, Xun. „Vorrede". *Applaus. Erzählungen.* Lu Xun. Band I der von Wolfgang Kubin herausgegebenen Werkausgabe. Zürich: Unionsverlag, 1994a. 7–15. Im Text zitiert als Lu 1994a.

Lu, Xun. „Das Tagebuch eines Verrückten". *Applaus. Erzählungen.* Lu Xun. Band I der von Wolfgang Kubin herausgegebenen Werkausgabe. Zürich: Unionsverlag, 1994. 16–32. Im Text zitiert als Lu 1994b.

Lu, Xun. „Neue Väter braucht das Land". *Das Totenmahl. Essays.* Lu Xun. Band V der von Wolfgang Kubin herausgegebenen Werkausgabe. Zürich: Unionsverlag, 1994c. 187–205. Im Text zitiert als Lu 1994c.

Kuhn, Dieter. *Die Republik China von 1912 bis 1937. Entwurf für eine politische Ereignisgeschichte. Bd 1: Textteil, Karten, Abbildungen und Chronologie.* Heidelberg: edition forum, ²2004.

Parnes, Ohad, Ulrike Vedder und Stefan Willer. *Das Konzept der Generation. Eine Wissenschafts- und Kulturgeschichte.* Frankfurt/Main: Suhrkamp, 2008.

Petermann, Heike. „Die Vorstellung vom ‚besseren Menschen'. Populäre eugenische Schriften in den Vereinigten Staaten von Amerika und in Deutschland um 1930". *Herausforderung Bevölkerung. Zu Entwicklungen des modernen Denkens über die Bevölkerung vor, im und nach dem „Dritten Reich".* Hg. Josef Ehmer, Ursula Ferdinand und Jürgen Reulecke. Wiesbaden: Springer, 2007. 147–162.

Richter, Ursula. *Zweifel am Altertum. Gu Jiegang und die Diskussion über Chinas alte Geschichte als Konsequenz der „Neuen Kulturbewegung" ca. 1915–1923.* Stuttgart: Franz Steiner, 1992.

Roseman, Mark. „Generationen als ‚Imagined Communities'. Mythen, generationelle Identitäten und Generationenkonflikte in Deutschland vom 18. bis zum 20. Jahrhundert". *Generationen. Zur Relevanz eines wissenschaftlichen Grundbegriffs.* Hg. Ulrike Jureit und Michael Wildt. Hamburg: Hamburger Edition Verlag, 2005. 180–199.

Sackmann, Reinhold. „Institutionalistische Generationsanalyse sozialer Ungleichheit". *Generation und Ungleichheit.* Hg. Marc Szydlik. Wiesbaden: VS Verlag, 2004. 25–48.

Stambolis, Barbara. „Befreiung von den Vätern, Vatersehnsucht und Vaterlosigkeit. Historische Diskurse im 20. Jahrhundert". *figurationen – gender literatur kultur* 6.2 (2005): 33–47.

Streim, Gregor. „Das Erwachen des Kulis. China in Reisereportagen der Weimarer Republik (Richard Huelsenbeck– Arthur Holitscher – Egon Erwin Kisch)". *Deutsch-chinesische Annäherungen. Kultureller Austausch und gegenseitige Wahrnehmung in der Zwischenkriegszeit.* Hg. Almut Hille, Gregor Streim und Pan Lu. Köln, Weimar, Wien: Böhlau, 2011. 155–171.

Weggel, Oskar. *Geschichte Chinas im 20. Jahrhundert.* Stuttgart: Kröner, 1989.

Ma Jian
Generationenkonflikte und ihre ‚chinesische' Lösung bei Hermann Hesse

Generationenkonflikte und das Verhältnis der Generationen zueinander – das sind wohl unter all jenen Themen, die die Menschheit seit jeher beschäftigen, die bedeutendsten, zu jeder Zeit, im Westen wie im Osten, in Deutschland wie in China. Sie sind Themen von stets aktueller Bedeutung, da sich jeder Einzelne, der bei der älteren Generation aufwächst und später selbst die jüngere Generation aufzieht, unvermeidlich mit entsprechenden Fragen konfrontiert sieht. Und wie diese Fragen gelöst und beantwortet werden, das bestimmt und beeinflusst gleichzeitig das Leben eines jeden. In diesem Zusammenhang nimmt Hermann Hesse der Nobelpreisträger für Literatur 1946, dessen Werk inzwischen seit fast einem Jahrhundert auf Leser aus der ganzen Welt tiefgreifend wirkt, eine besonders interessante und aufschlussreiche Stellung ein, denn die Generationenverhältnisse, insbesondere die Generationenkonflikte, spielen sowohl in seinem eigenen Leben als auch in seinen Schriften eine wichtige Rolle. Im Folgenden will ich nun den Versuch unternehmen, die Gründe für die Entstehung der Generationenkonflikte im Leben Hesses zu erschließen, die Darstellung dieser Thematik in seinem Werk zu kommentieren und schließlich die Bedeutung seiner Rezeption klassischer chinesischer Literatur für die Auseinandersetzung mit der Lösung von Generationenkonflikten analysierend zu beleuchten.

1 Entstehung der Generationenkonflikte – Individualisierungsprozess als Hauptgrund

Bei der Suche nach den Ursachen der Generationenkonflikte im Leben von Hermann Hesse sind zwei seiner Texte sehr aufschlussreich. Bei dem einen handelt es sich um einen Brief vom 04.08.1951, den *Gruß an die französischen Studenten zum Thema der diesjährigen Agrégation*. Hierin heißt es: „[...] ich habe mich im Lauf meiner Entwicklung den Problemen der Zeit nicht entzogen und nie [...] im elfenbeinernen Turme gelebt – aber das erste und brennendste meiner Probleme war nie der Staat, die Gesellschaft oder die Kirche, sondern der einzelne Mensch, die Persönlichkeit, das einmalige, nicht normierte Individuum." (Hesse 1987g, 26) Der andere entspringt einem weiteren Brief vom März 1954 an eine deutsche Studentin: „Meine Dichtungen sind alle ohne Absichten, ohne Tendenzen entstanden. Wenn ich aber nachträglich nach einem gemeinsamen Sinn in ihnen suche, so finde ich einen solchen: vom Camenzind bis zum Steppenwolf und Josef Knecht können sie alle als eine Verteidigung (zuweilen auch als Notschrei) der Persönlichkeit, des Individuums gedeutet werden." (Hesse 1974, 418) Aus beiden Briefabschnitten geht deutlich hervor, dass das Individuum sich hier sowohl auf Hermann Hesse selbst als auch auf die Protagonisten seiner Dichtungen, sowohl auf sein eigenes Schicksal als auch die Erlebnisse seiner Helden bezieht.

Man denke zuerst an die biografischen Bezüge. Hesse galt als „ein überempfindsames, lebhaftes, äußerst halsstarriges Kind", als „eine ständige Quelle für Verdruß und Verzweiflung seiner Eltern und Lehrer". (Mileck 1987, 17) Seine Taten und Erlebnisse während der Jugendzeit, vor allem zwischen 1890 und 1895 – von seiner Flucht aus dem Klosterseminar Maulbronn, seinen Kuraufenthalten in Bad Boll und Stetten und seinem Selbstmordversuch bis hin zum Praktikum in der Calwer Turmuhrenfabrik Perrot und seiner Buchhändlerlehre in Tübingen – sind geprägt von starken Widerständen und einem rebellischen Verhalten gegenüber der Erwachsenenwelt. Dabei sind insbesondere die Eltern Gegenstand seiner Wut, wie ein Brief vom 11.09.1892 aus Stetten bezeugt, der Ausdruck tiefer Erschütterung ist:

> Ich liebe mich selber, wie jeder, aber nicht deshalb kann ich hier nicht leben, sondern weil ich eine andere Atmosphäre brauche, um meinen Zweck als Mensch erfüllen zu können und – zu wollen ... Was hilft es mich [sic!], wenn Papa x-mal wiederholt: „Glaube, dass wir es gut mit Dir meinen"? Die Phrase ist nicht die Bohne wert ... Ich bin Mensch und erhebe vor der Natur ernst und heilig Anspruch auf das allgemeine Menschenrecht ... Wenn Ihr mir schreiben wollt, bitte nicht wieder Euren Christus. (Mileck 1987, 20)

Trotz der heftigen Emotionen und der rücksichtslosen, typischen Leidenschaft der Pubertät sind in dem Briefausschnitt doch immer noch Elemente der Gedankenwelt des jungen Hesse erkennbar. Im Grunde genommen handelt es sich um ein durchaus starkes Selbstbewusstsein eines Einzelmenschen. Das Menschsein als Zweck wird hier deshalb hervorgehoben. Das hängt eng mit dem Ideal Hermann Hesses zusammen, dass ein Einzelmensch im Zeichen eines „Sei Du selbst" (Hesse 1974, 462) sein eigenes Wesen entfaltet und somit seinem Leben einen eigenen Sinn beimisst, und das unterscheidet ihn auch von den meisten anderen jungen Menschen: „Die Sache war so: von meinem dreizehnten Jahr an war mir das eine klar, dass ich entweder ein Dichter oder gar nichts werden wolle." (Hesse 1987c, 393–394) So schildert Hermann Hesse 1925 in seinem *Kurzgefassten Lebenslauf* sein Lebensziel, seine Entscheidung, die dann sein ganzes Leben, sein ganzes späteres Schicksal bestimmen sollte. Und das bildet zugleich den Hauptgrund für den Generationenkonflikt zwischen ihm und seinen Eltern in den darauffolgenden Jahren. – Während man einmal glaubte, dass er dem Wunsch seiner Eltern folgend in die Fußstapfen seines Vaters und seines Großvaters mütterlicherseits treten werde, zeigen seine oben erwähnten Taten nicht bloß Gegensätze zwischen seinem Lebensziel und den Erwartungen seiner Eltern, sie signalisieren vielmehr den Anfang seines individuell geprägten Strebens. Er war „wütend und tief verletzt durch die elterliche Zurückweisung" (vgl. Mileck 1987, 18–21). Das führte dazu, dass er, parallel zu seinem eigenen Individualisierungsprozess, dem erstrebten Ziel, Dichter zu werden, „in all seinen Werken den Prozess der Individuation" hervorhebt: „Mit einer Intensität und Konsequenz, wie sie kaum ein anderes dichterisches Werk dieses Jahrhunderts aufweist, versucht Hesse seine Antwort auf die alte Frage: *wie werde ich ich selbst.*" (Unseld 1977, 461) Zum anderen lassen ihn eben seine Widersprüche zu seinen Eltern und zur Erwachsenenwelt am deutlichsten erkennen, dass „der einzelne, einmalige Mensch ... ein zartes, gebrechliches Ding" sei, und „wie sehr er des Schutzes, der Ermutigung, der Liebe bedarf." (Hesse 1974, 418)

Es ist folglich vorstellbar und folgerichtig, wenn mit seinen Darstellungen des Individualisierungsprozesses auch Generationenkonflikte unvermeidlich zum Ausdruck kommen. Bereits der erste große literarische Erfolg, der im Jahr 1904 erschienene Roman *Peter Camenzind*, ein überaus persönlich gefärbtes Werk, handelt von diesem Thema: Der Titelheld und Ich-Erzähler wächst in einem Bergdorf auf und bleibt dort, wie Hesse selbst, ein einsamer Außenseiter und unversöhnlicher Individualist mit einer Vorliebe für Dichtung. Er erinnert sich an das Verhältnis zu seinen Eltern, besonders zu seinem Vater, insbesondere während seiner Kindheit und Jugendzeit, und stellt dies ausführlich dar. Er erzählt zunächst von seiner Erziehung durch die Eltern, der gegenüber er eine gleichgültige Haltung zeigt, wenn er feststellt: „Dass die Eltern die Entwicklung meines jungen Gemüts sonderlich gefördert oder gestört hätten, kann ich nicht sagen." (Hesse 1987e, 352) Und die Ursache dafür sieht er in der Unbekümmertheit der Eltern, namentlich des Vaters: „Die Mutter hatte immer beide Hände voll Arbeit und mein Vater hatte sich gewiss mit nichts auf der Welt so wenig beschäftigt als mit Erziehungsfragen." (Hesse 1987e, 352) Folglich besteht ein bizarres Verhältnis zwischen Vater und Sohn, das geradezu absurde Formen annimmt. So heißt es:

> Ungefähr alle paar Wochen aber nahm er mich abends, ehe er ausging, bei der Hand und verschwand stillschweigend mit mir auf dem über dem Stall gelegenen Heuboden. Dort vollzog sich alsdann ein seltsamer Straf- und Sühneakt: ich bekam eine Tracht Prügel, ohne dass der Vater oder ich selbst genauer gewusst hätte, wofür. Es waren stille Opfer am Altar der Nemesis, und sie wurden ohne Schelten seinerseits oder Geschrei meinerseits dargebracht als schuldiger Tribut an eine geheimnisvolle Macht. (Hesse 1987e, 352–353)

Diese Szene bezeichnet der Ich-Erzähler als „mysteriös", und bei der Frage nach dem Grund für dieses Verhalten fasst er die „schlichte Pädagogik" wie folgt zusammen: „Ohne es zu wissen, befolgte mein guter Vater dabei die schlichte Pädagogik, die das Leben selbst an uns zu üben pflegt, indem es uns hie und da aus heiteren Lüften ein Donnerwetter sendet, wobei es uns überlassen bleibt, nachzusinnen, durch was für Missetaten wir eigentlich die oberen Mächte herausgefordert haben." (Hesse 1987e, 353) So unverständlich das Benehmen, das Erziehungsverfahren des Vaters dem Ich-Erzähler auch scheinen mag, so „gelassen oder auch trotzig" kann er „jene ratenweise Züchtigung" (Hesse 1987e, 353) hinnehmen. Wenn sich eine solche Darstellung als Ironie und teilweise auch als Kritik am Erziehungsverfahren des Vaters betrachten lässt, so gibt der Ich-Erzähler gleich anschließend zu verstehen, dass der wesentliche Zwiespalt zwischen Vater und Sohn in der Unmöglichkeit einer Übereinkunft zwischen der Vorstellung des Vaters und den persönlichen Wünschen des Sohnes liegt. So heißt es bei Hesse:

> Viel selbständiger trat ich den Versuchen meines Alten, mich zur Arbeit anzuleiten, entgegen. Die unbegreifliche und verschwenderische Natur hatte in mir zwei widerstrebende Gaben vereinigt: eine ungewöhnliche Körperkraft und eine leider nicht geringere Arbeitsscheu. Der Vater gab sich alle Mühe, einen brauchbaren Sohn und Mithelfer aus mir zu machen, ich aber drückte mich mit allen Schikanen um die mir auferlegten Arbeiten, und noch als Gymnasiast hatte ich für keinen der antiken Heroen so viel Mitgefühl wie für Herakles, da er zu jenen berühmten, lästigen Arbeiten gezwungen ward. Einstweilen kannte ich nichts Schöneres, als mich auf Felsen und Matten oder am Wasser müßiggängerisch herumzutreiben. (Hesse 1987e, 353)

Außer der Uneinigkeit zwischen den beiden Personen ist hier die Selbsterkenntnis des Ichs beachtenswert, denn sie bildet nach Hesses Auffassung die Grundlage für den Individualisierungsprozess, für den Vorgang der Selbstverwirklichung des einzelnen Menschen. Eben mit der Weiterentwicklung der Selbsterkenntnis, die immer rationaler wird, vermag der Einzelne seine Fähigkeiten zu entfalten und somit seine Individualität zu verteidigen, was aber dazu führen kann, dass der Generationenkonflikt sich verschärft – die Bemühungen des Vaters und die Widerstände des Sohnes dividieren die beiden immer weiter auseinander. Das geschieht besonders dann, wenn der junge Mensch, wie der junge Hesse selbst, sich zum eigenen Weg entschließt. So gestaltet sich auch die Erfahrung des Camenzind, wenn er nach dem Tod der Mutter seine Entscheidung gegenüber dem Vater ausspricht:

> Nun erklärte ich ihm meinen festen Entschluss, zu studieren und meine künftige Heimat im Reich des Geistes zu suchen, von ihm aber keine Unterstützung zu begehren. Er drang denn auch nicht weiter in mich und sah mich nur wehleidig und kopfschüttelnd an. Denn auch er begriff, dass ich von jetzt an eigene Wege gehen und seinem Leben schnell vollends

fremd werden würde. Als ich heute beim Schreiben mich dieses Tages erinnerte, sah ich meinen Vater wieder so, wie er an jenem Abend im Stuhl beim Fenster saß. Sein scharfer, kluger Bauernkopf steht unbeweglich auf dem dünnen Hals, das kurze Haar beginnt zu grauen, und in den harten, strengen Zügen kämpft mit der zähen Männlichkeit das Leid und das hereinbrechende Alter. (Hesse 1987e, 375–376)

Die Reaktion des Vaters beeindruckt den Ich-Erzähler deswegen so tief, weil gerade hier der Generationenkonflikt seinen Höhepunkt findet: Die Unmöglichkeit einer Übereinkunft zwischen beiden Generationen hinsichtlich der Zukunft des jungen Menschen bedeutet zumeist für die ältere Generation nicht bloß das Gefühl der Enttäuschung, sie meint auch, ein Teil ihres Lebens habe seinen Sinn verloren, wenn sie zu der Erkenntnis gelangt, dass die Entscheidung des jungen Menschen unwiderruflich ist. Im Gegensatz zu dem jungen Menschen, der mit fester Entschlossenheit den Individualisierungsprozess anstrebt, verspürt der ältere Mensch in diesem Augenblick am leibhaftigsten das Altern, das das Wesen des Generationswechsels berührt, dem ja der Zeitablauf zugrunde liegt. Aus dieser Sicht ist auch das damalige Alter von Hermann Hesse selbst zu beachten. Mitte Zwanzig ist er, als er den Roman schreibt. Damit hat man zwar schon das Alter erreicht, in welchem der Charakter eines Menschen reifen kann, aber hinsichtlich der Lebenserfahrung und der Entfaltung des Verstandes hat man noch einen langen Weg zu beschreiten.

Vielleicht eben aus diesem Grund beschäftigt sich Hesse fast zwanzig Jahre später in seinem Roman *Siddhartha. Eine indische Dichtung* erneut mit dem Thema. Obgleich in einem völlig anderen Milieu, bleibt das Wesen der Geschichte dasselbe wie in *Peter Camenzind*. Auf der einen Seite wünscht sich der Vater von Siddhartha, ein Brahmane, eine sichere und sogar glänzende Zukunft für seinen Sohn: „Freude sprang in seines Vaters Herzen über den Sohn, den Gelehrigen, den Wissensdurstigen, einen großen Weisen und Priester sah er in ihm heranwachsen, einen Fürsten unter den Brahmanen." (Hesse 1987f, 355) Auf der anderen Seite ergreift den von allen geliebten Siddhartha selbst aber starke Unzufriedenheit, denn er zweifelt an der Weisheit, die ihn die Brahmanen, darunter auch sein Vater, lehren, da er selbst an sich das eigene Ich, das mit dem heiligen Atman vereinigt werden kann, nicht wahrzunehmen vermag. Somit verwandelt sich der Zwiespalt zwischen Vater und Sohn, die eigentlich dasselbe Ziel vor Augen haben, in einen Zweifel, welcher das Generationenverhältnis anders als in *Peter Camenzind* aussehen lässt. Der Vater ist in diesem Fall nicht die Gestalt, die dem Sohn unwichtig erscheint, sondern er stellt nun ein Bild dar, das den Sohn zum tiefen Nachdenken anregt:

Viele ehrwürdige Brahmanen kannte Siddhartha, seinen Vater vor allen, den Reinen, den Gelehrten, den höchst Ehrwürdigen. Zu bewundern war sein Vater, still und edel war sein

> Gehaben, rein sein Leben, weise sein Wort, feine und adlige Gedanken wohnten in seiner Stirn – aber auch er, der so viel Wissende, lebte er denn in Seligkeit, hatte er Frieden, war er nicht auch nur ein Suchender, ein Dürstender? ... War denn nicht Atman in ihm, floss denn nicht in seinem eigenen Herzen der Urquell? Ihn musste man finden, den Urquell im eigenen Ich, ihn musste man zu eigen haben! Alles andere war Suchen, war Umweg, war Verirrung. (Hesse 1987f, 358–359)

Aufschlussreich ist hier, dass der Sohn zu einer neuen Erkenntnis gelangt, indem er sich mit seinem Vater auseinandersetzt. Aus dieser Auseinandersetzung heraus entschließt sich Siddhartha, einen anderen, eigenen Weg zu gehen. So führt er, gleich wie in *Peter Camenzind*, auch ein Gespräch mit seinem Vater, in dem er um dessen Erlaubnis bittet, in den Wald zu Samanas zu gehen. Diese Bitte wird zwar zunächst von seinem Vater zornig abgelehnt, aber nach einer Nacht gewährt er sie schließlich doch, weil er die Hartnäckigkeit und den festen Willen des Sohnes erkennt. „Hast du Seligkeit gefunden im Wald, so komm und lehre mich Seligkeit. Findest du Enttäuschung, dann kehre wieder und lass uns wieder gemeinsam den Göttern opfern." (Hesse 1987f, 363) Die letzten Worte des Vaters lassen zwar einen Kompromiss erkennen, das eigentliche Problem des Generationenzwiespalts aber ist noch nicht bewältigt.

2 Generationen- und Rollenwechsel und Veränderungen der Lebenseinstellung: Die ‚chinesische' Lösung der Generationenkonflikte

Kurz nach dem Abschluss der Niederschrift des *Peter Camenzind*-Manuskripts verlobt sich Hermann Hesse mit Maria Bernoulli und heiratet sie im Jahr 1904. Für Hesse selbst ist das selbstverständlich ein bedeutendes Ereignis in seinem Leben und noch wichtiger ist, dass jeweils in den Jahren 1905, 1909 und 1911 die jüngere Generation, nämlich seine drei Söhne Bruno, Heiner und Martin, geboren wird. Hesse persönlich erlebt den Generationen- und Rollenwechsel vom Sohn zum Familienvater und sieht sich nun selbst mit Erziehungsfragen und Auseinandersetzungen zwischen Generationen konfrontiert.

Auf der anderen Seite erfährt sein Denken eine weitere Dimension: Auch um die Zeit zwischen 1905 und 1907 beginnt er sich, angeregt durch seinen Vater, intensiv mit dem chinesischen Gedankengut zu befassen. Obwohl er „kein Wort Chinesisch kann und nie in China gewesen" (Hesse 1987d, 281) ist, liest er bis zu seinem Ableben zahlreiche Übersetzungen von chinesischen Klassikern, darunter vor allem philosophische, geschichtliche und literarische kanonische Werke, und setzt sich sehr intensiv mit ihnen auseinander,[1] so dass er „die Lektüre der großen Chinesen" als eine der „drei starke[n], und lebenslänglich nachwirkende[n] Einflüsse" (Hesse 1987a, 548) auf sich und die „chinesische Spezialität von Menschentum und Menschengeist" als seine „geistige Zuflucht und zweite Heimat" (Hesse 1987d, 281) bezeichnet. Der Grund dafür, dass diese Einflüsse so tiefgreifend sind, besteht darin, dass „Chinas Weisheit", so Joseph Milecks Feststellung, „eine Bestätigung seines Ichs und all dessen, was er erstrebte" gewesen sei (Mileck 1987, 175), oder dass, wie Hermann Hesse es selbst formuliert, ihm „über die zweieinhalb Jahrtausende hinweg ... das Glück zuteil" geworden sei, „in der alten chinesischen Literatur eine Bestätigung eigener Ahnungen ... zu finden." (Hesse 1987d, 281) – Hesses China-Rezeption bedeutet weder einfache Übernahme von Gedanken und Worten aus chinesischen Meisterwerken noch blinde Hochschätzung einer exotischen Kultur, vielmehr birgt sie in sich eine tiefe Besinnung auf die eigene Gedankenwelt und eine Synthese über die verschiedenen regional-kulturellen Kontexte hinaus. Unverkennbar manifestieren sich die Folgen einer solchen Reflexion in Hesses Darstellungen des Individuationsprozesses und auch der Generationenkonflikte.

Andererseits hebt Hesse, nun selbst im mittleren Alter, immer noch die Wichtigkeit und Unentbehrlichkeit der Individuation hervor. So heißt es in einem Brief an Herrn M. K. im Januar 1933: „Aufgabe, Sehnsucht und Pflicht der Jugend ist das Werden [...]. Man muss erst ein voller Mensch, eine wirkliche Persönlichkeit geworden sein und die Leiden dieser Individuation erlitten haben, ehe man das Opfer dieser Persönlichkeit bringen kann." (Hesse 1974, 93) Auf der anderen Seite sieht er aber auch ein, wohin dieser Individualisierungsprozess führt. Das erläutert er in zwei anderen Briefen. In dem einen, den Hesse am 10.01.1923 an Fritz Marti schreibt, entwirft er den gestuften Weg der Menschwerdung, auf dem die Individuation nur eine Zwischenstufe dieses gesamten Prozesses sei:

> Auch die christlich-asketische Spekulation sieht ja in der Persönlichkeit zwar eine wichtige Stufe, denn die Individuation ist auch für sie ein heiliger Prozess, sie sieht aber in der Individuation nur den ersten Teil des Weges zum wahren Menschen, der zweite Teil führt über die Persönlichkeit hinaus, wie ja auch das Endziel alles religiösen Strebens das völlige Aufgehen in Gott als das Erlöschen der Person ist. (Hesse 1979, 44–45)

---

[1] Wie Hermann Hesse sich mit chinesischer Philosophie beschäftigt, seine Lektüre darüber rezensiert und das chinesische Gedankengut hochschätzt, darüber berichtet Hsia 2002 grundlegend. Siehe dazu ausführlich auch Ma 2010.

Den anderen, in dem er die Themen des *Demian* und des *Siddhartha* hinsichtlich des Individuationsprozesses gedanklich miteinander verbindet, schreibt er am 03.02.1923 an Frederik van Eeden:

> Dies Buch [d. i. *Demian*] betont den Individuationsprozess, das Werden der Persönlichkeit, ohne das kein höheres Leben ist. […]
> Dass mir die andere Seite unsrer Aufgabe und Bestimmung, die größere, göttliche, das Überwinden der Persönlichkeit und das Durchdrungenwerden von Gott, auch bekannt ist, haben Sie aus dem „Siddhartha" gesehen. Ich selbst sehe diese zwei Bücher keineswegs als Widersprüche, sondern als Stücke desselben Weges. (Hesse 1979, 48)

Somit gibt Hesse zu erkennen, dass er in *Siddhartha* dem Individuationsprozess ein ideales Ende setzt, dem eine neue Erkenntnis Hesses über die vollkommene Menschwerdung zugrunde liegt. Es ist der Einheitsgedanke, den Hesse zuerst von Johann Wolfgang von Goethe annimmt, der ihn zu tiefem Nachsinnen veranlasst und dessen er schließlich durch eine Änderung der Denkweise, die seine Studien über chinesische Philosophie mit sich bringen, völlig innewird.[2] Beispielsweise erläutert er das in einem Brief vom 08.04.1932 an einen jungen Mann in Deutschland, in dem er „das Reich Gottes" auf das „Tao" der Chinesen bezieht und unter beidem „die Ahnung von der geheimen Einheit alles Lebens" versteht:

> Das, was Jesus das Reich Gottes, was die Chinesen Tao nennen, ist […] die Ahnung vom Ganzen der Welt, samt allen ihren Widersprüchen, ist die Ahnung von der geheimen Einheit alles Lebens. Diese Ahnung oder Idee wird in vielen Bildern ausgedrückt und verehrt, sie hat viele Namen, einer von ist der Name: Gott. (Hesse 1974, 65)

Und wegen des jetzt völlig anderen Verständnisses des Individuationsprozesses lässt sich das Generationenverhältnis dementsprechend ebenfalls anders darstellen: Nach dem oben erwähnten Verlassen des Elternhauses sucht Siddhartha auf seine eigene Art und Weise das Ich. Sowohl das asketische Leben bei Samanas als auch das Weltleben mit der Kurtisane Kamala, dem Kaufmann Kamaswami und anderen „Kindermenschen", den Weltmenschen, die Siddhartha „auf eine kindliche oder tierhafte Art dahinleben" (Hesse 1987f, 407) sieht, treiben zwar die Entfaltung seiner Persönlichkeit in großem Maße voran, doch das endgültige Ziel, seine vermeintliche ‚Vollendung', geht noch nicht in Erfüllung. Aus diesem Grund kommt er viele Jahre später an jenen Fluss, den er früher überquert hat, und bleibt bei dem Fährmann Vasudewa, der ihn lehrt, dem Fluss zuzuhören. Mittels der Flussmetapher gelangt Siddhartha allmählich zu der Überzeugung einer umfassenden Einheit. Da bringt Kamala seinen Sohn zu ihm und stirbt gleich darauf am

---

2 Siehe dazu ausführlich Ma 2000 und Ma 2012.

Schlangenbiss. Nun erfährt auch Siddhartha, wie Hermann Hesse selbst, einen Rollenwechsel und muss die Pflicht übernehmen, sich um den Knaben zu kümmern. Obwohl Siddhartha dem Jungen ausreichend Vaterliebe zeigt, kommt es immer wieder zum Konflikt, weil er sich an das Leben am Ufer überhaupt nicht gewöhnen kann. So führt Vasudewa ein Gespräch mit Siddhartha, in dem er ihn zu überreden versucht, seinen Sohn in die Welt, in sein vertrautes Leben zurückzuschicken. Eine Reihe seiner Fragen an Siddhartha macht Hesses Denken über Generationenverhältnisse aus Sicht eines Vaters deutlich:

> Glaubst du denn wirklich, dass du deine Torheiten begangen habest, um sie dem Sohn zu ersparen? Und kannst du denn deinen Sohn vor Sansara schützen? Wie denn? Durch Lehre, durch Gebet, durch Ermahnung? [...] Wer hat den Samana Siddhartha vor Sansara bewahrt, vor Sünde, vor Habsucht, vor Torheit? Hat seines Vaters Frömmigkeit, seiner Lehrer Ermahnung, hat sein eigenes Wissen, sein eigenes Suchen ihn bewahren können? Welcher Vater, welcher Lehrer hat ihn davor schützen können, selbst das Leben zu leben, [...] selber seinen Weg zu finden? [...] Glaubst du denn, Lieber, dieser Weg bleibe irgend jemandem vielleicht erspart? [...] Aber auch wenn du zehnmal für ihn stürbest, würdest du ihm nicht den kleinsten Teil seines Schicksals damit abnehmen können. (Hesse 1987f, 446–447)

Dass sowohl das Individuum selbst als auch der Individualisierungsprozess des Einzelmenschen unersetzbar ist, das ist eine Wahrheit, ja eine Lebensweisheit, die für einen Menschen wie den jungen Hesse selbstverständlich, für die ältere Generation dagegen manchmal unverständlich ist, weil sie ihrerseits immer wieder versucht, durch ihre Bemühungen der jüngeren Generation Not und Elend im Leben zu ersparen. Folglich akzeptiert Siddhartha diesen Vorschlag zunächst nicht, bis der Sohn eines Tages davonläuft und Siddhartha ihm bis vor die Stadt folgt. Es wird ihm schließlich bewusst, dass der Knabe, wie damals der junge Siddhartha, seinen eigenen Weg zu gehen hat und niemand ihm dabei helfen kann. Im Vergleich zu seinem Vater, der dem Verlassen des Elternhauses durch den Sohn damals unwillig gegenüberstand und im Vergleich zu Peter Camenzinds Vater, der in einer solchen Situation jäh altert, fühlt sich Siddhartha zwar verletzt, aber auch beruhigt. Noch entscheidender ist die weitere Wirkung dieses Zwischenfalls auf ihn: Der Konflikt zwischen ihm und seinem Sohn führt ihn einstweilen wieder ins reale Menschenleben zurück und seine jetzige Entscheidung, den Sohn seinem eigenen Schicksal zu überlassen, hilft ihm dabei, einen wichtigen Schritt hin zur Vollendung in seinem Sinne zu tun, denn er ist sich schließlich bewusst, dass es zwischen ihm und den früher von ihm verachteten „Kindermenschen" keinen „Unterschied" gibt. Zum einen werden die Konflikte zwischen den beiden Generationen auf diese Art und Weise „versöhnt", d. h. sie sind immer noch da, stehen aber jetzt in einem harmonischen Verhältnis zueinander. Zum anderen erfährt Siddhartha am eigenen Leibe, dass die gesamte

Welt eine harmonische Einheit ist und er sowie die anderen dazu gehören. So geschieht an Siddhartha ein psychisch-geistiger Wandel, aus dem vorher erworbenen Wissen um die Welt als Einheit wird nun ein Seelenzustand: „Es war nichts als eine Bereitschaft der Seele, eine Fähigkeit, eine geheime Kunst, jeden Augenblick, mitten im Leben, den Gedanken der Einheit denken, die Einheit fühlen und einatmen zu können." (Hesse 1987f, 454) Dieser mystisch geprägte Seelenzustand ist in Hesses Augen der höchste, dessen Erreichen zugleich Veränderungen der Lebenseinstellung und des Lebensverständnisses bedeutet. Dazu äußert er noch im Jahr 1923 in dem kurz nach *Siddhartha* verfassten, autobiografisch geprägten Prosatext *Kurgast* seinen ausgeprägten Glauben an die Einheit:

> Ich glaube nämlich an nichts in der Welt so tief, keine andre Vorstellung ist mir so heilig wie die der Einheit, die Vorstellung, dass das Ganze der Welt eine göttliche Einheit ist und dass alles Leiden, alles Böse nur darin besteht, dass wir einzelne uns nicht mehr als unlösbare Teile des Ganzen empfinden, dass das Ich sich zu wichtig nimmt. Viel Leid hatte ich in meinem Leben erlitten, viel Unrecht getan, viel Dummes und Bitteres mir eingebrockt, aber immer wieder war es mir gelungen, mich zu erlösen, mein Ich zu vergessen und hinzugeben, die Einheit zu fühlen, den Zwiespalt zwischen Innen und Außen, zwischen Ich und Welt als Illusion zu erkennen und mit geschlossenen Augen willig in die Einheit einzugehen. (1987b, 61–62)

Somit kann man die oben zitierten Briefabschnitte nachvollziehen: „das Überwinden der Persönlichkeit" bedeutet keineswegs die Verneinung des Individuationsprozesses, sondern vielmehr einen Seelenzustand und eine Denkweise, mit denen ein Einzelmensch seinem realen Leben einen höheren oder sogar den höchsten Sinn beimessen kann.

3 Fazit

Wie ausgeführt, bilden die Generationenkonflikte ein Thema, dem Hermann Hesse seiner Gestaltung eines vollkommenen Lebensweges eines Einzelmenschen nicht ausweichen kann und mit dem er sich intensiv auseinandersetzt. Mit den unterschiedlichen Positionen und Einstellungen zum Leben stellt er die Generationenverhältnisse unterschiedlich dar. Während sie in seinem früheren Werk *Peter Camenzind* unversöhnlich zu sein scheinen, stellt die ‚Lösung' dieses Problems in *Siddhartha* den entscheidendsten Moment im Leben des Titelhelden dar, den Moment, in dem Hesses ins reale Leben ‚umgesetzt' wird und somit die Geistesverfassung des Titelhelden, im Grunde genommen von Hermann Hesse selbst, zur höchsten Stufe gelangt. Aufschlussreich sind deshalb nicht bloß Hesses Darstellungen der Generationenkonflikte in seinen Werken, sondern auch die darin verborgenen Weisheiten, welche, seien es europäische, seien es chinesische, Hermann Hesse für übernational und überzeitlich hält. So versucht er, wie er selbst anmerkt, „das zu ergründen, was allen Konfessionen und allen menschlichen Formen der Frömmigkeit gemeinsam ist, was über allen nationalen Verschiedenheiten steht, was von jeder Rasse und von jedem Einzelnen geglaubt und verehrt werden kann." (Zit. nach Michels 1986, 268)

Literatur

Hesse, Hermann. *Ausgewählte Briefe*. Erweiterte Ausgabe. Zusammengestellt von Hermann und Ninon Hesse. Frankfurt/Main: Suhrkamp, 1974.
Hesse, Hermann. „Geleitwort zur Neuausgabe von ‚Krieg und Frieden' (1946)". *Gesammelte Werke in 12 Bänden*. Band X. Frankfurt/Main: Suhrkamp, 1987, 544–548. Im Text zitiert als Hesse 1987a.
Hesse, Hermann. *Gesammelte Briefe. Zweiter Band 1922–1935*. In Zusammenarbeit mit Heiner Hesse. Hg. Ursula und Volker Michels. Frankfurt/Main: Suhrkamp, 1979.
Hesse Hermann. „Kurgast". *Gesammelte Werke in 12 Bänden*. Band VII. Frankfurt/Main: Suhrkamp, 1987. 5–113. Im Text zitiert als Hesse 1987b.
Hesse, Hermann. „Kurzgefasster Lebenslauf (1925)". *Gesammelte Werke in 12 Bänden*. Band VI. Frankfurt/Main: Suhrkamp, 1987. 391–411. Im Text zitiert als Hesse 1987c.
Hesse, Hermann. „Lieblingslektüre (1945)". *Gesammelte Werke in 12 Bänden*. Band XI. Frankfurt/Main: Suhrkamp, 1987. 279–283. Im Text zitiert als Hesse 1987d.
Hesse, Hermann. „Peter Camenzind". *Gesammelte Werke in 12 Bänden*. Band I. Frankfurt/Main: Suhrkamp, 1987. 341–496. Im Text zitiert als Hesse 1987e.
Hesse, Hermann. „Siddhartha. Eine indische Dichtung". *Gesammelte Werke in 12 Bänden*. Band V. Frankfurt/Main: Suhrkamp, 1987. 353–471. Im Text zitiert als Hesse 1987f.
Hesse, Hermann. „Über ‚Peter Camenzind', Gruß an die französischen Studenten zum Thema der diesjährigen Agrégation (1951)". *Gesammelte Werke in 12 Bänden*. Band XI. Frankfurt/Main: Suhrkamp, 1987. 26. Im Text zitiert als Hesse 1987g.
Hsia, Adrian. *Hermann Hesse und China. Darstellung, Materialien und Interpretationen*. Erweiterte Neuausgabe. Frankfurt/Main: Suhrkamp, 2002.
Ma, Jian. „Auf der Suche nach dem ‚Ich' – Über Hermann Hesses ‚Siddhartha'". *Kommentare über ausländische Literaturen* 4 (2000): 101–110.
Ma, Jian. *Hesse und chinesische Kultur*. Peking: Capital Normal University Press, 2010.
Ma, Jian. „Hermann Hesses Rezeption und Entwicklung des ‚Einheit'-Denkens von Goethe". *Fachzeitschrift der Tongji-Universität für Sozial- und Geisteswissenschaften* 23.6 (2012): 10–15.
Michels, Volker (Hg.). *Materialien zu Hermann Hesses „Siddhartha"*. Erster Band. Texte von Hermann Hesse. Frankfurt/Main: Suhrkamp, 1986.
Mileck, Joseph. *Hermann Hesse. Dichter, Sucher, Bekenner. Biographie*. Aus dem Amerikanischen von Jutta und Theodor A. Knust. Frankfurt/Main: Suhrkamp, 1987.
Unseld, Siegfried. „Hermann Hesses Wirkung". *Über Hermann Hesse. Zweiter Band 1963–1977*. Hg. Volker Michels. Frankfurt/Main: Suhrkamp, 1977. 447–465.

II Generationsentwürfe und politische Ideologien

Arnd Bauerkämper
‚Generation' als Selbstdeutung

Die Erinnerung an den Nationalsozialismus

Hans-Ulrich Wehler (1931–2014) in dankbarer Erinnerung

Gesellschaftliche Großgruppen wie Generationen weisen im Allgemeinen gemeinsame Ziele und Interessen, ein Zusammengehörigkeitsbewusstsein, geteilte Werte und Normen, eine interne Rollenstruktur und Aufgabenverteilung auf. Sie konstituieren sich nicht durch persönliche Bekanntschaft, sondern durch abstrakte, gemeinsam bindende Vorstellungen und Überzeugungen. Mitglieder von Großgruppen geben sich in der Regel erst in bestimmten Situationen und spezifischen Kontexten durch ihre Handlungen, Ansichten, Äußerungen oder Symbole als gleich gesinnte Menschen zu erkennen. Allerdings sind Generationen keineswegs a priori gegebene Einheiten. Sie weisen nicht durchweg gemeinsame ‚objektive' Merkmale auf, so dass sie keineswegs als kohärente Großgruppen gelten können. Vielmehr sind sie heterogen, so dass ‚Generation' als wissenschaftliches Klassifikationskonzept für eine spezifische soziale Lage kaum nützlich ist. Darüber hinaus hat die neuere Forschung gezeigt, dass Generationen nicht zuletzt Konstruktionen sind, in denen sich Selbst- und Fremddeutungen und -platzierungen mit kollektiven wie auch individuellen Imaginationen und Legitimationsstrategien verschränken.[1]

Im Anschluss an diese Einsichten und Befunde wird in diesem Beitrag argumentiert, dass einschneidende Ereignisse in der Geschichte Deutschlands im 20. Jahrhundert zwar Prozesse der Bewusstseinsbildung entscheidend beeinflussten, auch in generationsstiftender Form. Letztlich wurden Generationen aber über Selbstdeutungen von Gruppen konstituiert, die jeweils gesellschaftlichen und kulturellen Wandel anstießen. Sie definierten und verstanden sich als Angehörige einer Generation, die aus tiefgreifenden Umbrüchen – wie dem Ende des Ersten Weltkrieges 1918, der nationalsozialistischen ‚Machtergreifung' 1933, dem Zusammenbruch des ‚Dritten Reiches', der Gründung der beiden deutschen Staaten oder der Wiedervereinigung Deutschlands 1990 – hervorgegangen ist. Der

---

[1] Allgemein: Weisbrod 2009, 7, 10; Schwonke 1999.

Beitrag zielt damit auf eine Vermittlung konstruktivistischer und essentialistischer Untersuchungsansätze in der Generationenforschung.²

Wie die Forschung gezeigt hat, eröffnen dazu Studien über Interpretationen der Vergangenheit, Erfahrungen und Erinnerungen weiterführende Erkenntnisse, vor allem wenn sie auf Zukunftserwartungen bezogen werden (Gerland et al. 2013). In detaillierten Untersuchungen sind performative Praktiken – wie Formen symbolischer Repräsentation und Inszenierungsformen – ebenso einzubeziehen wie retrospektive Konstruktionen und Projektionen, die jeweils Handeln legitimieren und damit Generationen erst schaffen. Dabei sind visuelle Darstellungen, die – wie der Kniefall des Bundeskanzlers Willy Brandt in Warschau – im Allgemeinen medial vermittelt werden, besonders prägend (Roseman 2005, 190 und 199).³

Ebenso wichtig sind im Hinblick auf die Bildung von Generationen mittels der Auseinandersetzung mit Vergangenheiten freilich historische Narrative, auf die sich die folgende Darstellung konzentrieren wird. Historische und literaturwissenschaftliche Arbeiten haben jüngst vor allem die Auseinandersetzung über den Nationalsozialismus in Familien hervorgehoben. Besonders seit der Jahrtausendwende hat sich ein literarisches Genre herausgebildet, in dem Enkel die Rolle ihrer Großväter und Großmütter behandeln. Die Wiederentdeckung der Herkunft dient dabei der „Annahme einer unheimlichen Erbschaft in einer Geschichte, die ansonsten abstrakt bleibt und durch moralisierende Diskurse über Opfer und Täter verstellt ist". (Weigel 2005, 113) Ähnlich sind Diskussionen über die NS-Vergangenheit in Familien von Historikern und Soziologen wie Harald Welzer erforscht worden. Diese Arbeiten haben den Stellenwert der Generation als „Medium der Gedächtnispolitik" akzentuiert und konturiert. (Weigel 2005, 120; vgl. auch Welzer et al. 2002 und Welzer 2004)⁴

Aber auch in geschichtswissenschaftlichen Deutungen sind vielfach Generationsverständnisse eingeschrieben worden. So haben sich Historiker wie Hans-Ulrich Wehler in den 1970er Jahren entschieden als Generation verstanden, die das Ende des NS-Regimes und des Zweiten Weltkrieges als Jugendliche erlebt hatten, nach 1945 aber in der Bundesrepublik überzeugte Anhänger der westlichen Demokratie und leistungsfähige Träger des westdeutschen Staates geworden seien. (Wehler 2008; Wehler 2006; Hohls und Jarausch 2000, 260–262; Wehler

---

2 Zum Konzept der Generation und zu den theoretischen Grundlagen instruktive Überblicke in Jureit 2006; Jureit und Wildt 2005; Daniel 2001. Vgl. auch Jaeger 1977.
3 Zum Konzept der Performanz vgl. Martschukat und Petzold 2003.
4 ‚Gedächtnispolitik' ist institutionell verfasst und zielt auf die Aktualisierung ausgewählter Erinnerungen in Repräsentationen, Ritualen und Inszenierungen, welche jeweils die „Gegenwart als Transformationsstelle von Vergangenheit und Zukunft" verpflichten. Zit. nach Dücker 2001, 502. Vgl. auch Meyer 2010.

1999. Dazu: Nolte und Wehler 2015, 120, 161 und Nolte 1999, 420.) Seit den 1960er Jahren grenzten sie sich als ‚45er' von den jüngeren ‚68ern' ab. In der DDR fehlten diese Generationszuschreibungen, zumindest in der Öffentlichkeit. Im Hinblick auf den ostdeutschen Staat ist deshalb von einer „stummen Vergemeinschaftung" von Generationen gesprochen worden. (König 2014, 426) Diese blieben ‚still', obgleich auch hier einschneidende Erlebnisse wie die Vertreibung ebenso durchaus ähnliche Verarbeitungsprozesse und Selbstzuschreibungen auslösten („Silent generation" nach Carlson 2008).

1 Generation als Kategorie und Konzept für die historische Erinnerungsforschung

Generationen sind seit dem 19. Jahrhundert zunehmend weniger als biologische, universelle Abfolge von Kohorten verstanden, sondern vielmehr im Hinblick auf ihre prägenden Faktoren analysiert worden. Vor allem Wilhelm Dilthey hat ähnliche Einstellungen, Verhaltensweisen und Lebensstile auf gemeinsame, prägende Erfahrungen zurückgeführt, die eine spezifische Generation von anderen abheben und zugleich der Abgrenzung dienen. Damit kann über die Untersuchung von Generationen sozialer und kultureller Wandel erfasst und erklärt werden. Als weiterführend hat sich dazu besonders Karl Mannheims Unterscheidung zwischen Generationslagerung, Generationszusammenhang bzw. -bewusstsein und Generationseinheit erwiesen. Mit Hilfe dieses Stufenmodells kann gezeigt werden, wie in spezifischen historischen Kontexten entstandene Dispositionen zu identifizierbaren Verhaltensformen und Erinnerungspraktiken führen, die jeweils Generationseinheiten konstituieren.[5] Allerdings hat Mannheim die Homogenität von Generationen überschätzt. Überdies führt die implizit von ihm vorgenommene Unterscheidung von ‚objektiver' und ‚subjektiver' Generationszugehörigkeit zu Aporien, die für die historische Erinnerungsforschung letztlich nicht weiterführend sind. Wie der Historiker Reinhart Koselleck betont hat, kann grundsätzlich keinesfalls von einer „kollektive[n] Erinnerung" ausgegangen werden, wohl aber von „kollektive[n] Bedingungen möglicher Erinnerungen" (Koselleck 2000, 219).[6] Darüber hinaus ist kaum beachtet worden, dass das Konzept der

---

5 Grundlegend: Mannheim 1970.
6 Das von Maurice Halbwachs Mitte der 1920er Jahre geprägte Konzept der ‚kollektiven Erinnerung' hebt auf die Verarbeitung individueller Erfahrungen in einem sozialen Wahrnehmungsrahmen ab. Vgl. Große-Kracht 1996, 23.

,Generation' Mannheim – ebenso wie Dilthey – der Selbstverortung in ihren jeweiligen Gesellschaften gedient hat. Nicht zuletzt hat sich die Generationenforschung seit dem 19. Jahrhundert auf die Zugehörigkeit zu einer Altersgruppe und damit zu einem spezifischen Lebensabschnitt konzentriert. Die – von Mannheim geförderte – Konstruktion einer ,Frontgeneration' mit dem Ersten Weltkrieg als vermeintlichem Schlüsselerlebnis hat diesem verkürzenden Verständnis nach 1918 kräftig Auftrieb verliehen (Roseman 2005, 191).

Gegenüber dieser synchronen Dimension ist das vormoderne genealogische und diachrone Verständnis der ,Generation' zurückgetreten. Die Abfolge von Generationen und das Verhältnis zwischen ihnen hat in den letzten Jahrzehnten deshalb wenig Beachtung gefunden. Studien zur Auseinandersetzung über die Vergangenheit zwischen Generationen – so in Familien – sind geeignet, diese Perspektive erneut aufzuwerten. Dazu müssen generationsspezifische Erinnerungen und das Band zwischen Generationen im Gedächtnis untersucht werden (Weigel 2005, 116–117, 120, 125).

Für diese Studien sind psychoanalytische Untersuchungsansätze, die auf Sigmund Freud zurückgehen, weiterführend und aussichtsreich. Sie verstehen die Abfolge von Generationen als einen Überlieferungsprozess, der sich in unterschiedlichen Räumen – so in Schulen und Familien – vollzieht und auch medial vermittelt wird. Damit wird das Konzept der ,Generation' als Kategorie individueller Selbstdeutung und gesellschaftlicher Selbstverständigung in kleinen Gruppen nutzbar, wie im Folgenden anhand der Auseinandersetzung mit dem Nationalsozialismus in Deutschland nach 1945 deutlich wird. Die jüngste Vergangenheit fungierte dabei als ,Generationsobjekt', das der Selbstdeutung und Fremdbeschreibung spezifischer Generationen ebenso diente wie deren Definition, Verortung, Legitimation und wechselseitiger Abgrenzung. Darüber hinaus hat das Generationsobjekt eine „tradierende Funktion, mit dem das spezifische Verständnis, das die Angehörigen einer historischen Generation von der jeweils relevanten Zeiterfahrung haben, als unbewusstes Kulturgut weitergegeben wird." (Manning 2009, 152) Dazu ist bislang u. a. der Holocaust untersucht worden (vgl. Schneider 2004 und Jureit 2005). Demgegenüber sollen hier einzelne, besonders klar identifizierbare generationelle Gruppen untersucht werden, die ihre politischen Forderungen und ihr Handeln jeweils auch mit spezifischen Erinnerungen des Nationalsozialismus gerechtfertigt haben. Dabei überlagerten sich Vergangenheitsdeutungen, Gegenwartsdiagnosen und Zukunftshoffnungen (Daniel 2001, 339).

Zwar ist der Stellenwert, dem das Konzept der ,Generation' für eine Gesellschaftsgeschichte der DDR und Bundesrepublik zukommt, in einzelnen individual- und kollektivbiografischen Studien – so zur Rolle der ,68er' in der Bundesrepublik und zu den um 1949 Geborenen in der DDR – bereits deutlich geworden (Ahbe und Gries 2006; Wierling 2002; Wierling 1999; vgl. auch Niethammer 1994, 104–105). Jedoch hat sich die Forschung den Auswirkungen spezifischer lebensgeschichtlicher Prägungen auf das soziale Gefüge und die gesellschaftlichen Beziehungen in den beiden deutschen Staaten bislang kaum gewidmet. Inwieweit beeinflusste die jeweilige Erfahrung der Niederlage im Ersten Weltkrieg, der nationalsozialistischen ‚Machtergreifung' und des Kriegsendes 1945 das politische Verhalten von Individuen und Gruppen in der Bundesrepublik und der DDR? Welchen Stellenwert nahm der Umbruch von ‚1968' – die gesellschaftliche Protestbewegung hier und der ‚Prager Frühling' dort – im Prozess der lebensgeschichtlichen Prägung der Nachwachsenden ein? Diese Fragen sind bislang allenfalls partiell erforscht worden.[7] Noch eklatanter ist freilich der Mangel an Studien zur Tradierung von Erinnerungen in und zwischen Generationen. Auch die damit verbundenen Selbstdeutungen sind weitgehend unbekannt. Dieser Beitrag kann diese Forschungslücke nicht schließen, aber einen Bezugsrahmen für weiterführende empirische Studien bieten.

Im Hinblick auf den Stellenwert des Nationalsozialismus im kommunikativen und kulturellen Gedächtnis verweist Generativität (d. h. die Zugehörigkeit durch Geburt), besonders aber Generationalität (die subjektive Selbstverortung im Kreis der Altersgenossen) allgemein auf die Prägekraft einschneidender politisch-gesellschaftlicher Zäsuren. So ist evident, dass in der DDR tiefgreifende Einschnitte – so die Staatsgründung, der Mauerbau und schließlich der Zerfall der SED-Diktatur – generationelle Selbstzuschreibungen jeweils tiefgreifend beeinflussten. Nach der Wiedervereinigung Deutschlands sind diese Erinnerungen von Erfahrungen und Wahrnehmungen des Transformationsprozesses überschichtet worden. In Bezug auf die Erinnerung an den Nationalsozialismus haben die Zäsuren von 1945, 1968 und 1989 auch viele Westdeutsche tiefgreifend, aber in unterschiedlichem Ausmaß und in bestimmter Weise geprägt. Daraus sind auch hier generationsspezifische Selbstverständnisse hervorgegangen.[8]

Im Hinblick auf die historische Erinnerungsforschung kann Generation als Kategorie vor allem auf unterschiedliche Formen des Gedächtnisses bezogen werden. So bezeichnet das ‚kommunikative Gedächtnis' nach Jan Assmann Erinnerungsnarrative, „die ausschließlich auf Alltagskommunikation beruhen". Diese weisen „ein hohes Maß an Ungeformtheit, Beliebigkeit und Unorganisiert-

---

[7] Ausnahmen sind Fulbrook 2011; Welzer et al. 2002.
[8] Zur Geschichte der Bundesrepublik besonders: Herbert 1996; Hodenberg 2005. Zur DDR: Jessen 1999. Zu den Konzepten der ‚Generationalität' und ‚Generativität', auch in Bezug auf das Gedächtnis: Reulecke 2009, 122–123; Reulecke 2003; Reulecke 2008, 14.

heit" ebenso auf wie einen „beschränkte[n] Zeithorizont", der im Allgemeinen drei bis vier Generationen (80 bis 100 Jahre) einschließt. Demgegenüber erfasst das ‚kulturelle Gedächtnis' den „jeder Gesellschaft und jeder Epoche eigentümlichen Bestand an Wiedergebrauchs-Texten, -Bildern und -Riten [...], in deren ‚Pflege' sie ihr Selbstbild stabilisiert und vermittelt [...]". (Assmann 1988, 10–11, 15; vgl. Moller 2010, 86 und Olick 2010, 111) Das ‚kulturelle Gedächtnis' ist geformt und basiert auf festen Institutionen, Riten und Trägern; es entsteht durch zeremonielle und symbolische Kommunikation in öffentlichen Räumen. Damit ist es nicht unmittelbar an die Träger von Erinnerungen gebunden. (Levy 2010, 93; Oexle 2001, 10–11). Grundsätzlich fasst das ‚Generationsgedächtnis' aber „Altersklassen als Erinnerungsgemeinschaften" (Erll 2005, 52).

Im Anschluss an diese konzeptionelle Unterscheidung hat die neuere Forschung zur Erinnerungsgeschichte des Nationalsozialismus in den beiden deutschen Staaten vor allem auf die Kluft zwischen öffentlichem und privatem Erinnern an das ‚Dritte Reich' hingewiesen. In der Bundesrepublik und in der DDR hat in den öffentlichen Gedenkritualen ein Schuldgedächtnis im Mittelpunkt gestanden. Demgegenüber haben die Deutschen in privaten Räumen und in der direkten Kommunikation besonders ihr eigenes Leid beklagt. Vor allem bis zu den 1970er Jahren hat diese Selbstviktimisierung das kommunikative Gedächtnis geprägt. So haben die Westdeutschen in den 1950er Jahren keinesfalls einfach über die NS-Vergangenheit geschwiegen. Vielmehr sind von ihnen einzelne Ereignisse wie die Vertreibung und der Bombenkrieg betont worden, um sich selber als Opfer des ‚Dritten Reiches' und des Zweiten Weltkrieges darstellen zu können (Moeller 1996 und Moeller 2001).[9]

Die historische Tradierungsforschung hat die Kluft zwischen öffentlichem und privatem Erinnern besonders anhand der Differenzen zwischen den Vermittlungsprozessen in Familien und Schulen gezeigt. Dabei sind in Deutschland jeweils Generationszugehörigkeiten definiert worden. So ist der Stellenwert von Familien als ‚Relais' zwischen (auto-)biografischem Erinnern einerseits und der öffentlichen Erinnerungskultur sowie der Gedächtnispolitik andererseits hervorgetreten. In der familiären Interaktion werden vor allem die Unterschiede zwischen Generationen deutlich, die durch gemeinsame Erfahrungen, Überzeugungen und Ziele, daraus gewonnene Lebensformen und -stile, verbindende Handlungshorizonte und Selbstzuschreibungen gekennzeichnet sind. Insgesamt sind in Deutschland nach 1945 im Generationenverhältnis Erinnerungen tradiert oder Überlieferungsprozesse abgebrochen worden. Als spezifische Erfahrungs- und Erinnerungsgemeinschaften können Generationen in der Forschung zu

---

9 ‚Leidgedächtnis' und ‚Schuldgedächtnis' nach Assmann 2006, 203–204.

Erinnerungen an den Nationalsozialismus als Träger kollektiver Zuschreibungen gelten, die Kontinuitätsannahmen unterbrechen und auf die Vergangenheit bzw. die Zukunft orientiert sind (Moses 2007; Bude 1998, 71; Sandl 2005, 109; Hensen und Moller 2007, 235. ‚Relais' nach Welzer 2010, 19).

Empirische Untersuchungen haben auch generationsspezifische Erinnerungsschichten in Deutschland freigelegt. In Interviews ist besonders hervorgetreten, dass die Enkelgeneration vielfach politische Belastungen und Verbrechen ihrer Großmütter und Großväter ausblendet, um damit in ihren Erinnerungen retrospektiv vorbildliche Vorfahren zu konstruieren. Diese Entlastungsstrategie findet sich in dieser Generation zwar auch in anderen europäischen Staaten, die faschistische Parteien aufgewiesen hatten und im Zweiten Weltkrieg vom ‚Dritten Reich' besetzt worden waren. In Deutschland sind sie aber besonders unreflektiert prolongiert worden (Hensen und Moller 2007).

2 Die Erinnerung an den Nationalsozialismus und Generationenschichten in der Bundesrepublik und in der DDR

Erinnerungen, die im Selbstverständnis der beteiligten Akteure generationsprägend waren, sind in Deutschland durchweg von der jeweils vorherrschenden Gedächtnispolitik gerahmt worden. Dabei hat sich die Teilung des Landes in zwei antagonistische Staaten im übergreifenden Kontext des Kalten Krieges besonders nachhaltig ausgewirkt. In der Bundesrepublik waren die öffentlichen Erinnerungen zunächst besonders von der Vorstellung und dem Konzept ‚totalitärer' Herrschaft geprägt, die den Nationalsozialismus eng auf die kommunistischen Diktaturen – besonders das SED-Regime in der DDR – bezogen haben. Allerdings differenzierte sich dieses Narrativ seit den 1960er Jahren. Demgegenüber hielten die Ost-Berliner Machthaber bis zum Zerfall ihrer Diktatur 1989 an ihrer ‚antifaschistischen' Gedächtnispolitik fest, die den kommunistischen Widerstand im ‚Dritten Reich' glorifizierte und den Anteil der kapitalistischen Eliten an der Genese und Stabilisierung der nationalsozialistischen Herrschaft hervorhob. Dieser gedächtnispolitische Deutungsrahmen war nicht nur für apologetische Erinnerungen anschlussfähig, welche die breite Partizipation an der NS-Diktatur verschwiegen oder marginalisierten, sondern er ermöglichte auch eine Selbstviktimisierung. So entsprachen die Erinnerungen an die deutschen Opfer des Bombenkrieges der offiziellen Kampagne gegen den ‚Imperialismus' der Westmächte, deren Expansionspolitik führende SED-Funktionäre lange mit dem Hinweis auf den ‚Luftterror' (in Analogie zur NS-Propaganda anschlussfähig) der britischen und amerikanischen Bombenflugzeuge im Zweiten Weltkrieg begründeten (Franzen 2012; Überblick in Bauerkämper 2012, 204–206).

Im besetzten und geteilten Deutschland trafen in der Nachkriegszeit unterschiedliche Alterskohorten aufeinander. Sie gingen aus spezifischen Selbstzuschreibungen der jeweiligen Akteure hervor, die in gesellschaftlichen Diskursen und über Erinnerungsprozesse Generationszugehörigkeiten definierten. Zugleich waren die verschiedenen Altersgruppen jeweils von generationsspezifischen Erfahrungen geprägt. Soziologische und historische Studien haben besonders zwischen einer ‚Weimarer Generation' (Jahrgänge 1910 bis 1925) und einer ‚skeptischen Generation' (Jahrgänge 1926 bis 1930) unterschieden, die auch als ‚Flakhelfer-‘ ‚Kriegsjugend-‘, oder ‚HJ-Generation' bezeichnet worden ist. Diese ‚45er' prägten die beiden deutschen Staaten besonders in den 1960er Jahren. Von ihnen kann die nachfolgende ‚Kriegsgeneration' (der von 1931 bis 1950 Geborenen) unterschieden werden. Allerdings sind diese Generationszugehörigkeiten nicht essentialistisch zu verstehen, sondern durchweg auch Fremdzuschreibung und vor allem Selbstdeutungen (Moses 1999; Moses 2007, 56; Bude 1987; Schelsky 1957; dazu Kersting und Schelsky 2002 sowie Hodenberg 2005, 270).

Während die ‚Weimarer Generation' in der Bundesrepublik zunächst dominierte, beeinflusste die ‚Kriegsgeneration', deren Angehörige in den Endkämpfen des Zweiten Weltkrieges allenfalls als Aktivisten der Hitler-Jugend oder im ‚Volkssturm' eingesetzt worden waren, das kommunikative Gedächtnis erst ab den späten 1960er Jahren. Die ‚Weimarer Generation' und die ‚skeptische Generation', die noch direkt am Nationalsozialismus beteiligt waren, beschönigten vielfach ihr Verhalten im ‚Dritten Reich'. Oft aber schwiegen sie beharrlich über die Vergangenheit. Erst ihre Kinder und (seit den 1990er Jahren) ihre Enkel haben die Rollen der Angehörigen dieser Generation im ‚Dritten Reich' erforscht und dabei auch das jeweilige Familiengedächtnis einbezogen. So kreisen neuere Generationenromane um das lange verschwiegene oder beschönigte Verhalten der jeweiligen Großeltern in der NS-Zeit, z. B. in Tanja Dückers' *Himmelskörper* (2003), Marcel Beyers Werk *Spione* (2000) und Hans-Ulrich Treichels *Der Verlorene* (1998). Familiengeheimnisse, die in das ‚Dritte Reich' zurückführen, behandeln auch die von Stephan Wackwitz und Reinhard Jirgl verfassten Romane *Ein unsichtbares Land* (2003) und *Die Unvollendeten* (2003). Literarisch weniger ambitioniert, haben Autoren wie Katrin Himmler (*Die Brüder Himmler*, 2005) und Wibke Bruhns (*Meines Vaters Land*, 2004) die NS-Vergangenheit ihrer Großeltern- bzw. Elterngeneration verarbeitet (Weigel 2005, dort jeweils auch im Einzelnen Nachweise zu den erwähnten Werken; vgl. auch Bude 1998 und Hoffmann 2004, 154).

Der erste Umbruch in der westdeutschen Erinnerungskultur setzte in den späten 1950er und frühen 1960er Jahren ein, als viele Angehörige der jungen Generation die – oft apologetischen – Erinnerungen ihrer Eltern zusehends in Frage stellten. Sie wurden dabei von der ‚Flakhelfer'- bzw. Kriegsjugendgeneration der von 1926 bis 1930 Geborenen, die das Kriegsende noch als Jugendliche erlebt hatten, partiell unterstützt. Diese ‚45er' waren keineswegs unpolitisch, sondern sie suchten die neue und noch ungesicherte Bundesrepublik zu stabilisieren. Darüber hinaus traten sie für eine weitere Demokratisierung ein, indem sie die Durchsetzung individueller Freiheit gegenüber den traditionell fest verankerten autoritären Werten und der lange idealisierten Staatshoheit verlangten und betrieben. Die Generation der ‚45er' ist nachträglich konstruiert worden, auch um sich von anderen Gruppen wie den ‚68ern' abzugrenzen (Moses 2007, 57, 64, 70–73; dazu beispielhaft für die Journalisten Hodenberg 2006c, 148, 150, 156; Hodenberg 2002, 300–303, 310; Hodenberg 2001, 687; Hodenberg 2005, 271, 277–279, 288).

Im westdeutschen Staat rückten die ‚45er' in den späten 1950er Jahren in Führungspositionen auf, zumal sich die traditionalen Eliten durch ihre Unterstützung der Nationalsozialisten diskreditiert hatten und ältere Frontsoldaten gefallen waren. Die ‚45er' profitierten auch vom ‚Wirtschaftswunder', das im Allgemeinen für attraktive Beschäftigungsmöglichkeiten sorgte und einen raschen Ausbau des öffentlichen Dienstes – so im Bildungswesen – herbeiführte. Diese Generation teilte überwiegend die Kritik an der autoritären ‚Kanzlerdemokratie' Konrad Adenauers, die in der ‚Spiegel-Affäre' im Herbst 1962 kräftig an Ansehen und Unterstützung verlor. Anders als die nachträglich oft einseitig zu Vorkämpfern einer kritischen Erinnerungskultur stilisierten ‚68er' setzten die ‚45er' aber auf ‚Vernunft', während sie ideologisch aufgeladene Visionen ablehnten. Zudem waren sie im Westen – besonders in den Vereinigten Staaten – fest verankert, während die ‚68er' die USA ablehnten und besonders den Krieg, den die westliche Vormacht in Vietnam führte, ablehnte. Darüber hinaus unterschieden sie deutlich zwischen den überzeugten Nationalsozialisten, denen sie die Verbrechen des Regimes zuschrieben, und den angeblich getäuschten und verführten Mitläufern. Auch Intellektuelle, Wissenschaftler und Kollegen schwiegen daher über die Rolle ihrer Kollegen im ‚Dritten Reich'. Die ‚68er' grenzten sich ebenso deutlich von den ‚45ern' ab wie umgekehrt. Diese wechselseitige Distanzierung und die damit verbundenen Konflikte trugen maßgeblich zum Selbstverständnis, zur Profilierung und zur Definition dieser Generationen bei.[10]

---

10 Vgl. besonders Möckel 2014. Zu den Historikern neben den Stellungnahmen und Publikationen Wehlers: Dunkhase und Conze 2010, Hohls und Jarausch 2000; Hodenberg 2006a; Hodenberg 2005, 291.

Zu den treibenden Kräften der ‚Aufarbeitung' der Vergangenheit wurde demgegenüber die Protestbewegung der deutlich jüngeren Studenten und Intellektuellen, die am Ende des Zweiten Weltkrieges oder unmittelbar nach 1945 geboren worden waren. Für diese Generation der ‚68er' war das Aufbegehren gegen das Schweigen oder die Exkulpation ihrer Eltern konstitutiv, obgleich auch die Auseinandersetzung mit der amerikanischen Kriegführung in Vietnam, der Protest gegen die verfestigten Strukturen und die Abwendung von den überkommenen Traditionen in der frühen Bundesrepublik mobilisierend wirkten. So verband sich die Erinnerung an die ‚unbewältigte' Vergangenheit mit der Forderung nach einer Demokratisierung der Bundesrepublik und der Wendung gegen die amerikanische Vormacht, deren Protestbewegung der entstehenden ‚Neuen Linken' freilich zugleich als Vorbild diente.[11]

Zudem entledigten sich auch viele ‚68er' der Auseinandersetzung in ihren Familien mit dem pauschalen Hinweis auf die ‚kapitalistischen' Strukturen, die den Nationalsozialismus verursacht hätten und im ‚Dritten Reich' fortgeschrieben worden seien. Der Protest richtete sich oft gegen einzelne hochrangige Repräsentanten des westdeutschen Staates, aber auch gegen die ‚Täter-Väter' in den Familien. Daneben bezichtigten die ‚68er' in den späten 1960er und frühen 1970er Jahren oft einfach innenpolitische Gegner pauschal des „Faschismus'. Damit lenkten sie ungewollt von der spezifischen individuellen Verantwortung und Schuld für die nationalsozialistischen Verbrechen ab, und sie förderten trotz der Hinwendung zu einer kritischeren Erinnerungskultur eine „Tendenz zur Abstraktion" und „Entsinnlichung", die Schuld von individuellem Handeln abkoppelte und auch konkrete Opfer kaum benannte (Siegfried 2000, 96). Nicht zuletzt behinderten undifferenzierte Vorwürfe gegen die konservativen Eliten der Bundesrepublik die politische Diskussion über die jüngste Vergangenheit, indem sie in der älteren Generation Ressentiments und eine undifferenzierte Schuldabwehr begünstigten.[12]

Die spektakulären Demonstrationen, die 1967/68 gipfelten, lösten vor allem unter konservativen Politikern Besorgnis oder sogar Hysterie aus. Warnend verwiesen sie auf den Zerfall der Weimarer Republik, der auf die politische Radikalisierung und den Angriff der totalitären Kräfte von Nationalsozialismus und Kommunismus zurückgeführt wurde. Das politische Establishment und die westdeutschen Eliten bezichtigten die Studenten sogar vielfach direkt eines neuen

---

11 Zu dieser Ambivalenz: Schmidtke 2003; Hodenberg und Siegfried 2006b, 11.
12 Zur Debatte: Thamer 1998, 43; Schiller 2004, 292–294; Scholtyseck 2006, 244–245, 247, 252. Classen 2009, 31; Moses 2007, 60, 69.

,Faschismus'. Diese Auseinandersetzungen, die maßgeblich vom Generationenkonflikt geprägt waren, bahnten jedoch trotz der dargelegten Hemmnisse einer kritischen Aufarbeitung des Nationalsozialismus den Weg. Obgleich sich die „Neujustierung der westdeutschen Gesellschaft" zwischen den späten 1950er und den frühen 1970er Jahren vollzog, verdichteten sich die Wandlungsprozesse von 1967 bis 1969 (zit. nach: Hodenberg und Siegfried 2006b, 12). Sie schlugen sich in einem Umbruch der Erinnerungskultur nieder, der letztlich in die von Bundespräsident Richard von Weizsäcker in seiner Rede vom 8. Mai 1985 formulierte Erkenntnis mündete, dass der Weg in den totalen Zusammenbruch des ,Dritten Reiches' vierzig Jahre zuvor mit der nationalsozialistischen ,Machtergreifung' am 30. Januar 1933 begonnen hatte. Zudem setzte sich in den 1980er Jahren sukzessive die Einsicht durch, dass die Kriegsniederlage Deutschlands auch eine Befreiung war, obgleich noch 1995 über diese konträren Erinnerungen gestritten wurde (Bergmann 1992; Schmidtke 2006, 179–180, 182–183; Thamer 1998, 40, 53).

In der DDR unterbreitete das SED-Regime vor allem der ,HJ-Generation', die im ,Dritten Reich' aufgewachsen war und nach der totalen Kriegsniederlage unter Orientierungslosigkeit litt, das gedächtnispolitische Angebot, sich der siegreichen Sowjetunion anzuschließen. Im Zeichen des ,Antifaschismus' riefen die neuen Machthaber in Ost-Berlin besonders die Angehörigen dieser Generation explizit auf, sich in der Sowjetischen Besatzungszone beim Aufbau der neuen Gesellschaftsordnung zu bewähren. Dabei galt die Enteignungs- und Kollektivierungspolitik offiziell als Königsweg zur Überwindung des ,Faschismus', der weitgehend mit der ,bürgerlich-kapitalistischen' Ordnung identifiziert wurde. Der Gegenwartsbezug in der offiziellen Erinnerungspolitik, die auf eine weitreichende Rehabilitierung im Neuaufbau abhob, erleichterte in der DDR die soziale Integration und förderte letztlich Anpassung. Unter diesen Voraussetzungen befreite das ,Antifaschismus'-Konzept die Ostdeutschen nicht nur weitgehend von einer selbstkritischen Erinnerung an eine belastende Vergangenheit, sondern es verpflichtete sie zugleich auf die entstehende kommunistische Diktatur (Wierling 2007, 241, 243–245; Leo 2009, 39, 42).

Ihre Mitwirkung an der sozioökonomischen Transformation, die in den späten 1940er und frühen 1950er Jahren durch die Enteignung und Entmachtung privater Eigentümer beschleunigt vorangetrieben wurde, sollte die Mehrheit der Deutschen in der SBZ und frühen DDR in die entstehende staatssozialistische Gesellschaft eingliedern. Diese Integration verlangte von den früheren Nationalsozialisten aber Loyalität gegenüber dem SED-Regime und erlegte ihnen damit erheblichen politischen Druck auf. Der hier skizzierte Interessensausgleich zwischen den neuen Machthabern und der Bevölkerung der frühen DDR kann sogar als heimlicher ,Gesellschaftsvertrag' interpretiert werden (Danyel 1995, 46).

Die Ost-Berliner Machthaber hielten bis zum Zerfall ihrer Diktatur 1989 unbeirrt an dem offiziellen ‚Antifaschismus' fest. Nach dem Sechs-Tage-Krieg zwischen Israel und den arabischen Staaten im Juni 1967 luden sie dieses Dogma sogar noch durch eine antizionistische Kampagne auf. Zudem unterdrückten sie in der zweiten Hälfte der 1960er Jahre Impulse zu einer politisch-gesellschaftlichen Neuorientierung in der jungen Generation, die sich damit zumindest öffentlich nicht eigenständig definieren und verorten konnte, auch weil ihre kritischen Fragen an die NS-Vergangenheit in den gesteuerten Medien nicht aufgenommen und behandelt wurden. Der Generationenwechsel in den 1960er Jahren führte deshalb nur in der Bundesrepublik zu einem Wandel des öffentlichen Gedenkens und des kulturellen Gedächtnisses zum Nationalsozialismus. Hier bildeten sich die ‚68er' als Ensemble von Selbstdeutungen und Fremdbildern heraus, auf deren Grundlage ein – medial vermitteltes – Bewusstsein der Zusammengehörigkeit entstand, auch in Abgrenzung von der älteren ‚Weimarer Generation' und den ‚45ern'. Letztlich verstetigte der Generationenwechsel zu den ‚68ern' in der Bundesrepublik eine selbstkritische Erinnerungskultur, die sich substantiell von dem apologetisch gefärbten kommunikativen Gedächtnis der 1950er Jahre abhebt. Dabei haben – besonders seit der Jahrtausendwende – auch die Familien von Industrieunternehmen die Mitwirkung ihrer Vorfahren an der NS-Diktatur aufarbeiten lassen, oft als Auftragsarbeiten professioneller Historiker.[13]

3 Erinnerungen an den Nationalsozialismus in der dritten Generation im vereinigten Deutschland und Perspektiven der Vermittlung

Mit dem erneuten Generationswechsel und dem „Abschied von den Zeitgenossen" (Frei 2000, 18) hat sich die Erinnerungskultur in der Bundesrepublik seit den 1990er Jahren wiederum verändert. Während das kommunikative Gedächtnis in der ersten und zweiten Generation noch persönliche Betroffenheit und oft heftige Auseinandersetzungen geprägt hatten, spalten die Enkel der Deutschen, die im ‚Dritten Reich' gelebt hatten, offenbar die Gewalt und den Terror des NS-Regimes von ihren Vorfahren ab. So ist im vereinigten Deutschland die Rolle der eigenen Familienangehörigen im kommunikativen Gedächtnis seit den 1990er

---

13 Vgl. z. B. die Studien zu den Familien Quandt und Oetker: Scholtyseck 2011; Finger et al. 2013. Bericht in *Die Zeit* 4 (19.01.2011): 21.

Jahren verharmlost worden, ohne dass die Enkel damit einfach die apologetischen Interpretationen bestätigen, die viele Angehörige der ‚Weimarer Generation' geteilt hatten. Vielmehr weisen die Erinnerungen der dritten Generation spezifische Merkmale auf.[14]

In den neuen Bundesländern wirken einerseits die lange in der Öffentlichkeit unterdrückten ‚Gegen-Geschichten' nach, mit denen sich die Eltern und Großeltern in den Familien von der offiziellen Gedächtnispolitik absetzten. Andererseits dienen die Erinnerungen hier auch der Auseinandersetzung mit der SED-Diktatur und damit der Reflexion über das Verhalten der Eltern und Großeltern im ostdeutschen Staatssozialismus. Der Nationalsozialismus und das Leben in der DDR werden im kommunikativen Gedächtnis vieler Ostdeutscher miteinander verschränkt. Dabei dient die Konstruktion von Analogien zwischen den Diktaturen oft der Rechtfertigung des eigenen Verhaltens. Allerdings ist das Verhältnis zur Erinnerungspolitik des SED-Regimes offenbar vielfach widersprüchlich geblieben, wie Untersuchungen gezeigt haben, die auf der Auswertung von Interviews basieren. So wird der Nationalsozialismus auch von Personen, die den einseitigen ‚Antifaschismus' der Ost-Berliner Machthaber im Rückblick eindeutig verurteilen, gelegentlich weiterhin auf das ‚Großkapital' zurückgeführt. Insgesamt ist die NS-Vergangenheit in den neuen Bundesländern in erinnerungskultureller Hinsicht direkt auf die DDR-Vergangenheit und den Umbruch von 1989/90 bezogen worden (Kohlstruck 1997, 79, 81, 85–86, 89, 273, 275, 286; Moller 2003, 176–177, 186, 187–188, 201, 205).

In Ost- und Westdeutschland ist in der Vermittlung von Erinnerungen an den Nationalsozialismus in der dritten Generation eine Neigung zur ‚kumulativen Heroisierung' offenkundig, da Familienmitglieder nach Anerkennung streben. Opas waren aus dieser Sicht eben keine Nazis. Das Bedürfnis nach Loyalitätssicherung in den Familien hat offenbar die Erkenntnis verstellt, dass die Großeltern oft Nationalsozialisten waren und das ‚Dritte Reich' getragen hatten. In der kommunikativen Erinnerung ist das NS-Regime damit zunehmend verharmlost worden. Damit einhergehend hat vor allem die Verantwortung für die Verbrechen, die im ‚Dritten Reich' verübt worden waren, kaum Beachtung gefunden: „Aus Mitläufern werden [...] Widerstandskämpfer, aus aktiven Exekutoren nationalsozialistischer Politik kritische Geister, die immer schon dagegen waren, aus Profiteuren Opfer des Regimes." (Moller et al. 2002, 207) Allerdings ist das Familiengedächtnis in der Bundesrepublik und DDR ebenso wie im vereinten Deutschland ständig

---

14 Grundlegend: Moller et al. 2002, 195–207.

umgewandelt worden, auch unter dem Einfluss der jeweiligen Erinnerungspolitik. Das kulturelle und kommunikative Gedächtnis war (und ist) deshalb wechselseitig aufeinander bezogen (Welzer 2009, 30; Moller 2003, 410).

Im Wechsel zur Enkelgeneration ist die Erinnerung überdies zusehends von den konkreten historischen Prozessen gelöst worden. Schon die Eltern dieser Generation verfügen über keine eigene Anschauung des Nationalsozialismus und des Zweiten Weltkrieges mehr. Erinnerung bedarf aber einer affektiven, emotionalen Vermittlung, die auf Werte und Normen abhebt. Dazu sind seit den 1990er Jahren zunehmend universalistische und allgemeine Forderungen – vor allem die Prävention von Kriegen und Völkermord in der Zukunft – erhoben worden. Diese Postulate werden vielfach aus der NS-Vergangenheit abgeleitet, zu der sie auch einen Zugang eröffnen. Deshalb erklärten 2000 in einer Meinungsumfrage 72 Prozent der befragten Deutschen, dass die Erinnerung an „Menschenverfolgungen und Massentötungen im Dritten Reich" nach wie vor „sehr wichtig" oder „wichtig" sei. Nur 18 Prozent stuften diese Erinnerung als weniger bedeutend oder sogar völlig unwichtig ein (Frei 2009, 87–88). Im Allgemeinen unterstreicht der Bezug auf allgemeine Menschenrechte einerseits den Stellenwert des Völkermords an den Juden. Andererseits droht dieser Deutungs- und Erinnerungshorizont die Spezifik der NS-Vergangenheit im Allgemeinen und des Holocaust im Besonderen einzuebnen und diese damit zu verdecken (Morsch 2015, 832–833, 846–848; vgl. Reichel 2004).

Diese Herausforderung an vermittelnde Institutionen und Schulen ist mit der beschleunigten Einwanderung und der damit verbundenen Differenzierung der Erinnerungskulturen in der zunehmend multikulturell strukturierten deutschen Gesellschaft noch gewachsen. Seit dem Systemumbruch in Osteuropa in den Jahren von 1989 bis 1991, im Zuge des erneuten Schubs ökonomischer Globalisierung seit den 1990er Jahren und mit der jüngsten Zuwanderung von Flüchtlingen hat in Deutschland – ebenso wie in anderen vielen europäischen Staaten – die Immigration nochmals zugenommen. Junge Einwanderer müssen sich zur Geschichte des Nationalsozialismus verhalten, obschon sie keine Enkel der Zeitgenossen des ‚Dritten Reiches' sind. Dennoch sind diese Immigranten, deren Anteil an der Bevölkerung erhebliche Dimensionen erreicht, in die Erinnerungskultur der aufnehmenden gesamtdeutschen Gesellschaft zu integrieren. Der Nationalsozialismus, der Zweite Weltkrieg und die Ermordung der Juden werden von den verschiedenen Einwanderergruppen aber jeweils in unterschiedlichem Ausmaß und in differenten Formen erinnert. Dabei bilden die Minderheiten vielerorts separate Erinnerungsgemeinschaften, deren Angehörige nicht durch ihre Herkunft an den Nationalsozialismus und dessen Verbrechen gebunden sind. So haben muslimische Immigranten und einige ihrer Organisationen den Holocaust mit dem Hinweis auf die Vertreibung der Palästinenser durch Israel – vor allem die *Nakba* 1947/48 – gerechtfertigt. Dieses Narrativ widerspricht diametral dem Leitbild einer selbstkritisch-reflexiven Erinnerungskultur in Deutschland und Europa.[15]

Mit dem Tod der Großmütter und Großväter wird der Bezug der Enkelgeneration zur Geschichte des Nationalsozialismus aber loser. Damit liegt ein emotionaler Zugang zur Geschichte des Zweiten Weltkriegs und des Holocaust nahe, der auch die – oft unreflektierte – Tradierung biografischer Erinnerung in den Familien einzuschränken vermag. Er sollte sich gegenüber Jugendlichen aber nicht auf affektive Vermittlungsformen beschränken und einer neuen Mythologisierung der Geschichte Auftrieb verleihen. Vielmehr ist ein affektiver Zugang mit der Vermittlung von kognitiven Fähigkeiten und Wissen über die Geschichte des Nationalsozialismus zu verbinden, so im Schulunterricht und in der Gedenkstättenarbeit. Pädagogen und Wissenschaftler sind daher für eine ‚interaktive Vergegenwärtigung' der Vergangenheit eingetreten, die auf Erkenntnis, aber auch affektive Verankerung zielt. So deuten Jugendliche Inszenierungen an Gedenkstätten und Videointerviews mit Überlebenden des Holocaust offenbar eigenwillig, indem sie besonders Vorstellungsbilder aufnehmen, die in ihre Lebenswelt integriert werden können. Dabei folgen sie aber offenbar vor allem der Erwartung, kulturell vorgeprägte Imaginationen zu bestätigen und zu festigen. Letztlich ist eine Reduktion auf diese Form des Erinnerns nicht einem kritischen Impuls verpflichtet, sondern dem Wunsch nach Affirmation. Eine ausschließlich affektive Identifikation mit den Opfern muss aber vermieden werden, damit die junge Generation der seit den 1980er Jahren Geborenen nicht einfach einen eingeübten „Code der Vergangenheitsbewältigung" reproduziert. Historisches Erinnern kann damit als eine „besondere Form handlungsorientierter historisch-politischer Bildung mit ethisch-moralischem Reflexionshorizont" gefasst werden (zit. nach – in dieser Reihenfolge – Assmann und Brauer 2011, 99; Welzer 2009, 30).

In diesem Prozess bietet die Erinnerung an eigenes Leid auch muslimischen Immigranten die Chance, sich mit Empathie dem Holocaust zuzuwenden. Damit kann sich gerade in der deutschen Einwanderergesellschaft ein selbstkritisches und reflexives ‚negatives' Gedächtnis herausbilden, das dezidiert auf eigene Verantwortung und Schuld bezogen ist. Dazu trägt auch die beginnende Überlagerung des ‚Helden'-Narrativs durch die Erinnerung an leidende und hilflose Opfer

---

15 Hierzu und zum Folgenden demnächst: Bauerkämper 2016. Unterscheidung zwischen ethischen und moralischen Erinnerungsgemeinschaften nach Margalit 2002. Vgl. auch Kleiser 2005; Meseth 2002, 125–126, 131; Jikeli et al. 2013; Kamil 2012, 9–45, 167–171.

bei – ein Übergang, den die neuere Diskussion über grenzüberschreitende Menschenrechte gefördert hat (Levy und Sznaider 2010, 142–171; Levy und Sznaider 2004; Levy 2013).

4 Wege zu einer intergenerativen Erinnerung: Der Nationalsozialismus in der deutschen Migrationsgesellschaft und im europäischen Bezugsverhältnis

Erinnerungen an den Nationalsozialismus sind in den europäischen Staaten vielfältig, pluralistisch und umstritten geblieben, auch wegen der historischen Prozesse selber, die in den einzelnen Ländern unterschiedlich verliefen. Diesem Befund wird eine differenzierte Betrachtungsweise der Erinnerungslandschaft in Europa gerecht, die neben generationellen Unterschieden auch räumliche und zeitliche Differenzen konturiert und Erinnerungsprozesse als offen und relational versteht. So hat die zunehmende Hinwendung zu einem universalistischen Opfergedächtnis in Westeuropa nationale Gedächtnisregimes verändert, ohne diese zu ersetzen. Vielmehr sind sie mit dem Bezug auf Menschenrechte durch eine selbstkritische Erinnerungskultur überlagert worden (Grunwald 2010, 263, 267; Schwelling 2010, 216).[16]

Alles in allem ist ein „shared mode of engaging with the past" (Levy et al. 2011, 153) notwendig, zu dem ein offener Austausch der Generationen über ihre jeweiligen Erinnerungen ebenso gehört wie eine geteilte kritische Distanz gegenüber der jeweils eigenen biografischen Prägung. Ein ‚Aussöhnungsprojekt' kann die Einigung Europas nur durch den Austausch über verschiedene und oft konkurrierende (generationelle) Geschichtsnarrative werden. In diesem Prozess sind Konflikte über die zerfurchte Geschichte des Kontinents angesichts der differenten lebensgeschichtlichen Erfahrungen unvermeidlich und notwendig; sie sollten aber auch zwischen den Generationen auf einer Wertegrundlage ausgetragen werden, die Empathie ebenso umfasst wie gegenseitigen Respekt und Toleranz. Diese zivilgesellschaftlichen Auseinandersetzungen über den Nationalsozialismus und Faschismus, den Zweiten Weltkrieg und Holocaust in Europa werden auf Zusammenhänge und Beziehungen ebenso abheben wie auf die Vielfalt und

---

16 Zum Konzept der ‚dünnen' Kultur: Cmiel 1999, 1233, 1248–1249; Walzer 1994, 6.

Mehrdimensionalität des Gedächtnisses. Der Austausch zwischen den Generationen auch unterschiedlicher Nationen zielt auf ein „dialogisches Erinnern", das die „wechselseitige Verknüpfung und Aufrasterung allzu einheitlicher Gedächtniskonstruktionen" intendiert (Assmann 2009, 48, 37). Dabei bietet gerade die Verständigung zwischen den Generationen (einschließlich der damit verbundenen Konflikte) die Chance, eigene biografische Prägungen zu problematisieren.[17]

So ist hier gezeigt worden, wie die nationalsozialistische Vergangenheit als Objekt einer Auseinandersetzung unterschiedlicher Generationen fungiert (hat). Diese Diskussionen haben ein gemeinsames Bewusstsein zwischen Angehörigen spezifischer Alterskohorten und damit Generationszugehörigkeiten begründet. Über eine essentialistische Perspektive hinausführend, haben retrospektive Interpretationen des Verhaltens im ‚Dritten Reich' die ‚Weimarer Generation', die ‚45er' und die ‚68er' aber erst diskursiv konstituiert, auch in der wechselseitigen Abgrenzung voneinander. Die Kategorie der ‚Generation' gewinnt damit eine genealogische und diachrone Dimension. Zudem kann sie in dieser Perspektive nicht nur als Ensemble biografischer Merkmale, sondern auch als spezifische Konstruktion gefasst werden, die ein gemeinsames, in Öffentlichkeiten und durch Medien vermitteltes Bewusstsein begründet. ‚Generationen' stiften damit Identitäten und ermöglichen Selbstpositionierungen ihrer Angehörigen. Damit tragen Zuschreibungen zu Generationen letztlich auch zur Vergesellschaftung bei.[18] Der Umgang mit der belastenden Erbschaft des ‚Dritten Reiches' in Deutschland nach 1945 als Generationsobjekt konturiert diese Prozesse besonders deutlich.

---

17 Dazu: Jikeli und Allouche-Benayoun 2013; Georgi 2003, 102–105, 299–314. Allgemein auch: Heinlein et al. 2005, 225–226, 239–241.

18 Vergesellschaftetes Handeln, das auf rationaler Vereinbarung durch gegenseitige Zusage beruht, wird wertrational orientiert „an dem Glauben an die *eigene* Verbindlichkeit" und zweckrational „an der Erwartung der Loyalität des *Partners*". Zit. nach: Weber 1976, 22 [kursiv gesetzte Wörter gesperrt gedruckt]. Dazu Erläuterungen in: Strasser 1998, 677–678; Jung 1990; Gräfrath 1996.

Literatur

Ahbe, Thomas, und Rainer Gries. „Gesellschaftsgeschichte als Generationengeschichte. Theoretische und methodische Grundlegung am Beispiel der DDR". *Die DDR aus generationengeschichtlicher Perspektive. Eine Inventur.* Hg. Thomas Ahbe, Annegret Schüle und Rainer Gries. Leipzig: Leipziger Universitätsverlag, 2006. 475–571.

Assmann, Aleida. *Der lange Schatten der Vergangenheit. Erinnerungskultur und Geschichtspolitik.* München: C.H. Beck, 2006.

Assmann, Aleida. „Von kollektiver Gewalt zu gemeinsamer Zukunft. Vier Modelle für den Umgang mit traumatischer Vergangenheit". *Kriegserfahrung und nationale Identität in Europa nach 1945.* Hg. Kerstin von Lingen. Paderborn: Ferdinand Schöningh, 2009. 42–51.

Assmann, Aleida, und Juliane Brauer. „Bilder, Gefühle, Erwartungen. Über die emotionale Dimension von Gedenkstätten und den Umgang von Jugendlichen mit dem Holocaust". *Geschichte und Gesellschaft* 37 (2011): 72–103.

Assmann, Jan. „Kollektives Gedächtnis und kulturelle Identität". *Kultur und Gedächtnis.* Hg. Jan Assmann und Tonio Hölscher. Frankfurt/Main: Suhrkamp, 1988. 9–19.

Bauerkämper, Arnd. *Das umstrittene Gedächtnis. Die Erinnerung an Nationalsozialismus, Faschismus und Krieg in Europa seit 1945.* Paderborn: Ferdinand Schöningh, 2012.

Bauerkämper, Arnd. „Holocaust Memory and the Experiences of Migrants in Europe after 1945". *Holocaust Memory in a Globalizing World.* Hg. Jacob S. Eder, Philipp Gassert und Alan Steinweis. Göttingen, 2016 (im Druck).

Bergmann, Werner. „Die Reaktion auf den Holocaust in Westdeutschland von 1945 bis 1989". *Geschichte in Wissenschaft und Unterricht* 43 (1992): 327–360.

Bude, Heinz. *Deutsche Karrieren. Lebenskonstruktionen sozialer Aufsteiger aus der Flakhelfer-Generation.* Frankfurt/Main: edition suhrkamp, 1987.

Bude, Heinz. „Die Erinnerung der Generationen". *Vergangenheitsbewältigung am Ende des zwanzigsten Jahrhunderts.* Hg. Helmut König, Michael Kohlstruck und Andreas Wöll. Opladen: Westdeutscher Verlag, 1998. 69–85.

Carlson, Elwood. *The Lucky Few. Between the Greatest Generation and the Baby Boom.* New York: Springer, 2008.

Cmiel, Kenneth. „The Emergence of Human Rights in the United States". *Journal of American History* 86 (1999): 1231–1250.

Classen, Christoph. „‚Vergangenheitsbewältigung' in der Bundesrepublik Deutschland. ‚Exportartikel' oder ‚Ladenhüter'?" *ZeitRäume. Potsdamer Almanach des Zentrums für Zeithistorische Forschung* (2009): 22–35.

Daniel, Ute. *Kompendium Kulturgeschichte. Theorien, Praxis, Schlüsselwörter.* Frankfurt/Main: Suhrkamp, 2001. 330–345.

Danyel, Jürgen. „Die Opfer- und Verfolgtenperspektive als Gründungskonsens? Zum Umgang mit der Widerstandstradition und der Schuldfrage in der DDR". *Die geteilte Vergangenheit. Zum Umgang mit Nationalsozialismus und Widerstand in beiden deutschen Staaten.* Hg. Jürgen Danyel. Berlin: Akademie, 1995. 31–46.

Dücker, Burckhard. „Ritual". *Gedächtnis und Erinnerung. Ein interdisziplinäres Lexikon.* Hg. Nicolas Pethes und Jens Ruchatz. Reinbek b. Hamburg: Rowohlt, 2001. 512–513.

Dunkhase, Jan Eike, und Werner Conze. *Ein deutscher Historiker im 20. Jahrhundert.* Göttingen: Vandenhoeck & Ruprecht, 2010. 306–339.

Erll, Astrid. *Kollektives Gedächtnis und Erinnerungskulturen. Eine Einführung.* Stuttgart: Metzler, 2005.
Finger, Jürgen, Sven Keller und Andreas Wirsching (Hg.). *Dr. Oetker und der Nationalsozialismus. Geschichte eines Familienunternehmens 1933–1945.* München: C.H. Beck, 2013.
Franzen, K. Erik. „Verordnete Opfererinnerung. Das ‚Komitee der Antifaschistischen Widerstandskämpfer in der DDR'". *Opfernarrative. Konkurrenzen und Deutungskämpfe in Deutschland und im östlichen Europa nach dem Zweiten Weltkrieg.* Hg. K. Erik Franzen und Martin Schulze Wessel. München: Oldenbourg, 2012. 29–44.
Frei, Norbert. „Deutsche Lernprozesse. NS-Vergangenheit und Generationenfolge seit 1945". *Kultur des Erinnerns. Vergangenheitsbewältigung in Spanien und Deutschland.* Hg. Ignacio Olmos und Nikky Keilholz-Rühle. Frankfurt/Main: Vervuert, 2009. 87–102.
Frei, Norbert. „Abschied von den Zeitgenossen. Erbantritt – Nationalsozialismus und Holocaust im Generationenwechsel". *Süddeutsche Zeitung* (09.09.2000): 18.
Fulbrook, Mary. *Dissonant Lives. Generations and Violence Through the German Dictatorships.* Oxford: Oxford University Press, 2011.
Georgi, Viola B. *Entliehene Erinnerung. Geschichtsbilder junger Migranten in Deutschland.* Hamburg: Hamburger Edition, 2003.
Gerland, Kirsten, Benjamin Möckel und Daniel Ristau (Hg.). *Generation und Erwartung. Konstruktionen zwischen Vergangenheit und Zukunft.* Göttingen: Wallstein, 2013.
Gräfrath, Bernd. „Vergesellschaftung". *Enzyklopädie Philosophie und Wissenschaftstheorie.* Hg. Jürgen Mittelstraß. Bd. 4. Stuttgart: Metzler, 1996. 505–506.
Große-Kracht, Klaus. „Gedächtnis und Geschichte. Maurice Halbwachs – Pierre Nora". *Geschichte in Wissenschaft und Unterricht* 47 (1996): 21–31.
Grunwald, Henning. „‚Nothing more cosmopolitan than the camps?' Holocaust Remembrance and (de-)Europeanization". *Europeanization in the Twentieth Century. Historical Approaches.* Hg. Martin Conway und Kiran Klaus Patel. Houndmills: Palgravre Macmillan, 2010. 253–270.
Heinlein, Michael, Daniel Levy und Natan Sznaider. „Kosmopolitische Erinnerung und reflexive Modernisierung. Der politische Diskurs der Zwangsarbeiterentschädigung". *Soziale Welt* 56 (2005): 225–246.
Hensen, Olaf und Sabine Moller. „Streifzüge durch ein europäisches Generationengedächtnis. Gruppendiskussionen zum Thema Zweiter Weltkrieg im interkulturellen und intergenerationellen Vergleich". *Der Krieg der Erinnerung. Holocaust, Kollaboration und Widerstand im europäischen Gedächtnis.* Hg. Harald Welzer. Frankfurt/Main: Fischer, 2007. 229–260.
Herbert, Ulrich. *Best. Biographische Studien über Radikalismus, Weltanschauung und Vernunft 1903–1989.* Bonn: Dietz, 1996.
Hodenberg, Christina von. „Intellektuelle Aufbrüche und Generationen im Konflikt". *Archiv für Sozialgeschichte* 41 (2001): 677–692.
Hodenberg, Christina von. „Die Journalisten und der Aufbruch der kritischen Öffentlichkeit". *Wandlungsprozesse in Westdeutschland. Belastung, Integration, Liberalisierung.* Hg. Ulrich Herbert. Göttingen: Wallstein, 2002. 278–311.
Hodenberg, Christina von. „Politische Generationen und massenmediale Öffentlichkeit. Die ‚45er' in der Bundesrepublik". *Generationen. Zur Relevanz eines wissenschaftlichen Grundbegriffs.* Hg. Ulrike Jureit und Michael Wildt. Hamburg: Hamburger Edition, 2005. 266–294.
Hodenberg, Christina von. *Konsens und Krise. Eine Geschichte der westdeutschen Medienöffentlichkeit 1945–1973.* Göttingen: Wallstein, 2006. Im Text zitiert als Hodenberg 2006a.

Hodenberg, Christina von, und Detlef Siegfried. „Reform und Revolte. 1968 und die langen sechziger Jahre in der Geschichte der Bundesrepublik". *Wo „1968" liegt. Reform und Revolte. 1968 und die langen sechziger Jahre in der Geschichte der Bundesrepublik.* Hg. Christina von Hodenberg und Detlef Siegfried. Göttingen: Vandenboeck & Ruprecht, 2006. 7–14. Im Text zitiert als Hodenberg 2006b.

Hodenberg, Christina von. „Der Kampf der Redaktionen. ‚1968' und der Wandel der westdeutschen Massenmedien". *Wo „1968" liegt. Reform und Revolte in der Geschichte der Bundesrepublik.* Hg. Christina von Hodenberg und Detlef Siegfried. Göttingen: Vandenhoeck & Ruprecht, 2006. 139–163. Im Text zitiert als Hodenberg 2006c.

Hoffmann, Detlef. „Bundesrepublik Deutschland. Vom Kriegserlebnis zur Mythe". *Mythen der Nationen. 1945 – Arena der Erinnerungen.* Hg. Monika Flacke. Bd. 1. Mainz: Philipp von Zabern, 2004. 151–172.

Hohls, Rüdiger und Konrad H. Jarausch (Hg.). *Versäumte Fragen. Deutsche Historiker im Schatten des Nationalsozialismus.* Stuttgart: DVA, 2000. 240–266.

Jessen, Ralph. „Mobility and Blockage during the 1970s". *Dictatorship as Experience. Towards a Socio-Cultural History of the GDR.* Hg. Konrad H. Jarausch. New York: Berghahn Books, 1999. 341–360.

Jaeger, Hans. „Generationen in der Geschichte. Überlegungen zu einer umstrittenen Konzeption". *Geschichte und Gesellschaft* 3 (1977): 429–452.

Jikeli, Günther, und Joëlle Allouche-Benayoun (Hg.). *Perceptions of the Holocaust in Europe and Muslim Communities. Sources, Comparisons and Educational Challenges.* Dordrecht: Springer, 2013.

Jung, Heinz. „Vergesellschaftung". *Europäische Enzyklopädie zu Philosophie und Wissenschaften.* Hg. Hans Jörg Sandkühler. Bd. 4. Hamburg: Meiner, 1990. 694–698.

Walzer, Michael. *Thick and Thin. Moral Argument at Home and Abroad.* Notre Dame: Univ. of Notre Dame Press, 1994.

Jureit, Ulrike und Michael Wildt (Hg.). „Generationen". *Generationen. Zur Relevanz eines wissenschaftlichen Grundbegriffs.* Hg. Ulrike Jureit und Michael Wildt. Hamburg: Hamburger Edition, 2005. 7–26.

Jureit, Ulrike. „Generationen als Erinnerungsgemeinschaften. Das ‚Denkmal für die ermordeten Juden Europas' als Generationsobjekt". *Generationen. Zur Relevanz eines wissenschaftlichen Grundbegriffs.* Hg. Ulrike Jureit und Michael Wildt. Hamburg: Hamburger Edition, 2005. 244–265.

Jureit, Ulrike. *Generationenforschung.* Göttingen: UTB, 2006.

Kamil, Omar. *Der Holocaust im arabischen Gedächtnis. Eine Diskursgeschichte 1945–1967.* Göttingen: Vandenhoeck & Ruprecht, 2012.

Kersting, Franz-Werner und Helmut Schelskys. „‚Skeptische Generation' von 1957. Zur Publikations- und Wirkungsgeschichte eines Standardwerkes". *Vierteljahrshefte für Zeitgeschichte* 50 (2002): 465–495.

Kleiser, Christina. „The ethics of memory von Avishai Margalit. Eine kritische Lektüre vor dem Hintergrund gegenwärtiger Bemühungen um ein ‚europäisches Gedächtnis'". *Zeitschrift für Genozidforschung* 6.2 (2005): 72–102.

Kohlstruck, Michael. *Zwischen Erinnerung und Geschichte. Der Nationalsozialismus und die jungen Deutschen.* Berlin: Metropol, 1997.

Koselleck, Reinhard. „Gebrochene Erinnerung? Deutsche und polnische Vergangenheiten". *Deutsche Akademie für Sprache und Dichtung. Jahrbuch 2000.* Göttingen: Wallstein, 2000. 19–32.

König, Christian. *Flüchtlinge und Vertriebene in der DDR-Aufbaugeneration. Sozial- und biographiegeschichtliche Studien*. Leipzig: Leipziger Universitätsverlag, 2014.
Leo, Annette. „Antifaschismus". *Erinnerungsorte der DDR*. Hg. Martin Sabrow. München: C.H. Beck, 2009. 30–42.
Levy, Daniel, und Natan Sznaider. „The Institutionalization of Cosmopolitan Morality. The Holocaust and Human Rights". *Journal of Human Rights* 3.2 (2004): 143–157.
Levy, Daniel, und Natan Sznaider. *The Holocaust and Memory in the Global Age*. Philadelphia: Temple University Press, 2006.
Levy, Daniel. „Das kulturelle Gedächtnis". *Gedächtnis und Erinnerung. Ein interdisziplinäres Handbuch*. Hg. Christian Gudehus, Ariane Eichenberg und Harald Welzer. Stuttgart: Metzler, 2010. 93–101.
Levy, Daniel, und Natan Sznaider. *Human Rights and Memory*. Pennsylvania: Pennsylvania State University Press, 2010.
Levy, Daniel, Michael Henlein und Lars Breuer. „Reflexive particularism and cosmopolitanization: the reconfiguration of the national". *Global Networks* 11.2 (2011): 139–159.
Levy, Daniel. „Cosmopolization of Victimhood. Holocaust Memories and the Human Rights Regime". *Toward a New Moral World Order? Menschenrechtspolitik und Völkerrecht seit 1945*. Hg. Annette Weinke und Norbert Frei. Göttingen: Wallstein, 2013. 210–218.
Mannheim, Karl. „Das Problem der Generationen". *Wissenssoziologie. Auswahl aus dem Werk. Karl Mannheim*. Neuwied: Luchterhand, ²1970. 509–565.
Manning, Till. „'Die Masse macht's'. Stilgeneration Italienurlaub". *Historische Beiträge zur Generationsforschung*. Hg. Bernd Weisbrod. Göttingen: Wallstein, 2009. 117–155.
Margalit, Avishai. *The Ethics of Memory*. Cambridge: Harvard University Press, 2002.
Martschukat, Jürgen, und Steffen Petzold. „Geschichtswissenschaft und ‚performative turn'. Eine Einführung in Fragestellungen, Konzepte und Literatur". *Geschichtswissenschaft und „performative turn". Ritual, Inszenierung und Performanz vom Mittelalter bis zur Neuzeit*. Hg. Jürgen Martschukat und Steffen Petzold. Wien: Böhlau, 2003. 1–31.
Meseth, Wolfgang. „,'Auschwitz' als Bildungsinhalt in der deutschen Einwanderungsgesellschaft". *Erinnerungskulturen im Dialog*. Hg. Claudia Lenz, Jens Schmidt und Oliver von Wrochem. Münster: Unrast, 2002. 125–134.
Meyer, Erik. „Memory and Politics". *A Companion to Cultural Memory Studies*. Hg. Astrid Erll und Ansgar Nünning. Berlin: De Gruyter, 2010. 173–180.
Moeller, Robert W. „War Stories: The Search for a Usable Past in the Federal Republic of Germany". *American Historical Review* 101 (1996): 1008–1048.
Moeller, Robert W. „Deutsche Opfer. Opfer der Deutschen. Kriegsgefangene, Vertriebene, NS-Verfolgte: Opferausgleich als Identitätspolitik". *Nachkrieg in Deutschland*. Hg. Klaus Naumann. Hamburg: Hamburger Edition, 2001. 29–58.
Moller, Sabine, Karoline Tschuggnall und Harald Welzer. *Opa war kein Nazi. Nationalsozialismus und Holocaust im Familiengedächtnis*. Frankfurt/Main: Fischer, 2002.
Moller, Sabine. *Vielfache Vergangenheit. Öffentliche Erinnerungskulturen und Familienerinnerungen an die NS-Zeit in Ostdeutschland*. Tübingen: edition diskord, 2003.
Moller, Sabine. „Das kollektive Gedächtnis". *Gedächtnis und Erinnerung. Ein interdisziplinäres Handbuch*. Hg. Christian Gudehus, Ariane Eichenberg und Harald Welzer. Stuttgart: Metzler, 2010. 85–92
Moses, A. Dirk. *German Intellectuals and the Nazi Past*. Cambridge: Cambridge University Press, 2007.

Niethammer, Lutz. „Erfahrungen und Strukturen. Prolegomena zu einer Geschichte der Gesellschaft der DDR". *Sozialgeschichte der DDR*. Hg. Hartmut Kaelble, Jürgen Kocka und, Hartmut Zwahr. Stuttgart: Klett-Cotta, 1994. 95–115.
Nolte, Paul. „Die Historiker der Bundesrepublik. Rückblick auf eine ‚lange Generation'". *Merkur* 53 (1999): 413–432.
Nolte, Paul, und Hans-Ulrich Wehler. *Historiker und Zeitgenosse*. München: C.H. Beck, 2015.
Oexle, Otto Gerhard. „Memoria und Erinnerungskultur im Alten Europa – und heute". *Gedenken im Zwiespalt. Konfliktlinien europäischen Erinnerns*. Hg. Alexandre Escudier, Brigitte Sauzay und Rudolf von Thadden. Göttingen: Wallstein, 2001. 9–32.
Olick, Jeffrey K. „Das soziale Gedächtnis". *Gedächtnis und Erinnerung. Ein interdisziplinäres Handbuch*. Hg. Christian Gudehus, Ariane Eichenberg und Harald Welzer. Stuttgart: Metzler, 2010. 109–114.
Reichel, Peter. *Erfundene Erinnerung. Weltkrieg und Judenmord in Film und Theater*. München: Hanser, 2004.
Reulecke, Jürgen (Hg.). *Generationalität und Lebensgeschichte im 20. Jahrhundert*. München: Oldenbourg, 2003.
Reulecke, Jürgen. „Jahrgang 1943 – männlich. Ein Einleitungsessay – Christof Dipper gewidmet". *Dimensionen der Moderne. Festschrift für Christof Dipper*. Hg. Ute Schneider und Lutz Raphael. Frankfurt/Main: Peter Lang, 2008. 13–27.
Reulecke, Jürgen. „Generation/Generationality, Generativity, and Memory". *A Companion to Cultural Memory Studies*. Hg. Astrid Erll und Ansgar Nünning. Berlin: De Gruyter, 2010. 119–125.
Roseman, Mark. „Generationen als ‚Imagined Communities'. Mythen, generationelle Identitäten und Generationenkonflikte in Deutschland vom 18. bis zum 20. Jahrhundert". *Generationen. Zur Relevanz eines wissenschaftlichen Grundbegriffs*. Hg. Ulrike Jureit und Michael Wildt. Hamburg: Hamburger Edition, 2005. 180–199.
Sandl, Marcus. „Historizität der Erinnerung / Reflexivität des Historischen. Die Herausforderung der Geschichtswissenschaft durch die kulturwissenschaftliche Gedächtnisforschung". *Erinnerung, Gedächtnis, Wissen. Studien zur kulturwissenschaftlichen Gedächtnisforschung*. Hg. Günter Oesterle. Göttingen: Vandenhoeck & Ruprecht, 2005. 89–119.
Schelsky, Helmut. *Die skeptische Generation. Eine Soziologie der deutschen Jugend*. Düsseldorf: Diederichs, 1957.
Schiller, Kay. „The Presence of the Past in the Early Decades of the Bonn Republic". *Journal of Contemporary History* 39 (2004): 285–294
Schmidtke, Michael. *Der Aufbruch der Intelligenz. Die 68er Jahre in der Bundesrepublik und den USA*. Frankfurt/Main: Campus, 2003.
Schmidtke, Michael. „The German New Left and National Socialism". *Coping with the Nazi Past. West German Debates on Nazism and Generational Conflict, 1955–1975*. Hg. Philipp Gassert und Alan Steinweis. New York: Berghahn, 2006. 176–193.
Schneider, Christian. „Der Holocaust als Generationenobjekt. Generationengeschichtliche Anmerkungen zu einer deutschen Identitätsproblematik". *Mittelweg 36* 13.4 (2004): 56–73.
Scholtyseck, Joachim. „Conservative Intellectuals and the Debate over National Socialism and the Holocaust in the 1960s". *Coping with the Nazi Past. West German Debates on Nazism and Generational Conflict, 1955–1975*. Hg. Philipp Gassert und Alan Steinweis. New York: Berghahn, 2006. 238–257.
Scholtyseck, Joachim. *Der Aufstieg der Quandts. Eine deutsche Unternehmerdynastie*. München: C.H. Beck, 2011.

Schwelling, Birgit. *Heimkehr – Erinnerung – Integration. Der Verband der Heimkehrer, die ehemaligen Kriegsgefangenen und die westdeutsche Nachkriegsgesellschaft.* Paderborn: Ferdinand Schöningh, 2010.
Schwonke, Martin. „Die Gruppe als Paradigma der Vergesellschaftung". *Einführung in die Gruppensoziologie. Geschichte, Theorien, Analysen.* Hg. Bernhard Schäfers. Heidelberg: Quelle & Meyer, 1999. 37–53.
Siegfried, Detlef. „Zwischen Aufarbeitung und Schlussstrich. Der Umgang mit der NS-Vergangenheit in den beiden deutschen Staaten 1958 bis 1969". *Dynamische Zeiten. Die 60er Jahre in den beiden deutschen Gesellschaften.* Hg. Axel Schildt, Detlef Siegfried und Karl Christian Lammers. Hamburg: Christians, 2000. 77–113.
Strasser, Hermann. „Vergemeinschaftung" und „Vergesellschaftung". *Lexikon der Politik.* Bd. 7. Hg. Dieter Nohlen. München: C.H. Beck, 1998. 677–678.
Thamer, Hans-Ulrich. „Die NS-Vergangenheit im politischen Diskurs der 68er-Bewegung". *Westfälische Forschungen* 48 (1998): 39–53.
Weber, Max. *Wirtschaft und Gesellschaft. Grundriß der verstehenden Soziologie.* 1. Halbbd. Tübingen: Mohr, ^{5}1976.
Weisbrod, Bernd. „Einführung". *Historische Beiträge zur Generationenforschung.* Hg. Bernd Weisbrod. Göttingen: Wallstein, 2009. 7–12.
Wehler, Hans-Ulrich. „Nationalsozialismus und Historiker". *Deutsche Historiker im Nationalsozialismus.* Hg. Winfried Schulze und Otto Gerhard Oexle. Frankfurt/Main: Fischer Taschenbuch, 1999. 306–339.
Wehler, Hans-Ulrich. *Eine lebhafte Kampfsituation. Ein Gespräch mit Cornelius Torp und Manfred Hettling.* München: C.H. Beck, 2006.
Wehler, Hans-Ulrich. *Deutsche Gesellschaftsgeschichte. Bd. 5: Bundesrepublik und DDR 1949–1990.* München: C.H. Beck, 2008.
Weigel, Sigrid. „Familienbande, Phantome und die Vergangenheitspolitik des Generationendiskurses. Abwehr von und Sehnsucht nach Herkunft". *Generationen. Zur Relevanz eines wissenschaftlichen Grundbegriffs.* Hg. Ulrike Jureit und Michael Wildt. Hamburg: Hamburger Edition, 2005. 108–126.
Welzer, Harald. „Schön unscharf. Über die Konjunktur der Familien- und Generationenromane". *Mittelweg 36* 13.1 (2004): 53–64.
Welzer, Harald. „Vergangenheitsüberwältigung". *Kultur des Erinnerns. Vergangenheitsbewältigung in Spanien und Deutschland.* Hg. Ignacio Olmos und Nikky Keilholz-Rühle. Frankfurt/Main: Vervuert, 2009. 29–32.
Welzer, Harald. „Erinnerungskultur und Zukunftsgedächtnis". *Aus Politik und Zeitgeschichte* 25/26 (2010): 16–23.
Wierling, Dorothee. „The Hitler Youth Generation in the GDR. Insecurities, Ambitions and Dilemmas". *Dictatorship as Experience. Towards a Socio-Cultural History of the GDR.* Hg. Konrad H. Jarausch. New York: Berghahn Books, 1999. 307–324.
Wierling, Dorothee. „Krieg im Nachkrieg. Zur öffentlichen und privaten Präsenz des Krieges in der SBZ und frühen DDR". *Der Zweite Weltkrieg in Europa. Erfahrungen und Erinnerungen.* Hg. Jörg Echternkamp und Stefan Mertens. Paderborn: Ferdinand Schöningh, 2007. 233–251.
Wierling, Dorothee. *Geboren im Jahr Eins. Der Jahrgang 1949 in der DDR. Versuch einer Kollektivbiographie.* Berlin: Ch. Links, 2002.

Susanne Scharnowski
Jugendrebellion und Generationenkonflikte der 1950er und 1960er Jahre in Filmen der DDR

Jugendkultur und Amerikanisierung in beiden deutschen Staaten

Das Verhältnis der Gesellschaft zur Jugend ist wohl immer ambivalent. Für die Generation der Erwachsenen verkörpert die Jugend sowohl ein Zukunftsversprechen als auch eine Bedrohung und Infragestellung der eigenen Werte. Die stärkere Sensibilität Jugendlicher für kulturellen Wandel (vgl. Kurme 2006, 11) macht die Jugend auch anfällig für aus Erwachsenensicht problematische Einflüsse und damit zu einer potentiell gefährdeten Gruppe, die einerseits Schutz benötigt, vor der aber andererseits auch die Gesellschaft zu schützen ist. Eben jener kulturelle Wandel, dem die Erwachsenen mit oftmals extremer Skepsis begegnen, kann jedoch auch als wesentliches Element der Dynamik einer Gesellschaft gelten.

Ein besonders anschauliches Beispiel für diese Dynamik gesellschaftlicher Entwicklungsprozesse und die Rolle der Jugend in ihnen stellt die Jugendkultur der 1950er Jahre dar, die gemeinhin als bedeutender Akteur innerhalb des Prozesses der ‚Amerikanisierung' (west-)europäischer Konsum- und Verhaltensmuster beschrieben wird (vgl. Wasmund 1986 und Janssen 2010, 14), wobei die Essenz des Prozesses der Amerikanisierung bündig in Rolf Lindners viel zitierter Formulierung vom „Übergang vom moralischen zum kommerziellen Code" (Lindner 1986, 282) gefasst ist. Die Konsequenzen, Konflikte und Verwerfungen dieses Prozesses lassen sich gerade in der ‚heißesten' Phase des Kalten Krieges, in den 1950er und 1960er Jahren, in beiden deutschen Staaten beobachten, denn auch die Jugend der DDR war keineswegs immun gegen die Amerikanisierung. In der BRD wie der DDR stieß dieses Phänomen vor allem bei den Älteren auf extreme Vorbehalte, wobei die Gründe für diese Ablehnung zum Teil durchaus ähnlich waren. Im Westen wurde „die amerikanische Kultur von den Erwachsenen [...] als vulgär und materialistisch diffamiert"; so kam es bei den Jugendlichen zu einer „Identifikation von ‚jugendgemäß' und ‚amerikanisch'" (Lindner 1996, 46). Hier stand die politisch gewollte West-Ausrichtung also in Konflikt mit einer kulturell und sozial bedingten Ablehnung des ‚American Way of Life', der, so die zentrale These von Kaspar Maase, zu einer Kräfteverschiebung zugunsten der „nicht an der Herrschaftsausübung partizipierenden, nicht ‚gebildeten' werktätigen Teile der Bevölkerung" (Maase 1996, 292) führte: Die beteiligten Jugendlichen gehörten überwiegend zur Arbeiterklasse (vgl. Scherl 2008, 132).

Im Osten war die Ablehnung des Amerikanischen ebenso kulturell geprägt; auch die DDR hielt, wenn auch aus anderen Motiven, an der tradierten Hochkultur fest und bestand darauf, dass „der Sozialismus allen den Reichtum der Hochkultur zugänglich" machen werde (Maase 2003, 15). Hinzu kam hier jedoch anstelle der sozialen Vorbehalte ein starkes politisches Moment: „Jugendkultur erschien als systemfeindlich, als Unterwanderungsinstrument des Klassengegners." (Maase 2003, 12)

Das Aufbegehren der Jugend gegen die tradierten Werte der Erwachsenengeneration erhielt eine zusätzliche Dimension durch den „umfassenden Autoritäts-, Sinn- und Vertrauensverlust sämtlicher Ordnungs- und Sozialisationsinstanzen" (Lindner 1996, 27) nach Nationalsozialismus und Zweitem Weltkrieg, der zur Schwächung der Autorität der Erwachsenengeneration beitrug.

Zu den wichtigsten Elementen der ‚amerikanisierten' jugendlichen Subkultur gehörten Musik, Kleidung, Gestus und Habitus, zunehmend auch die Motorisierung sowie eine physische Eroberung städtischer Räume und eine starke Konsumorientierung. Im Zentrum stand vor allem der *Rock and Roll* mit dem dazugehörigen wilden und expressiven Tanz. Beides löste bei der Erwachsenengeneration in West und Ost gleichermaßen Befremden und Bestürzung aus, die noch intensiviert wurde durch die im Westen als ‚Halbstarkenkrawalle' bezeichneten Ausschreitungen, die häufig im Anschluss an Rock'n'Roll-Konzerte oder Filmvorführungen ausbrachen, und zwar überall in Westeuropa, auch in der BRD und West-Berlin.[1] Obwohl nur ein ganz kleiner Prozentsatz der Jugendlichen tatsächlich an diesen Krawallen beteiligt war (Lindner 1996, 27), rückte die Subkultur der ‚Halbstarken' aufgrund der Medienpräsenz des Themas in den Fokus der Aufmerksamkeit von Politikern, Psychologen und Pädagogen.

Jugend und Jugendpolitik in der DDR

Auch in der DDR kam es zu Krawallen, die dort als „rowdyhafte [...] Ausschreitungen" (Janssen 2010, 187) bezeichnet wurden.[2] Die Deutung dieser Krawalle in

---
1 In der Bundesrepublik und West-Berlin gab es zwischen 1956 und 1957 etwa 96 so genannte ‚Großkrawalle' mit jeweils 50 bis 1000 aktiven Teilnehmern (Kaiser 1959, 105).
2 Für die Jahre 1956 bis 1960 liegen laut Janssen 2010 Daten für ca. 20 Ereignisse vor, bei denen Jugendliche „eine Störung der öffentlichen Ruhe und Ordnung" provoziert hatten (Janssen 2010, 145–146).

der DDR verortete diese stärker in einem politischen Kontext, zum einen aufgrund der zeitlichen Nähe zu aktuellen politischen Konflikten (z. B. zum Ungarnaufstand 1956), zum anderen sicher auch aufgrund der Erinnerung an den Aufstand vom 17. Juni 1953. Der Antrieb der Jugendlichen war allerdings auch im Osten vermutlich eine eher unbestimmte Unzufriedenheit, ein Aufbegehren gegen die Einengung durch Familie und gesellschaftliche Instanzen und nicht zuletzt gegen die Generation, die in der DDR die Macht innehatte. Diese Aufbaugeneration[3] – zugleich die Generation, aus der auch die meisten Machtträger des Staates stammten[4] –, „rekrutierte sich vornehmlich aus Kommunisten der Geburtsjahrgänge 1890 bis 1916, die ihre politische Sozialisation in den letzten Jahren des Wilhelminischen Kaiserreichs und in der Weimarer Republik erfahren hatten. [...] Ein besonderer Wesenszug dieser Generation war [...] ein ‚habitualisiertes Misstrauen', das es ihnen letzten Endes unmöglich machte, den nachfolgenden Generationen das nötige Vertrauen entgegenzubringen." (Janssen 2010, 12–13) Auch deshalb war die Jugendpolitik mit dem Ziel der Erziehung der Jugend zum sozialistischen Bewusstsein so zentral für die DDR. Die jüngere Generation galt zwar als frei von bürgerlichen Einflüssen und als unbelastet hinsichtlich des Nationalsozialismus und brachte somit eigentlich ideale Voraussetzungen mit, um als Prototyp des ‚neuen Menschen' zu gelten, der die kommunistische Gesellschaftsordnung in der DDR verwirklichen sollte. Anlässlich der Lesung des Jugendgesetzes in der Volkskammer im Februar 1950 formulierte Walter Ulbricht die Erwartungen an die Jugend wie folgt:

> Wir wollen, daß unsere Jugend sich zu Menschen entwickelt, die erfüllt sind von hohem sittlichem Bewußtsein, von Solidarität für alle aufbauwilligen und fortschrittlichen Kräfte, von Begeisterung für die Gestaltung des neuen demokratischen Deutschland, zu Menschen, die bereit sind zum rücksichtslosen Kampf gegen die Feinde des schaffenden Volkes und unseres Aufbauwerkes. Das neue Heldentum unserer Jugend wird seinen Ausdruck finden in den hohen Leistungen der Arbeitsaktivisten. (Ulbricht 1950)

Diese Erwartungen aber wollten keineswegs alle Jugendlichen erfüllen: „Aus unterschiedlichen Gründen standen jedoch zahlreiche Jugendliche der Geburtsjahrgänge 1935 bis 1948 dem sozialistischen Aufbau reserviert gegenüber, entsprachen diesen Vorstellungen und Erwartungen kaum und machten sich dadurch in

---

3 Zur Veranschaulichung die Geburtsjahre einiger der wichtigen Angehörigen dieser Generation: Walter Ulbricht: Jg. 1893, Erich Mielke: Jg. 1907, Karl Schirdewan: Jg. 1907, Kurt Hager: Jg. 1912, Erich Honecker: Jg. 1912, Willi Stoph: Jg. 1914, Horst Sindermann: Jg. 1915, Hermann Axen: Jg. 1916.
4 Zu den Generationen in der DDR siehe eingehend Fulbrook 2006, die zwischen der „KZ-Generation", der „Aufbau-Generation" und der „ersten FDJ-Generation" unterscheidet.

Abb. 1: „Westberliner Provokateur" im Neuen Deutschland vom 21. Juni 1953

den Augen der Machthaber verdächtig. Insbesondere Teile der Arbeiterjugend schienen mit ihrer Vorliebe für amerikanische Musik und Mode dem Sozialismus demonstrativ den Rücken zuzukehren" (Janssen 2010, 14). Und ebenso wie die Elterngeneration im Westen durch ihre antiamerikanischen Attitüden zur weiteren ‚Amerikanisierung' der Heranwachsenden beitrug, erhöhte der ideologische Abwehrkampf der ostdeutschen Kommunisten gegen den Einfluss der ‚amerikanischen Unkultur' unwillentlich die Attraktivität des Bekämpften.

Nicht zuletzt die Konsumorientierung der neuen jugendlichen Subkultur stellte in der DDR ein Problem dar, und zwar in zweierlei Hinsicht: aufgrund von Versorgungsfragen, aber auch aufgrund ideologischer Aspekte. So war das Angebot an modischer Kleidung in der DDR in den 1950er Jahren de facto eher beschränkt. Mode im Sozialismus sollte aber auch frei sein von den „Einflüssen der amerikanischen Unkultur" (Janssen 2010, 14)[5]. Die als besonders ‚amerikanisch' geltenden Kleidungsstücke T-Shirt und Jeans firmierten in der DDR unter den

---

5 Zu den ideologischen Problemen der Mode im Sozialismus siehe auch Menzel 2004, 19–20.

Bezeichnungen „Texashemd" und „Nietenhose" (Janssen 2010, 119; vgl. auch Satjukow und Gries 2004, 35) und waren während des Kalten Krieges entsprechend politisch konnotiert. Dies lässt sich am Beispiel der propagandistischen Aufbereitung des Aufstandes vom 17. Juni 1953 im *Neuen Deutschland* vom 21. Juni desselben Jahres veranschaulichen: Da wurde die Fotografie eines jungen Mannes abgedruckt, der ein T-Shirt mit dem aufgedruckten Bild eines lassoschwingenden Cowboys zu Pferde trägt; seltsamerweise hat er sich bzw. hat man dem jungen Mann zudem eine besonders breite Krawatte mit dem Bild einer knapp bekleideten Frau über die Schulter gelegt (siehe Abb. 1). Der Text dazu lautet: „Nebenstehend veröffentlichen wir das Foto eines Mitgliedes einer Gruppe westberliner Provokateure, die bei Ausschreitungen gegen die öffentliche Ruhe und Ordnung der Stadt Erfurt von den Sicherheitsorganen unserer Republik dingfest gemacht wurden. Texashemd mit Cowboy, Texaskrawatte mit der Abbildung nackter Frauen, Texasfrisur, Verbrechergesicht: das sind die Ritter der ‚abendländischen Kultur', die typischen Vertreter der amerikanischen Lebensweise" (*Neues Deutschland*, 21.6.1953).[6]

Film als Vorbild und Abbild

Das Kino galt in den 1950er Jahren in Westdeutschland als wichtiges Medium bei der Ausbildung von jugendlichen Subkulturen. Die Zeitschrift *Das Parlament* veröffentlichte im April 1956 einen Artikel mit dem Titel „Der Unterhaltungsfilm als Erziehungsmacht", und *Der Spiegel* (Nr. 3, 1956) zitierte im selben Jahr einen Erziehungswissenschaftler, der nach einer Studie resignierend zu dem Ergebnis kam: „Der Film ist der maßgebende Lehrmeister der Jugend über das Leben geworden." Diese „Komplizenschaft" von Jugend und Medien (Zinnecker 1987, 138) ist seither ein charakteristisches Element jugendlicher Subkulturen: „Einerseits konstituieren sich viele Jugendkulturen über spezifischen Mediengebrauch; die

---

6 Vermutlich konnte sich der Autor des *Neuen Deutschland* in schierer Unkenntnis der Bedeutung des Begriffs ‚Texas-Krawatte' darunter nur eine besonders geschmacklose Krawatte vorstellen. Tatsächlich versteht man unter einer ‚Texas-Krawatte' in der Regel eine ‚Bootlace Tie' (auch *bola tie, bolo tie* oder *shoestring tie*), ein Stück Schnur, das am Kragen von einer dekorativen Spange zusammengehalten wird (vgl. Lynch und Strauss 2015, 43–44). Dieses Accessoire trägt bzw. trug man im Westen der USA in der Tat zu Western-Kleidung; es erlangte seine Popularität im Westeuropa der 1950er Jahren vor allem durch die Jugendkultur der ‚Teddy Boys' bzw. ‚Teds' in Großbritannien. – Wie und warum man zu einem T-Shirt überhaupt eine Krawatte tragen sollte, erläutert das *Neue Deutschland* daher auch nicht.

Medienaneignung wird zentraler Bestandteil der jeweiligen Jugendkultur. Andererseits bieten Medien ‚Identitätsmärkte' für Jugendliche, in denen sie in ‚symbolischer Arbeit' neue Selbstdarstellungsformen einüben und aufführen können." (Scherl 2008, 119–120.)

In den 1950er Jahren nehmen Filme über Jugendrebellion oder jugendliche Delinquenten, ‚Juvenile Delinquents',[7] eine zentrale, wenn auch ambivalente Rolle ein, zeigen sie doch besonders deutlich die widersprüchlichen Funktionen und Effekte des Mediums Film. So bezog sich etwa der erste und wohl einflussreichste Film dieses Genres, *The Wild One* (deutscher Titel: *Der Wilde*) mit Marlon Brando aus dem Jahr 1953 auf die so genannten ‚Hollister Riots', ein tatsächliches Ereignis aus dem Jahr 1947, das in amerikanischen Zeitschriften aufbereitet worden war (Barker 2007, 33). Der Vorspann des Films verweist auf diesen Realitätsbezug und formuliert zugleich eine mahnende Intention: „This is a shocking story. It could never take place in most American towns – but it did in this one. It is a public challenge not to let it happen again." (Zit. nach Biltereyst 2007, 19)[8] Filme des Genres beanspruchten also, eine als problematisch wahrgenommene gesellschaftliche Entwicklung zu verarbeiten, und behaupteten ihre Absicht, als Warnung zu fungieren, waren aber als filmische Skandalisierung gesellschaftlicher Probleme zugleich Teil einer auf Profit ausgerichteten Kulturindustrie. Filme wie *The Wild One*, *Rebel Without a Cause* (1955, deutscher Titel: *Denn sie wissen nicht, was sie tun* mit James Dean in der Hauptrolle) oder *Blackboard Jungle* (ebenfalls 1955, deutscher Titel: *Saat der Gewalt*) verfügten ganz offensichtlich über das Potenzial, eher als Anregung denn als Warnung zu fungieren und wurden von staatlichen Autoritäten folgerichtig als Gefahr wahrgenommen. Als Beispiel sei eine Debatte über Jugendkrawalle im Bezirk Wedding im Jahr 1956 im Abgeordnetenhaus von West-Berlin genannt, in der es hieß: „Es lief vor einiger Zeit hier in Berlin ein amerikanischer Film ‚Der Wilde'. Darin wird gezeigt, wie in einer amerikanischen Stadt eine Gruppe Jugendlicher, die Motorräder besitzen, sich zusammentun und sich ‚Totenkopfbande' nennen und nun in dieser Stadt

---

[7] Kurme 2006, 113 zufolge wurden in der zweiten Hälfte der 1950er Jahre in den USA allein ca. 60 Filme produziert, die sich diesem Genre zurechnen lassen.

[8] Auch der 1955 veröffentlichte Film *Blackboard Jungle* beginnt mit einem Bezug zur Realität. Noch vor den Credits läuft ein Text über die Leinwand, der den Film in einen sozialen Kontext einordnet: „We, in the United States, are fortunate to have a school system that is a tribute to our communities and to our faith in American youth. Today we are concerned with juvenile delinquency – its causes – and its effects. We are especially concerned when this delinquency boils over into our schools. The scenes and incidents depicted here are fictional. However, we believe that public awareness is a first step toward a remedy for any problem. It is in this spirit and with this faith that Blackboard Jungle was produced." (Zit. nach Medovoi 2005, 142)

Randalierungen anstellen, die genau das Vorbild für die entsprechenden Vorgänge in der Afrikanischen Straße gewesen sind."[9] Wohl aus Sorge vor solchen Wirkungen war *The Wild One* im Vereinigten Königreich bis 1968 verboten (vgl. Biltereyst 2007).[10]

In der DDR kam dem Medium Film eine andere und insgesamt wohl noch stärkere Bedeutung zu. Zwar war es bis zum Mauerbau 1961 auch für Ostberliner möglich, in den grenznahen Kinos Westberlins Filme aus kapitalistischen Ländern zu sehen, die in der DDR niemals gezeigt wurden; so gab es etwa auf der Westberliner Seite der Brunnenstraße eine ganze Reihe Kinos, die besonders preisgünstige Eintrittskarten für DDR-Bürger anboten (vgl. Kuhrt 2002, 116).[11] Die in der DDR produzierten Filme bezogen sich somit wie auch immer indirekt auf diese durchaus unliebsame filmische Konkurrenz.

In der DDR war der Film aber nicht Bestandteil einer vorrangig auf Unterhaltung ausgerichteten kommerziellen Kulturindustrie, die gewissermaßen nebenbei Identifikationsangebote für die Jugend machte, sondern hatte eine herausgehobene Stellung im Staat inne, was auf eine häufig zitierte Aussage Lenins zurückging, der zufolge die Filmkunst „die wichtigste" unter allen Künsten sei (Lunatscharski 1925/1970, 171). Dadurch war dieses visuelle Medium geradezu prädestiniert als staatliches Instrument politischer Erziehung (vgl. Blunk 1983, 404). Als solches sollte es „auf den Intellekt und die Emotionen der Zuschauer Einfluß nehmen, die neue sozialistische Denk- und Lebensweise durchsetzen helfen [...][und] helfen, die ideologisch-moralische Psyche des Menschen nach sozialistischen Kriterien zu bilden." (Zimmermann 1985, 2237–2238, Artikel *Film-*

---

9 Stenographische Berichte des Abgeordnetenhauses von Berlin, 20.09.1956, 522, zit. nach Scherl 2008, 119.
10 Auch andere Filme über ‚juvenile delinquents' waren dem Publikum nur bedingt zugänglich; so wurde *Blackboard Jungle* in den Städten Memphis und Atlanta nicht gezeigt, und der Film wurde auf Druck der US-Regierung vom Filmfestival in Venedig zurückgezogen, weil er die USA in einem wenig schmeichelhaften Licht zeigte. Hierzu und zur Zensur von *Blackboard Jungle* in anderen Ländern siehe Daniel 2011, 93–94. – Auch der bundesdeutsche, in West-Berlin spielende Film *Die Halbstarken* (1956, Regie: Georg Tressler) distanzierte sich in seinem Vorspann von der Filmhandlung und gab sich als Warnung „für alle jungen Menschen, die in Gefahr sind, auf Abwege zu geraten" (Wiedemann 2001, 34).
11 In *Berlin Ecke Schönhauser* wird die schädliche Wirkung einer unkontrollierten Rezeption westlicher Filme am Beispiel der Figur des ‚Kohle' als überdeutliche Warnung präsentiert: Kohle hat, so sagt er, im Westen schon mehr als 100 Filme gesehen. Im Auffanglager in West-Berlin will er dann einen Trick aus einem solchen Film anwenden, um Krankheit vorzutäuschen, doch erweist sich das Gebräu aus Tabak und Kaffee als tödlich: Kohle stirbt gleichsam an dem Gift aus dem West-Film.

wesen). In den 1950er Jahren war in der DDR überdies die Doktrin des sozialistischen Realismus wirksam, dessen Grundmerkmale der „kommunistische Ideengehalt", die „Parteilichkeit" und die „Volksverbundenheit" (Loose 1965, 166) des Kunstwerks darstellen und in dessen Zentrum ein positiver Held stehen sollte, „der Mut, Klugheit, Fleiß, Hingabe an die Sache des Sozialismus in sich vereinigt" (Zimmermann 1985, 1106, Artikel *Ästhetik*).

Jugend im Film der frühen DDR: *Familie Benthin* (1950) und *Berlin Ecke Schönhauser* (1957)

Auf dem Medium Film lagen mithin einerseits große Hoffnungen, ebenso wie auch auf der Jugend; andererseits wurde gerade aufgrund der dem Film zugeschriebenen Wirkungsmacht darauf geachtet, dass nur Filme in Umlauf kamen, deren antizipierte Wirkung der offiziellen Parteilinie entsprach. Umgekehrt war man – wohl noch ängstlicher als im Westen – darauf bedacht, vor allem das jugendliche Publikum von Filmen mit potentiell gefährlicher Wirkung fernzuhalten.

Im „ersten großen politischen Auftragsfilm der DEFA"[12] (Schenk 1994, 58) aus dem Jahr 1950, *Familie Benthin*, wurde entsprechend ein Bild der Jugend propagiert, das den Vorstellungen der Herrschenden genau entsprach: Diese Jugend ist in der FDJ organisiert, verehrt Rosa Luxemburg und Karl Liebknecht, spielt Akkordeon, treibt Sport und wirkt tatkräftig am Aufbau der Deutschen Demokratischen Republik mit. Schon ab Mitte der 1950er Jahre aber beschäftigen sich die Drehbuchautoren und Regisseure der DEFA zunehmend auch mit solchen Jugendlichen, die ebenso wie die Angehörigen ihrer Generation in den USA und Westeuropa der Attraktion des neuen Bildes vor allem männlicher Jugend erlagen, das die amerikanischen Schauspieler Marlon Brando oder James Dean verkörperten. Dieser Wandel hat vermutlich auch damit zu tun, dass eine „pädagogische Verzeichnung von Realität in Richtung auf den ‚Soll-Zustand'" (Blunk 1983, 404) im Film auf lange Sicht weder für Zuschauer noch für Filmkünstler besonders interessant ist. Die neuen DEFA-Filme befassten sich daher, ähnlich wie westliche Jugendfilme, auch mit Problemen der Jugend und thematisierten sogar deren an westlichen Modellen orientierte Freizeit- und Konsuminteressen – vom Rock'n'Roll über die Kleidung bis hin zu den Motorrädern.

---

12 Die DEFA wurde 1946 als Deutsche Film AG gegründet und war die staatliche bzw. volkseigene Filmproduktionsfirma der DDR, die in Potsdam-Babelsberg ihren Hauptsitz hatte.

Eine herausragende Stellung unter diesen Filmen nimmt *Berlin Ecke Schönhauser* aus dem Jahr 1957 ein, der bekannteste Berlin-Film des Regisseurs Gerhard Klein und des Drehbuchautors Wolfgang Kohlhaase. Der Film erzählt von einer Gruppe orientierungsloser Jugendlicher und ihren Problemen mit Elterngeneration, Staat und Gesellschaft, setzt sich verständnisvoll mit diesen Problemen auseinander und ergreift tatsächlich Partei für sie (vgl. Lindenberger 2004, 205). So zeigt er „ein für DEFA-Verhältnisse außergewöhnlich kritisches Bild der DDR-Wirklichkeit" (Kötzing 2009, 37), vor allem auch mit Blick auf die Generationenkonflikte zwischen den Jugendlichen, die Teil der um 1940 geborenen Kriegsgeneration sind, und der Elterngeneration, die den Jahrgängen etwa zwischen 1907 und 1918 angehört. Fast alle jugendlichen Hauptfiguren haben den Vater oder beide Eltern im Krieg verloren, und ein nicht unbedeutender Teil der Konflikte im Film geht auf diese Elternlosigkeit zurück. So muss etwa Angela die viel zu kleine Wohnung, die sie mit ihrer verwitweten Mutter teilt, verlassen, wenn diese ihren Liebhaber empfängt; ‚Kohle' leidet unter den Gewaltausbrüchen des neuen Lebensgefährten seiner ebenfalls verwitweten Mutter und findet zudem keine Lehrstelle. Dieter, die Hauptfigur des Films, ist Vollwaise und lebt mit seinem älteren Bruder zusammen, der als Volkspolizist Teil der Staatsautorität ist. Dieser Dieter wird zu Beginn des Films als ambivalente Figur dargestellt: Der junge Bauarbeiter ist zwar charakterisiert durch sein hohes Arbeitsethos und Verantwortungsgefühl, entzieht sich jedoch dem Zugriff der FDJ, beharrt auf seiner individuellen Freiheit und äußert sogar explizit Kritik an der Jugendpolitik, wenn er im Streit mit seinem Bruder sagt: „Warum kann ich nicht leben, wie ich will? Warum habt ihr lauter fertige Vorschriften? Wenn ich an der Ecke steh, bin ich halbstark, wenn ich Boogie tanze, bin ich amerikanisch. Und wenn ich das Hemd über der Hose trage, ist es politisch falsch" (*Berlin Ecke Schönhauser*, 49:05–59:17). Doch auch wenn Dieter seine Freizeit offenbar mit einer Gruppe Jugendlicher verbringt, die unter der Hochbahnbrücke Swing bzw. Jive tanzen, so bleibt er doch lediglich Zuschauer, und auch in der zentralen Tanzszene des Films (28:44–31:28) sehen wir Dieter und Angela nur für wenige Zehntelsekunden an den ‚wilden', amerikanischen Tänzen der anderen teilnehmen; schon bald tanzen die beiden trotz der rhythmischen Musik eng umschlungen und langsam abseits der anderen und demonstrieren so gewissermaßen durch verbindliche Paarbildung anstelle des zügellosen Tanzes größere Reife (siehe Abb. 2).[13]

---

13 Die Musik kommt in dieser Szene nicht von einem Tonträger, den die Jugendlichen selbst bedienen (wie etwa bei der zentralen Tanzszene in dem westdeutschen Film *Die Halbstarken* (R: Georg Tressler, BRD 1956) mit Horst Buchholz, in der die Jugendlichen zur Musik aus der Jukebox tanzen, sondern wird von einer Band gespielt; Heiduschke 2013, 296 interpretiert dies als Form

Abb. 2: Paarbildung anstelle zügellosen Tanzes in *Berlin Ecke Schönhauser*

Der Film identifiziert mit Karl Heinz eine eindeutig negative Figur, dessen Westorientierung sofort an seiner Kleidung ablesbar ist: Er trägt die verräterische Texas-Krawatte und eine (zudem im Westen gekaufte) Lederjacke, die allerdings denkbar weit von der betonten Maskulinität schwarzer Motorradkleidung à la Marlon Brando entfernt ist. Sein Abdriften in die Kriminalität geht beinahe zwangsläufig aus dieser Westorientierung hervor: Zu den kriminellen Handlungen, an denen Karl Heinz sich beteiligt, wird er von zwielichtigen Typen in Westberlin angestiftet. Trotz dieser deutlichen antiwestlichen Positionierung des Films[14], der keinen Zweifel daran ließ, dass der Sozialismus die überlegene Gesellschaftsordnung darstelle, war die Hauptverwaltung Film[15] unzufrieden: Der Film sei geeignet „den Feinden unserer Republik in ihrer Hetze zu helfen" (zit. nach Kötzing 2009, 37). Die FDJ schätzte den Film anders ein, wie Ralf Schenk ausführt:

---

der institutionellen Kontrolle der Jugendrebellion und zugleich als selbstreflexives Statement des Regisseurs.
14 Die konsequenterweise denn auch zu einem Verbot des Films in der Bundesrepublik führte; vgl. Kötzing 2009.
15 Bei der Hauptverwaltung Film handelte es sich um die Abteilung des Ministeriums für Kultur, die für die Durchsetzung der Kulturpolitik bei der Produktion und der Verbreitung von Kinofilmen zuständig war.

Am 14. Juni 1957 wird Berlin – Ecke Schönhauser im FDJ-Zentralrat vorgeführt. Hier ist das Ergebnis der Debatte sehr viel freundlicher als die Meinung der HV [Hauptverwaltung Film, S. Sch.]; Hans Modrow erkennt in dem Film das positive Gegenstück zu den westdeutschen Halbstarken, Joachim Herrmann begreift, „daß wir an vielen Stellen sind, aber noch nicht überall"; und der Filmkritiker der „Jungen Welt", der spätere DEFA-Regisseur Günter Stahnke, resümiert: „Bei der Masse wird der Film richtig ankommen. Er wird ein Signal sein, mitzuhelfen."[...] Sechs Tage später läßt die Hauptverwaltung Berlin – Ecke Schönhauser zähneknirschend zu; der Film startet am 30. August und hat nach drei Monaten schon über anderthalb Millionen Zuschauer. (Schenk 1994, 129–130)

Jugendkriminalität, Jugendkultur und Propaganda: Die Glatzkopfbande

Der Kampf zum einen gegen die „amerikanische Unkultur" und zum anderen gegen die „bürgerliche Dekadenz" (Mühl-Benninghaus 2012, 161) wurde jedoch bald wieder schriller. Im Januar 1958 erließ die Regierung der DDR eine „Anordnung über die Programmgestaltung bei Unterhaltungs- und Tanzmusik", deren erklärtes Ziel darin bestand, „Erscheinungen der Dekadenz und des Verfalls zu bekämpfen"[16]. Vergleichbar grelle Töne schlug auch der Film *Die Glatzkopfbande* an, der das Genre des Kriminalfilms mit der propagandistischen Aufarbeitung von Zeitgeschichte vor dem Hintergrund des Mauerbaus[17] sowie mit einem extrem kritischen Blick auf amerikanisierte Jugendkultur und ‚Rowdys' verbindet. Die Filmhandlung spielt einige Tage nach dem Bau der Berliner Mauer im August 1961 und setzt mit einem Unfall auf einer Großbaustelle ein, bei dem zwei Menschen getötet werden. Als Ursache wird die schlampige Arbeit einer Brigade junger Arbeiter ausgemacht, die mit ihrem ‚King' genannten Brigadier zum Urlaub an der Ostsee aufgebrochen sind. Der Film zeigt das deutlich als asozial markierte Verhalten dieser Jugendlichen im scharfen Kontrast zu den braven Bürgern, die ebenfalls dort Ferien machen: Die jungen Männer lassen sich Glatzen rasieren und belästigen die anderen Gäste eines Zeltplatzes mit ihren Mopeds, mit lauter Musik, aufreizendem Tanz und aggressiven Übergriffen. Der Film bezieht sich explizit auf den amerikanischen Film *The Wild One*: Die Eröffnungssequenz mit den auf die Kamera zufahrenden Mopeds stellt ein direktes Zitat aus diesem Film dar.

---

16 Gesetzblatt der Deutschen Demokratischen Republik, Teil I, 1958, 38. http://www.gvoon.de/ddr-gesetzblatt-teil-1-1958/dokument-seite-38-77654.html (17.03.2015).
17 Zu den Ereignissen aus dem Jahr 1961, auf die der Film sich bezieht, siehe ausführlich Bennewitz 2001.

In *Die Glatzkopfbande* werden westliche Musik und Tanz (Jive und Twist) „unmissverständlich als Korrelate moralischer Verwerflichkeit" (Lindenberger 2004, 207) präsentiert, und auch die materiellen Attribute männlicher Jugendkultur, nämlich Leder- (bzw. Kunstleder-) Kleidung und Motorräder (bzw. Motorroller), sind eindeutig als aggressiv, dekadent und ordinär markiert und werden mit Kriminalität und Krieg in Verbindung gebracht: Der Anführer ‚King' liest Landserhefte und war als Fremdenlegionär – zumindest wird dies angedeutet – an Kriegsverbrechen in Algerien beteiligt.

Gerade *Die Glatzkopfbande* zeigt jedoch, dass die intendierte Wirkung der tatsächlichen keineswegs entsprechen musste. Zu Recht ist dieser Film als „Verfilmung der ‚reinen Lehre' vom zerstörerischen dekadenten Wesen des Rowdytums" (Lindenberger 2004, 205) bezeichnet worden; er erscheint förmlich als Illustration der Linie, der zufolge die Merkmale einer ‚feindlich-dekadenten Lebensweise' „geradezu kausal mit Unsauberkeit und Asozialität, mit exzessiver Sexualität, Straftaten und Bekämpfung des Sozialismus" (Maase 2003, 13) in Verbindung gebracht werden mussten. Diese eindeutige Haltung des Films schützte ihn jedoch keineswegs vor dem Mechanismus der „oppositionellen Identifikation" (Lindenberger 2004, 208) jugendlicher Zuschauer. So konstatierte ein empörter Leser in einem Brief an die kulturpolitische Wochenzeitung *Sonntag*, der Film wirke durchaus nicht abschreckend, sondern bewirke vielmehr das Gegenteil: „Die Bande hatte die volle Sympathie des Publikums, zumindest derer in Lederoljacken. Nach Schluß der Vorführung liefen die Kofferheulen mit voller Lautstärke, und Passanten ‚erfreuten' sich einiger Anpöbeleien" (zit. nach Schenk 1996)[18]. Der Film blieb zwar zunächst in den Kinos, wurde jedoch nach dem 11. Plenum des Zentralkomitees der SED im Dezember 1965, dem so genannten Kahlschlagplenum, bei dem fast die gesamte Filmproduktion des Jahres verboten wurde, aus dem Verkehr gezogen.

---

[18] Lindenberger weist zudem auf Gruppen „teilweise vorbestrafter" Jugendlicher hin, die den Film offenbar als Anregung nahmen, sich ebenfalls Glatzen zu rasieren (Lindenberger 2004, 208).

Jahrgang 45: Nouvelle Vague im Prenzlauer Berg

Vor dem Hintergrund dieses Plenums wurde auch das Verbot des Rohschnitts des ersten (und einzigen) Spielfilms des Dokumentarfilmers und Malers Jürgen Böttcher *Jahrgang 45* beschlossen, eines Films[19], der schon im Titel die Generationenzugehörigkeit als zentrales Thema benennt. Es geht um junge Erwachsene, die, unmittelbar nach dem Krieg geboren, in der DDR sozialisiert wurden und zum Zeitpunkt der Dreharbeiten um die 20 Jahre alt sind. Es handelt sich also um eine Generation, die „in Ruinen" bzw. „aus einer Erschütterung heraus" geboren wurde und „eine Kindheit mit Beschränkungen und Rationierungen verbracht" hat (Cartier-Tanguy 2001, 132); eine Generation mithin, die zwar die Zeit des Nationalsozialismus nicht mehr bewusst erlebt hat und insofern unbelastet von Vergangenheit und Geschichte den Aufbau des Sozialismus vorantreiben sollte bzw. konnte, die aber dennoch stark von den Kriegsfolgen geprägt ist.

Dieser Film, der mit seinen dokumentarisch wirkenden Bildern stilistisch an den italienischen Neorealismus, die französische *Nouvelle Vague* und die englische *New Wave* anknüpft, erzählt von der Ehe- und Lebenskrise der männlichen Hauptfigur, des jungen Arbeiters Alfred, genannt ‚Al', der im Verlauf des Films in Begegnungen und Auseinandersetzungen mit seiner Frau Lisa, genannt ‚Li', seiner Clique (größtenteils Kollegen in der Autowerkstatt, in der Al als Mechaniker arbeitet), seiner ehemaligen Freundin sowie verschiedenen Vertretern der Eltern- und Großelterngeneration gezeigt wird. Mit Ausnahme des 70-jährigen Nachbarn ‚Mogul' ist das Verhältnis der Hauptfigur zu den Vertretern der Erwachsenengeneration (Großvater, Mutter, Chef, Kaderleiter) durch Distanz, Verständnislosigkeit und Mangel an Kommunikation gekennzeichnet.

Wie die Jugendlichen in *Berlin Ecke Schönhauser* hat auch Al keinen Vater mehr; er lässt sich, offenbar ziellos, von Ort zu Ort treiben und wird bis zum Schluss als im Grunde unbehaust präsentiert: Zuerst zieht er aus der ehelichen, viel zu kleinen Wohnung in den heruntergekommenen Raum einer alten Ladenwohnung, dann, obwohl er gerade dies vermeiden wollte, in die Wohnung, die sich seine Mutter mit dem Großvater teilt, und schläft dort auf dem Sofa. Am Ende bleibt offen, ob Al und Li in den im Entstehen begriffenen Neubauten, die ein

---

19 Der Film wurde – mit Blick auf den 50. Jahrestag des Plenums im Dezember 2015, anlässlich dessen eine Neupublikation dieses und anderer Filme sowie zahlreiche Veranstaltungen geplant sind – bei der *Berlinale* 2015 in einer restaurierten und digitalisierten Fassung gezeigt und spielte auch bei der Berlinale 2016 in der Retrospektive über das deutsche Filmjahr 1966 eine zentrale Rolle.

Abb. 3: Al und seine Clique in *Jahrgang 45*

Kameraschwenk in den letzten Filmminuten zeigt, ein neues gemeinsames Heim finden werden.

Der Film lebt vor allem von der intensiven Interaktion der Figuren mit den städtischen Räumen, in denen die jungen Leute sich bewegen, und von der Körpersprache der Hauptfigur in diesen Räumen. Rolf Römer, der den Al verkörpert, wirkt mit seinem schlaksigen Körper unstet, lethargisch und kraftlos. Im Filmverlauf beobachtet ihn die Kamera dabei, wie er – meist in Jeans und einem bis zur Brust aufgeknöpftem Hemd – allein oder mit anderen jungen Männern aus seiner Clique ziellos durch die Stadt schlendert, wie er sich auf Sesseln, Betten oder Parkbänken fläzt, oder wie er auf den Stufen des von Kriegsspuren gezeichneten Schauspielhauses am Gendarmenmarkt herumlungert (siehe Abb. 3).

Gestus und Habitus Als signalisieren Lässigkeit, jene „amerikanische Gebärde" (Maase 2007, 193), die nach dem Krieg „unter Jugendlichen in beiden deutschen Staaten [...] als „modernes, ‚angesagtes' Körperideal" galt (Maase 2007, 195) und dem Körperideal des ‚soldatischen Mannes' diametral entgegengesetzt war. Auch die anderen männlichen Jugendlichen des Films zeigen eine Körpersprache, die sich von dem ‚zackigen' (vgl. Maase 1999; Maase 2007), am Bild des Soldaten ausgerichteten Körperideal der 1930er oder 1940er Jahre drastisch unterscheidet. Dieses neue Körperideal, das etwa im betont lässigen Stehen oder Herumlungern, in verschränkten Armen oder in die Hosentaschen gesteckten Händen zum Ausdruck kommt, aber etwa auch darin, dass die jungen Männer nicht gerade im Raum stehen, sondern sich hängen lassen oder an etwas anlehnen (vgl. Maase 2007, 204), wurde ebenfalls durch die amerikanischen Schauspieler James Dean oder Marlon Brando aber auch durch den Musiker Elvis Presley verkörpert und durch amerikanische Populärkultur verbreitet bzw. verstärkt. Mit Blick auf die unmittelbare Nachkriegszeit in der Bundesrepublik Deutschland lässt sich diese Lässigkeit als mehr oder minder bewusste Abgrenzung von dem im Nationalsozialismus, aber durchaus auch schon in der Weimarer Republik dominanten Ideal[20] des militärischen, gedrillten oder schneidigen Mannes begreifen und damit als wesentliches Element des Prozesses der Modernisierung und Zivilisierung. Diese Seite der Lässigkeit kommt etwa in den Synonymen zum Ausdruck, die der Duden online anbietet: „aufgelockert, bequem, [...] leger, locker, natürlich, salopp, unbefangen, unförmlich, ungezwungen, unverkrampft, zwanglos; [...] cool"[21]. Das Wort ‚lässig' hat aber noch eine andere Bedeutung: Es bedeutet auch „träge, unfleißig", wie es im Grimmschen Wörterbuch heißt.[22] Dieses negative Segment des Bedeutungsspektrums bezieht sich ganz offensichtlich auf die Arbeit; und auch diese Ebene findet sich im aktuellen Duden, wenn als Synonyme folgende Adjektive aufgelistet werden: „nachlässig, [...] oberflächlich, ungenau, unsorgfältig [...], schlampig, schludrig". Konsequenterweise spielt Arbeit – in anderen Filmen der DEFA von so zentraler Bedeutung – eine nur geringe Rolle, und Al erscheint ausgerechnet dann an seinem Arbeitsplatz, wenn er eigentlich Urlaub hat, verhält sich also alles andere als regelkonform.

Lässigkeit kann also auch als Indifferenz und Lethargie, als performative Verweigerung von Aktivität, Zupacken und Engagement verstanden werden, als Haltung mithin, in der „eine Rebellion gegen die ihn umgebende Lebenswelt zu erkennen ist" (Seidel 2007, 78) und die vor dem Hintergrund des Programms eines ‚Aufbaus des Sozialismus' Misstrauen auslösen musste. Besonders deutlich wird dies in einer Filmszene auf einem trostlosen städtischen Platz, der mit seiner schäbigen Brandmauer die Assoziation mit einem Slum evoziert. Diese Inszenierung von jugendlichen Körpern im städtischen Raum wurde in der DDR als äußerst problematisch gesehen, vorgeworfen wurde dem Film seine angebliche

---

20 Vgl. hierzu Maase 1999 und Maase 2007. – Die Relevanz des sportlichen, leistungsbereiten Körpers auch für die kommunistischen Jugendorganisationen lässt sich auch im Film nachweisen: So bilden etwa die Arbeitersportwettkämpfe Ziel- und Höhepunkt in Slatan Dudows *Kuhle Wampe* aus dem Jahr 1932.
21 http://www.duden.de/rechtschreibung/laessig (19.03.2015).
22 http://woerterbuchnetz.de/DWB/?sigle=DWB&mode=Vernetzung&hitlist=&patternlist=&lemid=GL01742#XGL01742 (19.03.2015). Darauf hat bereits Maase 2007, 196 hingewiesen.

„Heroisierung des Abseitigen" (zit. nach Schittly 2002, 145). In einer Stellungnahme zum Film schreibt Dr. Jahrow, ein Mitglied der Produktionsabteilung der DEFA:

> ‚Al' [...] ist bewusst als indifferenter, gedankenloser und unreifer junger Mann gezeichnet, der seine Arbeit macht, dann aber ohne Phantasie und Initiative seine Freizeit verbringt, [...] der Typ eines Jugendlichen, der in unserer Republik mehr und mehr verschwunden ist. Al wirkt in seinem Habitus geradezu asozial. [...] Personen und Umwelt sind [...] so gestaltet, dass sie eher der kapitalistischen als der sozialistischen Lebenssphäre zugeordnet werden könnten. Da der Film jedoch eindeutig vorgibt, einen Ausschnitt aus unseren gesellschaftlichen Verhältnissen zu reflektieren, wird er zutiefst unwahr. Seine zur Schau gestellte ‚unverbindliche Objektivität' führt zu Aussagen, die gegen die sozialistische Gesellschaft gerichtet sind. (Zit. nach Schenk und Richter 2001, 22)

Der eigentliche Skandal des Films ist in dem ganz spezifischen und einzigartigen visuellen Zusammenspiel von Jugendlichen und Stadtlandschaften zu suchen: Der Film zeigt nicht nur trostlose städtische Leere, sondern stellt mit dem Bild der kriegszerstörten Bauten auf dem Gendarmenmarkt und mit dem Trümmerberg im Prenzlauer Berg auch visuell eine überdeutliche Verbindung zwischen dem ‚Jahrgang 45' und der unliebsamen deutschen Vergangenheit her, die die DDR hinter sich lassen wollte. Allein die Passivität der jungen Männer, die in dieser zerstörten Stadt aufgewachsen sind, und ihr offenkundiges Desinteresse daran, engagiert am Aufbau des Sozialismus und der zerstörten Stadt mitzuwirken, markiert sie als ‚abseitig', sie gehören eben nicht zu jenen „aufbauwilligen" und „fortschrittlichen" Kräften, die Walter Ulbricht 15 Jahre zuvor beschworen hatte. Doch damit nicht genug: Der Film zeigt neben dem Wohnungsmangel, den unwirtlichen Stadtbrachen und Ruinen auch das Konsumland DDR, das zwar einerseits moderne Schaufenster und Eisdielen aufzuweisen hat, die sich optisch von ihren westlichen Pendants kaum unterscheiden, andererseits aber Lebensmittelgeschäfte mit begrenzter Auswahl und teils leeren Regalen.

Schluss

Die Jugendkultur der 1950er Jahre im Westen ist gerade auch in ihrem kommerziellen Charakter als Beitrag zu einer Entmilitarisierung, Modernisierung und Zivilisierung interpretiert worden. Daneben und dagegen steht die Auffassung, dass die rebellische Subkultur der Halbstarken letzten Endes gezähmt wurde, indem sie im Zuge der „Neubewertung des Staatsbürgers als Konsumenten" (Scherl 2008, 136) in den Mainstream inkorporiert und vom Kapitalismus vereinnahmt wurde, durchaus auch im Sinne des Prozesses einer ‚Rekuperation' nach dem

Verständnis Guy Debords (vgl. Milevska 2012, 162): In perfider Weise assimiliert das ‚Spektakel' die Rebellion und nutzt sie für sich. Anders ausgedrückt: Der verdinglichte Gestus der Rebellion in Gestalt der James-Dean-Jacke ist ein Konsumartikel, den man schon im Jahr 1957 über die Jugendzeitschrift *Bravo* bestellen konnte (vgl. Scherl 2008, 137).

Während sich im Westen jugendliche Rebellion mit der Konsumgesellschaft arrangierte bzw. von dieser aufgesogen wurde, blieb dieser Weg im Osten zumindest in den 1960er Jahren weitgehend verschlossen. Der real existierende Sozialismus verfügte offenbar in den 1950er/1960er Jahren nicht über das Potenzial, die rebellischen Ansätze gänzlich zu unterdrücken, sie zu inkorporieren oder die Rebellion zum gefahrlosen Konsumartikel zu machen. Von heute aus betrachtet lässt sich der Film *Jahrgang 45* auch mit Blick auf seine Darstellung der DDR als Konsumgesellschaft lesen, die im Film sichtbar wird und zugleich kritisiert wird, da sie letzten Endes ebenso auf das Materielle fixiert war (Wohnung, Motorrad) wie der Kapitalismus, dabei aber immer in Konkurrenz zur wirtschaftlichen Entwicklung im Westen stand und so als doppelt defizitär wahrgenommen wurde: Einerseits aufgrund der Erosion ihrer eigenen Ideale, andererseits aufgrund der Unfähigkeit, die wachsenden Konsumansprüche der Menschen zu befriedigen.

Literatur

Barker, Thomas. *Biker Gangs and Organized Crime*. Newark: Matthew Bender & Co., 2007.
Bennewitz, Inge. „Die Glatzkopfbande – ein DEFA-Spielfilm und seine Hintergründe". *Deutsche Fragen. Von der Teilung zur Einheit*. Hg. Heiner Timmermann. Berlin: Duncker & Humblot, 2001. 339–352.
Biltereyst, Daniel. „American Juvenile Delinquency Movies and the European Censors. The Cross-Cultural Reception and Censorship of The Wild One, Blackboard Jungle and Rebel Without a Cause". *Youth Culture in Global Cinema*. Hg. Timothy Shary und Alexandra Seibel. Austin: University of Texas Press, 2007. 9–26.
Harry Blunk. „Erziehungsfragen im Gegenwarts-Spielfilm der DDR". *Bildung und Erziehung* 36 (1983): 403–422.
Carpentier-Tanguy, Xavier. „Die Maske und der Spiegel. Zum XI. Plenum der SED 1965". *DEFA-Film als nationales Kulturerbe?* Hg. Klaus Finke. Berlin: VISTAS, 2001. 121–148.
Daniel, Douglass K. *Tough as Nails. The Life and Films of Richard Brooks*. Madison: The University of Wisconsin Press, 2011.
Fulbrook, Mary. „Generationen und Kohorten in der DDR". *Die DDR aus generationengeschichtlicher Perspektive. Eine Inventur*. Hg. Annegret Schüle und Rainer Gries. Leipzig: Leipziger Universitätsverlag, 2006. 113–130.
Heiduschke, Sebastian. „Authority, Mobility, and Teenage Rebellion in *The Wild One* (USA, 1953), *Die Halbstarken* (West Germany, 1956), and *Berlin – Ecke Schönhauser* (East Germany, 1957)". *Seminar. A Journal of Germanic Studies* 49.3 (2013): 281–299.

Janssen, Wiebke. *Halbstarke in der DDR. Verfolgung und Kriminalisierung einer Jugendkultur.* Berlin: Christoph Links, 2010.
Kaiser, Günther. *Randalierende Jugend: eine soziologische und kriminologische Studie über die sogenannten „Halbstarken".* Heidelberg: Meyer, 1959.
Kötzing, Andreas. „Zensur von DEFA-Filmen in der Bundesrepublik". *Aus Politik und Zeitgeschichte* 1-2 (2009): 33-39.
Kuhrt, Andreas Robert. *Vom Rosenthaler Thor zum Gesundbrunnen. Die Geschichte der Brunnenstraße.* Berlin: Ed. Berlin Street, 2002.
Kurme, Sebastian. *Halbstarke. Jugendprotest in den 1950er Jahren in Deutschland und den USA.* Frankfurt/Main und New York: Campus, 2006.
Lindenberger, Thomas. „Der Feind tanzt mit. Rockmusik und Jugenddelinquenz in DEFA-Filmen". *Unsere Feinde. Konstruktionen des Anderen im Sozialismus.* Hg. Silke Satjukow und Rainer Gries. Leipzig: Leipziger Universitätsverlag, 2004. 197-214.
Lindner, Rolf. *Verborgen im Licht. Neues zur Jugendfrage.* Frankfurt/Main: Syndikat/EVA, 1986.
Lindner, Werner. *Jugendprotest seit den fünfziger Jahren. Dissens und kultureller Eigensinn.* Opladen: Leske & Budrich, 1996.
Loose, Gerhard. „Grundbegriffe des sozialistischen Realismus". *Monatshefte* 57.4 (1965): 162-170.
Lunatscharski, A[natolij]. „Gespräch mit Lenin über die Filmkunst. Zum ersten Mal veröffentlicht in: Boltjanski, G.M.: Lenin und das Filmwesen. Moskau – Leningrad 1925". *... wichtigste aller Künste. Lenin über den Film. Dokumente und Materialien.* Hg. Günther Dahlke und Lilli Kaufmann. Berlin (DDR): Henschelverlag, 1970 (1925/1970). 170-171.
Lynch, Annette und, Mitchell D. Strauss (Hg.). *Ethnic Dress in the United States. A Cultural Encyclopedia.* Lenham, Maryland: Roman & Littlefield, 2015.
Maase, Kaspar. *BRAVO Amerika. Erkundungen zur Jugendkultur der Bundesrepublik in den fünfziger Jahren.* Hamburg: Junius, 1992.
Maase, Kaspar. „Amerikanisierung von unten. Demonstrative Vulgarität und kulturelle Hegemonie in der Bundesrepublik der 50er Jahre". *Amerikanisierung. Traum und Albtraum im Deutschland des 20. Jahrhunderts.* Hg. Alf Lüdtke, Inge Marßolek und Adelheid von Sandern. Stuttgart: Franz Steiner, 1996. 291-314.
Maase, Kaspar. „,Lässig' contra ,zackig'. Nachkriegsjugend und Männlichkeiten in geschlechtergeschichtlicher Perspektive". *„Sag mir, wo die Mädchen sind ...". Beiträge zur Geschlechtergeschichte der Jugend.* Hg. Christina Benninghaus und Kerstin Kohtz. Köln, Weimar, Wien: Böhlau, 1999. 79-101.
Maase, Kaspar. „Körper, Konsum, Genuss – Jugendkultur und mentaler Wandel". *Aus Politik und Zeitgeschichte* 45 (2003): 9-16. http://www.bpb.de/apuz/27301/koerper-konsum-genuss-jugendkultur-und-mentaler-wandel-in-den-beiden-deutschen-gesellschaften?p=all (17.03.2015).
Maase, Kaspar. „Die amerikanische Gebärde – Lässigkeit in Nachkriegsdeutschland". *Building America. Bd. 2: Migration der Bilder.* Hg. Anke Köth, Kai Krauskopf und Andreas Schwarting. Dresden: Thelem, 2007. 193-214.
Medovoi, Leerom. *Rebels. Youth and the Cold War Origins of Identity.* Durham: Duke University Press, 2005.
Milevska, Suzana. „Kunst jenseits von Gesellschaft. Subversion und Rekuperation in der zeitgenössischen Kunst". *Kunst, Krise, Subversion. Zur Politik der Ästhetik.* Hg. Nina Bandi, Michael G. Kraft und Sebastian Lasinger. Bielefeld: transcript, 2012. 149-165.

Menzel, Rebecca. *Jeans in der DDR. Vom tieferen Sinn einer Freizeithose*. Berlin: Christoph Links, 2004.
Muchow, Heinrich. „Der Unterhaltungsfilm als Erziehungsmacht". *Das Parlament* 15 (1956).
Mühl-Benninghaus, Wolfgang. *Unterhaltung als Eigensinn. Eine ostdeutsche Mediengeschichte*. Frankfurt/Main: Campus, 2012.
Poiger, Uta. *Jazz, Rock and Rebels. Cold War Politics and American Culture in a Divided Germany*. Berkeley, Los Angeles, London: University of California Press, 2000.
Satjukow, Silke, und Rainer Gries. „Feindbilder des Sozialismus". *Unsere Feinde. Konstruktionen des Anderen im Sozialismus*. Hg. Silke Satjukow und Rainer Gries. Leipzig: Leipziger Universitätsverlag, 2004. 13–74.
Scherl, Katja. „,Det is doch wie Kino.' Marlon Brandos ,Der Wilde' als Vor- und Abbild jugendlicher Subkultur". *Medienkultur und soziales Handeln*. Hg. Tanja Thomas. Wiesbaden: VS Verlag, 2008. 119–139.
Schenk, Ralf. „Mitten im Kalten Krieg". *Das zweite Leben der Filmstadt Babelsberg*. Hg. Ralf Schenk und Christiane Mückenberger. Berlin: Henschel, 1994. 50–156.
Schenk, Ralf. „Indianer und Glatzköpfe. Der Regisseur Richard Groschopp". *film-dienst* 4 (1996). http://www.defa-stiftung.de/docs/attachments/9530fe73-d264-47e4-8539-873877f873ae/Indianer-und-Glatzkupfe.-Der-Regisseur-Richard-Groschopp-Ralf-Schenk.pdf (22.06.2015).
Schenk, Ralf, und Erika Richter. *apropos: Film. Das Jahrbuch der DEFA-Stiftung*. Berlin: Das Neue Berlin, 2000.
Schittly, Dagmar. *Zwischen Regie und Regime. Die Filmpolitik der SED im Spiegel der DEFA-Produktionen*. Berlin: Christoph Links, 2002.
Seidel, Falko. *Der Künstler im Staat. Die Lebenswelt der DDR in den Filmen des DEFA-Dokumentaristen Jürgen Böttcher*. Saarbrücken: VDM Verlag Dr. Müller, 2007.
Ulbricht, Walter. „Rede zum neuen Jugendgesetz". *Neues Deutschland* 1950.
Wasmund, Klaus. „Leitbilder und Aktionsformen Jugendlicher nach dem Zweiten Weltkrieg in Deutschland bis zu den 60er Jahren". *Jugendprotest und Generationenkonflikt in Europa im 20. Jahrhundert: Deutschland, England, Frankreich und Italien im Vergleich*. Hg. Dieter Dowe. Bonn: Verl. Neue Gesellschaft, 1986. 211–231.
Wiedemann, Dieter. „Der DEFA-Spielfilm für Jugendliche und der Jugendfilm in der Bundesrepublik Deutschland: jugendkulturelle Treffpunkte im Systemvergleich". *DEFA-Film als nationales Kulturerbe?* Hg. Klaus Finke. Berlin: VISTAS, 2001. 27–42.
Zimmermann, Hartmut (Hg.). *DDR-Handbuch*. Köln: Verlag Wissenschaft u. Politik, 1985. Digital: *Enzyklopädie der DDR*. Berlin: Directmedia Publishing.
Zinnecker, Jürgen. *Jugendkultur 1940–1985*. Opladen: Leske & Budrich, 1987.

Filme

Berlin Ecke Schönhauser. Regie: Gerhard Klein. DDR 1957. DVD: In der Kassette „Parallelwelt Film". Hg. von der Bundeszentrale für politische Bildung, Bonn 2007.
Die Glatzkopfbande. Regie: Richard Groschopp. DDR 1962. DVD: Icestorm Entertainment GmbH 1999.
Jahrgang 45. Regie: Jürgen Böttcher. DDR 1966/1990. DVD: Born in '45. A film by Jürgen Böttcher. German with English Subtitles. Firstrunfeatures/Icestorm Entertainment GmbH 2006.

Katja Pessl
In the Heat of the Sun – Freiheit, Sexualität und Leidenschaft

Filmische Erinnerungen an die Jugend während der Kulturrevolution

> Meine Geschichten spielen immer im Sommer. In der brütenden Hitze lassen die Leute mehr Haut sehen und können ihre Begierden nicht mehr so einfach unterdrücken. Damals, das war wie ein endloser Sommer und die Sonne ist immer herausgekommen, um uns zu begleiten. Sie war so strahlend und hell, dass uns schwarz vor den Augen wurde.[1] (Ma Xiaojun in *In the Heat of the Sun*. Jiang Wen 1995. 00:00:38–00:00:59)

In the Heat of the Sun spielt Mitte der 1970er Jahre in Peking und erzählt, basierend auf dem autobiografischen Roman *Wilde Biester* von Wang Shuo[2], über Ma Xiaojun und seine Erinnerung an die Jugendzeit während der Kulturrevolution. Ma Xiaojun und seine Freunde Liu Yiku, Liu Sitian, Da Mayi und Yang Gao sind damals um die 16 Jahre alt. Gemeinsam wachsen sie privilegiert in einem Wohnblock für Angehörige der Volksbefreiungsarmee auf. Während die Eltern in Armee- und Arbeitseinsätzen dienen und ältere Jugendliche aufs Land verschickt werden, bleiben die jungen Halbstarken die meiste Zeit sich selbst überlassen. Gemeinsam schlagen sie ihre Zeit tot und machen die Straßen unsicher. Während eines endlosen Sommers erleben die jungen Pekinger wilde Abenteuer und genießen ihr Leben. Voller Ideen von revolutionärem Wagemut, Heldentum und Romantik entdecken sie ihre aufblühende Sexualität und erproben ihre Liebeskraft.

Dieser sonnig strahlende Film steht in starkem Kontrast zur Erinnerung an die Kulturrevolution als dunkelste Zeit in der Geschichte Chinas und passt nicht

---

[1] Alle Filmzitate und Auszüge im vorliegenden Beitrag sind Übersetzungen der Verfasserin aus dem Chinesischen.
[2] Wang Shuo (geb. 1958) gilt als Begründer der Pizi- oder Hooligan-Literatur und ist seit den 1990er Jahren einer der erfolgreichsten Schriftsteller der VR China. Einige seiner teils autobiografischen Erzählungen und Romane über die rebellische städtische Jugend in Peking und ihr nonkonformistisches Leben sind bereits zu TV-Serien und Filmen verarbeitet worden. Seine provokative Sprache, das starke Pekinger Lokalkolorit und seine devianten Figuren machten ihn trotz des Widerstands des offiziellen Literaturbetriebs schnell zu einem erklärten Liebling des Publikums. *Wilde Biester* 动物凶猛 erschien im Jahr 1991, eine Übersetzung liegt bis heute nicht vor. Vgl. Mostow 2003, 602; Hermann 2010, 274; Klöpsch 2004, 219–220; Song 2013, 310; Barmé 1992.

in gängige Interpretationsmuster. Im vorliegenden Beitrag wird daher die Geschichte Ma Xiaojuns und seiner Freunde in den größeren Kontext des Erinnerns an die Kulturrevolution eingebettet. Insbesondere zwei Fragestellungen möchte ich näher betrachten: Inwiefern steht der sehr persönliche Film des Regisseurs Jiang Wen für eine neue Generation und ihre Erinnerungskultur hinsichtlich der Kulturrevolution? Welche Möglichkeiten haben Ma Xiaojun und seine Freunde, im revolutionären China Sexualität und Romantik zu entdecken, und wie erleben sie ihr Erwachsenwerden in einer Zeit politischer und sexueller Repression?

Strahlend sonnige Tage

In the Heat of the Sun[3] ist das Regiedebut des Schauspielers und Regisseurs Jiang Wen,[4] der heute zu den bekanntesten Filmstars der VR China zählt. Das semiautobiografische Werk ist eine Auseinandersetzung des Regisseurs mit den Erlebnissen seiner Jugendjahre im kulturrevolutionären China. Jiang Wen schrieb das Drehbuch für den Film, tritt als erwachsener Ma Xiaojun in Form des Erzählers und als Rolle im Abspann des Films in Erscheinung. Als Erstlingswerk ist der Film ein Projekt, das nicht durch materielle Einschränkungen, sondern akribische filmische Umsetzung gekennzeichnet ist. Unter anderem wurden die jungen Schauspielerinnen und Schauspieler über mehrere Monate hinweg unter kulturrevolutionären Bedingungen untergebracht und mit den Lebensbedingungen, der Musik, der Kultur und dem Alltag von damals vertraut gemacht. Kostüm und Szenenbild sind bis ins letzte Detail den Vorstellungen des Regisseurs nachempfunden, und der Verbrauch an Filmmaterial war so exzessiv, dass sich Jiang Wen mit diesem Film den Ruf als verschwenderischster Regisseur in der VR China einhandelte. (Jiang et al. 2005, 41, 46)

---

3 Der englische Titel des Films ist *In the Heat of the Sun*. Die Übersetzung des chinesischen Originaltitels würde jedoch *Strahlend sonnige Tage* lauten.
4 Jiang Wen (geb. 1963) ist Schauspieler, Regisseur und Drehbuchautor. 1984, nach seinem Studium an der Zentralen Theaterakademie in Peking, wurde er durch seine Rollen in Fernsehserien und Filmen, darunter *Hibiscus Town* (1984), *Red Sorghum* (1986), *Black Snow* (1990), *The Emperor's Shadow* (1996) und die TV-Serie *Ein Pekinger in New York* (1992), bekannt. *In the Heat of the Sun* (1994) ist sein vielbeachteter und erfolgreicher erster Film, seinen zweiten Film, *Devils on the Doorstep*, für den er den großen Preis des Filmfestivals von Cannes erhielt, produzierte er im Jahr 2000. Er führte Regie und schrieb das Drehbuch für die Filme *The Sun Also Rises* (2007) und *Let the Bullets Fly* (2010) und zeichnet verantwortlich als Regisseur der Filme *New York, I Love You* (2008) und *Gone with the Bullets* (2014). Vgl. Xiao und Zhang 2002, 203.

Während Jiang Wen für die Rollen von Ma Xiaojun und seinen Freunden unbekannte Darsteller auswählte, wurden für Ma Xiaojuns Eltern die bekannte Darstellerin Siqin Gaowa (geb. 1950) und der ebenso bekannte Wang Xueqi (geb. 1946) gewählt. Zwei kleine, aber für die Entstehung des Films bedeutsame Rollen spielen der Regisseur Feng Xiaogang[5] (Lehrer Hu) und der Autor Wang Shuo (Anführer einer Jugendgang). Feng Xiaogang, Wang Shuo und Jiang Wen sind prominente Akteure einer sich Anfang der 1990er Jahre in China entwickelnden Kulturindustrie und haben immer wieder erfolgreich für Fernsehen und Film zusammengearbeitet. Vernetzung, Erfolg und Reputation dieser Protagonisten ermöglichten es, den Film ausschließlich privat zu finanzieren und eine große PR-Kampagne für die Bewerbung des Films zu starten (Huot 2000, 60). Im Jahr 1995 war der Film einer der meistgesehenen und kommerziell erfolgreichsten Filme in der VR China (Braester 2011, 177).

Auf Filmfestivals weltweit, unter anderem in Venedig und Taipeh, wurde der Film ebenfalls positiv aufgenommen und prämiert. *In the Heat of the Sun* wird mittlerweile zu den Klassikern der chinesischen Filmgeschichte gezählt (Lu 2003, 273; Pan 2002, 358–359) und fällt durch seine Entstehung Anfang der 1990er Jahre in eine Zeit, die als prägend für die sogenannte sechste Generation[6] der chinesischen Filmemacherinnen und Filmemacher gesehen wird. Während andere Filme[7] vor allem die Leiden und Beschwernisse der Landverschickung und des

---

5 Feng Xiaogang (geb. 1958) ist einer der erfolgreichsten Regisseure und Schauspieler aus der VR China und wird unter anderem auch als chinesischer Spielberg bezeichnet. Zu seinen bekannteren Werken zählen unter anderem: *A World Without Thieves* (2004), *If You Are the One* (2009), *Aftershock* (2009), *Personal Tailor* (2013), *Mr. Six* (2016).
6 Die chinesische Filmgeschichte wird seit etwa Mitte der 1980er Jahre in Generationen eingeteilt. Regisseure, die zur gleichen Zeit ausgebildet wurden, deren Filme durch charakteristische Themen und Inhalte, aber auch visuelle Gestaltung und verwendete Technik gekennzeichnet sind, werden jeweils einer Generation zugerechnet. Die fünfte Generation von Filmemachern (u. a. Chen Kaige, Zhang Yimou) etablierte chinesische Filme (*Das rote Kornfeld*, *Die gelbe Erde* u. a.) als avantgardistische Filme und historische Allegorien ab Mitte der 1980er Jahre international, und auf sie folgte zu Beginn der 1990er Jahre die sechste Generation, deren Reputation auf unabhängigen Produktionen (außerhalb des Studiosystems) und der Darstellung von Außenseitern und individuellen Schicksalen im städtischen China der Reformzeit beruht. Während das Generationen-Narrativ eng an staatspolitische Entwicklungen gekoppelt ist und versucht, die einzelnen Gruppierungen deutlich voneinander abzugrenzen, gibt es auch Kontinuitäten, die transgenerational auf ästhetischer, künstlerischer, politischer und inhaltlicher Ebene in Erscheinung treten (Zhang 2012). Bis heute hat sich keine siebte Generation klar definiert und abgegrenzt, was darauf hindeuten könnte, dass die Generationengeschichte chinesischer Filme sich unter neuen gesellschaftlichen Bedingungen auch anderen, komplexeren Erzählsträngen öffnet.
7 Unter anderem die Filme *Hibiscus Town*, Xie Jin (1983), *Sacrificed Youth*, Zhang Nuanxing (1985), *Army Nurse*, Li Xiaojun , Hu Mei (1985), *King of the Children*, Chen Kaige (1987), *Blue Kite*,

auch offiziell so bezeichneten *10-jährigen Chaos*[8] der Kulturrevolution beschreiben, erscheint *In the Heat of the Sun* wie eine in sonniges Licht getauchte Erzählung, ein großes und sinnliches Abenteuer. Nur am Rande spielen die politischen und gesellschaftlichen Umwälzungen der Kulturrevolution eine Rolle. Im Vordergrund steht die individuelle Erinnerung an eine Jugend auf der Sonnenseite des Lebens. Die Kulturrevolution als politischer Aufruhr und Chaos tritt neben der individuellen Auseinandersetzung mit Sexualität, Freundschaft und persönlicher Identität in den Hintergrund. Der Autor Wang Shuo und der Regisseur Jiang Wen haben in ihrer Kindheit ähnliche Erfahrungen gemacht. Sie sind beide, wie Hauptprotagonist Ma Xiaojun, in einem Wohnviertel für Angehörige der Volksbefreiungsarmee in Peking groß geworden und haben viel Zeit mit anderen Kindern aus dem Wohnblock verbracht. *Wilde Biester* war für Jiang Wen eine Zeitreise, die ihn in seine eigene Jugend zurückversetzte. Das Drehbuch zum Film entstand in wenigen Tagen und sollte die Welt von damals, die Gefühle des Erwachsenwerdens, die Freundschaften untereinander, die ersten Erfahrungen in der Liebe, das gesellschaftliche Leben, Musik, Film und Architektur wieder auferstehen lassen (Jiang et al. 2005, 19). Dass der Film zur Zeit der Kulturrevolution spielt, habe, so der Regisseur, vor allem damit zu tun, dass er und Wang Shuo eben zu dieser Zeit erwachsen wurden. Für den Regisseur ist sein Erstlingswerk daher nicht primär ein Film über die Kulturrevolution, sondern ein Film über das Erwachsenwerden und über die Entwicklung vom Kind zum Mann. (Jiang et al. 2005, 19)

Die Erinnerungen an die Jugend sind im Film mit strahlendem Sonnenschein verbunden, und auch die Protagonisten des Films sind in fast allen Sequenzen des Films in helles Sonnenlicht getaucht. Als zentrales Element des Films steht die Sonne für die unbekümmerte und fröhliche Zeit der Jugend. Als politische Metapher steht sie für die aufgehende Sonne, den Steuermann des nationalen Schicksals, Mao Zedong. Doch gleichzeitig erzeugen die Sonnenstrahlen Distanz zur Wirklichkeit und tauchen die Vergangenheit in traumgleiches, nostalgisches Licht. Selbst der erwachsene Ma Xiaojun als Erzähler der Geschichte ist sich nicht

---

Tian Zhuangzhuang (1993), *To Live*, Zhang Yimou (1994), *Xiu Xiu*, Chen Joan (1998), *Sunflower*, Zhang Yang (2005), *11 Flowers*, Wang Xiaoshuai (2011), *Coming Home*, Zhang Yimou (2014).

8 Das sechste Plenum des 11. Zentralkomitees der Kommunistischen Partei Chinas verabschiedete 1981 die ‚Resolution über einige Fragen zur Geschichte der KP Chinas seit 1949', in der die wichtigsten Ereignisse seit der Gründung der VR China 1949 festgeschrieben und in ein historisches Narrativ eingepasst werden, welches das Chaos der Kulturrevolution und die dafür zur Verantwortung gezogene ‚Viererbande' verurteilt und damit die Kulturrevolution (1966–1976) abschließt. Vgl. Schoenhals 1996.

sicher, was in seiner Erinnerung tatsächlich geschehen ist und was seiner Phantasie entspringt.

Erinnerungen an das sozialistische China

> Peking hat sich rasant verändert. In nur 20 Jahren ist es zu einer modernen Stadt geworden. Nichts ist mehr so wie in meiner Erinnerung. Diese Veränderung hat meine Erinnerung ausgelöscht. Ich kann nicht mehr sagen, was Phantasie und was Realität ist.
> (*In the Heat of the Sun*. Jiang Wen. 1995. 00:00:13–00:00:34)

In the Heat of the Sun ist ein Film über die Erinnerung an die Jugendzeit. Erzählt wird die Geschichte aus der Perspektive der Hauptfigur Ma Xiaojun. In seiner Erzählung jedoch verschwimmen die Ereignisse; Fakt und Fiktion werden eins, die Erlebnisse sind getragen von Gefühlen und verschmelzen mit den libidinösen Träumen des Protagonisten und den heroischen Erzählungen des sozialistischen Chinas. Erinnerung ist in *In the Heat of the Sun* nichts Statisches, sondern subjektiv und transformativ. Sie wird hinterfragt und ständig neu geschrieben, auch die Zuschauer werden dazu herausgefordert, Erinnerungsbilder neu zu entwerfen und dem Erzähler und seinem lückenhaften Gedächtnis nicht zu trauen.

Die erste Szene beginnt mit einer Einstellung, die strahlenden blauen Himmel zeigt und langsam auf die erhobene Hand und dann auf den Oberkörper einer großen Mao-Statue hinunterschwenkt. Es wird eine Abschiedsfeierlichkeit anlässlich eines Einsatzes der Soldaten der Volksbefreiungsarmee gezeigt. Im Film setzt Musik ein, der Titel *Vorsitzender Mao – Die revolutionären Kämpfer wünschen Dir ein langes Leben*[9] wird gespielt und die Soldaten besteigen Lastkraftwagen, in denen sie zum Flugplatz gebracht werden.

> Der revolutionäre Sturm ist entbrannt, in den Herzen der Kämpfer strahlt die aufgehende Sonne. Oh Vorsitzender Mao, Vorsitzender Mao, unsere Herzen öffnen sich Dir ganz und gar. Deine großen Gedanken sind wie Regen und Sonne, sie nähren und stärken uns. Deine revolutionäre Linie ist wie ein strahlender Leuchtturm, der uns den Weg zum Sieg weisen wird. (Auszug aus *Vorsitzender Mao – Die revolutionären Kämpfer wünschen Dir ein langes Leben*. *In the Heat of the Sun*. Jiang Wen. 1995. 00:01:09 – 00:04:05)

---

9 *Vorsitzender Mao – Die revolutionären Kämpfer wünschen Dir ein langes Leben* zählt, wie viele andere Titel der Filmmusik, zu den Klassikern der ‚Roten Lieder'. Vom revolutionären Kampf, der Verehrung von Partei und Mao Zedong erzählend, werden sie bis heute neu interpretiert und gesungen. Sie sind wichtiger Bestandteil der kollektiven Erinnerung an das sozialistische China unter Mao. Vgl. Bandursky 2011; Steen 2013; Mittler 2012.

Auch Ma Xiaojun möchte ein revolutionärer Held sein, der für die junge Nation kämpft. Als sein Vater Ende der 1960er Jahre zu einem Militäreinsatz geschickt wird, ist Ma Xiaojun noch ein Kind. Voller martialischen Stolzes träumt er von einem starken China, das die USA und die UdSSR besiegen würde.

> Ich war felsenfest überzeugt, dass in einem erneuten Weltkrieg die Volksbefreiungsarmee Chinas mit eiserner Faust die amerikanischen und sowjetischen Armeen schlagen und ihre Kriegsmaschinen zerschmettern würde. Aus diesem Krieg würde ein weltbekannter Held hervorgehen, das würde dann natürlich ich sein.
> (*In the Heat of the Sun*. Jiang Wen.1995. 00:02:14–00:02:31)

Doch schon kurz darauf ist Ma Xiaojun wieder zu Hause im Wohnviertel, nationale Fragen sind vergessen und die Freude über die alltägliche Freiheit steht im Vordergrund. Endlich ist auch er eines jener Kinder, deren Eltern auswärts arbeiten. Der Fokus seiner Aufmerksamkeit ist nicht mehr die Nation, sondern sind drei Mädchen, die in einem lichtdurchfluteten Klassenzimmer einen Tanz zu Ehren Maos einstudieren. Ma Xiaojun beobachtet die Mädchen, doch sein Genuss wird gestört. Ein Ziegelstein fliegt durch die Scheibe, und seine Kameraden grölen einen ordinären Singsang. Marschmusik setzt ein und Ma Xiaojun läuft mit einem Stock bewaffnet seinen Freunden durch das Wohnviertel hinterher.

Nun wird auch deutlich, welchen Ort Mas ‚Heldentum' zur Verwirklichung hat. Er und seine Freunde sind die ‚Helden' des Wohnviertels und der Straßen. Sie werfen ihre Schultaschen in den sonnendurchfluteten blauen Himmel, um zu sehen, wer sie am höchsten werfen kann. Ma Xiaojun fängt seine Tasche und ist ein Teenager geworden, der nicht mehr zu Fuß durchs Viertel laufen muss, sondern auf seinem Fliegende-Schwalbe-Fahrrad[10] gemeinsam mit seinen Freunden die Straßen unsicher macht und seiner ersten Liebe begegnet. Erzählt aus der Perspektive des erwachsenen Ma Xiaojun ist diese Erinnerung aufregend und strahlend schön, und so wirbt der Film auch auf Postern und anderen Werbeprodukten mit dieser neuen provokativen Perspektive auf die Kulturrevolution um Zuschauerinnen und Zuschauer.

> Der Sommer damals, für unzählige Chinesen war es die finsterste Zeit ihres Lebens, jedoch für diese Jugendlichen waren jene sonnigen Tage die beste Zeit ihres Lebens.
> (Jiang Wen et al. 2005)

---

10 Fliegende Schwalbe ist der Name eine Fahrradmarke, die in der VR China seit 1950 produziert wird und sich heute weltweit wachsender Beliebtheit erfreut.

Wie kommt es, dass eine Zeit, die in der Geschichtsschreibung als Katastrophe und 10-jähriges Chaos gilt, als in Sonnenlicht getauchte Erinnerung an die aufregenden Abenteuer der städtischen Jugend in Erscheinung tritt? Wie kann der Film innerhalb der kollektiven Erinnerung an die Kulturrevolution eingeordnet werden? Um diese Zusammenhänge besser zu verstehen, bietet es sich an, den Film als Teil eines kollektiven Traumaprozesses (Weigelin-Schwiedrzik 2009) und einer gesellschaftlichen Auseinandersetzung über die Interpretation der Kulturrevolution zu behandeln. Während der Film als nostalgisch verklärte Erinnerung einerseits (Zhang 2004; Barmé 1999) und Kritik am Maoismus und der Partei andererseits (Braester 2003; Silbergeld 2008) interpretiert wurde, eröffnet diese dritte Perspektive eine Einordnung in den größeren Kontext der kollektiven Identitätsbildung und der Aufarbeitung des Traumas der Kulturrevolution.

Der Film widersetzt sich Erinnerungsmustern, die – getragen von Intellektuellen und Kadern – schmerzhafte Erfahrungen, Leiden und erlittene Qualen der Kulturrevolution zum Inhalt haben. Während die *verlorene Generation* der landverschickten Jugend nach der Kulturrevolution diese schmerzhaften Erinnerungen teilte, entstand in den 1990er Jahren eine neue Erinnerungskultur (Yang 2005, 15). Geprägt von den Erfahrungen der Rotgardisten und einfacher Leute wurden Themen wie Romantik, Sehnsucht, Spaß und Sexualität Teil der Erinnerung an die Kulturrevolution (Yang 2003, 270–271). Emily Honig (2003, 143) erklärt dieses Phänomen mit dem Begriff „Sexing of the Cultural Revolution". Durch die veränderten gesellschaftlichen Bedingungen in den 1990er Jahren wurde Sexualität erstmals Thema öffentlicher Diskussionen und in Literatur, Film und Presse, aber auch in der Forschung intensiv behandelt. Die Debatten der 1990er Jahre wurden in die Geschichte der Kulturrevolution eingeschrieben. Diese neue Erinnerungskultur ist auch ein Produkt kommerzialisierten Kulturschaffens unter marktwirtschaftlichen Bedingungen. So kann der nostalgische Blick auf die Vergangenheit als kritische Antwort auf die neuen gesellschaftlichen Bedingungen und rasanten Veränderungen in der Marktwirtschaft verstanden werden (Yang 2005, 16).

In the Heat of the Sun erzählt nicht nur über die Vergangenheit, sondern nimmt Stellung zu einer Gegenwart, die den sonnigen Tagen der Jugend als farb- und kraftloser Abspann des Films in Schwarz-Weiß gegenübersteht. Die erwachsenen Protagonisten treffen sich in der letzten Szene des Films nach langer Zeit in Peking wieder und fahren in einer Stretchlimousine durch die vom Autoverkehr geprägten Straßen der Stadt. In der Fahrerkabine pendelt ein Mao-Anhänger, die ehemals Halbstarken sind arrivierte Männer geworden, tragen schwarze Anzüge anstatt ausgebleichter Militärhemden und trinken XO-Cognac. Sie scheinen auch im post-maoistischen China zu einer erfolgreichen Elite zu zählen, doch der strahlende Sonnenschein, die Aufbruchsstimmung und die Leidenschaft der Jugend haben sie verlassen.

Die erste und letzte Szene des Films dauern jeweils nur wenige Minuten, bilden jedoch den Rahmen, der Ma Xiaojuns traumgleich verklärte Jugendzeit einfasst. Während er als kleiner Junge noch an die Revolution und die sozialistische Vision glaubt, sind ihm als Teenager die täglichen Abenteuer und Entdeckungstouren in den Straßen des Viertels und seine Freunde wichtiger. Als Erwachsener wirkt Ma Xiaojun saturiert und gelangweilt, das Versprechen, reich zu werden, hat sich erfüllt, doch selbst teure Import-Produkte und Luxus können die Leidenschaft der Jugend nicht wiederbringen. Seine Erinnerung an die Vergangenheit wird durch die Gegenwart, das Peking der frühen 1990er Jahre, beeinflusst.

Doch genau diese Erinnerung ist es, die ihn im Film im Stich lässt. Bereits in den ersten Minuten des Films erklärt uns der Erzähler, dass seine Erinnerung brüchig und unzuverlässig ist. Im Laufe des Films wird das Publikum immer wieder vor die Frage gestellt, ob die Geschichten Ma Xiaojuns tatsächlich passiert oder reine Erfindung sind.

Wie Weigelin-Schwiedrzik (2009) darlegt, ist der Prozess der kollektiven Aufarbeitung des kulturrevolutionären Traumas eine Auseinandersetzung zwischen verschiedenen konkurrierenden Erinnerungen. Die 1990er Jahre und der Zeitpunkt der Veröffentlichung des Films (1995) sind insofern von Bedeutung, als neue Erinnerungen Teil dieses Prozesses wurden, in denen jene, „die sich als Opfer der Kulturrevolution sahen, mit Horror feststellten, dass eine nostalgische Neuinterpretation ein Konter-Narrativ zur Idee der ‚absoluten Verneinung' der Kulturrevolution hervorbrachte."[11] (Weigelin-Schwiedrzik 2009, 39)

Die unzuverlässige Erinnerung des Erzählers Ma Xiaojun ist daher nicht nur narratives Element innerhalb des Films, sondern Ausdruck einer gesellschaftlichen Auseinandersetzung um eine neue kollektive Identität, in der individuelle Erinnerungen kontinuierlich hinterfragt und neu definiert werden. Anstatt die Erinnerung als verlässliche Geschichte zu erzählen, bricht der Film mit ihr, konstruiert sie ständig neu und bringt das historische Subjekt zwischen nationaler Geschichte, persönlicher Erinnerung und subjektiver Erzählung (Wang 2014, 56) zum Vorschein.

Ma Xiaojuns Hobby ist es, mit nachgebauten Schlüsseln Schlösser zu knacken und in die Privatsphäre anderer Personen einzudringen. Zuhause durchwühlt er die Schubladen seiner Eltern, im Wohnviertel dringt er in fremde Wohnungen ein, durchsucht sie und hängt dort seinen Gedanken nach. Seine

---

11 Übersetzung der Verfasserin aus dem englischen Originaltext.

Abenteuer sind für ihn ein aufregender Genuss, ein Nervenkitzel, dessen heroisches Gefühl er mit dem Angriff der Roten Armee auf Berlin vergleicht. Auf einer seiner Touren dringt er in eine sonnendurchflutete Wohnung ein und entdeckt dort im Schlafzimmer die Aufnahme eines Mädchens. Er verliebt sich in das Mädchen auf der Farbfotografie und blickt wie gebannt auf das von Sonnenlicht eingerahmte Bild. Es ist ein Portrait Mi Lans, die vor blauem Himmel in einem roten Badeanzug gezeigt wird und in dieser Darstellung wie das strahlend sonnige Konterfei Mao Zedongs (Braester 2001, 361) wirkt.

In einer späteren Szene, Ma Xiaojun und Mi Lan sind bereits befreundet und verbringen viel Zeit miteinander, fragt er sie in ihrer Wohnung nach dem Farbfoto. Sie beteuert, es gebe das Farbfoto nicht, und tatsächlich ist in ihrem Fotoalbum nur ein schwarz-weißes Foto zu finden. In diesem Moment beginnt der Erzähler an seiner Erinnerung zu zweifeln und äußert die Möglichkeit, dass nichts von alledem wirklich passiert und die Phantasie mit ihm durchgegangen sein könnte.

> Ich habe ihr erzählt, dass ich Schlüssel nachmachen und Schlösser knacken kann. Dass ich in ihre Wohnung eingebrochen bin, ihr Fernglas benutzt und ihr Farbfoto gesehen habe. Sie hat nur gesagt: „Wirklich?" Manchmal ist sie während meiner Erzählungen eingeschlafen und hat sich dabei unwissentlich ein wenig entblößt. Ich habe versucht, nicht auf ihren Körper zu starren, aber in meinem Kopf spielten die Gedanken verrückt.
> Langsam, da stimmt etwas nicht mit meinem Gedächtnis, Realität und Fakten vermischen sich. Wahrscheinlich ist sie gar nie vor mir eingeschlafen und wahrscheinlich hat sie mich gar nie so angesehen ... Wie sind dann aber ihr intensiver Blick und ihre schlafende Silhouette in meinen Kopf geraten?
> (*In the Heat of the Sun*. Jiang Wen. 1995. 01:09:23–01:01:10:02)

Diese Form der filmischen Erzählung und die Erkundung historischer Subjektivität als Teil des Prozesses der Geschichtsbildung bezeichnet Wang (2014) als „personal filmmaking". Zwischen sozialistischer Vergangenheit und postsozialistischer Gegenwart setzten sich die jungen Filmemacher der 1990er Jahre mit ihrer eigenen Vergangenheit auseinander und bearbeiteten die komplexen Verbindungen zwischen historischem Narrativ, persönlicher Erinnerung und subjektiver Erzählung. (Wang 2014, 56)

Der Erzähler im Film versucht, die Erinnerung zu kitten und eine Geschichte zu erzählen, doch je länger der Film dauert, desto schwerer fällt es ihm, die Erzählung aufrecht zu erhalten. Zuerst sind es nur kleinere Zweifel, die der Erzähler an der Wahrheit seiner Geschichte äußert. Er sieht ein Farbfoto, das es nicht gegeben hat, er bezeichnet Mi Lan als geisterhafte Erscheinung und stellt fest, dass Details seiner Erzählung nicht stimmen können. Im letzten Teil des Films bricht die Erzählung auseinander und der Erzähler wendet sich an das Publikum, um es direkt anzusprechen und davor zu warnen, die Geschichte für bare Münze zu nehmen.

Ma Xiaojun und Liu Yiku haben am selben Tag Geburtstag. Die Freunde verabreden sich im Restaurant *Moskau*[12], doch Ma Xiaojun ist nicht in der Laune für ein geselliges Beisammensein. Sein Großvater mütterlicherseits, in der Kulturrevolution als Rechtsabweichler und ‚schlechtes Element' gebrandmarkt, hat Suizid begangen. Als Mas Familie vom Wohnort des Großvaters nach Peking zurückkehrt ist, muss Ma Xiaojun feststellen, dass Mi Lan nun die Freundin von Liu Yiku ist, dem Ältesten und Erfahrensten in der Gruppe. Im Restaurant provoziert Ma Xiaojun einen Streit, beleidigt Mi Lan und fordert Liu Yiku zum Kampf heraus. Ma Xiaojun und Liu Yiku ohrfeigen sich vor dem Hintergrund eines großen Mao-Wandbildes, bis Ma Xiaojun einen Flaschenhals abbricht und damit auf Liu Yiku einsticht. Immer wieder sticht er zu, doch nichts passiert, Kleidung und Körper Liu Yikus sind unversehrt. Dieses Bild bleibt im Film stehen, und dann wird die Szene in Zeitlupe zurückgespult, bis sich die Weinflasche wieder zusammensetzt. Der Erzähler erklärt, dass er niemals so wagemutig gewesen sei und dass nichts Derartiges stattgefunden habe. In Wirklichkeit sei es ein schöner und lustiger Geburtstagsabend gewesen. Anschließend wird die Szene der Geburtstagsfeier als fröhliches Beisammensein im Restaurant gemeinsam mit den beiden Mädchen Mi Lan und Yu Beipei noch einmal gezeigt.

> Haha ... glaubt nichts davon. Ich war überhaupt nicht so mutig und heldenhaft. Ich habe mir immer wieder geschworen, die Wahrheit zu erzählen, aber so groß mein Wunsch, die Wahrheit zu erzählen, auch war, so groß waren auch die Hindernisse und ich musste besorgt feststellen, dass ich nie wieder zur Wahrheit zurückfinden würde.
> (*In the Heat of the Sun*. Jiang Wen. 1995. 01:51:58–01:52:19)

Der Erzähler hat die Kontrolle über seine eigene Geschichte verloren. Ob er Mi Lan überhaupt gekannt hat, kann er nicht mehr sagen, auch nicht, ob sie das Mädchen auf dem Foto war. Er vermutet sogar, dass es Mi Lan nie gegeben und er sie mit Yu Beipei verwechselt haben könnte. Es regnet zum ersten Mal im Film und Ma Xiaojun fährt nach dem Abend im Restaurant alleine durch den strömenden Regen nach Hause.

An einem der nächsten Tage rast er mit dem Fahrrad zu Mi Lans Wohnung, stürzt barfuß die Treppen hinauf und versucht, Mi Lan zu vergewaltigen. Auf dem Bett kommt es zu einem Gerangel, doch Mi Lan ist stärker als Ma Xiaojun, überwältigt ihn und gibt ihm ein paar Ohrfeigen. Verzweifelt läuft Ma Xiaojun davon

---

12 Das Restaurant *Moskau* wurde 1954 gegründet und befindet sich bis heute im Nordwesten der Stadt in der Nähe der Ausstellungshalle Peking.

und fährt barfuß mit dem Fahrrad durch die Straßen. Er kann zwar mit seinen Schlüsseln Türen und Schlösser knacken und in die Privatsphäre anderer eindringen, doch Mi Lan bleibt ihm verschlossen und er kann mit seinem Gewaltakt nichts erreichen.

Nach Ma Xiaojuns Angriff auf Mi Lan endet ihre Freundschaft, und auch die anderen Freunde beginnen, ihn zu meiden. Traurig und isoliert verbringt er seine Tage. In einer letzten Szene im Freibad springt er vom 10-Meter-Turm und treibt, von seinen Freunden weggestoßen, alleine in der Mitte des Beckens. Was Ma Xiaojun schmerzhaft erlebt, bezeichnet Wang (2014) als Prozess der Wiedergeburt und der Herausbildung eines selbstbewussten historischen Subjekts. Ma Xiaojun ist isoliert von seinen Freunden und verzweifelt, aber erst dadurch kann er erwachsen werden und die Differenz zwischen seinen sonnigen Tagen mit den Freunden und den größeren historischen Bedingungen der Kulturrevolution erkennen. Vom Sprungturm stürzt er sich in die Tiefe der Erinnerung und kann seine Erzählung nicht mehr aufrechterhalten; er tritt durch diese Symbolik von Geburt, Wiedergeburt, Isolation und Freiheit (Wang 2014, 84) aus seiner Geschichte heraus und taucht ein in die Auseinandersetzung über die Kulturrevolution. Wie Weigelin-Schwiedrzik (2009) darlegt, wird die Geschichte der Kulturrevolution immer wieder neu verhandelt, und das nicht erst seit ihrem offiziellen Ende 1976, sondern bereits seit Beginn der Kampagne in den 1960er Jahren. Teil dieser Auseinandersetzung sind nicht nur verschiedene Erinnerungsgruppen in der VR China, sondern die Erarbeitung der kollektiven Erinnerung geht über die Landesgrenzen hinaus. Aus dieser Perspektive der Vergangenheitsbewältigung wird ersichtlich, warum der Film von verschiedenen Gruppen so gegensätzlich verstanden und interpretiert wurde. Es geht nicht um den Film an sich, sondern um eine Auseinandersetzung über die Interpretation der Kulturrevolution, in einem Trauma-Prozess, der noch nicht zu einem Ende gekommen ist. (Weigelin-Schwiedrzik 2009, 39)

Revolution und Sexualität

In the Heat of the Sun ist eine Erinnerung an die Teenagerjahre, den Übergang vom Kind zum Erwachsenen. Als pubertierende junge Männer entdecken Ma Xiaojun und seine Freunde ihr wachsendes sexuelles Interesse und erleben erste romantische Gefühle. Wie Honig (2003) zeigt, bringt die Kulturrevolution neue, große Freiheiten, die den Jugendlichen romantische Abenteuer und sexuelle Erfahrungen ermöglichen, welche zuvor nicht denkbar gewesen wären. Beziehungen und vorehelicher Geschlechtsverkehr waren sowohl für die landverschickte

Jugend als auch für die in den Städten Gebliebenen nichts besonders Ungewöhnliches. Gleichzeitig wurden viele – besonders Frauen – Opfer sexueller Diskriminierung und Gewalt. Politische Angriffe auf die sogenannten ‚schlechten Elemente' in der Gesellschaft wurden in Verbindung mit sexuellen Anschuldigungen gebracht und ‚unmoralisches Verhalten' insbesondere von den Roten Garden heftig kritisiert. (Honig 2003, 149, 155)

Da in Literatur und Forschung bisher stärkeres Gewicht auf die Erfahrungen der landverschickten Jugend gelegt und sie sogar teilweise als repräsentativ für die Gesamtheit der jungen Leute (Honig 2003, 166) gesehen wurden, sind die Erfahrungen und konkreten Bedingungen sexuellen Erlebens der jungen Städter aus dem Fokus gerückt. *In the Heat of the Sun* erzählt genau von diesen jungen Städtern, Schülern, die nicht aufs Land verschickt wurden, oder jungen Arbeiterinnen und Arbeitern, die in städtischen Betrieben arbeiteten. In den Städten bildeten sich Schülergruppen und Banden, die ihre Territorien in den Wohnvierteln und Straßen fanden (Schoenhals 1996, 176–180; Honig 2003, 169–170). Ma Xiaojun und seine Freunde verstehen sich ebenfalls als Gang, sie haben ihr eigenes Territorium und improvisierte Waffen und liefern sich Straßenschlachten mit gegnerischen Banden. Mädchen sind auch Teil von Ma Xiaojuns Gruppe, jedoch nicht als Mitglieder, sondern vornehmlich als Objekte romantischen Interesses und sexuellen Begehrens. Als eines der Mädchen in der Gruppe ist Yu Beipei Genossin und Ziel romantischen Begehrens zugleich. Sie wohnt ebenfalls im Wohnviertel und arbeitet in einem landwirtschaftlichen Betrieb außerhalb der Stadt. Eines Abends trifft sich die Gruppe in der Lagerhalle des Wohnviertels und als Ma Xiaojun zur Tür hereinkommt, küsst Yu Beipei ihn. Er wehrt sich und läuft davon, doch die anderen Jungen halten ihn fest und Yu Beipei küsst ihn immer wieder. Als sie von ihm ablassen, wischt er sich beschämt den roten Lippenstift von den Wangen. Abrupt setzt die nächste Szene ein. Kinder und Jugendliche vollführen entlang der Straße einen Massentanz, um einen hohen diplomatischen Gast zu begrüßen. Auch Ma Xiaojun ist darunter, steht wie die anderen am Straßenrand, hat rot geschminkte Püppchenwangen und schwenkt bunte Bänder. Die verschmierte rote Farbe des Lippenstifts und die roten Kreise auf den Wangen der tanzenden Kinder werden im Film durch einen Schnitt voneinander getrennt, doch eines vereint die Bilder – die rote Farbe auf Ma Xiaojuns Wangen, mit der er sich in keiner der beiden Situationen wohl zu fühlen scheint. Weder weiß er mit den sexuellen Avancen Yu Beipeis umzugehen, noch scheint er den Tanz ernst zu nehmen und sich für ihn begeistern zu können. Seine roten Wangen kommen ihm in beiden Fällen lächerlich vor.

Stärke und Sicherheit verleiht ihm jedoch die Gruppe aus jungen Männern, mit der er sich in den Straßen herumtreibt und territoriale Kämpfe liefert. Dass

Yu Beipei nicht als ebenbürtige Genossin zur Gruppe zählt, muss sie erfahren, als sie zurückgelassen wird und die Freunde ohne sie losziehen, um sich an einer rivalisierenden Gang zu rächen. In einer perfekt choreografierten, fast opernhaften Kampfszene, in deren Hintergrund die *Internationale* läuft, tut sich Ma Xiaojun besonders hervor und schlägt mehrfach auf den Kopf eines Kontrahenten ein, der blutend und ohnmächtig zu Boden sinkt. Später am Abend, als sie wieder zurück im Wohnviertel sind und im Duschraum über ihre zur Schau gestellte Stärke in der Prügelei prahlen, stellt sich heraus, dass sie möglicherweise die falsche Person erwischt haben könnten. In diesem Moment kommt Yu Beipei in den Waschraum und macht sich über die nackten Halbwüchsigen lustig. Ma Xiaojun und seine Freunde, die gerade noch mit ihrem erfolgreichen Kampf und ihrem heldenhaften Verhalten geprahlt haben, genieren sich nun. Sie verstecken sich hinter einer Säule und bespritzen Yu Beipei mit dem Wasserschlauch. Als sie weg ist, wird offensichtlich, dass Yang Gao eine Erektion hat. Die Gruppe beginnt, sich über ihn lustig zu machen. Doch bald greift der Gruppenälteste ein (Liu Yiku, der bereits in der Armee dient) und beschimpft und schlägt Yang Gao. Die anderen entfernen sich und überlassen Yang Gao dem Hohn und den Schlägen Liu Yikus.

Durch die *Internationale* und die Choreografie wird der Bandenkrieg, den sich die jungen Männer liefern, zwar ästhetisch in den historischen Kontext einer Revolution gesetzt, verliert jedoch gleichzeitig die Ernsthaftigkeit und Bedeutsamkeit, mit der die jungen Männer am Abend in den Kampf ziehen. Die Aktion ist zwar brutal, wirkt aber gleichzeitig lächerlich, vor allem, als sich später herausstellt, dass sie die falsche Person schwer verletzt haben, sie sich im Duschraum ihrer Nacktheit schämen und Yang Gao für seinen sexuellen Kontrollverlust gedemütigt wird. Die jungen Männer stehen, wie Larson (2009) in ihrem Buchkapitel *Extracting the Revolutionary Spirit* darlegt, in ihrem alltäglichen Gefühlsleben zwar noch unter dem Einfluss der Ästhetik revolutionärer Kultur, haben sich jedoch von revolutionärer Ideologie und revolutionären Idealen distanziert. Mit den fiktionalen Helden der Mao-Ära haben sie nichts gemein, sie sind Herumtreiber und Taugenichtse. Gleichwohl verkörpern sie in ihrer Furchtlosigkeit, ihrem Drang nach ‚Heldentaten' und ihrer Zielstrebigkeit einen revolutionären Romantizismus, der von seiner Vergangenheit losgelöst in einem neuen Kontext existiert. (Larson 2009, 159–161)

Ma Xiaojun erkennt den Alltag hinter der Revolution und sieht, dass sie nicht ausschließlich Hingabe an höhere gesellschaftliche Ziele bedeutet. Er hat in der Schublade seines Vaters neben militärischen Auszeichnungen und Kampfmessern ein Kondom gefunden und weiß, dass Sexualität für die Erwachsenen auch im revolutionären Alltag eine Rolle spielt. Diese Erkenntnis wird am Abend der öffentlichen Filmvorführung von *Lenin im Jahr 1918*[13] humorvoll bestätigt, als Parteikadern im Kinosaal zur internen Begutachtung parallel ein verbotener Film mit römischen Kämpfern und leicht bekleideten Damen gezeigt wird. Er und seine Freunde haben sich in den Kinosaal eingeschlichen, werden jedoch entdeckt und mitsamt den anwesenden Erwachsenen hinausgeworfen. Zurück bleiben in den ersten Reihen einige ältere Kader sowie ihre teils sehr jungen Begleiterinnen.

Welchen Einfluss insbesondere Film und Theater auf das sexuelle Empfinden der Jugendlichen hatten, verdeutlicht der Film *Das Rote Frauenbataillon*[14]. Als revolutionäre Modelloper war das Ballett einer der wenigen Filme, die während der Kulturrevolution gezeigt wurden. Und obwohl in den kulturrevolutionären Filmen zwischen den Geschlechtern Kameradschaft und heldenhafter Einsatz, aber keine Romanze vorgesehen war, wirkten die Filme für die Jugend sexuell anziehend. Dadurch, dass dieselben Filme immer wieder gezeigt wurden und die Vorführungen öffentlich im Wohnviertel oder im Dorf stattfanden, konnte zwischen dem Publikum und den Filmen eine enge emotionale Bindung entstehen (Xu 2013, 270), die bis heute fortbesteht. Revolutionäres Heldentum ist für Ma Xiaojun Ausdruck sexuellen Begehrens, und jedes Mal, wenn er Mi Lan beeindrucken möchte, erdichtet oder inszeniert er Szenen aus heroischen Filmen. Als die Jugendlichen im Hof sitzen, proklamiert Ma Xiaojun in den Himmel, über die Wolken, nach Leningrad und in den Kreml fliegen zu wollen. Um Mi Lan zu beeindrucken, stacheln sich die jungen Männer gegenseitig dazu an, anstatt in den Himmel zu fliegen auf das höchste Gebäude im Hof, einen alten Fabrikschlot, zu klettern. Ma nimmt die Herausforderung an und klettert auf den Turm. Hoch oben angekommen wirft er mit seinen Schuhen nach den anderen und beginnt lauthals das *Lied der Guerilla* aus dem anti-japanischen Widerstandskrieg zu singen.

---

13 Unter den etwa siebzig Filmen, die während der Kulturrevolution (1966–1976) veröffentlicht wurden, war circa die Hälfte aus dem Ausland, vor allem aus Nordkorea, Albanien, Nord-Vietnam und der UdSSR. *Lenin im Jahr 1918* (Mikhail Romm, 1937) war einer jener importierten Filme, und er fand insbesondere bei der Jugend und den Roten Garden großen Anklang. Vgl. Clark 2008, 151–152.
14 Das Ballett *Das rote Frauenbataillon* handelt vom Kampf der Roten Armee gegen die Nationalisten auf Hainan und zählt zu dem für die Kulturrevolution besonders einflussreichen Kanon der Modellopern, die im Laufe der 1960er und 1970er Jahre und bis heute immer wieder verfilmt wurden. Kultur- und Filmschaffen sollten in der Kulturrevolution dem Klassenkampf und der sozialistischen Revolution durch die proletarischen Massen dienen. Die Filmproduktion wurde während der Kulturrevolution stark eingeschränkt und nur wenige Filme wurden für öffentliche Vorführungen vorgesehen. Vgl. Clark 2008, 159–161, 109–156.

> Wir sind alle Scharfschützen, jede Kugel ein feindlicher Soldat. Wir sind fliegende Soldaten, fürchten weder hohe Berge noch tiefes Wasser ... (*In the Heat of the Sun*. Jiang Wen. 1995. 01:19:35–01:19:44)

Doch plötzlich ist Ma nicht mehr zu sehen. Ein wenig Rauch kommt aus dem Kamin und ein lautes Klopfen ist zu vernehmen. Mi Lan und die anderen öffnen die Klappe des Schlots und heraus kommt ein über und über mit Ruß bedeckter Ma Xiaojun, der seine Zähne fletscht, wie verrückt brüllt und durch den Hof läuft.

In der nächsten Szene steht er nackt im großen Duschraum und wäscht sich – von weiteren Heldentaten träumend – die Asche vom Körper. Doch wie sich der Erzähler selbst eingesteht, waren es nicht übernatürliche Kräfte, die ihm das Leben gerettet hatten, sondern die über Jahre akkumulierte Asche und der Auftrieb im Schornstein.

Obwohl sich Ma Xiaojun mit seinen Versuchen, heldenhafte Taten zu vollbringen, lächerlich macht, ist er noch voller Leidenschaft und revolutionärem Geist. Seine Geschichte präsentiert eine neue Version der Kulturrevolution, in der sexuelle und revolutionäre Leidenschaft nicht voneinander getrennt sind. Zwar sind die Halbstarken keine Revolutionäre mehr und kennen die Geschichte nur aus Film, Literatur und Erzählungen, doch ihr Sein können sie nur innerhalb eines revolutionären Kontexts zum Ausdruck bringen. In der Erinnerung des Erzählers ist diese Zeit strahlend schön und nostalgisch verklärt, denn er selbst lebt in der farb- und kraftlosen Welt der 1990er Jahre und stellt fest, dass sein revolutionärer Geist womöglich komplett erloschen ist.

Es liegt nahe, diese Resignation und das Erlöschen des revolutionären Feuers auch im Zusammenhang mit der Niederschlagung der Protestbewegungen im Frühsommer 1989 zu sehen. Kulturschaffen und Filmproduktion veränderten sich in den frühen 1990er Jahren. Gleichzeitig mit einer strengeren ideologischen Kontrolle und der Produktion zahlreicher Leitmotiv-Filme[15] wurde der Filmmarkt kommerzialisiert und für internationales Kapital geöffnet. (Zhang 2004, 281–284) Das Trauma der Kulturrevolution und die politische Krise sollten mit wirtschaftlichen Reformen und wachsendem Reichtum überwunden werden. Mao und die Kulturrevolution wurden zu nostalgischen Erinnerungsstücken, die als kommerzielle Produkte und Sammlerobjekte verkauft werden. Doch *In the Heat of the Sun* ist nicht ausschließlich ein Produkt der Mao-Nostalgie. Es ist ein Film, der uns über die individuelle Auseinandersetzung mit der Kulturrevolution in einem kollektiven Erinnerungsprozess erzählt. Der Beginn der Kulturrevolution jährt sich

---

15 Filme, die durch die Darstellung zentraler Themen der Parteigeschichtsschreibung der VR China pädagogische Ziele verfolgen und damit die offizielle Ideologie sowie Patriotismus zum Ausdruck bringen.

2016 zum fünfzigsten Mal, und *In the Heat of the Sun* ist vor über zwanzig Jahren gedreht worden. Heute ist es eine neue Generation – geboren und aufgewachsen im postsozialistischen China – deren Erinnerungen Teil der Auseinandersetzung über Vergangenheit, Gegenwart und Zukunft werden.

Literatur

Bandursky, David. „Chinese Media Project. A brief history of the ‚red song'". *Journalism and Media Studies Centre at the University of Hong Kong* (10.06.2011). http://cmp.hku.hk/2011/06/10/13105/ (01.05.2016).

Barmé, Geremie. „Wang Shuo and Liumang (‚Hooligan') Culture". *The Australian Journal of Chinese Affairs* 28 (1992): 23–64.

Barmé, Geremie. *In the Red. On Contemporary Chinese Culture*. Columbia University Press: New York, 1999.

Braester, Yomi. „Memory at a standstill, street-smart history in Jiang Wen's *In the Heat of the Sun*". *Screen* 42.4 (2001): 350–362.

Braester, Yomi. *Witness Against History. Literature, Film and Public Discourse in Twentieth-Century China*. Stanford: Stanford University Press, 2003.

Braester, Yomi. „Contemporary Mainstream PRC Cinema". *The Chinese Cinema Book*. Hg. Song Hwee Lim und Julian Ward. London: Palgrave Macmillan, 2011. 176–184.

Clark, Paul. *The Chinese Cultural Revolution. A History*. Cambridge: Cambridge University Press, 2008.

Hermann, Marc, Huang Weiping und Henriette Pleiger. *Geschichte der chinesischen Literatur. Bd. 9: Biographisches Handbuch chinesischer Schriftsteller und Werke*. Berlin: De Gruyter, 2010.

Honig, Emily. „Socialist Sex. The Cultural Revolution Revisited". *Modern China* 29. 2, (2003): 143–145.

Huot, Claire. *China's New Cultural Scene. Handbook of Changes*. Durham und London: Duke University Press, 2000.

Jiang, Wen 姜文 et al. (Hg.). 一部电影的诞生 [*Yi bu dianying de dansheng*; dt. Übersetzung: *Die Geburt eines Films*]. Wuhan: Changjiang wenyi chubanshe, 2005.

Klöpsch, Volker (Hg.). *Lexikon der chinesischen Literatur*. München: C. H.Beck, 2004.

Larson, Wendy. *From Ah Q to Lei Feng. Freud and Revolutionary Spirit in 20th Century China*. Stanford: Stanford University Press, 2009.

Lu, Haibo 路‚海波 (Hg.). 中国电影名片快读 [*Zhongguo dianying mingpian yuedu*; dt. Übersetzung: *Bekannte chinesische Kinofilme, eine Einführung*]. Chengdu: Sichuan wenyi chubanshe, 2003.

Mittler, Barbara. *A Continuous Revolution. Making Sense of Cultural Revolution Culture*. Cambridge und London: Harvard University Asia Centre, 2012.

Mostow, Joshua S. (Hg.). *The Columbia Companion to East Asian Literature*. New York: Columbia University Press, 2003.

Pan, Guoling 判国灵. „阳光灿烂的日子 [*Yangguang canlan de rizi*; dt. Übersetzung: Strahlend sonnige Tage]". 经典200 - 最佳华语电影二百部 [*Jiangdian 200 - Zui jia huayu dianying erbai bu*; dt. Übersetzung: 200 Klassiker – Die zweihundert besten chinesischsprachigen

Filme]. Hg. 香港电影评论学会 [Xianggang dianying pinglun xuehui; dt. Übersetzung: Gesellschaft für Filmkritik Hong Kong]. Hong Kong: The Commercial Press, 2002. 358–359.

Yang, Guobin. „Days of Old Are Not Puffs of Smoke: Three Hypotheses on Collective Memories of the Cultural Revolution". *The China Review* 5.2 (2005): 13–41.

Yang, Guobin. „China's Zhiqing Generation. Nostalgia, Identity, and Cultural Resistance in the 1990s". *Modern China* 29.3 (2003): 267–296.

Schoenhals, Michael. *China's Cultural Revolution, 1966–1969. Not a Dinner Party*. New York: M. E. Sharpe, 1996.

Silbergeld, Jerome. *Body in Question: Image and Illusion in Two Chinese Films by Director Jiang Wen*. Princeton: Princeton University Press, 2008.

Song, Yuwu (Hg.). *Biographical Dictionary of the People's Republic of China*. Jefferson, North Carolina: MacFarland & Company, 2013.

Steen, Andreas. „Voices of the Mainstream: Red Songs and Revolutionary Identities in the People's Republic of China". *Vocal Music and Contemporary Identities. Unlimited Voices in East Asia and the West*. Hg. Christian Utz und Frederick Lau. London und New York: Routledge, 2013. 225–247.

Wang, Qi. *Memory, Subjectivity and Independent Chinese Cinema*. Edinburgh: Edinburgh University Press, 2014.

Weigelin-Schwiedrzik, Susanne. „Coping with the Cultural Revolution: Contesting Interpretations". *zeitgeschichte-online* (2009). http://www.zeitgeschichte-online.de/sites/default/files/documents/revolution.pdf (01.05.2016).

Xiao, Zhiwei, und Zhang Yingjing. *Encyclopedia of Chinese Film*. London und New York: Routledge, 2002.

Xu, Gary. „Edification through Affection. The Cultural Revolution Films, 1974–1976". *The Oxford Handbook of Chinese Cinemas*. Hg. Carlos Rojas und Eileen Cheng-Yin Chow. Oxford: Oxford University Press 2013. 269–280.

Zhang, Yingjin. *Chinese National Cinema*. London und New York: Routledge, 2004.

Zhang, Yingjin (Hg.). *A companion to Chinese Cinema*. Chichester et al.: Wiley-Blackwell, 2012.

Filme

阳光灿烂的日子 [*Yangguang canlan de rizi*; engl. Titel: *In the Heat of the Sun*]. Regie: Jiang Wen 姜文. VR China und Hong Kong 1994.

Inge Stephan
Genre – Gender – Generationen

Überlegungen zur Trilogie *Ein Leben in China* (2012/13)
von P. Ôtié und Li Kunwu

In der Schweizer *Edition Moderne*, die sich auf Grafische Novellen und Comic-Reportagen spezialisiert hat, ist 2012/13 die Trilogie *Ein Leben in China* erschienen. Der erste Band trägt den Titel *Die Zeit meines Vaters*, der zweite *Die Zeit der Partei* und der dritte *Die Zeit des Geldes* (Li und Ôtié 2012; Li und Ôtié 2013a; Li und Ôtié 2013b). Es handelt sich um ein chinesisch-französisches Gemeinschaftswerk von Li Kunwu und P. Ôtié. Der 1955 in der Provinz Yunnan geborene Li Kunwu ist ein professioneller Zeichner, der über Jahrzehnte Propagandamaterialien für die kommunistische Partei hergestellt hat und sich in jüngster Zeit vor allem mit ethnographischen Studien zu kulturellen Minoritäten in Yunan beschäftigt. P. Ôtié ist das Pseudonym des 1964 in Frankreich geborenen Philippe Autier, der sich als Geschäftsmann über einen längeren Zeitraum in China aufgehalten hat und sich nach eigenen Angaben in seiner Freizeit als Comic-Autor betätigt. Im dritten Band erinnern sich die beiden Autoren an das zeit- und kräfteraubende Projekt, das beide an die Grenzen der Belastbarkeit geführt hat. Für den chinesischen Zeichner bildet *Ein Leben in China* den Ausgangspunkt für eine neue künstlerische Karriere, dem französischen Koautor hat es intime Einblicke in eine andere Kultur und in ein fremdes Leben ermöglicht. Ôtié und Li haben das Projekt in Frankreich auf einer Reihe von gemeinsamen Veranstaltungen präsentiert und für ihre ungewöhnliche Teamarbeit mehrere Auszeichnungen erhalten.

Die Trilogie ist 2009 in Frankreich unter dem Titel *Une vie chinoise* in drei Bänden erschienen und seitdem ins Spanische (*Una vida en China*, 2010), Niederländische (*China*, 2011) und Englische (*A Chinese Life*, 2012) übersetzt worden. Seit 2013 liegt sie auch in einer chinesischen Fassung vor, die vom Verlag *SDX Joint Publishing* in Hongkong und China herausgegeben wurde. Die deutsche Ausgabe ist mit Unterstützung des Förderprogramms des französischen Außenministeriums, vertreten durch die Kulturabteilung der französischen Botschaft in Berlin, in Zürich publiziert worden.

Die deutsche Ausgabe, auf die ich mich im Folgenden stütze, enthält ein Vorwort von Pierre Haski, der als Journalist für die französische Tageszeitung *Libération* von 2000 bis 2005 in Peking gearbeitet und den Blog *Mon journal de Chine* geführt hat. In seinem Vorwort hebt Haski die besondere politische Bedeutung des Projektes hervor und geht explizit auf die Generationenfrage ein, die sich seiner Meinung nach in Hinsicht auf China in sehr spezieller Weise stellt:

> Die Kluft zwischen der alten Generation der maoistischen Revolution und der jungen Generation der Internet-Revolution ist sicher größer als in anderen Teilen der Welt. Während die Alten sich noch an die Bedrohungen erinnern, die mit den großen kollektiven Errungenschaften einhergingen, und gelernt haben, die Welt pragmatisch zu betrachten, scheinen die Jungen furchtlos und vertrauen unerbittlich auf ihre individuelle und kollektive Kraft, China wieder zum „Reich der Mitte" werden zu lassen.
> Alle diese Veränderungen bringen unbeantwortete Fragen mit sich, Fragen nach Freiheiten und dem politischen System, die einem noch strikteren Tabu unterliegen seit dem „Unfall" auf dem Tiananmen-Platz, als im Juni 1989 der „Pekinger Frühling" brutal unterdrückt und alle Forderungen nach Demokratisierung zugunsten wirtschaftlicher Reformen auf später verschoben wurden.
> Die zukünftigen Herausforderungen des bevölkerungsreichsten Landes der Erde – seien sie politischer, ökologischer, wirtschaftlicher oder sozialer Natur – sind gigantisch, doch die Generation, die jeden Tag mit dem Gruß „Lang lebe der Vorsitzende Mao" begonnen hatte und deren Land mehrmals kurz vor dem Untergang stand, wird im Vertrauen auf ihre oft bewiesene Energie den beschrittenen Weg fortsetzen. Die folgende Erzählung illustriert das ganz wunderbar. (Haski 2013, 19–20)

Im Folgenden werde ich mich auf den ersten Band *Die Zeit meines Vaters* konzentrieren, da er für die Fragestellung des Bandes einschlägig und überdies besonders sorgfältig gearbeitet ist. In den Folgebänden fällt auf, dass die Tabu-Themen (Tibet und Tiananmen) ausgespart sind und die künstlerische Durchstrukturierung im Ganzen gesehen weniger anspruchsvoll ist.

Bevor ich den ersten Band vorstelle, erlauben Sie mir ein paar Anmerkungen zum Genre, das in germanistischen Kreisen keinen besonders guten Ruf besitzt. Bei dem Gemeinschaftswerk von P. Ôtié und Li Kunwu handelt es sich um einen *comic* bzw. eine *graphic novel*, im Französischen spricht man von *bande dessinée*. Ohne mich hier auf die komplexen Definitions- und Abgrenzungsprobleme *en détail* einlassen zu wollen, kann festgehalten werden, dass die Bezeichnung *graphic novel* in erster Linie ein strategischer Begriff ist, um das populäre Genre der ‚Bildergeschichte' aus der ‚Schmuddelecke' der sogenannten ‚Schmutz- und Schundliteratur' zu holen, in der sich der Comic für manche Kritiker noch heute befindet. So hat Marcel Reich-Ranicki auf die Frage eines FAZ-Lesers „Sind Comics Literatur und lesen Sie selber Comics?" mit einem entsetzten „Nein, nein, nein" (vgl. FAZ 2010) geantwortet, während zeitgleich die *Süddeutsche Zeitung* ihre SZ-Bibliothek um zehn Titel erweiterte, die aus eben diesem von Reich-Ranicki abgelehnten Genre stammen. Freilich sprechen die Herausgeber der SZ-Bibliothek nicht von Comics, sondern präsentieren ihre Auswahl unter dem Label *graphic novel* – eine Bezeichnung, die sich in Verlagskreisen zunehmend durchsetzt. Sie können sich dabei auf Will Eisner berufen, der seinen Comic *A Contract with God* (1978) mit dem Zusatz „A Graphic Novel" versehen hatte. In der deutschen Forschung (vgl. Arnold 2009; Ditschke et al. 2009; Frahm 2010; Schikowski 2014) wird demgegenüber der eingedeutschte Begriff Comic verwendet.

In den Debatten *comic* versus *graphic novel* geht es um Anerkennung eines als ‚unrein' und trivial wahrgenommenen Genres. In seiner Kombination von Bild und Text überschreitet der ‚illustrierte Roman', wie der Comic auch genannt wird, die Grenzen zwischen den Künsten und als ‚comic-strip' unterhält er Verbindungen zum Stumm- und Animationsfilm einerseits und zur Pop-Art andererseits. Gleich welchen Begriff man favorisiert, das Genre hat in den letzten Jahrzehnten einen erstaunlichen Aufschwung und eine gesteigerte Wertschätzung erlebt. Dazu beigetragen haben in erster Linie die beiden Bände *Maus* (1986/91) von Art Spiegelman, in denen die Geschichte von Holocaust-Überlebenden als Tierfabel im Comic-Format erzählt wird. Es zeigte sich, dass der Comic ein künstlerisch und politisch gleichermaßen überzeugendes Genre in der Bearbeitung von traumatischen Erfahrungen sein kann und überdies in der Lage ist, (sich) neue Publikumsschichten zu erschließen. Die alte Generationenunterscheidung zwischen der Jugend, die Comics liest, und den Älteren, die zu traditionellen erzählerischen Genres greifen, hat sich im Falle von *Maus* als hinfällig erwiesen. Das gilt auch für den Comic *Persepolis* (2006) von Marjane Satrapi, in dem die Kindheit eines Mädchens im Iran erzählt wird.

Im Gefolge dieser beiden international erfolgreichen Comics, an die P. Ôtié und Li Kunwu mit ihrer Bildersprache ganz offensichtlich anknüpfen, erschienen in den letzten Jahren eine Reihe von anspruchsvollen Werken, die dem Comic neue inhaltliche und ästhetische Möglichkeiten erschlossen haben. Für unseren Zusammenhang sind vor allem die Comics interessant, in denen dezidiert autobiografische Erinnerungen und politische Erfahrungen verschränkt sind. Genannt seien hier beispielhaft die Reportage-Reihe *Palästina* (2004), *Bosnien* (2010) und *Gaza* (2011) von Joe Sacco, die beiden Bände *Elender Krieg* (2009/10) von Tardi und Verney über den Ersten Weltkrieg und die Trilogie *Der Fotograf* (2008/09) von Guibert, Lefèvre und Lemercier, in der vom Krieg in Afghanistan erzählt wird. Alle diese Comics sind – wie *Ein Leben in China* – in der schweizerischen *Edition Moderne* als *graphic novels* erschienen.

In einem Interview haben P. Ôtié und Li Kunwu berichtet, dass sie ursprünglich einen historischen Comic zu Marco Polo geplant hätten, vom Verleger – in Anlehnung an den Welterfolg von *Persepolis* – aber animiert worden seien, die Geschichte der Revolution Chinas in der zweiten Hälfte des 20. Jahrhunderts aus der Perspektive eines Jungen zu erzählen. Aus dieser Anregung hat sich die Trilogie entwickelt, in der die Geschichte von Xiao Li erzählt wird, der viele biografische Gemeinsamkeiten mit Li Kunwu aufweist.

Der erste Band *Die Zeit meines Vaters* setzt am 13. Oktober 1950 mit der Begegnung der späteren Eltern ein, wird mit der Geburt des Sohnes im Jahre 1955 fortgeführt und endet 1976 mit dem Tod des politischen ‚Übervaters' Mao. Im zweiten Band *Die Zeit der Partei*, der zwischen dem Ende der ‚Kulturrevolution' und dem Beginn der ‚sozialistischen Marktwirtschaft' spielt, wird die Geschichte der Familie weitergeführt und mit dem Tod des leiblichen Vaters abgeschlossen. Im dritten Band *Die Zeit des Geldes*, der mit dem chinesischen Neujahrsfest 2009/10 endet, ist der ‚kleine' Xiao Li zum ‚großen' Lao Li herangewachsen, hat eine Anstellung als Illustrator bei einer Zeitung gefunden, ist Vater eines Sohnes geworden, der inzwischen in London lebt, und hat damit begonnen, seine Kindheitserinnerungen aufzuzeichnen.

Schon aus der Konstruktion wird deutlich, dass die Vater-Sohn-Beziehung die zentrale Erzählachse bildet, von der aus der Blick in die Vergangenheit gesteuert wird. Das hat natürlich Konsequenzen für die Geschlechterverhältnisse in der Trilogie, die durchweg patriarchalisch strukturiert ist und sich an den ‚Männern der Geschichte' abarbeitet. Das heißt jedoch nicht, dass Frauen keinen Ort in der Erzählung haben, als Mütter, Großmütter, Ehefrauen und Tanten bestimmen sie den Familienalltag und als Freundinnen und Geliebte sind sie Objekte des Begehrens des ‚kleinen' und ‚großen' Li.

Die biografische Nähe zwischen Li Kunwu und seinem *alter ego* Xiao Li sollte nicht dazu verleiten, den Text als ein autobiografisches Zeugnis zu lesen. Mit den drei Bänden *Ein Leben in China* schaffen der chinesische Zeichner und sein französischer Koautor das Epos einer ganzen Generation, deren Lebenswille – sofern er nicht gewaltsam gebrochen wird – so stark ist, dass er auch den schwierigsten Zeiten trotzt. In mehr als 3.000 expressiven Schwarz-Weiß-Zeichnungen entwirft Li Kunwu eindrucksvolle Szenen vom Landleben, von Krieg und Revolution, von der Arbeit in Fabriken, von seiner Ausbildung und Arbeit als Zeichner und von dem sich rasant verändernden Leben in den Städten. Im Verlauf der drei Bände treten – abgesehen von Massenszenen, in denen es von Menschen nur so wimmelt – weit über hundert individuell erkennbare Personen auf. Die autobiografische Erzählung weitet sich zu einem Generationenroman aus, für den es in der Geschichte der Gattung kaum Vorbilder gibt.

An den drei Titelbildern – die französische Originalausgabe und die verschiedenen Übersetzungen unterscheiden sich nur äußerst geringfügig in der Aufmachung – lassen sich bereits wesentliche Einsichten in das ambitionierte Projekt gewinnen (Abb. 1–3).

Abb. 1: Cover des ersten Bandes der Trilogie

Abb. 2: Cover des zweiten Bandes der Trilogie

Genre – Gender – Generationen —— 159

Abb. 3: Cover des dritten und letzten Bandes der Trilogie

Wir sehen jeweils die gleiche ‚Einstellung': eine Mauer, auf der riesige farbige Wandbilder zu sehen sind. Hinter einer in Schwarz-Weiß gezeichneten Mauer ist ein in Schwarz-Weiß gehaltenes Stadtbild zu erkennen, das starken Veränderungen unterworfen ist. Auf dem ersten Cover erkennen wir traditionelle Häuser und Pagoden, auf dem zweiten sind diese modernen Zweckbauten gewichen, und auf dem dritten blicken wir auf Hochhäuser und auf ein im alten Stil neuerrichtetes Gebäude. Auch die drei Mauerbilder unterscheiden sich stark. Band 1 zeigt ein an bekannten Mustern orientiertes Propagandabild von Mao. Band 2 stellt revolutionäre Kämpfer dar und folgt ebenfalls festen Bildtraditionen, Band 3 zeigt zart kolorierte Reklamebilder, die in ihrer Ikonographie an Frauen- und Werbebilder der

1920er und 1930er Jahre anknüpfen. In allen drei Wandbildern spielen chinesische Schriftzeichen, die von westlichen Leser/innen – sofern sie des Chinesischen nicht mächtig sind – nicht entziffert werden können, eine wichtige Rolle.

Im Vordergrund der drei Titelbilder befindet sich der Maler der Wandbilder, der – in Form einer Comic-Figur in Schwarz-Weiß – jeweils bei der Arbeit gezeigt wird und dem Betrachter den Rücken zukehrt. In Band 1 handelt es sich um einen schmalen, kleinen Jungen, der auf einen Hocker steigen und sich in die Höhe recken muss, um die Wandmalerei auszuführen. In seinem Farbtopf befindet sich nur eine einzige Farbe. Der Junge ist offensichtlich nicht der Urheber des Bildes, seine Aufgabe scheint sich darauf zu beschränken, es in ein blutiges Rot zu tauchen. In Band 2 hat sich die Farbpalette geringfügig um Ocker und Blau erweitert. Der Maler ist bereits so gewachsen, dass er sich bücken muss, um die Farbe aufzutragen, die neben ihm in zwei Eimern auf einem Stuhl und auf dem Boden steht. In Band 3 hat sich die Farbpalette weiter verfeinert, aus den Farbeimern sind kleine Behälter und Tuben geworden, der Maler sitzt auf einem Schemel und wirft einen kräftigen Schatten auf die Mauer. Ein witziges Detail ist in allen drei Titelbildern gleich: Der altmodische Elektromast auf der linken Seite im Vordergrund scheint alle revolutionären Zeitläufte unbeschadet überstanden zu haben, im dritten Band scheint die Leitung jedoch weitgehend gekappt zu sein.

Diese drei Cover sind – abgesehen von den plakativen Bildern, die sie von den Veränderungen der chinesischen Gesellschaft entwerfen – interessant auch in Hinsicht auf die Selbstwahrnehmung des Künstlers Li Kunwu. Auf den Titelbildern erscheint er als devoter, freilich zunehmend ‚erwachsen' werdender Maler, in der Trilogie agiert er von Anfang als selbstbewusster Zeichner, der auf Koloration bewusst verzichtet und statt repräsentativer farbiger Propaganda- und Reklamebilder mit sicherem Strich Schwarz-Weiß-Zeichnungen vom Alltag in China in revolutionären und post-revolutionären Zeiten liefert. Diese Differenz verweist darauf, dass sich der Zeichner im Genre eines an westlichen Vorbildern ausgerichteten Comics als Künstler neu erfindet, um sich von seiner ehemaligen Tätigkeit im Dienste der Partei zu befreien. Daher erstaunt es nicht, dass sich Künstlerschaft als Thema durch die gesamte Trilogie zieht und die persönliche und politische Bedeutung des Zeichnens immer wieder reflektiert wird.

Der erste Band *Die Zeit meines Vaters* enthält eine Vorgeschichte, in der erzählt wird, wie sich die späteren Eltern des Protagonisten auf einer Parteiversammlung kennengelernt haben, und ist in drei Teile gegliedert. Diese beginnen jeweils mit Deckblättern, auf denen Fotos und Lieder ein Schlaglicht auf die persönliche und die politische Dimension des Folgenden werfen. Das Deckblatt des ersten Kapitels „Reines Rot" (Abb. 4) zeigt zwei Fotos: ein Familienbild und das Porträt eines Jungen in Schuluniform.

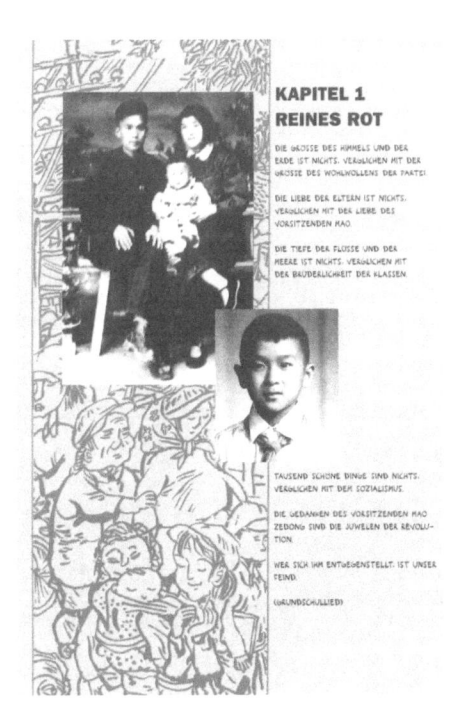

Abb. 4: Deckblatt des ersten Kapitels aus Band 1

Dazu passt das Grundschullied

> Die Grösse des Himmels und der
> Erde ist nichts, verglichen mit der
> Grösse des Wohlwollens der Partei.
>
> Die Liebe der Eltern ist nichts,
> verglichen mit der Liebe des
> Vorsitzenden Mao. (Li und Ôtié 2012, 25)

Auf dem Deckblatt zum zweiten Kapitel „Das kleine rote Buch" (Abb. 5) sehen wir das Foto eines Jungen in der Uniform der Roten Garden und lesen den Auszug aus dem Lied der Roten Garden:

> Entschlossen und furchtlos
> opfern wir uns auf,
> überwinden zehntausend
> Hindernisse und erkämpfen
> den Sieg. (Li und Ôtié 2012, 109)

Abb. 5: Deckblatt des zweiten Kapitels aus Band 1

Das Deckblatt zum dritten Kapitel „Rote Armee"[1] (Abb. 6) enthält wie das erste zwei Fotos: das Bild eines jungen Rotarmisten mit Gewehr und das Porträt eines jungen Mannes in Uniform, sowie ein Soldatenlied:

> Ich bin Soldat.
> Ich liebe das Land.
> Ich liebe das Volk.
> Geprüft im revolutionären Kampf,
> bin ich zu allem entschlossen. (Li und Ôtié 2012, 217).

---

1 Im Band wird das dritte Kapitel auf dem Deckblatt ebenfalls als KAPITEL 2 bezeichnet. Li und Ôtié 2012, 217.

Genre – Gender – Generationen —— 163

Abb. 6: Deckblatt des dritten Kapitels aus Band 1

Die drei Deckblätter sind formal weitgehend gleich aufgebaut. Die linke Spalte ist für die Zeichnung reserviert, die rechte für den Text. Darüber geschoben sind die Fotos aus dem Privatbesitz des Zeichners. Sie dienen – wie die Aufnahme von Fotos in autobiografische Texte generell – der Authentifizierung des Erzählten. Sie stellen zwischen dem Autor/Zeichner und seinem Leser/Betrachter jenen „autobiographischen Pakt" her, von dem Philippe Lejeune vor allem in Hinsicht auf den Roman gesprochen hat (Lejeune 1994). Offensichtlich spielt dieser Pakt auch in der Trilogie *Ein Leben in China* eine Rolle, bei der es sich um eine Geschichtserzählung handelt, die Wahrheit sowohl auf der biografischen wie historischen Ebene beansprucht.

Im Folgenden möchte ich mich auf drei Beispiele konzentrieren, in denen Generationskonflikte besonders eindringlich dargestellt werden. In der ersten Sequenz geht es darum, dass der Vater dem Sohn als erstes Wort den Namen Mao beibringen möchte (Abb. 7), in der zweiten um den Widerstand des Sohnes gegen den Vater, der ihn von den Roten Garden fernzuhalten sucht (Abb. 8), und im dritten um Denunziation und Gewalt von Kindern gegen ihre Lehrer (Abb. 9).

Abb. 7: „Mao" soll das erste Wort lauten

Abb. 8: Generationskonflikt um die Roten Garden

Genre – Gender – Generationen —— 165

Abb. 9: Denunziation und Gewalt von Kindern gegen ihre Lehrer

Die erste Sequenz zeigt einen brutalen Vater, der im Gegensatz zur Mutter, die sich – wie die vorangegangene Sequenz zeigt – liebevoll um ihr Kind und den Mann kümmert, mit seinem Sohn renommieren will, keine Ahnung von frühkindlich-sprachlicher Entwicklung hat und den aberwitzigsten Presseberichten auf den Leim geht. Die zweite Sequenz lässt sich direkt auf die erste beziehen. Der Vater ist mit seinen Sprachbemühungen zwar gescheitert, aus dem Sohn ist trotzdem ein strammer Maoist geworden, der sich den Roten Garden gegen den Willen des Vaters anschließen möchte und dies auch durchsetzt. Den Vater plagen inzwischen politische Zweifel, er wagt es aber nicht, sich dem entschiedenen Wunsch des Sohnes zu widersetzen. Die dritte Sequenz zeigt eine aufgehetzte Schülerschaft, die als Mob über ihre alten Lehrer und Lehrerinnen herfällt, und endet mit vier Bildern – das vierte enthält nur noch undefinierbare Punkte und Striche –, in denen das Geschehen aus der Erinnerung verdrängt wird.

Die drei Sequenzen entwerfen Generationenverhältnisse, in denen sich die Machtverhältnisse unter dem Einfluss der Politik umkehren. An die Stelle der leiblichen Eltern tritt die Partei, die die Kinder so indoktriniert, dass sie sich gegen die Älteren wenden und in Mao ihren eigentlichen Führer finden. Der erste Band endet mit dem Tod des großen Vorsitzenden und hinterlässt einen fassungslosen Ich-Erzähler, der sicher ist, dass mit dem Tode Maos auch sein Leben

Abb. 10: Mit dem Tod Maos scheint auch das Leben zu Ende zu sein

zu Ende sein wird: „Xiao Li, ‚der kleine Li', war mit dir geboren worden und erlosch mit dir" – sind die letzten Worte des ersten Bandes (Abb. 10). Die folgenden zwei Bände zeigen, dass das natürlich eine Fehleinschätzung ist. Das Leben geht weiter, aber es wird nicht einfacher.

Lassen Sie mich am Schluss noch einmal kurz auf den Comic als Genre zurückkommen. In seiner Untersuchung *Die Sprache des Comics* (2010) hat Ole Frahm die Komik als eigentliches Element des Comics herausgestellt und von seiner „parodistischen Ästhetik" (Frahm 2010, 11) gesprochen. Das ist meines Erachtens ein produktiver Ansatz, um die Trilogie *Ein Leben in China* zu analysieren, auch wenn Frahm mit seiner These offensichtlich andere Beispiele im Auge hat

Abb. 11: Der Vater wirbt um die Mutter

als die autobiografischen Comics, die in den letzten Jahren erschienen sind. Komische Elemente ziehen sich durch die gesamte Trilogie, sie ergeben sich in erster Linie aus den Widersprüchen zwischen der Selbstinszenierung der Figuren und der unfreiwilligen Selbstdemontage durch ihre Handlungen. Das lässt sich besonders gut an der Figur des Vaters beobachten, die durchweg parodistisch gezeichnet ist. Die Frauenfiguren sind sehr viel positiver angelegt, so dass man auch von einem antipatriarchalischen Gestus der Trilogie insgesamt sprechen kann. In diese antipatriarchalische Kritik ist der Sohn, der zum Schluss selbst Vater wird, eingeschlossen. Er ist seinem Erzeuger ähnlicher als er denkt, wie die beiden Sequenzen zeigen, in denen es um die Anknüpfung von Frauenbeziehungen geht (Abb. 11).

Während sich der Vater mit seiner Werbung um die Mutter noch in Übereinstimmung mit der damaligen politischen Linie befindet – erst im Nachhinein treten die komischen Züge deutlich hervor –, liegt der Sohn mit seinem Liebesbrief

Abb. 12: Lehrervergnügen an der Kunstakademie

an die Freundin im Ton völlig daneben und wird deshalb auch zu Recht keiner Antwort gewürdigt. Auch die Sequenzen, die in der Kunstakademie spielen, wo der Protagonist zum professionellen Zeichner ausgebildet wird, sind hochironisch. Während sich die Schüler mit Mao-Darstellungen abmühen, vergnügen sich die Lehrer – nur mühsam kaschiert – an Abbildungen nackter Frauen (Abb. 12).

Eine besondere Rolle spielt der ‚Übervater' Mao. Er wird in erster Linie als Projektionsfigur, nicht als ein politischer Führer gezeichnet, der die Verantwortung für die politische Entwicklung trägt. Diese entpolitisierende Lesart wird durch die Konstruktion der Trilogie befördert. Der Protagonist, den wir als Säugling kennenlernen, als er vergeblich das Wort Mao auszusprechen versucht, wird im Verlauf der Geschichte zu einem erfolgreichen Maler, der einen entscheidenden Anteil an der Ikonisierung des großen Führers hat (Abb. 13).

Es sind seine Bilder, die den Mao-Mythos, wenn auch nicht begründen, so doch popularisieren. Als Künstler schafft er jene Bilder, die sich ins kollektive Gedächtnis eingegraben haben und denen er selbst zum Opfer fällt, wenn er meint, dass mit dem Tod des großen Führers auch sein eigenes Leben zu Ende gehen müsse. Die Trilogie ist insofern als eine Form der Selbstkritik und des Neuanfangs zu lesen. Sie hat dem Zeichner peinigende und befreiende Momente zugleich bereitet, wie er im Vorwort zum abschließenden, dritten Band konstatiert:

Abb. 13: Ikonisierung des Vorsitzenden Mao

> Tausend Tage und Nächte verbrachte ich hin- und hergerissen zwischen Freude und Verzweiflung, in einer Mischung aus Vergnügen und Leiden, inmitten von Texten und Zeichnungen, die bald einen wichtigen Teil meiner künstlerischen Karriere ausmachen würden. (Li 2012, 5)

Es bleibt abzuwarten, ob Li Kunwu mit seiner Trilogie eine neue Tradition des Comics in China begründen wird. ‚Bildergeschichten' erfreuen sich im asiatischen Raum – besonders in Japan und Indien – großer Beliebtheit und scheinen auch in China eine immer größere Leserschaft zu finden. Li Kunwu, der zur älteren Generation zählt, hat inzwischen einen neuen Comic vorgelegt, in dem er sich kritisch mit der Tradition des Füßebindens auseinandersetzt. Die 100. Ausgabe des Comic-Magazins *Strapazin* (Sept. 2010), die in Zusammenarbeit mit dem Nanjinger Verlag *Special Comix* entstanden ist, präsentiert erstmals eine Reihe von Werken zeitgenössischer chinesischer Comiczeichner/innen in deutscher Sprache und zeigt, dass in China seit längerer Zeit eine junge kreative Szene existiert, die sich auch politisch einmischen will.

Literatur

Arnold, Heinz Ludwig (Hg.). *Comics, Mangas, Graphic Novels*. München: edition text + kritik, 2009.

Ditschke, Stephan, Katerina Kroucheva und Daniel Stein (Hg.). *Comics. Zur Geschichte und Theorie eines populärkulturellen Mediums*. Bielefeld: transcript, 2009.

FAZ. *Fragen Sie Reich-Ranicki: Da gibt es nichts zu erklären*, 30.06.2010. http://www.faz.net/aktuell/feuilleton/buecher/fragen-sie-reich-ranicki/fragen-sie-reich-ranicki-da-gibt-es-nichts-zu-erklaeren-1642978.html (13.07.2015).

Frahm, Ole. *Die Sprache des Comics*. Hamburg: Philo Verlag, 2010.

Haski, Pierre. „Vorwort". *Ein Leben in China. Bd. 1: Die Zeit meines Vaters*. Li Kunwu und Philippe Ôtié. Zürich: edition moderne, 2012. 9–10.

Li, Kunwu. „Dank". *Ein Leben in China. Bd. 3: Die Zeit des Geldes*. Li Kunwu und Philippe Ôtié. Zürich: edition moderne, 2013. 5.

Lejeune, Philippe. *Der autobiographische Pakt*. Frankfurt/Main: edition suhrkamp, 1994.

Li, Kunwu, und Philippe Ôtié. *Ein Leben in China. Bd. 1: Die Zeit meines Vaters*. Zürich: edition Moderne, 2012.

Li, Kunwu, und Philippe Ôtié. *Ein Leben in China. Bd. 2: Die Zeit der Partei*. Zürich: edition moderne, 2013. Im Text zitiert als Li und Ôtié 2013a.

Li, Kunwu, und Philippe Ôtié. *Ein Leben in China. Bd. 3: Die Zeit des Geldes*. Zürich: edition moderne, 2013. Im Text zitiert als Li und Ôtié 2013b.

Schikowski, Klaus. *Der Comic. Geschichte, Stile, Künstler*. Stuttgart: Reclam, 2014.

III Neue identitäre Verortungen jüngerer Generationen

Olivia Kraef-Leicht
Schwarzer Yi, Weißer Yi ?

Jugend, Identität und Tabu im Wandel

In den vergangenen zehn Jahren ist das Thema Ethnizität wieder verstärkt ins Zentrum des internationalen Interesses an China gerückt. Die westliche Medien- und politische Aufmerksamkeit, die dabei vor allem den Autonomiebestrebungen Tibets und Xinjiangs gilt, lässt jedoch die Frage unbeantwortet, inwiefern eine neu erwachte oder erstarkte Ethnizität auch im Rahmen der anderen offiziell anerkannten ethnischen Minderheiten für die Zukunft des multiethnischen Nationalstaats China – und dessen Imagination als solche – eine Rolle spielt. Kleinere ethnische Minderheiten, die über keine übergreifende, einheitsstiftende Ideen vereinende politische Lobby verfügen, bleiben in Analysen, die sich vor allem auf Konflikte und Konfliktpotenzial konzentrieren, leicht auf der Strecke. Allerdings sind es genau diese eher stillen und ‚peripheren' Verhandlungen von Identität, speziell ethnischer Identität, die u. a. Aufschluss über die Zukunft des Vielvölkerstaats China geben könnten oder zumindest eine breite Palette an Identitätsentwürfen aufzeigen, welche sich in den kommenden Jahren unter Umständen zu größeren und politisch bestimmenden Trends innerhalb der Kulturen Chinas entwickeln könnten.

Chinas Jugend, insbesondere die Generationen nach 1980, und ihr Verhältnis zum Internet spielt in diesen Verhandlungen von kultureller und politischer Identität eine zunehmend bedeutende Rolle. Als neues Medium, welches herkömmliche Theorien von Kommunikation infrage stellt, bietet auch das vielfach zensierte chinesische Internet nunmehr eine schier endlose Auswahl an Foren, Identitätsangeboten und Plattformen. Im Hinblick auf die Nutzung dieser Plattformen vor allem durch jüngere Mitglieder ethnischer Minderheiten in China stellt sich die Frage, inwiefern diese neuen Ausdrucksmöglichkeiten nicht auch Zeugnisse eines Generationenkonflikts sind, werden in Foren doch teilweise sensitive Themen zur Identität, denen im täglichen familiären und öffentlichen Leben kein Rahmen (mehr) geboten wird, diskutiert.

Anhand der komplexen Konstruktion und Struktur von Identität und dem damit verbundenen Selbstverständnis bei den Nuosu, einer Untergruppe der chinesischen ethnischen Minderheit der Yi, wird im Folgenden eben diese Verquickung aus Identitätssuche und -wandel, Internet und Generationenkonflikt näher beleuchtet. Außerdem soll neben dem Aufzeigen möglicher Implikationen für künftige Identitätskonstitution(en) bei den Nuosu bzw. Yi ein Ausblick auf die

Bedeutung von Internetforen im Prozess der Konstitution ethnischer Identität in China gewagt werden.

Internetforen: Neue Räume für die Verhandlung von Identität?

Vor einiger Zeit stieß ich im Rahmen von Recherchen zu verständlichen Darstellungen der Gesellschaftsstruktur der Nuosu vor Gründung der Volksrepublik China auf eine kleine, aber gehaltvolle Zahl an chinesischen Internetforen, in denen junge Nuosu grundlegende Fragen zu Identität auf teilweise sehr direktem Wege austragen. Diese Foren sind offensichtlich Schnittstellen für UserInnen unterschiedlicher ethnischer und, wie im Folgenden erklärt wird, auch Kasten-Zugehörigkeit, die den Austausch über kulturelle und ethnische Identität bei den Yi im Allgemeinen und bei den Nuosu im speziellen ermöglichen. Gleichzeitig können sie als Orte des Ausdrucks von Generationenkonflikt und Identitätsbildung gleichermaßen interpretiert werden.

Im Sinne der Definition von Hipfl (2004) werden Medien, in diesem Falle das Internet, als „Zwischen-Räume" begriffen, „die sich in den Prozessen der Medienrezeption und der Interaktion mit den Medien herausbilden." (Hipfl 2004, 17) Hipfls Begriff des ‚Zwischen' soll hier die Komplexität dessen verdeutlichen, was bei und zwischen den UserInnen in den von den Medien zur Verfügung gestellten mentalen Räumen passiert. In der Interaktion mit den Medien entstehen „dabei neue Räume, in denen je spezifische Identitäten der NutzerInnen (re-)konstituiert [sic!] werden. Dies kann darin resultieren, dass Räume und Identitätspositionen eröffnet werden, die in den Medien selbst gar nicht vorhanden oder vorgesehen waren [...]". (Hipfl 2004, 17) Diese Räume und Identitätspositionen haben wiederum einen direkten Einfluss darauf, wie Identität im Alltag gebildet und aufrechterhalten wird, also auf soziale und kulturelle Performanz. Mit anderen Worten sind „alle Handlungsfelder und Sozialwelten, gesellschaftliche Praktiken, individuelle und kulturelle Sinngebungen [...] heute untrennbar mit Medien verschränkt. Das Leben und die Erfahrungen der Menschen finden somit in und in Bezug zu mediatisierten Welten statt." (Tillmann 2010; vgl. dazu Krotz und Friedrich 2001)

Eine besondere Bedeutung erlangen diese medialen und eben u. a. auch virtuellen Räume hinsichtlich der Begriffe von ethnischer Identität oder, wie im vorliegenden Falle, von Ethnizität (‚race'). Insbesondere im Hinblick darauf, ob die hier besprochenen Foren neue mediale Räume für Identitätskonstruktionen, nicht nur für Chinas Jugend im Allgemeinen, sondern für junge Angehörige ethnischer Minderheiten in China im Speziellen öffnen könnten, bleibt die Frage nach dem Wie und auch nach den Einflüssen, die eine Partizipation in diesen Foren kurz- oder längerfristig auf die Wahrung oder Bildung von Identität im jeweiligen Kontext hat oder haben könnte. Von besonderem Interesse ist dabei, ob das Netz ursprüngliche Identitätskomponenten ersetzen oder ihre Hierarchie neu ordnen kann, oder ob es sogar die Struktur und Mechanismen von Identitätsbildung gänzlich neu konfigurieren könnte – und, damit einhergehend, ob diese Prozesse dem Internet inhärent sind oder, wie Nakamura (2003, 1–2) konstatiert, durch äußere Machtstrukturen bewusst gesteuert und kanalisiert werden.

Laut Manovich (2001) ist das Internet als neues Medium nicht mit den Terminologien oder der Logik herkömmlicher Medien versteh- oder analysierbar (Nakamura 2002, 2–3; Nakamura zitiert im Folgenden aus Manovich 2001). Stattdessen sind hier neue Begriffe, Kategorien und Funktionen entstanden, also eine Neukonfigurierung von Terminologien, die „native to the computer" sind (Nakamura 2002, 2–3). Diese stellen wiederum den begrifflichen Rahmen, mittels dessen wir das Internet begreifen und beschreiben. Gleichermaßen, und vielleicht noch viel bedeutender, haben diese neuen Begrifflichkeiten direkten Einfluss auf die Neukonfiguration von Kultur und kulturellen Systemen (Manovich 2001, 64; zitiert in Nakamura 2002, 273). Wenn also, wie Manovich impliziert, die dem Computer inhärente Sprache zu einer Neukonfiguration des Denkens (und Fühlens) von Internet-UserInnen und längerfristig damit sogar zu einer Veränderung der Kultur eben dieser UserInnen führt, dann könnte diese Veränderung auch zu einer Re-Hierarchisierung von Identitätskomponenten bei den Nuosu führen.

Auf der Basis von Manovichs Ausführungen betont Nakamura (2002, xiii) die „soziale transformative" Kraft des Internets. Im Hinblick auf das Verhältnis des Internets zur Transformation der Kategorie ‚Rasse' hält sie fest:

> The Net changes *some* things. Images of race on the Net are both „stereotyped" at times, as in some chat rooms, cyberpunk fictions, and advertisements, and at other times race is deployed in creative coalition building that creates a sense of community and racial identity online.

Für Nakamura (2002, xiii) ist das Internet dabei vor allem ein diskursiver und rhetorischer Ort, an dem ‚Rasse' als „effect of the net's distinctive uses of language" geschaffen wird.

Im Sinne dieser Definitionen und Konzeptionen von Medien als Orten für Identitätsbildung bergen diese Zwischenräume also nicht nur unmittelbare Implikationen für die Bildung oder Performanz von individueller (ethnischer) Identität, sondern sind de facto auch Orte der Rehierarchisierung von bereits bestehenden Konzepten und Kategorien, die in unmittelbarem Zusammenhang mit der Bildung und Wahrung von Identität stehen. Diese Rehierarchisierung hat nicht nur unmittelbar Relevanz für die UserInnen der Foren, sondern birgt, wie oben beschrieben, unter Umständen größere Konsequenzen für die (Minderheits-)Kultur, der die UserInnen angehören. Eine ‚konfliktfreie' Rehierarchisierung von Kultur oder identitätsstiftenden Elementen ethnischer Zugehörigkeit ist dabei in konservativen Kulturbezügen wie denen der Nuosu nur schwer vorstellbar. Ist also das Internet möglicherweise erst aufgrund eines Generationenkonflikts zu einem relevanten Ort für (alternative) Identitätsentwürfe geworden, so ist im Gegenzug auch denkbar, dass sein implizites Rehierarchisierungspotenzial wiederum zu einer Verschärfung nicht nur des Generationenkonflikts, sondern auch der grundlegenden Diskrepanzen innerhalb des kulturellen Gefüges der Nuosu führen könnte.

Hintergründe: Nuosu-Identität im Spiegel der traditionellen Gesellschaftsordnung

Die Nuosu sind eine Untergruppe der chinesischen ethnischen Minderheit der Yi. Heute leben ca. zwei Millionen Nuosu in der Autonomen Präfektur Liangshan, einem bergigen Gebiet im Südwesten der Provinz Sichuan, den angrenzenden autonomen Kreisen Ebian, Mabian und Ninglang (Yunnan) und zunehmend in translokalen urbanen Kontexten wie Chengdu und Beijing. Innerhalb der verhältnismäßig großen Volksgruppe der Yi[1] nehmen die Nuosu in vielerlei Hinsicht eine besondere Stellung ein. Geografische Abgeschiedenheit und eine lange Abwehrhaltung gegenüber äußeren Einflüssen, etwa chinesischen Dynastien und Siedlern anderer ethnischer Gruppen, haben zur Ausbildung und ansatzweise zur Bewahrung einer eigenständigen Gruppe von Menschen mit eigener Identität und eigenem kulturellen Erbe beigetragen (so u. a. eigener Sprache und Schrift). Ca. Mitte der 1950er Jahre übernahmen kommunistische Truppen endgültig die Kontrolle über das zentrale Siedlungsgebiet der Nuosu. Nach langwierigen Kämpfen kam so auch die jahrhundertealte soziale Hierarchie zu Fall. Das Clan- und Kastensystem bestand, je nach Lokalität, aus zwei Adelskasten – den *nzymo* und den

---

1 Die heute schätzungsweise 8 Mio. Angehörigen der Yi leben vorwiegend in den chinesischen Provinzen Sichuan und Yunnan, Guizhou und Guangxi.

sogenannten Schwarzen Yi oder *nuoho* an der Spitze, darunter den Weißen Yi (*qunuo/quho* oder gemeines Volk) und den je nach Sichtweise separaten oder in die Kaste der *qunuo* integrierten zwei Leibeigenen-Kasten der *mgajie* und *gaxi* als Unterbau des Ganzen. Da die Adligen ihre Arbeitskräfte ausschließlich aus bei Raubzügen verschleppten Han-Chinesen oder Angehörigen anderer ethnischer Gruppen rekrutierten, wurden die Nuosu im Sinne der marxistischen Neukonfiguration ab 1949 fortan als ‚Sklavenhaltergesellschaft' (chin. *nuli shehui*) begriffen – ein Stigma, dessen sie sich trotz beständiger Bemühungen ihrer politischen und akademischen Eliten bis heute nicht entledigen konnten.

So herrscht zwar in Kreisen chinesischer und westlicher Anthropologen der Konsens, dass die Bezeichnung einer Sklavenhaltergesellschaft nicht gerechtfertigt ist (vgl. Harrell 2001, 4; Heberer 2006, 45), allerdings stellt sich eine exakte Bestimmung dessen, was bis ca. 1956 die Gesellschaftsstruktur der Nuosu ausmachte, nach wie vor als schwieriges Unterfangen dar. Ein Grund dafür ist wohl die – historische, begriffliche und auch kulturelle – Komplexität dieser Struktur, deren Ursprünge nicht geklärt sind. Ein weiterer Grund liegt sicherlich in dem begrenzten sozialen Rahmen, in dem diese Diskussion öffentlich stattfindet: Er ist nämlich bisher ausschließlich wissenschaftlich geprägt. Vor etwa zehn Jahren boten westliche, chinesische und Yi-Wissenschaftler zum ersten und vorerst letzten Mal im Rahmen gemeinsamer Forschungsdebatten unterschiedliche Perspektiven auf die Frage der Nuosu-Kasten und der Unterschiede zwischen Schwarzen und Weißen Yi. Seither gab es einige wenige westliche Studien, wie beispielsweise von Schoenhals (2003) und Heberer (2007), in denen Kastenzugehörigkeit und Nuosu-Identität im Liangshan eine wichtige Rolle spielen.

Im Wesentlichen herrscht Konsens darüber, dass die Nuosu im Liangshan und seinen Ausläufern ehemals in einer rigiden Clan- und Kastengesellschaft organisiert[2] waren, deren Dynamik und Grenzen v. a. durch Endogamie, Verhaltenskodexe und häufige Clanfehden geregelt und eingefordert wurden. Diese Gesellschaftsstruktur beinhaltet je nach historischer Auslegung und linguistischer Interpretation entweder die fünf Kasten *nzymo – nuoho – quho – mgapjie – gaxy* oder die drei Kasten *nzymo – nuoho – quho*. Die chinesische und westliche Wissenschaft ist sich außerdem einig, dass dieser Gesellschaftsstruktur durch den Einmarsch der chinesischen Volksbefreiungsarmee und mit Beginn der Übernahme politischer Kontrolle durch den Zentralstaat ein mehr oder weniger jähes

---

2 Einige westliche Autoren wie z. B. Harrell 2001 sprechen in diesem Zusammenhang auch von Stämmen. An dieser Stelle wurde jedoch bewusst die Bezeichnung Clangesellschaft von Heberer 2006, 48 übernommen.

Ende bereitet wurde. Zunächst setzte man seitens der neuen chinesischen Regierung auf friedliche Mittel in der Umstrukturierung der traditionellen Gesellschaftsordnung. Bald wichen diese jedoch blanker Gewalt, da die Bemühungen der neuen Regierung insbesondere in den Kerngebieten des Liangshan auf teilweise unverhohlenen Widerstand seitens einiger *nuoho*-Clans stießen, so u. a. im Kreis Meigu, wo sich *nuoho*-Partisanen bis zu ihrer Niederlage in den späten 1950er Jahren erbitterte Kämpfe mit chinesischen Truppen lieferten. Einige Quellen (z. B. Ma 2003) betonen die Brutalität, mit der ab der sogenannten ‚Demokratischen Reform' im Liangshan (chin. *liangshan mingai*) ab Mitte der 1950er Jahre und bis weit in die sogenannte Kulturrevolution (1966–1976) hinein gegen den ‚Klassenfeind' Schwarze Yi vorgegangen wurde. Und sie lassen erahnen, wie hoch die Zahl der Opfer gewesen sein muss. (Vgl. Ma 2003, 83)

Ist sich auch die emische und etische Forschung zu den Nuosu im Hinblick auf diese Punkte weitestgehend einig geworden, so bleiben viele Fragen unbeantwortet. Dies gilt erstens für eine (endgültige) Klärung der für die ursprüngliche Gesellschaftsstruktur der Nuosu zentralen Beziehungen zwischen Schwarzen und Weißen Yi und konkret für das kulturelle und soziale Gefüge, welches diese beiden Kasten in einer Art Identitäts-Patt miteinander verband. Insbesondere im Hinblick auf die hier diskutierte Thematik von ethnischer Identität von Schwarzen und Weißen Yi findet sich allerdings in der Forschungsliteratur wenig Einheitliches, Einigendes und historisch oder empirisch Verlässliches. Zu groß scheint auch hier weiterhin die ideologische Kluft zwischen Politik und Kultur und zwischen Angehörigen unterschiedlicher wissenschaftlicher Diskurse zu sein. Zweitens werden innerhalb der Diskussion über die alten Gesellschaftsstrukturen im Liangshan bestimmte Begriffe (nicht) verwendet, die, implizit oder auch explizit, im Kontext der aktuellen, virtuellen Diskussion der Identität von Schwarzen und Weißen Yi immer wieder auftauchen und deren Beziehungen untereinander nicht eindeutig geklärt sind. Speziell sind dies die Kasten und, damit einhergehend und verbunden mit der Unterscheidung zwischen ‚Schwarz' und ‚Weiß' anhand der ‚Härte der Knochen', auch der Begriff der ‚Rasse' (fortan englische Entsprechung: ‚race').

Anhand eines Vergleichs zwischen der Nuosu-Gesellschaft, Indien und den USA arbeitet Schoenhals (2003) die kastischen Eigenschaften der Nuosu heraus. Ihm zufolge ist Kaste bei den Nuosu, anders als in Indien und den USA, nicht von einer täglichen, soziokulturellen Performanz abhängig. Stattdessen wird sie quasi als eine Art primordiale Größe begriffen, die das Selbstverständnis von sowohl *nuoho* als auch *quho* ausmacht. Dieses Selbstverständnis, so meine ich, wird wiederum im gegenseitigen Wechselspiel oder in einer Art kulturellem Patt zwischen *nuoho* und *quho* anerkannt und damit perpetuiert.³

Liegt eine Verwendung des Begriffs ‚race' im Rahmen einer Diskussion um Kasten und Knochen bei den Nuosu eigentlich relativ nahe, so ist er in chinesischen wissenschaftlichen Artikeln zu den Nuosu-Kasten im Wesentlichen doch unauffindbar. Lediglich in Mas Text (2003) finden sich zwei Passagen, in denen der Begriff – allerdings ohne Erklärung – vorkommt. In der ersten Instanz beschreibt der Autor die Entstehung der Kasten der Schwarzen und Weißen Yi als zwei miteinander verwandte Untergruppen der führenden Kaste der sogenannten *nzymo* und führt in diesem Zusammenhang auch eine Erklärung der Bezeichnungen ‚Schwarz' und ‚Weiß' an. In diesem Kontext erscheint ‚race' als übergreifende Bezeichnung für eine ursprünglich homogene ethnische Gruppe: „Led by a nzymo commander, the Yi once launched a campaign against another race but suffered heavy casualties." (Ma 2003, 84)⁴ ‚Race' wird hier als eine definitive Kategorie anerkannt und in der Konsequenz vom Autor auch eine einheitliche ethnische Identität ‚der Yi' (hier verwendet Ma den Begriff synonym mit Nuosu) vorausgesetzt. Durch die Erklärung der gemeinsamen Abstammung von ein und derselben Gruppe entzieht Ma der Verquickung von Kaste und Blut damit die Grundlage. Allerdings widerspricht er sich nicht viel später mit einer Textpassage, in der er die komplexen Beziehungen zwischen *nzymo* und *nuoho* beschreibt und in Bezug auf die ‚Schwarzen Yi' den Begriff ‚race' alternativ für ‚Kaste' verwendet:

> Many (nzymo and aboriginal officials) felt it was beneath their dignity to marry Black Yi. "Recently some impoverished tumu have been unable to marry their fellows but have been reduced to taking spouses of the black race. They are known as fadieluo, meaning the

---

3 Vgl. Schoenhals 2003, 200: Beschreibung von Mechanismen der gegenseitigen, ritualisierten Auf- bzw. Abwertung durch *nuoho* und *quho*.
4 In Mas Interpretation gab es ursprünglich keine ‚rassischen' Unterscheidungen zwischen *nuoho* und *qunuo*. Hierfür führt er unter anderem linguistische Beweise an. Eine Unterscheidung wurde lediglich aufgrund eines legendären Kampfes getroffen, bei dem die späteren *nuoho* den kämpfenden *nzymo* zu Hilfe kamen und sich die späteren *qunuo* eher abwartend am Rande des Geschehens aufhielten. So entstand Ma zufolge die spätere, soziale Unterscheidung zwischen den zwei Kasten und auch die Entwicklung der Bezeichnungen *nuoho* und *qunuo*. Wichtig ist hier, dass eine Unterscheidung der beiden Gruppen *nuoho* und *qunuo* ursprünglich nicht aufgrund von Blut getroffen wurde; stattdessen begreift Ma durch seine obige Verwendung des Begriffs ‚race' die damaligen Nuosu als eine homogene ‚race', innerhalb derer sich später Kasten ausbildeten, die entgegen anderer Interpretation ‚rassisch' homogen sind.

mountains have been reduced to stones; the Yi and the Miao do not obey them and they are held in contempt by their own kind." (Ma 2003, 85) [5]

Es bleibt dahingestellt, welcher Begriff hier im Original stand und ob ‚race' überhaupt die passende Entsprechung ist. Von Interesse ist hier vor allem der inhärente Widerspruch und außerdem die Tatsache, dass Ma den Begriff ‚race' verwendet, ohne ihn weiterführend zu problematisieren. Der Begriff ‚race' ist allerdings noch in anderer Hinsicht bedeutsam für die vorliegende Diskussion: Er taucht, wenn auch nur sporadisch und teilweise verdeckt, in den weiter unten thematisierten Internetforen auf.

Ein weiterer, zentraler Begriff, der unmittelbar mit Fragen von ‚race' zusammenhängt, ist der ‚Knochen' eines/r Nuosu bzw. seines/ihres Clans bzw. des Härtegrades der jeweiligen Knochen. Bei den Nuosu sind Knochen gleichzusetzen mit der Vorstellung von Blut im europäischen Kontext: Je härter die Knochen, desto nobler das Blut. Die Vorstellung von Knochen ist bei den Nuosu untrennbar mit dem Verständnis der Kaste oder kastischen Zugehörigkeit und auch der Clan-Zugehörigkeit verbunden. Entsprechend werden die Knochen der *nuoho* generell als ‚härter' angesehen als die der *quho*. Teilweise werden sie auch farblich gekennzeichnet, also schwarze Knochen oder Schwarzknochen genannt, wie etwa in der 1959 erschienenen autobiografischen Erzählung *Princes of the Black Bone – Life on the Tibetan Borderlands* von Peter Goullart. Unklar bleibt allerdings, ob das ‚nuo' in *nuoho* (Nuosu-Äquivalent für Schwarze Yi) in der Tat ‚schwarz' bedeutet oder eben nicht. So ist es u. U. möglich, dass die chinesische Bezeichnung *heiyi*, also Schwarze Yi, so gar nicht zutrifft.[6] Nun ist es allerdings nicht so, dass alle Clans, die noch heute zu den Schwarzen Yi gezählt werden, alle den gleichen Härtegrad hätten. Auch hier wird unterschieden, und innerhalb von Chat-Gruppen junger Schwarzer Yi gibt es häufige und hitzige Debatten darüber, wessen Knochen denn härter seien.

Obwohl die Knochen und der Härtegrad der Knochen in jeder wissenschaftlichen Abhandlung zu *nuoho* und *quho* auftauchen und auch in Unterhaltungen zu dem Thema regelmäßig erwähnt werden, bieten diese keine weiterführenden

---

5 Ma zitiert hier nicht näher spezifizierte Quellen, sodass der Wahrheitsgehalt dieser Aussage nicht eindeutig verifizierbar ist.
6 Verweis auf Ausführungen von Dai Qingxia 1993 und Hu Suhua 1995, eine promovierte Linguistin mit *nuoho*-Hintergrund, die die gleiche Aussprache für die Selbstbezeichnung ‚Nuosu' und die Farbe schwarz für eine fälschliche Übersetzung von nuoho als ‚Schwarze Yi' verantwortlich machen: Siehe Forum *Liangshan Luntan* (wörtl. Liangshan Forum) zum Thema „Yi Tribe"/„Schwarze Yi sind nicht schwarz/Weiße Yi sind nicht weiß". bbs.ls666.com/dispbbs.asp?boardid=68&id=9949&move=next (13.08.2015).

Erklärungen zur Herkunft oder Symbolik dieser Vorstellungen. Auf die Frage, wie denn in der modernen Variante der lokalen Yi-Sprachen Knochen thematisiert werden, konnte mir jüngst ein junger *nuoho* Informand lediglich folgende gängige Begriffe nennen[7]:

ꊿꋊ vup ddu: Knochen
ꊿꋊꄮꆏ vup ddu not ni: Blutsverwandte/r
(ꍣꂾ) ꊿꋊꋍꂷꉬ (cyma) vup ddu nrat ma nge: (jemand) hat „gute" Knochen

Ein häufig zitiertes Yi-Sprichwort, welches mir leider nur in der chinesischen Übersetzung vorliegt, lautet sinngemäß ins Deutsche übersetzt:

„Die Knochen der Schwarzen Yi entstammen einer Wurzel, aber ihre Haut hat zehn Schichten. Die Haut der Weißen Yi hat eine Schicht, aber ihre Knochen entstammen zehn Wurzeln."[8] Dieses Sprichwort verdeutlicht noch einmal die indigene Sichtweise auf die vielschichtige Herkunft der Weißen im Verhältnis zu den Schwarzen Yi. Leider wird auch im Zusammenhang mit diesem Sprichwort der Verweis auf die Knochen nicht weiter erklärt. Gleiches gilt für die Symbolik der Haut und ihrer ‚Schichten'.

Lin (2003) sieht die Frage der Knochen in einem rein utilitaristischen Licht, nämlich im Sinne der Bewahrung und Anhäufung von sozialem Prestige:

> Today, when people make distinctions based on rank, to a very large degree they are actually evaluating the social prestige they can use and the social resources they can mobilize. In Yi community life, a person's high rank signifies that his or her family branch has "hard bones", and this signifies that that person is able to mobilize and use more social resources. Individuals being unwilling to marry someone of lower rank than themselves signifies in practical terms that they are unwilling to lose the opportunity to increase their social resources through contracting an unsuitable marriage. (Lin 2003, 58)

Die Frage von Knochen bzw. Blut und ‚race' scheint vor allem deshalb so problematisch zu sein, da sie fast immer in Zusammenhang mit der Unterscheidung zwischen *nuoho* und *quho* auftaucht und damit auch immer mit der sog. Sklaven-

---

[7] Zwischen 2002 und 2012 habe ich in Peking und im Liangshan Feldforschungen zu den Nuosu durchgeführt. Als Bestandteil meiner Forschungen habe ich langjährige, gute Kontakte aufgebaut, die auch im Rahmen von Nachfragen, wie bezüglich der hier vorgestellten Begriffe, als Referenzrahmen dienen.

[8] 黑彝的骨头是一根，但皮是十张；白彝的皮是一张，但骨头是十根。[Sinngemäß: Die Knochen der Schwarzen Yi entstammen einer Wurzel, aber ihre Haut besitzt zehn Schichten. Die Haut der Weißen Yi besteht nur aus einer Schicht, aber ihre Wurzeln sind mannigfaltig]. http://www.yizuren.com/plus/view.php?aid=3351 (15.11.2015).

haltergesellschaft und mit Unterdrückung und Ausbeutung in Verbindung gebracht wird. Es wirkt manchmal fast so, als ob die chinesische Forschung zu dem Thema eine originäre Verquickung von ‚race'/Kaste und Sklaverei voraussetzt, also ‚race' und Kaste nicht unabhängig von der als ‚Sklavenhaltergesellschaft' bezeichneten ursprünglichen Gesellschaftsstruktur der Nuosu thematisiert werden können. So ist beispielsweise Ma (2003) in seinen Ausführungen zum (neuen) Verständnis der Nuosu-Kasten stets darauf bedacht hervorzuheben, dass die Sklavenhalterei nicht angeboren bzw. durch Kaste determiniert war (s. erstes Zitat zu Rasse oben). Ein Teil der Forschung zum Verhältnis zwischen *nuoho* und *quho* verdrängt oder ignoriert die Problematik der Kaste zugunsten der ideologisch unverfänglicheren ‚Sklaverei' oder ‚Sklavenhaltergesellschaft'. Eine Konzentration auf die Rolle, welche die Sklaverei in der traditionellen Nuosu-Gesellschaft gespielt hat, und auf die wirtschaftliche Hierarchie, die durch diese Gesellschaftsstruktur zum Ausdruck kam, verdrängt dabei erfolgreich die ideologisch weitaus prekärer anmutenden Themen wie Knochen und Kaste.

Die offenen, wissenschaftlichen Fragen nach den historischen Ursprüngen und dem kulturellen – und symbolischen – Selbstverständnis der *nuoho* lassen keine eindeutige Beschreibung einer ‚Ideologie' der kastischen Überlegenheit der Schwarzen gegenüber den Weißen Yi zu. Für Ma gestaltet sich die Herkunft der beiden Kasten der *nuoho* und *quho* im Sinne obigen Zitats als ein Prozess der Teilung in zwei verschiedene Gruppen, die von ein- und demselben Stamm abstammen, sprich Blutsverwandte sind. Eine eigenständige, von den Weißen Yi unabhängige (genetische) Abstammung der Schwarzen Yi lehnt Ma ab. Stattdessen macht er eine Art ‚Übersetzungsfehler' für die Unterscheidung zwischen Schwarzen und Weißen Yi verantwortlich. Ihm zufolge sind die Begriffe Schwarze Yi und Weiße Yi eigentlich „free translations of nuoho and qunuo". Ma konstatiert, dass in chinesischen Quellen lediglich von „black foreigner [yi, meaning foreign, not the Yi people]" und „white foreigner, or white Luoluo and black Luoluo, and so on" die Rede sei. Einer Passage im Guizhou Book of the Yi [Yishu] zufolge würden die schwarzen Luoluo als „genuine common people (baixing)" betrachtet, die weißen Luoluo hingegen als die Nachfahren von Gefolgsleuten. Ma hält diese Erklärung für trügerisch und begründet sie mit der Sprachbarriere (Chinesisch-Yi). Diese Sprachbarriere hatte seiner Meinung nach wiederum schwere Konsequenzen für die jüngere Geschichte. So hätten manche diese Termini benutzt, um Konflikte „innerhalb der Yi" zu schüren. Dies sei vor allem während der Kulturrevolution der Fall gewesen, als den *nuoho* sehr zugesetzt worden sei. „Einige" hätten sich dabei nie vom Thema der Knochen lösen können. (Ma 2003, 83) Als Konsequenz plädiert Ma für die Abschaffung der Begriffe ‚Schwarze Yi' und ‚Weiße Yi' aus dem wissenschaftlichen Diskurs. (Ma 2003, 83)

Diese Passage, die im Original eine ungewohnt starke Emotionalität vermittelt, legt nahe, dass der Umgang mit dem historischen Verhältnis und der kulturellen Bedeutung von Schwarzen Yi und Weißen Yi bis heute ein Thema bleibt, das nicht nur Nuosu-Kasten, sondern auch Nuosu-Gemüter spaltet. Emotionalität lässt sich überhaupt als Indikator für die Bedeutung der Diskussion zu Kasten im Liangshan werten. Dies ist umso relevanter, als die politischen und sozialen Umwälzungen der vergangenen Jahrzehnte leicht zu der Annahme verleiten könnten, dass zentrale, identitätsstiftende Elemente wie Kaste und Clan bei den Nuosu im Liangshan heute keine oder nur noch eine nebensächliche Rolle spielen. Das gilt auch für die offizielle politische Rhetorik: Sie propagiert seit Jahrzehnten eine kulturelle und soziale Gleichmachung, die letztlich darauf abzielt, dass die Nuosu sich als Teil der vom Staat vorgegebenen, konstruierten Kategorie der Yi verstehen beziehungsweise eventuell bestehende soziale und kulturelle Unterschiede sich längerfristig in diesem Schmelztiegel ‚Yi' auflösen.

Trotz dieser Abschwächung identitätsstiftender Komponenten hat sich bei den Nuosu bis heute zumindest ein Bewusstsein für die alten Identitätsstrukturen erhalten können. In den Köpfen sowohl der älteren als auch der jüngeren Generationen herrschen die alten sozialen Identifikations- und Hierarchisierungsmuster weiterhin vor. Dafür sprechen neben den oben genannten neueren wissenschaftlichen Abhandlungen auch meine eigenen langjährigen Beobachtungen im Rahmen anthropologischer Feldforschung – und vor allem auch jüngere Diskussionen auf diversen chinesischen Internetplattformen.

Subjektive Perzeptionen vom heutigen Umgang mit kastischer Identität bei den Nuosu

Der Umgang mit Herkunft und Zugehörigkeit bleibt innerhalb der Gruppe der Nuosu ein von der Forschung unberührter Bereich, wenngleich sich die oben genannte Emotionalität auch hier sehr wohl finden lässt. Allerdings handelt es sich dabei eher um einen emotionalisierten öffentlichen ‚Nichtumgang' mit dem Thema. Vor Ort im Liangshan sind es die politische Wirklichkeit und auch die Nachwehen von vergangenen politischen Kampagnen, die im ländlichen wie im semi-urbanen Kontext eine rationale, öffentliche Debatte dieser Thematik verhindern. Wie Schoenhals anmerkt (vgl. 2003, 245–246), haben sich zwar durch physische und Bildungs-Distanz zur Heimat z. B. Möglichkeiten zur Exogamie vor allem für Weiße Yi ergeben.⁹ Allerdings stellt diese Tatsache nicht die nach wie vor bestehende Realität von Kastenbeziehungen infrage. Da die meisten Nuosu enge Beziehungen zu ihrer Heimat und ihrer Wahlheimat unterhalten, bedingen sich hier Identität am Herkunftsort und im urbanen Kontext sehr stark gegenseitig. Es lässt sich also nicht davon ausgehen, dass intellektuelle Migration und Arbeitsmigration und deren Translokalität zu einer Veränderung oder Neukonfigurierung von hierarchischem (Kasten-)Denken geführt hätten.

Ein wesentlicher Grund für die große Zurückhaltung bei der Diskussion um (schwarze und weiße) Identität ist dabei sicherlich, dass es im Liangshan keine Thematisierung von Schwarzen und Weißen Yi geben kann, ohne bestimmte politische Ereignisse in der jüngsten Geschichte der Volksrepublik China anzusprechen. Die diversen Traumata der sozialen Umwälzungen der späten 1950er und der 1960er Jahre, die vor allem die Kaste der ehemaligen ‚Sklavenhalter' der *nuoho* und auch Teile der *quho*-Kaste betreffen, bleiben weitgehend unbearbeitet. Nach wie vor sind wissenschaftliche Erhebungen beispielsweise zu der sogenannten ‚Demokratischen Reform' im Liangshan, welche 1956 implementiert wurde und im Wesentlichen die Abschaffung der alten Gesellschaftsordnung der Nuou beinhaltete, von einer großen Sensitivität gekennzeichnet. Und auch im persönlichen, sozialen Umgang bedarf es meiner Erfahrung nach einer gewissen Menge an Vertrauen, bevor Nuosu beginnen, über ihre Identität als Schwarze oder Weiße Yi zu sprechen.

Wenn also die eigenen Eltern und Großeltern wenig erzählen, die Wissenschaft für viele junge Nuosu nicht (mehr) glaubwürdig erscheint und daher auch nicht wegweisend in einer Situation sein kann, in der junge Nuosu zwischen den Vorgaben ihrer Eltern hinsichtlich der eigenen Lebensentwürfe und den zugleich bestehenden Tabus der Kastenidentität gefangen sind, wo sind dann die für die eigene Identitätsbildung so dringend benötigten Antworten zu finden? Die Diskussion um Kaste (oder Knochen), wenn sie denn überhaupt stattfindet, bleibt beschränkt auf private Zusammenkünfte. Hier wird debattiert und diskutiert, gefragt und vermutet, gestritten und gelästert, aber eben hinter vorgehaltener Hand oder innerhalb bestimmter und begrenzter sozialer und lokaler Nischen. Dieses Verhalten gilt für Schwarze und Weiße Yi gleichermaßen und sowohl innerhalb

---

9 Ehen zwischen Weißen Yi-Männern/Frauen und Han-Chinesen oder anderen ethnischen Minderheiten oder Ausländern. Mir persönlich sind nur zwei Fälle in translokalen Kontexten bekannt, in denen Schwarze Yi (in beiden Fällen handelt es sich um Frauen) Ausländer (Franzose, Amerikaner) geheiratet haben.

ihrer sozialen Gefüge im Liangshan als auch in diasporischen Kontexten in chinesischen Großstädten wie Chengdu und Beijing.

Ist die offene Artikulation des eigenen Selbstverständnisses und der dazugehörigen komplexen Verquickung von Ethnie („race") und Clan im Rahmen öffentlicher und auch privater Diskussion nach wie vor weitestgehend tabuisiert, so wird dieses Tabu nun durch die rasante Entwicklung des chinesischen Internets und damit einhergehend neuer Seiten und Foren, die von meist jungen Angehörigen ethnischer Minderheiten eingerichtet und genutzt werden, ansatzweise aufgebrochen. In bei jungen Yi populären Internetforen werden Fragen zu Schwarzen und Weißen Yi, also zu Nuosu-Identität, zum ersten Mal nicht nur im privaten Rahmen formuliert, sondern als sichtbarer Teil der virtuellen Diskussion einer Gruppe junger Nuosu, die sich jenseits der Tabus von Gesellschaft, Generation und Staat um eine Klärung ihrer eigenen Identität und damit auch der künftigen Entwicklung eben dieser Identität bemühen. Die Option der anonymen Diskussion bietet, ähnlich wie in anderen sozialen Netzwerken in China, jungen Nuosu-UserInnen die Möglichkeit, in einen öffentlichen Dialog über Fragen der Identität von Schwarzen und Weißen Yi und der Unterschiede und Konflikte zwischen beiden Gruppen zu treten, ohne dabei ihre eigene Identität preisgeben zu müssen. So ist die Diskussion um die Frage nach der wahren Beschaffenheit von Identität bei den Nuosu und speziell nach dem Verhältnis zwischen Schwarzen Yi und Weißen Yi vielleicht offener geworden als je zuvor.

Exemplarische Auswertung einer Auswahl an Foren und Themen

Zur Annäherung an die Frage, wie Kaste bzw. ‚race' und, damit einhergehend, *nuoho-* und *quho*-Identität auf diesen Webseiten und in diesem speziellen Kontext zur Sprache kommen und welche Konsequenzen diese Diskussionen für die Identitätsbildung bei jungen Nuosu haben könnten, wurden die Foren im Hinblick auf eine definierte Schnittmenge aus wissenschaftlichem und privatem Diskurs zu Identität innerhalb der Nuosu gesichtet. Dabei stehen vornehmlich bestimmte Begriffe und Themen im Vordergrund, und auch die Art und Weise, wie unter Einbeziehung wissenschaftlicher Erkenntnisse zu einem Thema Fragen beantwortet, Argumente widerlegt und generell virtuelle Diskussionen geführt werden.

Für die Identifizierung und Auswahl relevanter Internetplattformen wurden die chinesischen Schlagwörter *heiyi* (Schwarze Yi) und *baiyi* (Weiße Yi) benutzt.

In einem zweiten Schritt wurde eine Vorauswahl der Foren aufgrund von Begriffen getroffen, die in den Titeln oder auch im Verlauf bestimmter Threads auftauchen und die zu der oben beschriebenen Schnittstelle zwischen wissenschaftlichen Diskursen und öffentlichem Schweigen gehören, wie beispielsweise:

Heiyi, 黑彝: Schwarze Yi
Baiyi, 白彝: Weiße Yi
Dengji, 等级: Kaste
DNA bzw. Jiyin, 基因: Gene
Xuetong, 血统: engl. blood lineage, (sinngemäß) Abstammung
Nulizhu, 奴隶主: Sklavenhalter
Bu tonghun, 不通婚: (sinngemäß) endogam, Endogamie
Ao'man, 傲慢: arrogant, überheblich
黑, 白: Farbkategorien Schwarz und Weiß im Hinblick auf die Yi-Kasten

Die ausgewählten Foren lassen sich grob in fünf Kategorien unterteilen, wobei die thematischen Übergänge auch fließend sein können. Bei der ersten Gruppe handelt es sich um Internetforen, die sich explizit an junge Yi richten und nach Themen gegliedert sind. Hierzu gehört beispielsweise die Plattform *Liangshan Luntan* (wörtl. Liangshan-Forum), in deren Themengruppe *Yiren buluo* (wörtl. Yi-Stamm) eine ganze Reihe an themenspezifischen Threads zu finden sind, so auch der Thread *Heiyi bu hei, Baiyi bu bai* (Schwarze Yi sind nicht schwarz und Weiße Yi sind nicht weiß)[10]. Darüber hinaus gibt es in einem der größten Chatforen Chinas und weltweit, tieba.baidu.com, neben diversen Foren zum Austausch zu Yi-relevanten Themen das populäre Unterforum *Heiyiba*, in dem es im Wesentlichen um Schwarze Yi geht bzw. in dem Angehörige der *nuoho*- mit Angehörigen der *quho*-Kaste zum Thema Schwarze Yi diskutieren[11]. In anderen Foren werden wiederum eher generelle Fragen zu Schwarzen bzw. Weißen Yi oder auch zu den Yi insgesamt gestellt, so beispielsweise in iask, welches vom chinesischen Internetriesen Sina.com betrieben wird,[12] und auch in wenwen.sogou.com, u. a. mit einem Thread zu der Frage, ob es wahr sei, dass *nuoho*-Männer keine han-chinesischen Frauen heiraten dürfen.[13] Weiterhin finden sich spezielle Foren, die

---

10 bbs.ls666.com/dispbbs.asp?boardid=68&id=9949&move=next (13.08.2015).
11 tieba.baidu.com/p/2685911493 (13.08.2015).
12 黑彝是彝族种的贵族吗？[Sind die Schwarzen Yi die Adligen innerhalb der Gruppe der Yi?]. iask.sina.com.cn/b/3mswnQnwb.html (13.08.2015).
13 彝族（黑彝）男子不能和汉族女子结婚吗？[Ist es wirklich so, dass Yi (Schwarze YI) Männer keine han-chinesische Frau ehelichen dürfen?]. wenwen.sogou.com/z/q224498051.htm (13.08.2015).

thematisch nichts mit den Nuosu zu tun haben, deren Threads allerdings relevante Themen aufweisen, so das Forum of Molecular Anthropology (s. Auflistung der untersuchten Foren am Ende des Artikels). Außerdem wird in den relevanten Foren auch Bezug auf eine ganze Reihe von populärwissenschaftlichen und teilweise wissenschaftlichen Essays zur Identität und Geschichte v. a. der Schwarzen Yi genommen, so auf einen Aufsatz mit dem Titel *Heiyi, ni de qishi shi xuetong* (wörtlich: Schwarze Yi, Euer Banner ist Euer Blut/Eure Abstammung).[14]

In diesen unterschiedlichen Forengruppen werden eine Vielzahl an Themen, die sich um (Kasten-)Identität im Liangshan drehen, mal mehr, mal weniger umfangreich und/oder ‚professionell', mal rationaler und mal emotionaler diskutiert. Hierzu gehören vor allem:
- Herkunft der Yi, Herkunft des Kastensystems der Yi;
- Verwandtschaft bzw. Verwandtschaftsgrad unterschiedlicher Clans untereinander;
- Kritik an der Attitüde einiger Schwarzer Yi, sich für etwas Besseres zu halten;
- Schwarze Yi, wie sie sein sollten (Etablierung einer Art von Verhaltenskodex).

Neben der Vermittlung von historischen Grundlagen und Entwicklungen finden sich dabei vor allem auch Verständnisfragen, Korrekturen (Diskussion über den Wahrheitsgehalt einzelner Posts) und sogar Fotomaterial, mit dem einzelne UserInnen ihre Thesen belegen wollen. Wie die Verwendung solcher Fotos bereits andeutet, geht es im Hinblick auf die Identität von Schwarzen Yi und Weißen Yi und deren Verhältnis untereinander auch immer ziemlich deutlich um die Frage, wie diese Kasten im Hinblick auf ihre äußerliche und auch genetische Zusammensetzung voneinander zu unterscheiden seien. Ähnlich wie ein Thread im Forum Heiyiba[15] fragt das Forum Ya'li'anba (wörtl. Forum der ‚Arier')[16] ganz konkret nach der genetischen Zusammensetzung und damit den Ursprüngen und dem emischen ‚Führungsanspruch' (meine Wortwahl) der Schwarzen Yi. In diesem Forum diskutieren über mehrere Seiten hinweg und unter Einbeziehung unterschiedlichster (wissenschaftlicher und anderer) Quellen augenscheinlich (genetisch) Versiertere und Laien zum Thema Identität unter genetischen Gesichtspunkten.

Noch ein Wort zu den UserInnen: Es ist schwer zu ermitteln, wie genau sich die Gruppe der UserInnen der gesichteten Foren zusammensetzt. Profilbilder, Usernamen, Icons und Beiträge lassen den Schluss zu, dass es sich allgemein um

---

14   13.08.2015.
15   13.08.2015.
16   13.08.2015.

relativ junge Yi unterschiedlicher Untergruppen handelt, wobei der größere Anteil derer, die sich an vehementen Diskussionen zu den Unterschieden zwischen Schwarzen und Weißen Yi beteiligen, sicherlich den Nuosu zuzuordnen ist. Die meisten der UserInnen in den Yi-Foren, wenn nicht alle, sind Yi. Die Fragen-Foren, z. B. Sougou Wenwen, werden auch von Nicht-Yi (also Han oder anderen) UserInnen frequentiert. Die Antworten auf Yi-spezifische Fragen stammen dabei nicht immer eindeutig von Yi-UserInnen.

Die hier exemplarisch beschriebenen Internetforen sind nicht autark, sondern Bestandteil größerer Netzwerke von UserInnen. Es werden nicht nur selbstständige Einträge verfasst, sondern auch Informationen gepostet, die von einer Reihe anderer Plattformen stammen: Die Foren werden dabei zum Umschlagplatz für sowohl wissenschaftliche als auch populärwissenschaftliche Informationen zu Schwarzen und Weißen Yi. Im Rahmen jüngster Entwicklungen im Medienbereich in China werden privatere Foren wie beispielsweise die Smartphone-App WeChat für diese Art von Informationsaustausch immer bedeutender. Allein 2014 gab es laut Statistik an die 500 Mio. Smartphone-Nutzer in der Volksrepublik China[17], die entsprechend Zugang zu diversen über iTunes oder Google-Phone/Android zur Verfügung stehenden Apps haben. Am beliebtesten sind vor allem die Foren weibo.com und die Smartphone-App WeChat. Weibo.com ist in den letzten drei Jahren verstärkt staatlicher Kontrolle ausgesetzt, so dass sich kritische Dialoge zunehmend auf WeChat verlagern, wo eine zunehmende Anzahl von Foren Informationen und Diskussionen zu unterschiedlichsten Themen bieten.

Diskussionen zur Identität von *nuoho* und *quho* sind damit nicht mehr nur auf Internetforen begrenzt, sondern werden mit der stetig zunehmenden Popularisierung von Apps wie WeChat zu einem ständigen Begleiter, dessen Inhalt jederzeit abrufbar ist – auch ohne einen stationären Computer. Dass WeChat jedoch irgendwann die Internetforen ersetzen kann, scheint eher unwahrscheinlich: Zu kostbar sind nach wie vor die Offenheit und relative Anonymität des Internets und auch der Platz bzw. das Format, der oder das virtuell für die eigene Meinung zur Verfügung steht. Denkbar wäre auch, dass WeChat die mobile Form des Austauschs über identitätsrelevante Inhalte werden könnte und das Internet eher das Forum bleibt, für das man sich stationär und argumentativ etwas mehr Zeit lässt.

---

17 http://de.statista.com/statistik/daten/studie/374625/umfrage/prognose-zur-anzahl-der-smartphonenutzer-in-china/ (03.11.2015).

Fazit

Die rasante Entwicklung des Internets insbesondere der vergangenen zehn Jahre hat auch in China neue, virtuelle Möglichkeiten für die Verhandlung, Bildung und Wahrung von ethnischer Identität geschaffen. Chinesische Minderheiten, vor allem Angehörige der jüngeren Generationen nach 1980, nutzen Webseiten, Blogs und unterschiedliche Arten von Online-Diskussionsforen, um dort wesentliche Fragen zu ihrer Kultur zu problematisieren, denen im Alltag aus ideologischen (politischen), sozialen oder kulturellen Gründen kein oder nur ungenügend Raum geboten wird. Hier werden anonym und unter Einbeziehung einer Vielzahl an Informationsquellen und Medien nicht nur Identitätsräume geschaffen, sondern diese auch als eine Art Blaupause für das eigene Selbstverständnis und die kulturelle Weiterentwicklung der eigenen ethnischen Gruppe genutzt.

Auch für die jüngeren Generationen der Nuosu und Angehörige anderer Untergruppen der Yi spielen diese virtuellen Identitätsräume eine zunehmend bedeutende Rolle in der Positionierung gegenüber ihrer eigenen ethnischen Gruppe und auch gegenüber Staat und Öffentlichkeit. Im Prozess der Identitätsbildung ist dabei auch das durch die Eltern oder Großeltern geprägte Verhältnis zur eigenen Herkunft maßgeblich: Dies bezieht sich nicht nur auf die konkreten Themen, welche junge Nuosu-UserInnen in den angeführten Foren diskutieren – also Fragen zu Schwarzen Yi, Weißen Yi, Blut/Knochen, Kaste und Endogamie – sondern auch auf die Art, wie diese Diskussion ihre Identität und damit ihre Einstellung und ihr Verhältnis gegenüber der eigenen Herkunft und Familie verändert. Die hier angerissene Art von Generationenkonflikt findet dabei nicht öffentlich und nicht direkt statt, sondern hat in den virtuellen Foren eine Ausprägung gefunden, die zwar mit denselben Schlagwörtern spielt wie die Sozialisation innerhalb der Familie, die allerdings in ihren Implikationen bereits sehr weit von dem entfernt ist, was viele Nuosu-Eltern im Liangshan an ihre Kinder herantragen oder vielleicht auch von ihren Kindern fernhalten wollen.

Nuosu-Identität im Liangshan ist kastisch und ‚rassisch' geprägt. Im Sinne der wissenschaftlichen Abhandlungen zur Genese und Geschichte der Kasten und Kastenbeziehungen bei den Nuosu lässt sie sich in ihrer ursprünglichen Konstellation als bestehend aus einem spezifischen Verhältnis zwischen den sogenannten Schwarzen und den sogenannten Weißen Yi beschreiben, die in einer Art Identitätspatt gegenseitig ihre kastische Identität widerspiegelten und damit perpetuierten. In diesem Patt ist irgendwann die Vorstellung von kastischer Identität im Sinne einer primordialen oder determinierten Identität entstanden; diese Vorstellung leitet sich, wie u. a. von Schoenhals (2003) belegt, beispielsweise aus der von beiden Seiten eingehaltenen strikten Endogamie ab. Sie wurde dabei auch durch die gegenseitige Anerkennung der inhärenten Überlegenheit bzw. inhärenten Zweitrangigkeit des anderen gefestigt. Mit den politischen Umwälzungen der 1950er Jahre und der Stigmatisierung und Abschaffung der alten Gesellschaftsordnung brach dieses Patt auf; Identität wurde fortan ethisch, also politisch bestimmt und, je nach ideologischem Bedarf und Klima, gefördert oder unterdrückt. Diese politischen, teilweise mit brachialen Mitteln durchgesetzten sozialen Reformen stellten fortan auch das ursprüngliche kulturelle und kastische Selbstverständnis der Nuosu zunehmend infrage; gleichzeitig wurde eine politische Ära eingeläutet, in der dieses Selbstverständnis bzw. die neuen Probleme damit nicht mehr direkt thematisiert werden konnten – ein Zustand, der möglicherweise zu der hier genannten Tabuisierung von kastischer und vor allem von *nuoho*-Identität führte.

Im Sinne einer solchen historischen Interpretation von Nuosu-Identität besteht der Generationenkonflikt im Hinblick auf Identitätskonstruktionen bei den Nuosu darin, dass junge Nuosu, vor allem junge *nuoho*, ihre kastische Zugehörigkeit nicht mehr als primordiale Größe erfahren: Die Narrative dieser Identität in Form von Auswendiglernen der Familiengenealogie, geschichtlichem Wissen, Vorgaben hinsichtlich künftigem Ehepartner/Zwangsverheiratung und allgemein zu Lebensentwürfen, ist unterbrochen. Viele, sowohl ländliche als auch semi-urbane oder städtische, Nuosu der jüngeren Generationen leben in einem Limbo zwischen den (veralteten) oder nicht der Gegenwart entsprechenden Erwartungen ihrer Eltern und Großeltern einerseits und der Unfähigkeit, jenseits eben dieser Vorstellungen eine eigenständige Identität aufbauen zu können, andererseits. Ein Ergebnis oder auch ein direkter Ausdruck dieser Ambivalenz sind die besagten Internetforen und die dort behandelten (Tabu-)Themen.

Die Internetforen sind nicht nur Beleg für einen Generationenkonflikt im Hinblick auf Identitätskonstruktionen bei den Nuosu. Noch bedeutender ist die Tatsache, dass hier der Generationenkonflikt direkt zu einer vielleicht permanenten Verschiebung von einer primordialen Vorstellung von kastischer Zugehörigkeit hin zu einer performativen Vorstellung von Kaste, ‚Rasse‘ und Identität führt oder im Umkehrschluss sogar durch sie bedingt wird. Die Zukunft dieser performativen *nuoho*- und *qunuo*-Identität und ihre Konsequenzen für Nuosu-Kultur als Ganzes sind ungewiss – besteht sie doch außerhalb des ursprünglichen sozialen Patts von *nuoho* und *qunuo* und bedarf daher der permanenten Performanz, also der permanenten Wiederholung und Bestätigung der virtuell gängigen Schlagwörter zu Identität bei den Nuosu.[18] Im Kontext einer solchen Performativität, die

---

18 Zum Vergleich: Ma 2003, 82 weist darauf hin, dass die Nuosu sich vor 1956 gegenseitig nicht mit der jeweiligen Kastenzugehörigkeit ansprachen. In den Internetforen ist das Gegenteil der Fall.

sich aufgrund eines Mangels an Hintergrundwissen einzelner UserInnen zwangsläufig auch einer virtuellen Collage aus wissenschaftlichen Abhandlungen, Bildern, Interpretationen und Halbwahrheiten bedient, mutieren Begriffe wie ‚Blut' oder ‚race' als ehemals eher stille Komponenten eines festen, vorausgesetzten, primordialen Weltbilds zu elaborierten Merkzeichen und zu Synonymen für Nuosu-Identität schlechthin. Hinzu kommt die sprachliche Problematik einer Gruppe von jungen Nuosu, die diese virtuellen Identitätsdiskussionen auf Chinesisch führt: Weitergehend wäre hier zu untersuchen, inwiefern auch dieser sprachliche Aspekt einen direkten Einfluss auf die Wahrnehmung und Interpretation bestimmter Begriffe im Rahmen von Identität bei den Nuosu hat.

Die Frage nach Ursprung, Genese und Erhalt ethnischer Identität oder, spezieller, Kasten-Identität bei den Nuosu kann im Rahmen dieses Beitrags nicht abschließend beantwortet werden. Zu komplex und vielleicht auch noch zu emotional sind und bleiben die wissenschaftlichen und subjektiven Narrative und Interpretationen, die dieses Thema derzeit prägen und wohl noch eine Weile weiter prägen werden. Nach Aussage eines *nuoho*-Informanden ist es dabei gleichgültig, was auf der Forschungsebene diskutiert wird: Die Frage nach der Identität von Schwarzen und Weißen Yi ist für *nuoho* wie *quho* sehr präsent und nach wie vor ein Tabu. Allerdings zeugen die hier beschriebenen Internetforen sehr wohl von einem schrittweisen Aufbrechen dieses Tabus durch die anonymisierten und rein verbal-konfrontativen Möglichkeiten von Internetforen. An die Stelle von unter Umständen physischer, aggressiver Konfrontation treten so (neue) Möglichkeiten des schriftlichen, verbalen, historischen, unwissenschaftlichen, aber auch wissenschaftlich fundierten Austauschs über die eigenen Wurzeln und die Identität des vermeintlich ‚Anderen', des Gegenübers in der komplexen Verquickung von *nuoho* und *quho*.

Mittels der relativen Anonymität und der Möglichkeiten der inhaltlichen (Beiträge) und symbolischen (Username, Profilbild, Icons) Selbstinszenierung wird Schwarzen wie Weißen Yi hier die Möglichkeit geboten, sich neu aufeinander einzulassen und in den Aussagen der jeweils anderen zu spiegeln. Durch dieses virtuelle Mirroring – also durch die kontinuierliche Gegenüberstellung von Diskursen, Konzepten, Vorurteilen, sprich durch die virtuell verankerte und jederzeit wieder abrufbare, schriftliche Reflexion unterschiedlicher Standpunkte und Haltungen – verschieben sich jedoch gleichzeitig die Hierarchien von identitätsstiftenden Komponenten beiderseits des Kasten-Systems der Nuosu. Hier greift ansatzweise der von Manovich (2001) postulierte, computerbedingte Wandel von Begriffen und Konfigurationen wie im vorliegenden Fall Kaste (im Spiegel von ‚race' und Genetik), die sich wiederum auf die Konfiguration einer Kultur als solcher auswirken. Dieser Wandel und seine implizite Rehierarchisierung identitätsstiftender Komponenten haben damit nicht nur direkte Auswirkungen auf die Art und Weise von Identitätsbildung – von primordial zu performativ – und damit auch auf Identitätsverhandlungen gegenüber älteren Generationen. Sie sind gleichsam kulturverändernd und somit möglicherweise ein Schlüssel für die Beschreibung und Interpretation künftigen ethnischen kulturellen Wandels und Gleichgewichts in China.

Literatur

Ankenbrand, Hendrik. „Zensur im Internet – China zieht die Great Firewall höher". *Frankfurter Allgemeine Zeitung* 23.01.2015. http://www.faz.net/aktuell/wirtschaft/fruehaufsteher/zensur-im-internet-china-zieht-die-great-firewall-hoeher-13386343.html (03.11.2015).

Goullart, Peter. *Princes of the Black Bone. Life in the Tibetan Borderland*. London: John Murray, 1959.

Harrell, Stevan. „Introduction". *Perspectives on the Yi of Southwest China*. Hg. Stevan Harrell. Berkeley: University of California Press, 2001. 1–17.

Heberer, Thomas. *Doing Business in Rural China. Liangshan's New Ethnic Entrepreneurs*. Seattle: University of Washington Press, 2007.

Heberer, Thomas, und Anja D. Senz. *Chinas Volk der großen kühlen Berge. Die Yi gestern und heute*. Duisburg: Kultur- und Stadthistorisches Museum Duisburg, 2006.

Hipfl, Brigitte. „Mediale Identitätsräume. Skizzen zu einem ‚spatial turn' in der Medien- und Kommunikationswissenschaft". *Nation, Körper und Geschlecht in den Medien. Eine Topografie*. Hg. Brigitte Hipfl, Elisabeth Klaus und Uta Scheer. Bielefeld: transcript, 2004. 16–50.

Li, Shaoming. „The Structure of Rank in Liangshan Yi Society Before the Democratic Reforms". *Chinese Sociology and Anthropology* 36.1 (2003): 34–45.

Lin, Yaohua. „A Tentative Discussion of the Survival of the Concept of Rank in Contemporary Liangshan Yi Areas". *Chinese Sociology and Anthropology* 36.1 (2003): 46–62.

Luo, Yan. Heiyi de guoqu yu xianzai (黑彝的过去与现在, Vergangenheit und Gegenwart der Schwarzen Yi).

（上）。 [Teil 1] 2006.3.27. www.yizuren.com/plus/view.php?aid=3351 (27.09.2015).

（下）。 [Teil 2] 2006.3.27. www.yizuren.com/plus/view.php?aid=3353 (27.09.2015).

Ma, Erzi. „A New Understanding of the Old Liangshan Yi Social Structure and an Analysis of ‚Black Yi' and ‚White Yi'". *Chinese Sociology and Anthropology* 36.1 (2003): 75–93.

Manoharan, Aroon, und Marc Holzer (Hg.). *Active Citizen Participation in E-Government. A Global Perspective*. Hershey: IGI Global, 2012.

Martini, Marco. *Die Fusion von Kaste und Rasse in Britisch-Indien. Der koloniale Diskurs und seine Implikationen*. Ruprecht-Karls-Universität zu Heidelberg, Südasien-Institut, Abteilung Geschichte Südasiens. Schriftenreihe Elektronische Veröffentlichungen zur Geschichte Südasiens. Heidelberg 2008. http://crossasia-repository.ub.uni-heidelberg.de/156/1/Martini.pdf (07.03.2016).

Murji, Karim, und John Solomos (Hg.). *Theories of Race and Ethnicity – Contemporary Debates and Perspectives*. Cambridge: Cambridge University Press, 2015.

Nakamura, Lisa. *Race In/For Cyberspace. Identity Tourism and Racial Passing on the Internet.* http://mysite.du.edu/~lavita/dmst_2901_w12/docs/nakamura_race_in_cyberspace.pdf (01.09.2015).

Pan, Wenchao. „A Tentative Discussion of Rank in the Liangshan Yi Slave Society". *Chinese Sociology and Anthropology* 36.1 (2003): 63–74.

Schoenhals, Martin. „The Sources of Ethnic Pride and Social Stability Among the Nuosu (Yi) of Southwest China". *Continuity and Change in Cultural Adaptation to Mountain Environments – From Prehistory to Contemporary Threats.* Hg. Ludomir R. Lozny. New York: Springer, 2013.

Schoenhals, Martin. *Intimate Exclusion: Race and Caste Turned Inside Out.* Maryland: University Press of America, 2003.

Tillmann, Angela. „Virtuelle Erfahrungsräume". *sozialraum.de* 2 (2010). http://www.sozialraum.de/virtuelle-erfahrungsraeume.php (10.11.2015).

Yang, Guobin. *The Power of the Internet in China. Citizen Activism. Online.* New York: Columbia University Press, 2011.

Zaefferer, Arne. *(Social Media Research) Definition Internet-Foren.* http://www.social-media-research.de/einleitung/definition-internet-foren/ (04.11.2015).

Zhang, Jian-Chuan, und Ying Qin. „Impact of Internet Use on Civic Engagement in Chinese Rural Areas: A Preliminary Research". *Active Citizen Participation in E-Government. A Global Perspective.* Hg. Aroon Manoharan und Marc Holzer. Hershey: IGI Global, 2012. 296–313.

Zhao, Shanyang. „The Digital Self. Through the Looking Glass of Telecopresent Others". *Symbolic Interaction* 28.3 (2005): 387–405.

Zhu, Wenxu. „Liangshan Yizu heiyi he baiyi dengji fenhua wenti. [Zum Problem der Unterscheidung zwischen den Kasten der Schwarzen Yi und der Weißen Yi bei den Liangshan Yi]". *Journal of Bijie University* 31.1 (2013): 28–32.

Foren und Webseiten

Iask iask爱问. 黑彝是彝族种的贵族吗 [Stellen die Schwarzen Yi die adlige Kaste innerhalb der Yi dar?]. http://iask.sina.com.cn/b/3mswnQnwb.html (13.08.2015).

Ranhaer 分子人类学论坛. Forum of Molecular Anthropology. 标题: 黑彝白彝 [Thema: Schwarze Yi, Weiße Yi]. http://www.ranhaer.com/viewthread.php?action=printable&tid=2899 (05.10.2015).

Tieba Baidu 贴吧百度. Thema: 黑彝的过去与现在（转自彝族人网）[Die Schwarzen Yi in Vergangenheit und Gegenwart (weitergeleitet von yizuren.com)]. http://tieba.baidu.com/p/3136576731 (27.09.2015).

Wenda Haosuo 好搜问答. http://wenda.haosuo (13.08.2015).

Wenwen sougou 搜狗问问. (Thema: 彝族（黑彝）男子不能和汉族女子结婚？[Stimmt es, dass Yi (Schwarze Yi) Männer keine han-chinesische Frau ehelichen dürfen?]). http://wenwen.sogou.com/ (13.08.2015).

Yizu Luntan 彝族论坛. (Thema: 黑彝不黑，白彝不白 [Schwarze Yi sind nicht schwarz, Weiße Yi sind nicht weiß]). http://bbs.ls666.com/dispbbs.asp?boardid=68&id=9949&move=next (13.08.2015).

Zhihu. 凉山彝族自治州彝族同胞好不好相处，当地的文化、风俗习惯怎么样？[Sind die Bewohner der Autonomen Präfektur der Liangshan Yi umgänglich oder eher nicht? Wie beurteilt ihr die lokale Kultur, Bräuche und Riten?] http://www.zhihu.com/question/21502598 (13.08.2015).

Guo Yi und Liu Yue

Generationswechsel der chinesischen Auswanderer und soziokulturelle Merkmale der neuen Migrantengeneration nach 1978

1 Einleitung

In den letzten Jahrzehnten ist in China das Forschungsinteresse an den Auslandschinesen und der Entwicklung von Migration insbesondere aus historischer und sozialwissenschaftlicher Perspektive kontinuierlich gestiegen. Dabei sind zwei Forschungsbereiche deutlich voneinander zu unterscheiden: Auf sozialhistorischer Ebene fokussieren die eher ‚traditionellen' Forschungen auf die strukturierten Auswanderungswege, die historischen, politischen und gesellschaftlichen Gründe inklusive der sogenannten ‚Push- und Pull-Faktoren'[1] der Auswanderung sowie die Zielländer der Auswanderung. Im Gegensatz dazu legen neuere Forschungen ihre Schwerpunkte auf die soziokulturelle Ebene der Migration, nämlich die individuellen Einflussfaktoren auf die Migrationsentscheidung, die Identitätsbildung und -entwicklung der Migranten und die Integration einzelner Personen und Familien in die Gesellschaft der Zielländer.

Nach dem *Overseas Chinese Affairs Office of the State Council* der Volksrepublik China lebten Ende 2014 ca. 60 Millionen Auslandschinesen weltweit.[2] Wenn man heutzutage von der sozialen Gruppe ‚chinesischer Migranten' spricht, sollte

---

Der vorliegende Beitrag entstand als Ergebnis des Forschungsprojekts „Auswanderung aus der Provinz Zhejiang nach Europa: Geschichte und Zustand" (Y201223740), gefördert durch das *Department of Education* der Zhejiang Province und als Zwischenergebnis des Forschungsprojekts „Kulturelle Identitäten der Nachwuchsgenerationen der neuen Migranten aus China in Europa", gefördert durch die *National Social Science Foundation of China* (14CMZ042).

1 Das Erklärungsmodell mit Push- und Pull-Faktoren für die internationale Migration ist auf eine Theorie von Lee 1966 – zitiert nach De Haas 2008, 8–9 – zurückzuführen, die das Migrationsgeschehen als ein Ergebnis der gemeinsamen Wirkung von Push-Faktoren (zur Migration führende Einflussfaktoren am Ort der Herkunft) und Pull-Faktoren (anziehende Faktoren am Zielort der Migration) betrachtet und analysiert.
2 http://news.xinhuanet.com/politics/2014-03/05/c_119627000.htm (05.03.2014). Dabei sind nicht nur im Ausland lebende chinesische Staatsbürger, sondern auch nicht-chinesische Staatsbürger chinesischer Herkunft und deren Nachwuchs in die Statistik eingeschlossen.

man auf eine klare Differenzierung dieser von der Anzahl her riesigen Gruppe achten. Die Geschichte der massenhaften Auswanderung der Chinesen geht in die erste Hälfte des 19. Jahrhunderts, also die vormoderne Zeit zurück. Mit der ersten Migrationswelle der Chinesen erreichten die Migranten vom Festland Chinas bereits alle Kontinente der Welt. Entsprechend den Unterschieden der Herkunftsregionen, der Ankunftszeit und der historischen Hintergründe lassen sich Besonderheiten der Migrationsprozesse erkennen. Nach dem Ende der 1970er Jahren ist die aktuelle Migrationswelle in den Mittelpunkt des Forschungsinteresses gerückt; die betroffenen Auswanderer werden allgemein als ‚Neue Migranten vom Festland Chinas' bezeichnet. Es ist sinnvoll, die Kernbegriffe ‚Auslandschinesen', ‚chinesische Migranten' und ‚neue chinesische Migranten' zu verdeutdeutlichen, um eine nachvollziehbare Basis für aktuelle Forschungen über Auslandschinesen zu schaffen.

Im Folgenden wird zuerst auf die Begrifflichkeiten eingegangen, anschließend wird ein historischer Rückblick über die Auswanderung aus China in die Welt gegeben, worauf eine Präsentation des aktuellen Forschungsstandes folgt. Neue Forschungsfelder auf soziokultureller Ebene erhalten eine besondere Aufmerksamkeit, wobei Ergebnisse über aktuelle Besonderheiten der neuen chinesischen Migrantengeneration vorgestellt werden, die für die Entfaltung neuer Forschungsideen und -felder über chinesische (neue) Migranten und deren Nachwuchsgenerationen anregend sein dürften.

2 Begrifflichkeit und Abgrenzungen

Im allgemeinen Verständnis werden Migranten als Menschen angesehen, die ihren Lebensmittelpunkt räumlich verlegen. Migranten können in zwei Kategorien unterschieden werden: Langzeitmigranten, die in der Regel seit über einem Jahr ausgewandert sind, und Kurzzeitmigranten, die ihren Lebensraum für eine Dauer zwischen drei und zwölf Monaten in ein Gebiet außerhalb des Herkunftslands verlegen (vgl. OECD 2008).

In den offiziellen Statistiken in China werden unter der Bezeichnung ‚Auslandschinesen' sowohl die im Ausland lebenden chinesischen Staatsbürger als auch nicht-chinesische Staatsbürger mit chinesischem Migrationshintergrund, einschließlich der zweiten Generation, verstanden. Unter den Auslandschinesen weltweit befinden sich ca. 78% und damit der größte Teil in Südostasien, während Nordamerika mit 14% und Europa mit 5% den zweiten und dritten Platz einnehmen (Zhuang 2011, 14).

Die aktuelle Auswanderungswelle der Chinesen begann nach der Einführung der Reform- und Öffnungspolitik in der Volksrepublik China im Jahr 1978 und hält bis heute an. Protagonisten dieser neuen Auswanderungswelle werden als ‚neue' Migranten bezeichnet, von Song (2011, 144–145) als diejenigen definiert, die nach 1978 ins Ausland ausgewandert sind und sich für mindestens ein Jahr dort aufgehalten haben. Darin sind alle Migranten aus China (inklusive Festland, Taiwan, Hongkong und Macau) inbegriffen, unabhängig davon, ob sie die chinesische Staatsbürgerschaft beibehalten. Diese Definition ist zwar einflussreich für die Forschungen über die neuen Migranten vor allem vom Festland Chinas, sie bleibt im aktuellen fachwissenschaftlichen Diskurs aber nicht ganz unumstritten, da auch Migranten aus den traditionell gesehen gar nicht ‚neuen' Senderegionen wie Hongkong und Macau eingeschlossen sind. Sie eignet sich jedoch besonders für die Betrachtung von neuen Migranten vom Festland Chinas (insbesondere aus der Provinz Zhejiang), die hauptsächlich in die europäischen Länder ausgewandert sind, nachdem die Migrationswelle aus China nach Europa in der ersten Hälfte des 20. Jahrhunderts aus Kriegsgründen unterbrochen worden war. Zahlreiche Auswanderer, die aus den ‚traditionellen' Herkunftsprovinzen in China wie Fujian und Guangdong und Regionen außerhalb des Festlands wie Hongkong und Taiwan stammen, sind auch nach den 1950er Jahren ununterbrochen nach Nordamerika, Ozeanien und Großbritannien ausgewandert. Auf alle Fälle sollte man aufgrund der Komplexität der Auswanderungskonditionen und -wege auf den spezifischen Geltungsbereich bestimmter Definition für die neuen Migranten aus China achten.

3 Massenhafte Auswanderung der Chinesen in sozialhistorischer Perspektive

Die bisherigen Forschungen über chinesische Migranten sind in erster Linie der Kategorie Sozialhistorische Migrationsforschung zuzuordnen. Nach Bade (2004, 14) geht es bei der sozialhistorischen Migrationsforschung darum, „Migration als Sozialprozess so in den interdependenten Zusammenhang der Entwicklung von Bevölkerung, Wirtschaft und Gesellschaft einzubetten, dass Multidimensionalität und Multikausalität dieses komplexen Teilbereichs gesellschaftlicher Wirklichkeit im historischen Prozess erfassbar werden". Dabei fragt diese Perspektive unter anderem nach dem „Wanderungsgeschehen der großen Zahl" und arbeitet „weniger individualhistorisch als strukturgeschichtlich" (Bade 2004, 14). Das massenhafte Wanderungsgeschehen der chinesischen Migranten seit der vormodernen Zeit steht in den bisherigen Untersuchungen im chinesischen Kulturraum also deutlich im Vordergrund.

Einige Fakten und Zahlen sind wichtig für die Verfolgung der chinesischen Auswanderungsgeschichte. Die erste Periode der massenhaften Auswanderung aus China begann in der ersten Hälfte des 19. Jahrhunderts mit Südostasien und Nordamerika als Hauptzielregionen. Die meisten der ersten Auswanderer waren sogenannte Kulis und Vertragsarbeiter, ein kleiner Teil von ihnen waren Geschäftsleute. Die geschätzte Anzahl der Migranten aus China in der ersten Periode betrug 10 Millionen (Li 2007, zitiert nach Shen 2010, 31). Chinesische Spuren auf dem Kontinent Amerika gehen allerdings bereits auf das 16. Jahrhundert zurück. Die ersten massenhaften chinesischen Migranten sollen in den 1820er Jahren in Nordamerika angekommen sein (vgl. Chao 2010). Eine große Anzahl chinesischer Auswanderer kam während des kalifornischen Goldfiebers in den USA an. Über 30.000 Auswanderer aus China sind zwischen 1851 und 1860 in die USA aufgebrochen, 34.933 wurden registriert (Seward 1887, zitiert nach Zhu 2011, 265). In den 1860er Jahren gab es wegen des Baus der Central Pacific Railroad eine erneute Welle; die Zahl der chinesischen Migranten stieg auf 64.199 im Jahr 1870 (Chao 2010, 265). Nach dem Rückgang der Auswanderung im Kontext der sogenannten Anti-Chinesen-Bewegung in den 1870er Jahren, bedingt durch mehrere ökonomische Krisen und die Verschlechterung des Arbeitsmarktes, stieg die Zahl der Einwanderer aus China in die USA nach 1949 wieder an. Seit den 1980er Jahren kommen die neuen Einwanderer zunehmend vom Festland Chinas.

Zwischen 1880 und 1920 wanderten allein jedes Jahr mehr als 100.000 Arbeitsmigranten aus China nach Südostasien, einer anderen wichtigen Zielregion der Auswanderung, aus (Shen 2010). Die meisten von ihnen kamen damals aus den Küstenprovinzen Guangdong und Fujian, in denen die Bevölkerungsdichte höher als in vielen anderen Provinzen war und deren Einwohner stark vom Krieg mit den Kolonialmächten und massenhafter Armut betroffen waren. Von der Mitte des 19. Jahrhunderts bis zum Anfang des 20. Jahrhunderts waren die chinesischen Auswanderer nach Südostasien hauptsächlich Arbeitsmigranten, nur ein kleiner Teil von ihnen bestand aus Geschäftsleuten. Die Auswanderung nach Südostasien erreichte ihren ersten Höhepunkt vor dem Ersten Weltkrieg. Vor und während des Zweiten Weltkriegs sank die Anzahl der Auswanderer stark, die erste Auswanderergeneration aber ließ sich in Südostasien nieder und zeugte Nachwuchs. Dies hat dazu geführt, dass vor 1941 schätzungsweise 7 Millionen Auslandschinesen weltweit lebten, der Großteil in Südostasien (Zhuang 2011, 9).

Die ersten Spuren von Chinesen in Europa gehen zwar dank des Warenhandels über die Seidenstraße auf den Zeitraum zwischen dem 16. und dem 18. Jahrhundert zurück, massenhaft kamen Migranten aus China aber erst durch den sogenannten Kuli-Handel[3] nach Europa, mit Großbritannien und Frankreich als Hauptzielländern im späten 19. Jahrhundert und Anfang des 20. Jahrhunderts (vgl. Fu 2008). Kurz vor dem Ausbruch des Ersten Weltkrieges begann die zweite Periode der massenhaften Auswanderung aus China nach Europa. Anders als in der ersten Periode waren viele der Auswanderer in dieser Zeit Studenten, die Staatsstipendien erhielten und vor allem in Westeuropa und der Sowjetunion natur- und technikwissenschaftliche Studiengänge absolvierten. In Deutschland machten damals Intellektuelle einen großen Teil der chinesischen Migranten aus. Sie haben das Bild der Chinesen in Deutschland in diesen Jahren anders geprägt als andernorts in Europa. Besonders unter den Chinesen, die in den 1920er Jahren nach Deutschland kamen, waren zahlreiche namenhafte Persönlichkeiten wie Zhou Enlai, Chen Yinque und Lin Fengmian, die nach ihrer Rückkehr nach China eine wichtige Rolle in Politik, Wissenschaft und Kultur gespielt haben. In den 1920er Jahren hielten sich allein in Berlin ca. 1.000 Chinesen auf, von denen im Jahr 1927 bereits 500 Mitglieder des ‚Clubs chinesischer Studenten' waren (Yu-Dembski 2007, 27). Die historische Phase bis 1939 kann insgesamt als eine boomende Phase der chinesischen Studentenmigration nach Deutschland bezeichnet werden, in der allein im Zeitraum zwischen 1919 und 1933 beispielsweise 265 chinesische Absolventen ihre Doktortitel in Deutschland erworben haben (Yuan und Zheng 2010, 93). Die Migrationswelle von China nach Europa wurde dann aber vom Ausbruch des Zweiten Weltkrieges unterbrochen.

Nach der Gründung der Volksrepublik China 1949 hat es aufgrund der Veränderung der politischen Rahmenbedingungen auf dem Festland Chinas kaum Möglichkeiten für eine massenhafte Auswanderung gegeben. Die letzte und aktuelle Auswanderungswelle begann nach dem Ende der Kulturrevolution und mit der Einführung der Reform- und Öffnungspolitik Ende der 1970er Jahre. Die Anzahl der neuen Auswanderer lässt sich nur grob schätzen. Nach offiziellen Statistiken und Forschungen sind zwischen 1978 und 2008 schätzungsweise 10 Millionen Chinesen ausgewandert (Zhuang 2011, 13). Dabei bildet Europa einen besonders wichtigen Zielort für die neuen Migranten aus China. Dorthin migrierten im gleichen Zeitraum zwischen 2,6 und 3,2 Millionen Menschen (Song 2011, 144). Diese aktuelle Welle der Auswanderung kann man als die dritte Periode der massenhaften Migration aus China bezeichnen.

---

3 Das Wort Kuli hat seinen Ursprung vermutlich im Hindi und bedeutet ‚Lastträger'. Es wurde im Laufe des 19. und 20. Jahrhunderts oft verwendet, um ungelernte Lohnarbeiter aus China und südostasiatischen Ländern zu bezeichnen, die nicht selten wie Sklaven behandelt und in großer Zahl in Kolonialgebiete insbesondere Großbritanniens transportiert wurden.

Nicht nur die traditionellen Zielregionen wie Nordamerika, Südostasien und Europa, sondern auch neue Zielregionen wie z. B. Südamerika und Afrika kommen für die neuen Migranten in Frage. Nordamerika bleibt bei den Auswanderern aus Hong Kong und Taiwan nach wie vor beliebt; Südostasien hingegen verliert seine frühere Bedeutung als wichtigster Zielort der Arbeitsmigranten vor allem aus den beiden Küstenprovinzen Guangdong und Fujian. Dabei spielt die gegenüber den dortigen Einwohnern chinesischer Herkunft unfreundlich gewordene Migrationspolitik in den meisten südostasiatischen Aufnahmeländern wie Malaysia, Indonesien und Singapur eine beachtliche Rolle. Parallel zu der Entwicklung und Intensivierung der chinesisch-europäischen Handelsbeziehungen sind Mitgliedsländer der EU wie Frankreich, die Niederlande, Deutschland, Italien und Spanien zunehmend attraktiv geworden für Auswanderer vom Festland Chinas. Sie wandern zum Großteil wegen der Ressourcenknappheit zu Hause aus, wollen zum Teil auch auf der Suche nach einer besseren Lebensqualität und Berufsperspektive ihren Lebensort wechseln (vgl. Li 2006). Unter den neuen Migranten vom Festland Chinas nach Europa machen die Auswanderer aus der Küstenprovinz Zhejiang im Osten Chinas einen großen Teil aus.

Hinsichtlich der Motivation der Auswanderung lässt sich anmerken, dass in den ersten Jahrzehnten des 20. Jahrhunderts vor allem Arbeitsmöglichkeiten und Studium als Hauptgründe der Migration galten. Vor und während des Anti-Japanischen Krieges und des Bürgerkrieges vor 1949 gab es für die normalen Bürger nur vergleichsweise geringe Auswanderungsmöglichkeiten. Erst nach der Einführung der Reform- und Öffnungspolitik auf dem Festland Chinas stieg die Anzahl der Auswanderer wieder an. Für die Entstehung der neuen Migrationswelle nach 1978 sind besonders folgende Einflussfaktoren hervorzuheben: Die Reform- und Öffnungspolitik Chinas hat die politischen Rahmenbedingungen für eine legale Auswanderung geschaffen. Daneben sind die Globalisierung und die dank technischer Fortschritte immer günstiger werdende internationale Mobilität zu betonen. Darüber hinaus spielt die Fortsetzung der Kettenmigration bzw. der Familienzusammenführung, die zwischen 1949 und 1978 in Stillstand geraten waren, eine wichtige Rolle. Weiterhin wäre zu berücksichtigen, dass es mit der Entwicklung der chinesischen Wirtschaft zunehmend Menschen gibt, die reich geworden sind und ihre Geschäfte woanders erweitern oder ihre Berufsperspektiven besser entfalten möchten. Zu den wichtigen externen Faktoren zählen die Migrationspolitiken der Aufnahmeländer, die der Einwanderung Möglichkeiten einräumen und rechtliche Grundlagen für die Niederlassung von Migranten schaffen.

Es gibt bisher keine allgemein anerkannte Statistik über die aktuelle Anzahl der Auslandschinesen weltweit. Nach Wang (2014, 18) sind von 1978 bis zum Jahr

2013 9,34 Millionen neue chinesische Migranten ins Ausland ausgewandert, wovon schätzungsweise zwischen 2,6 Millionen und 3,2 Millionen nach Europa gingen (Song 2011, 144). In Deutschland lebten im Mai 2011 ca. 80.000 registrierte ausländische Staatsbürger aus China einschließlich Taiwan, die nur einen kleinen Anteil an der Gesamtausländerzahl bildeten (Statistisches Bundesamt 2011, 11–12). Unter Berücksichtigung der eingebürgerten Migranten sollte die Anzahl der Auslandschinesen in Deutschland schätzungsweise mehr als 100.000 betragen.

Bisherige Forschungen über die Auslandschinesen haben ihren Schwerpunkt vor allem auf quantitative Studien über Motivation und Wege der Auswanderung, historische Hintergründe und soziale Einflussfaktoren auf die Migrationsentscheidung, Lebenssituationen und Gemeinschaften der Auswanderer und deren Entwicklungen in den Zielregionen gelegt. Dabei standen die traditionellen Auswanderer aus den beiden wichtigsten Herkunftsprovinzen Fujian und Guangdong im Vordergrund. Über die neuen Migranten seit den 1980er Jahren, die vor allem aus der Provinz Zhejiang stammen, wurde bisher sowohl quantitativ als auch qualitativ nur unzureichend geforscht.

Die neue Auswanderungswelle ist im Vergleich zu den vorherigen Wellen durch eine Mannigfaltigkeit der Migrationswege und -modelle gekennzeichnet. Außer Arbeitsmigration, Studium und Familiennachzug kommen heutzutage noch die Investitionsmigration bzw. Migration zu bestimmten Zwecken wie beispielsweise der Suche nach besseren Bildungsressourcen in Frage. Dabei muss man auch beachten, dass sich unter den Arbeitsmigranten der Anteil der hochqualifizierten Migranten ständig erhöht und eine sogenannte ‚Eliten'-Tendenz der Auswanderung zu vermerken ist. Dazu trägt auch bei, dass das Bildungsniveau der neuen Migranten aus China durchschnittlich deutlich erhöht ist. Nach aktuellen Statistiken bilden Investitionsmigranten, die sogenannten ‚Bildungsmigranten'[4] und (hoch-)qualifizierte Migranten beachtliche Bestandteile der laufenden Migrationswelle aus China (vgl. Wang 2014, 23–25). Unter den neuen Auswanderern, insbesondere den hochqualifizierten Auswanderern, sind ein stärkeres Selbstbewusstsein und ein erhöhter Selbstverwirklichungsbedarf zu erkennen (vgl. Gui 2011). Im Vergleich zu den traditionellen Migranten, die sich aufgrund von Existenzschwierigkeiten bzw. knappen Ressourcen in der Heimat dem Wandel ausgesetzt haben, streben viele neue Migranten nach einer besseren Berufsperspektive und einer (schnellen) Steigerung der Lebensqualität (vgl. Li 2006). Diese Tendenz lässt sich vor dem Hintergrund der neoklassischen Ökonomie gut

---

4 Es ist ein relativ chinaspezifisches Migrationsphänomen, dass man auf der Suche nach besseren Bildungschancen für die Kinder ins Ausland auswandert.

erklären, nach der die internationalen Migranten als individuelle rationale Entscheidungsträger ihrer Migration agieren, um ihre eigenen Interessen zu maximieren (Massey et al. 1993, 434).

Auch im westlichen Wissenschaftsdiskurs haben die neuen chinesischen Migranten in den letzten Jahren hinsichtlich der Entwicklung von chinesischen Gemeinschaften in den europäischen Aufnahmeländern, der Beziehungen zwischen neuen chinesischen Einwanderern und den Aufnahmegesellschaften sowie der wirtschaftlichen und kulturellen Beziehungen zwischen China und den Aufnahmeländern zunehmende Aufmerksamkeit gefunden (vgl. Latham und Wu 2013; Benton 2011). Viele der neuen Migranten besitzen laut neueren Studien bessere Fach- und Fremdsprachenkenntnisse und können sich besser in die Gesellschaft des Ziellandes integrieren als die traditionellen Migranten. Berufsbedingt ist die Motivation zur besseren Integration in die Empfangsgesellschaft bei den neuen Migranten auch viel stärker erkennbar als bei ihren Vorgängern. Dank der erhöhten Integrationsfähigkeit und der beruflichen Qualifikation erlebt der soziale Status dieser Migranten eine positive Veränderung, wobei zu bemerken ist, dass chinesische Migranten in den Ziellärndern nach wie vor mit Problemen und unter Umständen Konflikten mit den einheimischen Bürgern konfrontiert sind. Die neuen Migranten zeigen insgesamt einen stärkeren Integrationswillen in die Aufnahmegesellschaft und sind politisch engagierter. Das letztere ist besonders bei der Nachwuchsgeneration der neuen Migranten bemerkenswert.

4 Generationswechsel der chinesischen Migranten und die Identitätsfrage

Der Kernbegriff Generationswechsel lässt sich in Bezug auf die Auswanderung aus China seit dem 19. Jahrhundert in zwei Dimensionen verstehen:
1. Im Vergleich zu den traditionellen Migranten aus China, die vor allem von der Mitte des 19. Jahrhunderts bis zum Beginn des 20. Jahrhunderts massenhaft aus dem Festland Chinas ausgewandert sind und überwiegend aus Vertragsarbeitern und unqualifizierten Arbeitskräften bestanden, können die neuen chinesischen Migranten, die seit dem Ende der 1970er Jahre ausgewandert sind, aufgrund der deutlich unterschiedlichen Auswanderungsmotivationen, -konditionen, -wege und Existenzmodelle in den Aufnahmeländern als *chinesische Migranten der zweiten Generation* verstanden werden. Für die Betrachtung dieser neuen Generation der Auswanderer sollen daher

eine relevante Begriffseingrenzung und Indikatoren für die Forschung entwickelt werden.
2. Im traditionellen Sinne versteht man unter ‚Generationswechsel' der Auslandschinesen immer noch die genealogische Ablösung von älteren Angehörigen einer Generation durch Angehörige der jüngeren Generation innerhalb einer sozialen Gruppe. Im Bereich der Migrationsforschung wird in Bezug auf den Generationswechsel also in den meisten Fällen auf die erste und die zweite Generation der Migranten fokussiert. Die Nachwuchsgenerationen ab der dritten Generation werden in vielen Statistiken nicht mehr als diejenigen mit Migrationshintergrund gezählt.[5] Dennoch gibt es manche Statistiken, insbesondere die des *Overseas Chinese Affairs Office of the State Council* der Volksrepublik China, die die Auslandschinesen ohne Rücksichtnahme auf deren Generation einschließen.

Da im vorhergehenden Abschnitt bereits der Generationswechsel in Bezug auf die neue Auswanderungswelle seit der Einführung der Öffnungspolitik in China aufgeführt wurde, werden wir uns im Folgenden auf den Generationswechsel innerhalb der (neuen) chinesischen Auswanderer konzentrieren. Auf folgende Aspekte soll aufmerksam gemacht werden: Erstens, die traditionellen Migranten in Südostasien und Nordamerika sind dort bereits seit mehreren Generationen ansässig und haben häufig eigene wirtschaftliche und gesellschaftliche Einflüsse auf die Empfangsgesellschaft ausgeübt. Im Laufe der chinesischen Geschichte vor allem des 19. und 20. Jahrhunderts haben viele Vertreter der traditionellen Migranten, darunter zahlreiche berühmte Intellektuelle, große Beiträge für den Auf- und Wiederaufbau der chinesischen Wirtschaft durch Spenden und Investitionen geleistet. Heutzutage befinden sich die neuen Migranten in einem anderen Verhältnis zu ihrem Heimatland, das eher von gegenseitiger Abhängigkeit statt einseitiger Hilfestellung geprägt ist. Außerdem erleben die neuen Migranten andere Push- und Pull-Faktoren für die Auswanderung, welche die Migrationsmotivation und das Migrationsverhalten stark verändert haben.

---

5 Doch viele der Angehörigen der dritten, vierten, sogar fünften Generation der chinesischen Auswanderer können nicht selten aus ethnischer bzw. kultureller Perspektive als solche angesehen werden, zumindest, solange sie sich nach außen noch als ethnische Chinesen oder Träger der chinesischen Kultur behaupten. Bekannte Namen aus der Nachwuchsgenerationen der chinesischen Migranten sind z. B. Gary Faye Locke, der ehemalige US-amerikanische Botschafter in China, aus der dritten Generation einer chinesischen Migrantenfamilie in den USA; der Hollywoodfilmstar Michelle Yeoh, ebenfalls aus der dritten Generation chinesischer Einwanderer in Malaysia, und der Ministerpräsident von Singapur Lee Hsien Loong, Sohn von Lee Kuan Yew, aus der fünften Generation chinesischer Einwanderer in Singapur.

Anders als die erste Generation der neuen Migranten, die meistens erst als Erwachsene auswanderten, ist ihre Nachwuchsgeneration zumeist im Aufnahmeland geboren und aufgewachsen und betrachtet Chinesisch häufig nicht mehr als ihre Muttersprache im engeren Sinne. Sie sind von klein auf mit einem kulturellen ‚Zwischenraum' vertraut, der sich in der Begegnung der Kultur des Aufnahmelandes und der Kultur des Landes ihrer ethnischen Wurzeln herausgebildet hat. Ihre Identitätsbildung verläuft oft in einem dynamischen Prozess. Außerdem sind die Selbstorientierung und Selbstverständnis dieser zweiten Generation in ihrer ‚Heimat', die für sie manchmal nicht ganz leicht zu definieren ist, von der ihrer Elterngeneration zu unterscheiden. Während bei der ersten Auswanderergeneration von einer Integration in die Aufnahmegesellschaft die Rede ist, geht es bei ihrer Nachwuchsgeneration eher um die Entwicklung eines spezifischen kulturellen bzw. identitären Phänomens, das weder mit der Ursprungskultur ihrer Eltern noch mit der Kultur des Aufnahmelandes gleichgestellt wird, sondern als eine Art Mischform bzw. Synergie beider Kulturen zu verstehen ist.

Vor diesem Hintergrund lässt sich verstehen, dass sich bei der Nachwuchsgeneration der Auslandschinesen kulturpsychologisch gesehen neue Aspekte entwickelt haben. Bei der ersten Generation, insbesondere bei den traditionellen Migranten, ist die Einstellung gegenüber dem Herkunftsland oft als „Rückkehr der gefallenen Blätter zu den eigenen Wurzeln"[6] gekennzeichnet. In solchen Fällen haben die Migranten ein äußerst starkes Zugehörigkeitsgefühl gegenüber ihrer Herkunftskultur und den Wunsch, das Ende ihres Lebens in der Heimat zu verbringen. Bei den Nachwuchsgenerationen der traditionellen Migranten, bei den neuen Migranten und deren zweiter Generation ist im Vergleich dazu eine andere Einstellung zu beobachten: das „Wachsen eigener Wurzeln"[7] in dem Sinne, dass Bäume ihre eigenen Wurzeln schlagen, egal wo sie gelandet sind. In diesen Fällen sind die Migranten gegenüber ihrer Herkunftskultur eher flexibel eingestellt und zeigen ein stärkeres Bewusstsein für eine soziale Anpassung an die Empfangsgesellschaft. Die zweite Generation der Auswanderer hat ihre kulturelle Identität oft in dem Land gebildet, in dem sie geboren bzw. aufgewachsen ist und daher ihre eigenen kulturellen Wurzeln suchen muss. Für diese zwei deutlich voneinander getrennten Einstellungen steht neben dem veränderten Integrationszustand auch die Entwicklung der Integrationsmotivation. Im Zuge der Entwicklung der internationalen Mobilität und der veränderten Lebensbedingungen hat sich die Bedeutung der ‚Wurzeln' als Symbol für die Heimat für die Nachwuchsgenerationen der Auslandschinesen stark verändert.

---

6 Entspricht einem alten chinesischen Sprichwort: „luoyegui gen".
7 Entspricht einem anderen alten chinesischen Sprichwort: „luo di sheng gen".

Im Bereich des Generationswechsels bei den Auslandschinesen haben sich in den vergangenen Jahren neue Forschungsfelder entwickelt, die im Vergleich zu den traditionellen, sozialhistorischen Migrationsforschungen besondere Aufmerksamkeit auf die Individualität, das Wanderungsverhalten und dessen Fortentwicklung sowie auf die kulturelle Identität der Migranten und ihrer Nachwuchsgenerationen legen, die eher individuell geprägt und dynamisch sind. Dabei erhält die zweite Generation der neuen chinesischen Migranten besondere Aufmerksamkeit. Es handelt sich dabei um die Kinder der neuen Migranten aus China, die im Ausland oder in China geboren sind und vor allem im Zielland der Auswanderung der Familie aufgewachsen sind bzw. dort einen großen Teil ihrer Lebenszeit verbracht haben. Während in früheren Forschungen oft auf die Lebenssituation und die Integration der Auswanderer in den Aufnahmeländern fokussiert wurde, wurden die Forschungsschwerpunkte in den letzten Jahren vielmehr auf soziokulturelle Phänomene gelegt, die in Begegnungen zwischen den Auswanderern und den Aufnahmegesellschaften entstanden sind. Die Identitätsfrage bildet in Bezug auf die Untersuchungen zu Migranten aus China eine Schlüsselfrage.

Im Zuge der Globalisierung und der verstärkten internationalen Mobilität haben Identitätsfragen in Bezug auf die Auslandschinesen und ihre Aus-, Weiter- und Rückwanderung zunehmend an Bedeutung gewonnen. Im beginnenden 21. Jahrhundert hat sich eine Reihe von Untersuchungen im chinesischen Kontext mit der Identität der Auslandschinesen beschäftigt. Als ein ursprünglich in der Psychologie entwickelter Begriff bezieht sich die kulturelle Identität auf das Verständnis einer gemeinsamen Kultur zwischen Individuen und zwischen dem Individuum und einer sozialen Gruppe (vgl. Cui 2004). Wang Gengwu (1988, zitiert nach Zhuang 2002, 64) hat sehr früh versucht, die Identitäten der Auslandschinesen in sieben Typen zu unterscheiden: *Chinese nationalist identity*; *local national identiy*; *Chinese communal identity*; *ethnic & racial identity with legal and political right*; *Chinese ‚historical' identity*; *Chinese cultural identity and ethnic cultural identity*. Neuere Studien tendieren hingegen dazu, die Kategorisierung der Identitäten zu vereinfachen und die unterschiedlichen Identitätstypen grob in politischer Identität, ethnischer Identität und kultureller Identität zu fassen. Die kulturelle Identität unterscheidet sich von den politischen und ethnischen Identitäten und hat ihre Kernschicht in der Akzeptanz und Anerkennung gemeinsamer Werte. Auf Grundlage der gemeinsamen Teilhabe an bestimmten Kernwerten entwickeln sich gemeinsame kulturelle Symbole, Verständnisse, Denk- und Verhaltensweisen, die von den Mitgliedern einer kulturellen Gruppe geteilt werden. Im Vergleich zu der ethnischen Identität und der politischen Identität ist die kulturelle Identität am dynamischsten und kann von Individuen aktiv gebildet und weiterentwickelt werden. Menschen stehen einerseits als passive Erbträger der

Kulturen unter kulturellen Einflüssen, andererseits können sie auch als aktive Produzenten der Kulturen ihre kulturelle Identität freiwillig entwickeln bzw. bestimmte Aspekte ihrer kulturellen Identität nach außen zeigen.

Zhuang (2002) hat in seiner Studie über die ethnische Identität der Auslandschinesen in Südostasien gezeigt, dass das kulturelle Bewusstsein eines Individuums selbst als Träger der chinesischen Kultur, von ihm ‚Chineseness' genannt, die Basis für die ethnische Identität der Chinesen in den südostasiatischen Ländern gebildet hat. Darüber hinaus weist er darauf hin, dass sich diese ethnische Identität der Auslandschinesen in jahrzehntelanger Entwicklung nach dem Ende des Zweiten Weltkrieges schon von einer ursprünglich ‚reinen' chinesischen Identität zur Identität als einheimische Bürger mit ethnischer Herkunft aus China gewandelt hat. Da die Auslandschinesen in südostasiatischen Ländern wie Singapur, Indonesien, Malaysia, Thailand und Vietnam mit komplexen sozialen Rahmenbedingungen und unterschiedlichen Migrationspolitiken konfrontiert waren, blieb die Identitätsbildung insgesamt eine komplizierte Frage, die von Fall zu Fall differenziert betrachtet werden sollte.

Eine Studie von Wu (2004) über die zweite Generation der (neuen) Migranten in Nordamerika fragt nach dem kulturellen Verhältnis zwischen der Zielgruppe und China als Herkunftsland ihrer Elterngeneration. Es wurde festgestellt, dass diese jüngere Generation chinesischer Herkunft nur begrenzt eine spezifische chinesische Identität im politischen Sinne zeigt. Die politischen Einstellungen der Zielgruppe zeigen eine erkennbare Ähnlichkeit zu ihren Gleichaltrigen im Aufnahmeland und einen starken Zusammenhang mit der Beherrschung der chinesischen Sprache auf. Je besser die Angehörigen der zweiten Generation die chinesische Sprache beherrschen, desto stärker ist ihr Verständnis für die politischen Standpunkte der chinesischen Regierung und die chinesischen nationalen Interessen.

Auch eine andere Untersuchung in einem ähnlichen Zeitraum bestätigt die Komplexität der kulturellen Einstellung der Nachwuchsgeneration der Auslandschinesen. Yang und Yu (2007) konstatieren, dass sich bei den jüngeren Nachwuchsgenerationen in Südostasien statt einer ethnischen Identität als ‚Chinesen' sogenannte ‚Herkunftsgedächtnisse' entwickelt haben, die für die Entstehung eines Zugehörigkeitsgefühls eine wichtige Rolle spielen. Interessanterweise bilde dieses Zugehörigkeitsgefühl aufgrund der Herkunftsgedächtnisse keinen Widerspruch zu der politischen Identität (Selbstverständnis als Bürger der jeweiligen Länder) und keine Äquivalenz zum Zugehörigkeitsgefühl zum Herkunftsland der Großeltern- und Elterngeneration (hier China). Es muss jedoch angemerkt werden, dass die südostasiatischen Länder nicht mehr die Hauptzielregionen der neueren Auswanderungswelle seit den 1980er Jahren bilden und der Begriff

‚Nachwuchsgenerationen' im Kontext Südostasiens anders als die ‚zweite' Generation der neuen chinesischen Auswanderer z. B. in europäischen Ländern verstanden werden muss.

Studien über die zweite Generation der chinesischen Auswanderer in Europa haben in den letzten Jahren quantitativ deutlich zugenommen. Wang und Yan (2011) haben in einer empirischen Untersuchung festgestellt, dass die zweite Generation der neuen Auswanderer aus einer wichtigen Herkunftsregion – Wenzhou in Zhejiang – eine stärkere Anpassung an die Wertevorstellungen und Lebensweisen der jeweiligen Aufnahmeländer und eine erfolgreichere Integration in die Aufnahmegesellschaften zeigt. Bei dieser Zielgruppe ist interessanterweise eine Tendenz der bi-kulturellen Identität zu beobachten, die die Angehörigen der zweiten Migrantengeneration dazu bewegt, sich sowohl als Bürger der Empfangsländer als auch als Teilhaber an der chinesischen Kultur (auch einer regionalen Kultur in China) zu identifizieren. Die befragten Vertreter der zweiten Generation zeigen nicht nur ein stark ausgeprägtes Zugehörigkeitsgefühl zur Heimatstadt Wenzhou und zu China, nicht selten sind sie auch stolz auf die chinesischen Prägungen (die ‚*Chineseness*') ihres Denkens und Verhaltens.

5 Fazit und Ausblick

Die in den letzten Abschnitten zitierten Studien sowie andere (empirische) Untersuchungen[8] zur zweiten Generation der (neuen) chinesischen Auswanderer und deren Identitätsentwicklung weisen auf Folgendes hin:
1. Das Forschungsinteresse in Bezug auf die Auslandschinesen lag traditionell eher auf der sozialhistorischen Ebene. Historische Hintergründe der Migration, Einwanderungspolitiken der Aufnahmeländer, Auswanderungswege und Lebensmodelle der Migranten standen im Vordergrund. Empirische Untersuchungen, die auf die individuellen Lebenserfahrungen der Auswanderer und deren Nachwuchsgenerationen zielten, spielten nur eine untergeordnete Rolle.
2. Forschungen über die neuen Migranten aus China vor allem mit Europa als der wichtigsten Zielregion können quantitativ und qualitativ zwar noch nicht mit denen über die traditionellen Migranten mithalten, ihre Anzahl wächst jedoch im Zuge der intensivierten Begegnungen zwischen China und Europa kontinuierlich.[9]

---

8 Vgl. Yang 2004; Wang 2006; Li 2008; Yuan und Zheng 2009; Lin 2010.
9 Beispielsweise haben die chinesischen Einwanderer aus Zhejiang in italienischen Städten wie

3. Die Identitätsbildung ist ein aktuelles und wichtiges Forschungsfeld geworden, das spezifisch auf die zweite Generation (im Falle Südostasiens: die Nachwuchsgeneration) der chinesischen Migranten fokussiert. Jedoch sollte man beachten, dass über die kulturelle Identität als den dynamischsten Aspekt unter den individuellen Identitäten bei weitem noch nicht zureichend geforscht wurde. Auf neue Perspektiven wie die Interkulturen der zweiten Generation im Rahmen ihrer Lebensentfaltung im Zielland der Auswanderung ihrer Elterngeneration wurde zwar Wert gelegt, Forschungen über dieses Phänomen müssen jedoch noch entfaltet und vertieft werden.

Es lässt sich hervorheben, dass die Identitätsforschung einen hochaktuellen Weg für die Betrachtung der Auslandschinesen aufzeigt, der auf soziokultureller Ebene die Individuen in den Mittelpunkt stellt und sich für die dynamische Entwicklung ihrer Identitäten interessiert. Die kulturelle Identität der zweiten Generation der Auslandschinesen scheint in Zukunft ein wichtiger Gegenstand chinabezogener Migrationsforschung zu werden. Für die Untersuchung der (neuen) chinesischen Migranten in neueren Zielregionen wie Europa stellt sich die Frage, ob die Integration der jüngeren Generation in die Aufnahmegesellschaft und ihre Ausdrucksformen der ‚*Chineseness*' eher eine Wiederholung der Entwicklungen an traditionellen Zielorten wie Südostasien und Nordamerika bilden oder aber Spezifika aufweisen, die in Zusammenhang mit den multikulturellen Migrationspolitiken der europäischen Länder kontinuierlich betrachtet werden sollten.

Über die Identitätsfrage hinaus wären noch zwei weitere aktuelle Forschungsfelder zu nennen, die mit der Entwicklung der globalen Mobilität und der soziokulturellen Integration der neuen Migranten aus China zunehmend wichtig werden. Das erste bezieht sich auf die (hoch-)qualifizierten Auswanderer, deren Anzahl dank der Reformmaßnahmen vieler Länder[10] um qualifizierte Arbeitskräfte anzuziehen stetig zugenommen hat und weiter zunehmen wird. Das zweite Forschungsfeld bezieht sich auf die politische Partizipation der Einwanderer aus China in den Aufnahmeländern. Obwohl traditionell gesehen das politische Engagement und das politische Bewusstsein der Auslandschinesen sowohl in traditionellen Zielregionen wie Nordamerika und Südostasien als auch in neueren Zielregionen wie den europäischen Ländern im Vergleich zu anderen ethnischen Einwanderergruppen oft nur sehr beschränkt sind (vgl. Song 2014, 202–203), belegen zahlreiche erfolgreiche Teilnahmen vor allem der Nachwuchsgeneration der

---

Prato und Milano, deren Geschäfts- und Integrationsmodelle sich massiv von den traditionellen Typen unterscheiden, Interesse auf sich gezogen. Vgl. Johanson et al. 2013.
10 Besonders in Europa, Amerika und Australien.

(neuen) chinesischen Migranten an politischen Wahlen sowohl auf regionaler als auch auf überregionaler Ebene eine deutliche Veränderung. Sie hat sich einhergehend mit der positiven Veränderung des sozialen Status der chinesischen Migranten, mit der Erhöhung der Integrationsmotivation und eines stärkeren Bewusstseins für die rechtliche Wahrung der eigenen wirtschaftlichen und politischen Interessen etc. entwickelt und wird sich in absehbarer Zukunft fortsetzen.

Literatur

Bade, Klaus J. *Sozialhistorische Migrationsforschung*. Göttingen: Vandenhoeck & Ruprecht, 2004.
Benton, Gregor. „The Chinese in Europe. Origins and Transformations". *Religions & Christianity in Today's China* 1 (2011): 62–70.
Chao, Longqi. *Geschichte der chinesischen Migranten in den USA* [übersetzt von den Verfassern dieses Beitrages]. Jinan: Shandong Huabao Press, 2010.
Cui, Xinjian. „The cultural identity and its origin" [übersetzt von den Verfassern dieses Beitrags]. *Journal of Beijing Normal University (Social Sciences)* 4 (2004): 102–107.
De Haas, Hein. *Migration and development. A theoretical perspective*. Oxford: University of Oxford International Migration Institute, 2008.
Fu, Yiqiang. *Immigration Policies of EU and New Immigrants from Chinese Mainland*. Guangzhou: Jinan University Press, 2008.
Gui, Shixun. „Auslandschinesen und ihre Beiträge zu ihrem Herkunftsland" [übersetzt von den Verfassern dieses Beitrags]. *Annual Report on Overseas Chinese Study*. Hg. Jin Qiu. Beijing: Social Sciences Academic Press, 2011.
Johanson, Graeme, Russell Smyth und Rebecca French (Hg.). *Living outside the walls. The Chinese in Prato*. Beijing: Social Sciences Academic Press, 2013.
Latham, Kevin, und Wu Bin. *Chinese Immigration into the EU. New trends, dynamics and implications*. Europe China Research and Advice Network 2013.
Li, Minghuan. „,To get rich quickly in Europe!' Reflections on migration motivation in Wenzhou". *The Chinese Overseas*. Hg. Liu Hong. London und New York: Routledge, 2006.
Li, Qirong. „Seeking identity on mod of existence: the culture identity of New Chinese immigrants in the U.S. and Canada". *Southeast Asian Studies* 5 (2008): 69–77.
Li, Qirong, und Yao Zhaofeng. „Identitätsfragen bei der zweiten Generation der neuen chinesischen Einwanderer in Amerika" [übersetzt von den Verfassern dieses Beitrags]. *World Ethno-national Studies (China)* 1 (2012): 52–59.
Lin, Jing. „Probleme der kulturellen Identität bei der jüngeren Generation in der neueren Zeit und ihre Lösung" [übersetzt von den Verfassern dieses Beitrags]. *Economic and social development (China)* 12 (2010): 129–136.
Liu, Hong. „New Migrants and the revival of overseas Chinese nationalism". *Journal of Contemporary China* 14 (2005): 291–316.
Massey, Douglas S., Joaquin Arango und Hugo Graeme. „Theories of international migration. A Review and Appraisal". *Population and Development Review* 19.3 (1993): 431–466.

OECD. *Standardised statistics on immigrant inflows results, sources and methods.* http://www.un.org/esa/population/meetings/seventhcoord2008/OECD_Standardised_statistics.pdf. (01.05.2015).

Shen, Wei. „China in the global migration order – historical perspectives and new trends". *Asia Europe Journal* 8 (2010): 25–43.

Song, Quancheng. „A Sociological analysis of the size and the characteristics of the Chinese New Immigrants in Europe". *Journal of Shandong University (Philosophy and Social Sciences)* 2 (2011): 144–150.

Song, Quancheng. „Umfang, Besonderheiten, Probleme und Perspektive der Auslandschinesen in Europa" [übersetzt von den Verfassern dieses Beitrags]. *Annual Report on Chinese international migration 2014*. Hg. Wang Yaohui. Beijing: Social Sciences Academic Press (China), 2014. 191–205.

Statistisches Bundesamt. *Ausländische Bevölkerung nach Zensus und Ausländerzentralregister. Ergebnisse nach Staatsangehörigkeit und Geschlecht.* 2011. https://www.destatis.de/DE/ZahlenFakten/GesellschaftStaat/Bevoelkerung/MigrationIntegration/Auslaendische Bevolkerung/Tabellen/AuslaendischeBevoelkerungStaatsangehoerigkeit_pdf.pdf?__blob =publicationFile (01.05.2015).

Wang, Aiping. „Die Verwendung der chinesischen Sprache und die chinesische Identität. Eine empirische Untersuchung über mehr als 400 indonesischen Studenten chinesischer Herkunft" [übersetzt von den Verfassern dieses Beitrags]. *Journal of Fuzhou University* 4 (2006): 86–90.

Wang, Jieman, und Yan Xiaopeng. „A study on the cultural identity of the second generation of immigrants from Wenzhou". *Overseas Chinese Journal of Bagui* 1 (2011): 24–27.

Wang, Yaohui (Hg.). *Annual Report on Chinese international migration (2014)*. Beijing: Social Sciences Academic Press, 2014.

Wu, Jinping. „Eine analytische Sozialforschung über die Besonderheiten der zweiten Generation der chinesischen Immigranten in den USA und Kanada" [übersetzt von den Verfassern dieses Beitrags]. *World Ethno-national Studies (China)* 6 (2004): 64–69.

Yang, Jintao und Yu Yunping. „‚Herkunftsgedächtnisse' bei der jüngeren Generation der chinesischen Immigranten in Südostasien. Ein Vergleich zwischen den Fällen in Malaysia, Thailand und Indonesien" [übersetzt von den Verfassern dieses Beitrags]. *World Ethno-national Studies (China)* 6 (2007): 42–49.

Yang, Qiguang. „A Study on a New-aged generation of Jakarta Chinese". *Overseas Chinese History Studies* 3 (2004): 35–44.

Yuan, Qing et al. *Die allgemeine Geschichte der chinesischen Auslandserziehung – Die Zeit der Republik China* [übersetzt von den Verfassern dieses Beitrags]. Guangzhou: Guangdong Education Publishing House, 2010.

Yuan, Suhua, und Zheng Zhuorui. „Über die Verwirrung der kulturellen Identität der jüngeren Generationen der Auslandschinesen in Europa und Amerika" [übersetzt von den Verfassern dieses Beitrags]. *Hubei Social Sciences* 8 (2009): 109–111.

Yu-Dembski, Dagmar. *Chinesen in Berlin*. Berlin: be.bra, 2007.

Zhu, Jieqin. *Geschichte der chinesischen Auswanderer* [übersetzt von den Verfassern dieses Beitrags]. Guilin: Guangxi Normal University Press, 2011.

Zhuang, Guotu. „On the ethnic identity of the Chinese in the Southeast Asian Countries". *Journal of Xiamen University* 3 (2002): 63–71.

Zhuang, Guotu. „Historical changes in numbers and distribution of Overseas Chinese in the world". *World History (China)* 5 (2011): 4–14.

Liu Yue
Werteausprägungen und Wertewandlungen gegenwärtiger jüngerer Generationen im chinesisch-deutschen Vergleich

1 Einleitung und Ausgangspunkte der Untersuchung

Die jüngeren Generationen in China sind nach dem Ende der 1970er Jahre in einer Lebenswelt aufgewachsen, die von Begegnungen von Alt und Neu, Tradition und Moderne, Ost und West geprägt war und ist. Zusätzlich spielt für die Identitätsentwicklungen der jungen Leute in China die rasante gesellschaftliche Transformation seit Jahrzehnten durch Industrialisierung und Globalisierung eine Rolle. Die traditionellen Werte, die von den konfuzianischen Leitvorstellungen tiefgreifend geprägt waren, sind vor die größte Herausforderung seit Jahrtausenden gestellt. Werte wie Loyalität, Pietät und Opferbereitschaft sind im Laufe der Veränderung der Gesellschaftsmodelle *traditionelle* Verhaltensweisen geworden, während ein *zeitgemäßes, allgemein akzeptiertes* Wertesystem noch nicht etabliert ist. Ebenfalls stark verändert sind auch die Werte bei den jüngeren Generationen in Deutschland, wofür die Nachkriegsgeschichte Deutschlands und die Globalisierung mitverantwortlich sind. Während die einst vertretenen Werte wie z. B. Fleiß, Disziplin und Sparsamkeit noch das Bild der Deutschen weltweit prägen, lässt sich die Entstehung eines Wertepluralismus in Deutschland deutlich beobachten.

Werte sind Leitvorstellungen für das menschliche Leben, „die sich auf Objekte und Zustände beziehen können" und „zumeist von allen oder von besonders berufenen Mitgliedern einer Gruppe geteilt werden" (Mintzel 1993, 176). Die Werte bzw. Leitvorstellungen „richten das Handeln des Menschen auf erstrebenswerte und wünschenswerte Ziele" (Mintzel 1993, 176). Eine noch konkretere Definition für Werte wird von Maletzke (1996, 80) wie folgt formuliert: „Werte sind Maßstäbe, mit denen die Menschen ihre Welt ordnen und gewichten." Wertorientierungen liegen dem menschlichen Denken, Erleben und Handeln zugrunde. Wertorientierungen einer bestimmten Menschengruppe stellen ein kulturelles Strukturmerkmal dar und sind von Kultur zu Kultur, eventuell auch innerhalb einer Kultur und von Generation zu Generation unterschiedlich. Sie werden „im

Prozess der Sozialisation von einer Generation zur nächsten weitergegeben, wobei durchaus Veränderungen im Rahmen eines sozialen Wandels möglich sind" (Maletzke 1996, 80).

Es ist heutzutage allgemein unbestritten, dass Werte bzw. Wertvorstellungen niemals statisch sind und sich ständig im Wandel befinden. Von Generation zu Generation, abhängig von sozialen Wandlungsprozessen sowie durch Kontakte der Gesellschaften und Kulturen, werden Werte in sich verändernder Weise tradiert. In Gesellschaften wie China, die sich gerade in einer starken sozialen Transformation befinden, findet ein solcher Prozess in einem besonders zugespitzten Kontrast zwischen Tradition und Veränderung statt. China befindet sich seit der Einführung der Reform- und Öffnungspolitik 1978 in einer historisch einmaligen Phase, in der sich die Gesellschaft mit einem nie dagewesenen Tempo im gleichzeitigen Prozess der Urbanisierung und Industrialisierung entwickelt. Die Denk- und Verhaltensweisen der Chinesen, vor allem aber der jüngeren Generationen, die nach dem Ende der 1970er Jahre geboren wurden, sind besonders stark von den gesellschaftlichen Veränderungen betroffen. Im Bereich der Werteforschungen in Bezug auf China sollten einige aktuelle Tendenzen aufgrund empirischer Ergebnisse zu einer Wertewandlung bei Jugendlichen bzw. jungen Erwachsenen berücksichtigt werden (vgl. Zhao 2007; Liu 2010; Xie 2010; Wang und Yang 2011):

- Die jüngeren Generationen Chinas, die nach der Öffnungspolitik im Jahr 1978 geboren wurden, unterscheiden sich in ihren Denk- und Verhaltensweisen von ihrer Elterngeneration.
- Mit der rasanten sozialen Transformation Chinas seit Ende der 1970er Jahre sind viele traditionelle chinesische Werte stark im Umbruch begriffen. Darunter sind besonders Werte wie Loyalität und Opferbereitschaft zu nennen.
- Im Zuge der wirtschaftlichen Globalisierung und internationalen Mobilität sind Begegnungen zwischen China und der Welt enorm verstärkt geworden. Insbesondere die jüngeren Generationen profitieren von dieser Tendenz und haben zunehmende Möglichkeiten, sich über andere Kulturen zu informieren und sich an authentischer interkultureller Kommunikation zu beteiligen.

Zahlreiche Studien in China in den letzten Jahren haben sich mit der Wandlung der Werte unabhängig von den Altersgruppen beschäftigt. ‚Traditionelle'[1] Kern-

---

1 Es ist unter Umständen unkritisch, den Begriff ‚Tradition' pauschal zu verwenden, ohne die historischen Konditionen mit einzubeziehen. Im Fall Chinas haben die konfuzianischen Werte, die über 2000 Jahre als dominante Werte fungierten, nach der Gründung der Volksrepublik China 1949 einen tiefen Umbruch erlebt. Aus der Perspektive des Generationenwechsels sollte

werte wie beispielsweise eine Gruppenorientierung werden oft in den Mittelpunkt der Untersuchungen gestellt. Untersuchungsergebnisse aus verschiedenen Zeitphasen zeigen, dass die Einstellung der Chinesen gegenüber dem Kollektiv nach der Einführung der Marktwirtschaft eine deutlich schwankende Wandlung erfahren hat. Während es in den 1950er und 1960er Jahren noch eine Schande war, von Privatinteresse zu sprechen, wurden in den 1980er Jahren Tendenzen sichtbar, die eine zunehmende Unabhängigkeit des Individuums vom Staat und ein anwachsendes Privatinteresse manifestierten (vgl. Shi 1991). In den 1990er Jahren zeigte sich zugleich, dass das Individuum eine zunehmend wichtigere Rolle bei der Werteorientierung der jungen Leute spielte, wobei das kollektive Interesse beim Streben nach persönlichen Interessen nicht für unwichtig gehalten wurde (vgl. Liang 1998; Li 2008). Dieses Phänomen, das als „gruppenorientiertes Individuum" (Liu 2010, 200) bezeichnet werden kann, wurde von neueren Studien bestätigt, denen zufolge viele Menschen bei Entscheidungen zwischen Kollektivismus und Individualismus eher dazu tendieren, situationsabhängig zu denken (Xuan 2011, 36–37).

Auf der Grundannahme der Wandlung der Wertesysteme vor allem in China basiert die Kernfrage der vorliegenden Untersuchung. Ihr Ziel besteht in erster Linie darin, den aktuellen Stand der Werteausprägungen bei jüngeren Generationen in China zu erfassen. Um Wertewandlungen im internationalen Kontext zu vergleichen, wurde parallel eine vergleichende Studie in Deutschland durchgeführt. Valide Zahlen sollten mit Hilfe der Meinungsforschung gesammelt werden, um eventuelle Tendenzen des Wertewandels in den beiden Ländern beschreiben zu können. Konkrete Fragestellungen dieses Beitrags sind folgende:
1. Welche Werteausprägungen lassen sich bei jüngeren Generationen in China und bei ihren deutschen Gleichaltrigen feststellen?
2. Lässt sich eine Wertewandlung bei jüngeren Generationen in China hinsichtlich ihrer Einstellung zu den traditionellen Werten der Chinesen beobachten? Ist eine ähnliche Wertewandlung auch bei jungen Leuten in Deutschland beobachtbar?
3. Welche sichtbaren Unterschiede oder Gemeinsamkeiten in Bezug auf die Werte der jüngeren Generationen gibt es im chinesisch-deutschen Vergleich?

---

man die Tatsache im Auge behalten, dass die nach den 1950er Jahren geborene Generation generell selten von der konfuzianischen Lehre geprägt war, während ihre Eltern-Generation und ihre Nachwuchsgeneration andere historischen Phasen (beispielsweise die Rückbesinnung auf die konfuzianischen Gedanken in den letzten Jahrzehnten) erlebt haben und unterschiedliche Verständnisse für ‚Tradition' entwickelt haben und fortlaufend entwickeln.

Im folgenden Abschnitt wird weiterhin auf die vertretenen Thesen zu den Bildern der Chinesen und der Deutschen als Reflexion der Werte aus fremder Sicht eingegangen. Auf dieser Grundlage werden Parameter für die durchzuführende empirische Studie zur Überprüfung entwickelt.

2 Bilder der Chinesen und der Deutschen aus fremder Sicht

Generell hat man den Eindruck, dass das vermittelte Deutschlandbild in den chinesischen Massenmedien durchaus positiv geprägt ist und oft im Zusammenhang mit Schlüsselwörtern wie ‚Pünktlichkeit', ‚Diszipliniertheit', ‚Gewissenhaftigkeit', ‚erstklassige Verkehrs-, Elektro- und Automobiltechnik', ‚bewusste Reflexion der Geschichte' etc. dargestellt und verbreitet wird. Dieser Eindruck wird von einer Reihe von Studien über die gegenseitigen Fremdbilder von Chinesen und Deutschen statistisch unterstützt. Laut der aktuellen HUAWEI-Studie (2014, 84–85) widmen sich 34% der Berichterstattungen in chinesischen Medien über Deutschland dem Bereich „Wirtschaft und Innovation", wobei 82% der Berichterstattungen aus chinesischer Sicht mit dem Detailthema „globalisierte Märkte" als positiv wahrgenommen werden. Auch in Bezug auf „Gesellschaft und Kultur" genießen die chinesischen Berichterstattungen über „Bildung in Deutschland" eine hohe positive Tonalität (83%) in den chinesischen Medien (HUAWEI-Studie 2014, 144–145). Es wird festgestellt: „Die deutsche Kultur besitzt in China ein überaus positives Image." (HUAWEI-Studie 2014, 148) Das Untersuchungsergebnis von Wobst (2007, 327), dass in der chinesischen Presse überwiegend „ein wohlwollend-positives Deutschlandbild" im Vergleich zu „den wiederkehrend kritischen China-Berichten" in deutschen Medien vermittelt wird, hat weiterhin seine Gültigkeit behalten.

Abgesehen von den vermittelten Deutschlandbildern in den Massenmedien spielt im tertiären Bildungsbereich oft auch das Hochschulstudium (in Fachrichtungen wie Germanistik, Weltgeschichte, Philosophie, Industrielles Design etc.), in dem die deutsche Landeskunde (mit) einbezogen wird, eine wichtige Rolle für die Entwicklung des Deutschlandbildes der jungen Chinesen. Zwar fehlen bisher noch Studien, die sich gezielt auf die Entwicklung der Deutschlandbilder unter dem Einfluss des deutschlandbezogenen Unterrichts konzentrieren, doch wäre eine Reihe von Untersuchungen zu nennen, die den Zustand des Deutschlandbildes bei chinesischen Studierenden, die die deutsche Sprache erlernen, behandeln. Su (2006) beispielsweise hat das „interkulturelle Bewusstsein der Germanistikstudenten in China" untersucht mit dem Ergebnis, dass „gewissenhaft, pünktlich, starr, ernsthaft, ernst, verantwortungsbewusst, pragmatisch, konservativ, sauber, vorsichtig" die zehn repräsentativsten Adjektive für die Beschreibung von Deutschen sind. Zu einem ähnlichen Zeitpunkt untersucht eine andere empirische Studie (Yang 2007) das Bild von Deutschland und Deutschen bei chinesischen Germanistikstudierenden an drei Universitäten in Shanghai mit der Schlussfolgerung, dass die chinesischen Deutschlernenden generell ein positives Bild von den Deutschen haben (Yang 2007, 258). Unter allen gesammelten positiven Adjektiven über die Deutschen tauchen „ernsthaft", „seriös" und „freundlich" am häufigsten auf. Im Vergleich dazu werden negative Adjektive eher selten zur Beschreibung der Deutschen eingesetzt, bis auf das Adjektiv „unflexibel". Eine andere Untersuchung in kleinerem Kreis zeigt auch, dass „ernst", „fleißig", „Genauigkeit", „Pünktlichkeit", „streng" und „Disziplin" zu den relativ häufig auftauchenden Stereotypen über Deutsche unter chinesischen Studierenden gehören (Weißflog und Bolten 2005).

Die Tatsache, dass Deutschland seit Jahren eines der beliebtesten Zielländer für ein Auslandsstudium chinesischer Studierender ist und die Zahl der Deutschlernenden sich in China kontinuierlich erhöht, bringt auch neue Inputs für die positiven Deutschlandbilder mit sich. Während 1984 Deutsch bzw. Germanistik als Hauptfach an nur ca. 21 chinesischen Hochschulen etabliert war, ist diese Zahl im Jahr 2009 landesweit auf 82 (darunter 68 Universitäten und 14 andere Hochschulen) gestiegen (vgl. Jia und Wei 2011). Die chinesischen Deutschlernenden, insbesondere die Germanistikstudierenden, haben im Vergleich zu anderen Sozialgruppen eine hohe Motivation für den Kontakt mit Deutschland und den Deutschen. Bei diesen jungen Leuten sind oft positive Stereotype über Deutsche und Deutschland zu erkennen, was durch die oben zitierten Ergebnisse der Untersuchungen empirisch bestätigt worden ist.

Die Entstehung der durchaus stereotypisierten Deutschlandbilder der Chinesen begründet Liang (1996, 159) damit, dass chinesische Lehrwerke und Publikationen, die die Kommunikation mit Deutschen thematisieren, als Eigenschaften der Deutschen neben Freundlichkeit und Hilfsbereitschaft oft „das Klischee ‚deutscher Tugenden' wie Genauigkeit, Gewissenhaftigkeit, Pünktlichkeit, Fleiß usw." anführen. Liang hat auch heute Recht, wenn man die Tatsache ins Auge fasst, dass in China bis jetzt über die Diskussion in Deutschland in Bezug auf den Wertewandel nach der 1968er Bewegung und die daraus resultierende Veränderung der Einstellungen der Deutschen gegenüber den sogenannten Sekundärtugenden wie *Fleiß, Treue, Gehorsamkeit, Diszipliniertheit, Sauberkeit, Pflichtbewusstsein, Pünktlichkeit, Zuverlässigkeit* usw. nur selten informiert wird. Im Kontrast dazu werden die oben genannten Eigenschaften nach wie vor häufig als ‚deutsche Tugenden', die im hohen Maße mit den preußischen Tugenden verwechselt werden, in der öffentlichen Diskussion in China als deutsche Kulturspezifika angesehen.

Es fehlen bisher vergleichbare Studien über die Bilder der Chinesen unter den deutschen jungen Leuten im Hochschulbereich. Aktuelle Studien über die durch Medien verbreiteten Bilder der Chinesen belegen, dass aus der deutschen Sicht Werte wie ‚Höflichkeit', ‚Hierarchie', ‚Familie', ‚Gemeinschaft', ‚Respekt gegenüber dem Alter', ‚Tradition', ‚Arbeit', ‚Friedfertigkeit'; ‚Flexibilität/Pragmatismus' als repräsentativste chinesische kulturelle Werte gelten (HUAWEI 2014, 147). In zahlreichen Untersuchungen wird behauptet, dass die Werte der Chinesen und der Deutschen kulturspezifisch sind und sich deutlich voneinander unterscheiden (vgl. hierzu Liang 1998; Lin-Huber 2001; Günthner 2001; Pohl 2002; Breidenbach und Nyíri 2002). Ferner wird behauptet, die Wertevorstellungen der Chinesen seien stark von traditionellen (konfuzianischen) Wertüberzeugungen wie Harmoniebestrebung und Pflege der zwischenmenschlichen Beziehungen geprägt (Heringer 2004; Müthel 2006; Liang 2006), wobei oft keine Unterschiede zwischen Generationen, Gender und Regionen berücksichtigt werden. Werte wie ‚Konfliktvermeidung', ‚Gesichtswahrung' und ‚Hervorhebung der zwischenmenschlichen Beziehungen (*guanxi*)'[2] werden hier häufig als wichtige Besonderheiten des chinesischen Wertesystems hervorgehoben.

In Anlehnung an die bisherigen Werteforschungen und Untersuchungen über wechselseitige Zuschreibungen der Chinesen und Deutschen werden folgende 25 Werte ausgewählt, die als Grundlage der vorliegenden Untersuchung dienen und in zwei Dimensionen kategorisiert werden. Die betroffenen Werte basieren in erster Linie auf den Ergebnissen einiger Untersuchungen in sozialwissenschaftlichen Bereichen (vgl. Liu 2010; HUAWEI 2014). Dies führt dazu, dass einige Werte wie zwischenmenschliche Beziehungen, Kollektiv und Gesichtswahrung sich stark an den häufig als repräsentativ angenommenen Werten der Chinesen orientieren.

---

2 Siehe z. B. Thomas und Schenk 2001. *Guanxi* ist die Transkription der chinesischen Bezeichnung für die zwischenmenschlichen Beziehungen.

Tab. 1: Ausgewählte Werte

Persönliche Dimension	Soziale Dimension
Gesichtswahrung	Familie
Bescheidenheit	Kollektiv
Unabhängigkeit	Fürsorge für Senioren und Kinder
Selbstkritik	Zwischenmenschliche Beziehungen
Sparsamkeit	Konfliktvermeidung
Diszipliniertheit	Gemeinsamkeiten suchen und dabei Unterschiede bestehenlassen
Fleiß	Kompromissbereitschaft
Bildung	Was du nicht willst, das man dir tu, das füg auch keinem anderen zu
Individueller Erfolg	Soziale Gerechtigkeit
Flexibilität	Stabile soziale Ordnung
Innovation	Traditionsbewusstsein
Opferbereitschaft	Einfluss auf Andere
Verantwortungsbewusstsein	

Quelle: Eigene Darstellung

3 Methode und Durchführung der Untersuchung

Von 2011 bis 2013 wurde die Untersuchung in Form einer schriftlichen Befragung in zwei Phasen durchgeführt. Von Januar 2011 bis Februar 2011 wurde eine repräsentative Umfrage unter 1007 chinesischen Studierenden (darunter 426 männliche und 581 weibliche Studierende) in China durchgeführt, wobei die Befragung auf fünf Städte unterschiedlicher Gesellschaftsstrukturen verteilt wurde: Beijing (n=211), Shanghai (n=193), Hangzhou (n=223), Chongqing (n=188), Luoyang (n=192). Neben der nationalen Hauptstadt Beijing und der Metropole Shanghai gehört Chongqing als eine der vier sogenannten regierungsunmittelbaren Städte zu den größten Städten Chinas. Als die Hauptstadt der Provinz Zhejiang ist Hangzhou eine der privatwirtschaftlich am besten entwickelten Städte Chinas. Luoyang ist die zweitgrößte Stadt der Provinz Henan und repräsentativ für Städte der bevölkerungsreichen und landwirtschaftlich geprägten Provinzen Chinas. Geografisch liegen zwei Befragungsorte (Shanghai und Hangzhou) im Osten Chinas, wo die Bruttoinlandsprodukte bei weitem über den Durchschnitt im Landesvergleich liegen. Beijing liegt im Norden Chinas und ist das politische und kulturelle

Zentrum des Landes. Die anderen beiden Befragungsorte Luoyang und Chongqing gehören eher zu den wirtschaftlich langsamer entwickelten Regionen im Westen Chinas und sind bevölkerungsreich. Alle Probanden sind zum Zeitpunkt der Befragung Studierende an chinesischen Universitäten, die unterschiedliche Fächer studieren. Sie sind alle im Alter zwischen 18 und 22.[3]

Der Fragebogen besteht aus 28 geschlossenen Fragen. Darunter sind 3 Fragen für die Erfassung persönlicher Daten über das Alter, Geschlecht und den Bildungsstand, die anderen 25 Fragen sind wertebezogen. Für die chinesischen Probanden wurde der Fragebogen in chinesischer Sprache formuliert.

Von Oktober 2012 bis November 2013 wurde die Umfrage in drei deutschen Städten, nämlich Berlin (n=126), Kiel (n=78) und Nordhausen (n=334) fortgesetzt. Insgesamt konnten die ausgefüllten Fragebögen von 538 deutschen Studierenden (darunter 204 männliche und 334 weibliche Studierende) ausgewertet werden. Hierbei handelt es sich um deutsche Studierende verschiedener Fachrichtungen, die zum Zeitpunkt der Umfrage zwischen 18 und 30 Jahre alt waren. Die drei Befragungsorte repräsentieren drei verschiedene Städtegrößen in Deutschland, eine Stadt in den alten Bundesländern, eine Stadt aus den neuen Bundesländern und Berlin (Ost und West), damit ein möglichst objektives Gesamtbild der Werte einer jüngeren Generation in Deutschland gewonnen werden kann. Für die Befragung der Studierenden an den deutschen Hochschulen wurde der Fragebogen ins Deutsche übersetzt, der Aufbau war ansonsten identisch zum chinesischen Fragebogen. Die deutsche Version des Fragebogens beinhaltet einige sinngemäß übertragene Werteangaben, die aber unter Berücksichtigung der kulturellen Unterschiede nur sprachlich leicht angepasst wurden. Die Reihenfolge der Fragen ist in beiden Fragebögen identisch.

Zu jeder Wertehaltung wird eine fünfstufige Skala mit den Optionen „sehr wichtig", „eher wichtig", „mittelmäßig", „eher unwichtig" und „unwichtig" eingesetzt. Für die Optionen von „sehr wichtig" bis „unwichtig" werden jeweils 1 bis 5 Punkte für die statistische Zählung vergeben. Da der Fragebogen zwei sprachliche Versionen hat, werden die Formulierungen zu bestimmten Werten wo notwendig jeweils unter Berücksichtigung der sprachlichen und kulturellen Gewohnheiten sinngemäß angepasst, um eventuelle kulturelle Hindernisse beim Ausfüllen des Fragebogens zu minimieren.

---

[3] In China gilt außer in wenigen Studiengängen allgemein die 4-jährige Regelstudienzeit an den Hochschulen, so dass die Studierenden bis auf wenige Ausnahmen normalerweise zwischen 18 und 22 Jahre alt sind. Die angegebene Aussage über das Alter basiert auf den gesammelten Daten der vorliegenden Untersuchung.

Tab. 2: Ausgewählte Werte mit angepassten Formulierungen

Persönliche Dimension	Soziale Dimension
Gesichtswahrung (cn) / Soziales Ansehen (de)	Familie
Bescheidenheit	Kollektiv (cn) / Gemeinschaft (de)
Unabhängigkeit	Fürsorge für Senioren und Kinder
Selbstkritik	Zwischenmenschliche Beziehungen
Sparsamkeit	Konfliktvermeidung
Diszipliniertheit	Gemeinsamkeiten suchen und dabei Unterschiede bestehenlassen
Fleiß	Die ‚goldene Mitte' (cn) / Kompromissbereitschaft (de)
Bildung	Was du nicht willst, das man dir tu, das füg auch keinem anderen zu.
Individueller Erfolg	Soziale Gerechtigkeit
Flexibilität	Stabile soziale Ordnung
Innovation	Traditionsbewusstsein
Opferbereitschaft	Einfluss auf Andere
Verantwortungsbewusstsein	

Quelle: Eigene Darstellung
* In Klammern sind die Formulierungen erfasst, die zur Verringerung der sprachlichen Hindernisse in der chinesischen bzw. deutschen Version sinngemäß angepasst wurden. Die Abkürzungen „cn" und „de" stehen jeweils für „chinesische (Version)" und „deutsche (Version)".

4 Ergebnisse der Untersuchung

Im ersten Schritt der Auswertung geht es darum, die einzelnen Wertevorstellungen beider Befragtengruppen (hiermit sind die chinesischen und die deutschen Befragten gemeint) miteinander zu vergleichen, um einen Gesamteindruck der Werteausprägungen zu gewinnen. Nach der ersten statistischen Analyse werden die Werteausprägungen der chinesischen und der deutschen Befragten präsentiert, in der Reihenfolge von den wichtigsten zu den unbedeutendsten. Fett gedruckt sind die Werte, die sowohl unter den chinesischen als auch unter den deutschen Studierenden als am wichtigsten bzw. am unbedeutendsten betrachtet werden.

Tab. 3: Ergebnisse der Werteausprägungen (eigene Zusammenfassung)

Bei den chinesischen Befragten	Bei den deutschen Befragten
– **Familie** (1,26)	– **Familie** (1,34)
– **Unabhängigkeit** (1,30)	– **Bildung** (1,38)
– **Verantwortungsbewusstsein** (1,30)	– **Zwischenmenschliche Beziehungen** (1,45)
– **Fürsorge für Senioren und Kinder** (1,32)	– **Verantwortungsbewusstsein** (1,51)
– **Zwischenmenschliche Beziehungen** (1,32)	– **Soziale Gerechtigkeit** (1,55)
– Bildung (1,36)	– Was du nicht willst, das man dir tu, das füg auch keinem anderen zu. (1,62)
– Selbstkritik (1,38)	– Unabhängigkeit (1,66)
– Innovation (1,38)	– Gemeinschaft (1,66)
– Stabile soziale Ordnung (1,38)	– Fürsorge für Senioren und Kinder (1,78)
– Fleiß (1,44)	– Kompromissbereitschaft (1,81)
– Flexibilität (1,48)	– Individueller Erfolg (1,82)
– Kollektiv/Gemeinschaft (1,59)	– Stabile soziale Ordnung (1,87)
– Was du nicht willst, das man dir tu, das füg auch keinem anderen zu (1,61)	– Selbstkritik (1,91)
– Soziale Gerechtigkeit (1,61)	– Soziales Ansehen (2,07)
– Traditionsbewusstsein (1,62)	– Flexibilität (2,09)
– Individueller Erfolg (1,67)	– Fleiß (2,11)
– Sparsamkeit (1,80)	– Diszipliniertheit (2,14)
– Gemeinsamkeiten suchen und dabei Unterschiede bestehen lassen (1,81)	– Gemeinsamkeiten suchen und dabei Unterschiede bestehen lassen (2,14)
– Konfliktvermeidung (1,82)	– Innovation (2,28)
– Bescheidenheit (1,82)	– Konfliktvermeidung (2,37)
– Diszipliniertheit (1,99)	– Sparsamkeit (2,39)
– **Einfluss auf Andere** (2,05)	– Bescheidenheit (2,41)
– Die ‚goldene Mitte'/Kompromissbereitschaft (2,29)	– **Opferbereitschaft** (2,64)
– **Opferbereitschaft** (2,40)	– **Einfluss auf Andere** (2,80)
– Gesichtswahrung/Soziales Ansehen (2,43)	– Traditionsbewusstsein (2,91)
n=1007	n=538

* „1" bedeutet: Wichtigkeit am höchsten, „5" bedeutet: Wichtigkeit am geringsten.

Dass die Durchschnittswerte zu den einzelnen Werteorientierungen bei den chinesischen Probanden im Allgemeinen kleiner sind als bei den deutschen Probanden, belegt die stärkere Zustimmungsbereitschaft der chinesischen Befragten hinsichtlich der angegebenen Werte. Es ist interessant zu beobachten, dass unter den fünf wichtigsten und fünf unwichtigsten Werten beide Probandengruppen drei gemeinsame Werte hochgeschätzt und zwei gemeinsame Werte für relativ unwichtig gehalten werden. Je kleiner die Durchschnittszahl ist, desto größer ist die Neigung der Probanden zum bestimmten Wert. Die größte Gemeinsamkeit zwischen den befragten Chinesen und Deutschen findet sich darin, dass für beide Probandengruppen *Familie* als wichtigste Wertorientierung gilt. Die Werte *Verantwortungsbewusstsein* und *Zwischenmenschliche Beziehungen* finden gleich große Beachtung sowohl bei den Chinesen als auch bei den Deutschen. Eine deutliche Gemeinsamkeit zwischen den Chinesen und Deutschen bei der Einordnung von Werten findet sich ebenfalls bei den weniger wichtigen Werten, indem beide Gruppen relativ wenig Wert auf *Opferbereitschaft* und *Einfluss auf Andere* legen.

Ausgerechnet die in den Wertediskussionen in Deutschland seit Jahrzehnten als *Sekundärtugenden* bezeichneten Werte wie *Fleiß, Diszipliniertheit* und *Sparsamkeit* verlieren bei den jungen Leuten an Bedeutung. Aufschlussreich ist auch, dass die in vielen gängigen Veröffentlichungen fast klischeehaft als Kulturspezifika Chinas präsentierten Wertehaltungen wie *Gesichtswahrung* und *Kompromissbereitschaft* bei den jungen chinesischen Studierenden ebenfalls stark an Bedeutung verlieren und unter allen genannten Werten sogar als am unwichtigsten wahrgenommen werden.

Ein grobes, nicht unkritisches Bild der Werteprägung bei jungen Studierenden Chinas mag so zum Vorschein kommen: Ein/eine ‚repräsentative(r)' Chinese/Chinesin der jüngeren Generation legt großen Wert auf die Familie, hält es für äußerst wichtig, dass man unabhängig, verantwortungsbewusst und innovativ denkt und sich verhält. Die Fürsorge für Senioren und Kinder und die Pflege der zwischenmenschlichen Beziehungen scheinen ihm/ihr besonders wichtig zu sein. Anders als für seine/ihre Elterngeneration sind Diszipliniertheit, Kompromissbereitschaft und vor allem Opferbereitschaft für ihn/sie keine wichtigen Werte mehr. Er/sie hält es für relativ unwichtig, Einfluss auf andere auszuüben und legt nur noch einen beschränkten Wert auf ein soziales ‚Gesicht'.

Das Bild der Werteprägung deutscher Studierender könnten wir uns (ebenfalls) so vorstellen: Der/die repräsentative Vertreter/Vertreterin der jüngeren Generation betrachtet seine/ihre Familie als am wichtigsten. Bildung spielt für ihn/sie ebenfalls eine unerlässliche Rolle. Er/sie legt viel Wert auf die zwischenmenschlichen Beziehungen (beispielsweise ‚Vitamin B' in der Arbeitswelt) und versucht verantwortungsvoll zu handeln. Er/sie fühlt sich der sozialen Gerechtigkeit verpflichtet, findet aber, dass Sparsamkeit, Bescheidenheit und Opferbereitschaft heutzutage nicht mehr zu den wichtigen Werten gehören. Weniger sinnvoll scheint ihm/ihr auch der Versuch, Einfluss auf andere auszuüben oder sich traditionsbewusst zu verhalten.

Im nächsten Analyseschritt sollen nun die fünf wichtigsten und unwichtigsten Werte der chinesischen Befragung in den unterschiedlichen Regionen Chinas betrachtet werden.

Tab. 4: Die fünf wichtigsten Werte bei den befragten chinesischen Studierenden

Beijing (n=211)	Luoyang (n=192)	Chongqing (n=188)	Shanghai (n=193)	Hangzhou (n=223)
Familie (1,22)	**Familie** (1,22)	Verantwortungsbewusstsein (1,26)	Zwischenmenschliche Beziehungen (1,26)	**Familie** (1,26)
Unabhängigkeit (1,26)	Fürsorge für Senioren und Kinder (1,22)	**Familie** (1,27)	Unabhängigkeit (1,31)	Unabhängigkeit (1,34)
Fürsorge für Senioren und Kinder (1,29)	Zwischenmenschliche Beziehungen (1,23)	Bildung (1,29)	**Familie** (1,32)	Bildung (1,37)
Verantwortungsbewusstsein (1,30)	Verantwortungsbewusstsein (1,23)	**Unabhängigkeit** (1,31)	Verantwortungsbewusstsein (1,32)	Selbstkritik (1,38)
Bildung (1,32)	**Unabhängigkeit** (1,28)	Zwischenmenschliche Beziehungen (1,32)	Fürsorge für Senioren und Kinder (1,35)	Fürsorge für Senioren und Kinder (1,40)

* „1" bedeutet: Wichtigkeit am höchsten, „5" bedeutet: Wichtigkeit am geringsten. Fett gedruckt sind die Werte, die bei allen Teilgruppen zu den wichtigsten Werten gehören.

Tab. 5: Die fünf unwichtigsten Werte bei den befragten chinesischen Studierenden

Beijing (n=211)	Luoyang (n=192)	Chongqing (n=188)	Shanghai (n=193)	Hangzhou (n=223)
Diszipliniertheit (2,03)	Bescheidenheit (1,63)	Diszipliniertheit (2,01)	Diszipliniertheit (2,01)	Diszipliniertheit (2,28)
Einfluss auf Andere (2,21)	Gemeinsamkeiten suchen und dabei Unterschiede bestehen lassen (1,75)	Einfluss auf Andere (2,06)	Einfluss auf Andere (2,05)	Einfluss auf Andere (2,36)
Gesichtswahrung (2,45)	Kompromissbereitschaft (1,90)	Kompromissbereitschaft (2,29)	Kompromissbereitschaft (2,36)	Kompromissbereitschaft (2,40)
Kompromissbereitschaft (2,46)	Opferbereitschaft (1,97)	Opferbereitschaft (2,41)	Opferbereitschaft (2,40)	Gesichtswahrung (2,52)
Opferbereitschaft (2,62)	Gesichtswahrung (2,19)	Gesichtswahrung (2,53)	Gesichtswahrung (2,44)	Opferbereitschaft (2,53)

* „1" bedeutet: Wichtigkeit am höchsten, „5" bedeutet: Wichtigkeit am geringsten. Fett gedruckt sind die Werte, die bei allen Teilgruppen zu den unwichtigsten Werten gehören

Folgende Aussagen lassen sich durch die kombinierte Betrachtung der Tabellen 4 und 5 ableiten: Zwischen den Teilgruppen der chinesischen Probanden besteht eine deutliche gemeinsame Tendenz ihrer Werteorientierung. Jedoch sind einzelne Werte in verschiedenen Regionen unterschiedlich ausgeprägt. Sehr bemerkenswert ist die Beobachtung, dass die jüngeren Menschen in China heute gleichermaßen den persönlich orientierten Wert *Unabhängigkeit* und den sozialbezogenen Wert *Familie* hochhalten. Eine ausgewogene Haltung zwischen der Gemeinschaft und dem Individuum kommt dabei deutlich zum Ausdruck. Die Werte *Gesichtswahrung/soziales Ansehen, Kompromissbereitschaft* und *Opferbereitschaft* sind in allen Befragungsorten den drei unwichtigsten Werten zugeordnet. Dies reflektiert vor allem die Veränderung der Denk- und Handlungsweisen der jüngeren Generation Chinas im sozialen Umgang.

Zum Vergleich nun:

Tab. 6: Die fünf wichtigsten Werte bei den befragten deutschen Studierenden

Berlin (n=126)	Kiel (n=78)	Nordhausen (n=334)
Bildung (1,28)	Bildung (1,37)	Familie (1,26)
Verantwortungsbewusstsein (1,37)	Verantwortungsbewusstsein (1,53)	Bildung (1,43)
Zwischenmenschliche Beziehungen (1,37)	Familie (1,59)	Zwischenmenschliche Beziehungen (1,44)
Familie (1,38)	Unabhängigkeit (1,59)	Soziale Gerechtigkeit (1,53)
Soziale Gerechtigkeit (1,50)	Zwischenmenschliche Beziehungen (1,62)	Verantwortungsbewusstsein (1,56)

* „1" bedeutet: Wichtigkeit am höchsten, „5" bedeutet: Wichtigkeit am geringsten. Fett gedruckt sind die Werte, die bei allen Teilgruppen zu den wichtigsten Werten gehören.

Tab. 7: Die fünf unwichtigsten Werte bei den befragten deutschen Studierenden

Berlin (n=126)	Kiel (n=78)	Nordhausen (n=334)
Konfliktvermeidung (2,40)	Soziales Ansehen (2,36)	Sparsamkeit (2,39)
Bescheidenheit (2,44)	Konfliktvermeidung (2,50)	Bescheidenheit (2,45)
Opferbereitschaft (2,59)	**Opferbereitschaft (2,63)**	**Opferbereitschaft (2,67)**
Einfluss auf Andere (2,94)	**Einfluss auf Andere (2,76)**	**Einfluss auf Andere (2,77)**
Traditionsbewusstsein (3,04)	**Traditionsbewusstsein (2,94)**	**Traditionsbewusstsein (2,86)**

* „1" bedeutet: Wichtigkeit am höchsten, „5" bedeutet: Wichtigkeit am geringsten. Fett gedruckt sind die Werte, die bei allen Teilgruppen zu den unwichtigsten Werten gehören.

Insgesamt lässt sich nach Auswertung der Befragung hervorheben, dass die chinesischen und deutschen Studierenden sowohl deutliche Unterschiede als auch Gemeinsamkeiten in den persönlichen und sozialen Dimensionen ihrer Werteorientierungen zeigen. Überraschend war, dass diese Gemeinsamkeiten größer sind, als bisher in anderen Studien ermittelt wurde, erst recht in Bezug auf allgemeine (stereotype) Vorannahmen. Die Tatsache, dass die meisten deutschen Befragten die *zwischenmenschlichen Beziehungen* auch für einen wichtigen Wert halten, stellt die oft vorkommende Aussage der kulturspezifischen Besonderheit der Wertschätzung der *guanxi* (*zwischenmenschliche Beziehungen*) der Chinesen deutlich in Frage. Beide Probandengruppen bringen deutliche Ähnlichkeiten in der Wichtigkeitsskala der angegebenen Werte zum Ausdruck. Sowohl Chinesen als auch Deutsche halten *Familie* für die wichtigste Wertehaltung. Ihre Wertevorstellungen unterscheiden sich deutlich von denen älterer Generationen bzw. von den häufig für ‚traditionell' gehaltenen Werten. Die jüngere Generation in Deutschland kann nicht (mehr) mit Werten wie *Sparsamkeit*, *Fleiß*, *Diszipliniertheit* etikettiert werden. Ausgerechnet für die jüngere chinesische Generation sind auch einige traditionelle Tugenden wie *Opferbereitschaft*, *Kompromissbereitschaft*, *Gesichtswahrung* und sogar *Bescheidenheit* nicht mehr als kulturelle Etikettierungen verwendbar.

Der Wandel der Werte schlägt sich jedoch auch in dem Aspekt nieder, dass aktuelle, dem Zeitgeist bzw. der gesellschaftlichen Entwicklung entsprechende Werte wie *Unabhängigkeit*, *Bildung*, *Innovation* und *soziale Gerechtigkeit* hochgehalten werden. Dies betrifft vor allem die jungen Chinesen, die im Vergleich zu ihren deutschen Gleichaltrigen noch stärker von dem sozialen Umbruch betroffen sind und sich dringender (um-)orientieren müssen.

Beim Vergleich der Befragung in den deutschen Städten ergibt sich keine signifikante Unterscheidung der Werte zwischen den alten und den neuen Bundesländern. Auch die Städtegröße hat hier keinen Einfluss gezeigt. Interessant ist es allerdings zu beobachten, dass die drei Werte *Traditionsbewusstsein*, *Einfluss auf Andere* und *Opferbereitschaft* gleichermaßen unwichtig für die Befragten sind. Bei den wichtigsten Werten zeigen die Deutschen im Vergleich zu den Chinesen kleinere regionale Unterschiede, indem die Werte *Familie*, *Bildung*, *Zwischenmenschliche Beziehungen* und *Verantwortungsbewusstsein* an allen drei Orten zu den wichtigsten Wertorientierungen zählen.

5 Fazit und Ausblick

Die Werte der jungen Generation Chinas zeigen eine deutliche Gemeinsamkeit mit den Werten der jungen Generation in Deutschland. Bei 25 überprüften Werten gab es unter den ersten fünf Werten, die für die chinesischen Probanden die wichtigsten waren, drei gemeinsame. Bei den fünf unwichtigsten Werten gab es ebenfalls eine hohe Übereinstimmung. Besonders interessant war hierbei, dass die der chinesischen Kultur nachgesagten Werte wie *Gesicht wahren, Opferbereitschaft, Kompromissbereitschaft* von der jungen chinesischen Generation als unwichtigste Werte genannt wurden. Dass für die deutschen Befragten *Familie, Bildung* und *Verantwortungsbewusstsein* zu den wichtigsten Werten gehören, stimmt mit dem Ergebnis einer Umfrage über deutsche Werte aus dem Jahr 2007 (Kochanek 2007, 54) überein, wobei zu beachten ist, dass die Wichtigkeit von *Bildung* bei jungen Studierenden im Vergleich zu der Umfrage von Kochanek ohne Unterscheidung von Altersstufen deutlich gestiegen ist.

In China vertretene Stereotype über die Deutschen wie *Fleiß, Diszipliniertheit* und *Sparsamkeit* fungieren bei der jüngeren Generation in Deutschland nicht mehr als repräsentative Werte. Auch in Deutschland vertretene Stereotype über Chinesen wie *Gesichtswahrung, die Suche nach der ‚goldenen Mitte'/Kompromissbereitschaft, Bescheidenheit* und *Kollektiv* werden hinsichtlich ihrer aktuellen Repräsentativität in Frage gestellt. Selbstverständlich muss man aber erkennen, dass bestimmte aus fremder Sicht wahrgenommene Werte wie *guanxi* und *Verantwortungsbewusstsein* für Chinesen und *Verantwortungsbewusstsein* und *Bildung* für Deutsche weiterhin als durchaus aktive Werte von den jungen Leuten geschätzt werden. Doch die Veränderung der Repräsentativität bestimmter Werte und die Tendenz der erhöhten Wichtigkeit mancher als global geltenden Werte wie *Bildung, Familie, Unabhängigkeit, individueller Erfolg* usw. lassen ohne Zweifel die Aussage zu, dass man heutzutage sowohl im chinesischen als auch im deutschen Kontext von einer laufenden Wertewandlung ausgehen kann.

In der gegenwärtigen Welt, in der jede Kultur in verstärktem Maße mit Herausforderungen im Kontext der Globalisierung konfrontiert ist, gelten die Tendenzen des Wertewandels unter den jüngeren Angehörigen einer Gesellschaft als Indikatoren für die Fortentwicklung der Gesellschaft bzw. der Kultur(en) dieser Gesellschaft. In einer nicht longitudinalen Umfrage, die lediglich den Momentzustand unter den Probanden aufnehmen kann, kann man statt des dynamischen Wandlungsprozesses nur den Zustand der Entwicklung erfassen. Um die Entwicklungstendenzen der Werte einer Gesellschaft längerfristig zu erfassen, sollten wiederholbare, longitudinale Befragungen durchgeführt werden.

Die Ergebnisse der Umfrage sollten nicht nur als Indikatoren für die aktuelle Werteausprägung bei der jüngeren Generation dienen, sondern auch für die Erneuerung der Werte im heutigen globalen Kontext, die ein grenzübergreifendes Thema bildet, stehen. Die Wertewandlung, die dank der globalen Mobilität und der vertieften Globalisierung wahrscheinlich weltweit beschleunigt wird, soll langfristig weiterführend untersucht werden.

Literatur

Breidenbach, Joana, und Pál Nyíri. „Der kulturalistische Diskurs um asiatische Werte und die chinesische Diaspora in Ungarn". *Interkulturelle Kommunikation in der Diaspora*. Hg. Alois Moosmüller. München: Waxmann, 2002. 51–76.

Erpenbeck, John. „Kompetenzen – eine begriffliche Erklärung". *Grundstrukturen menschlicher Kompetenzen – Kompetenzmanagement in der Praxis. Bd. 5*. Hg. Volker Heyse, John Erpenbeck und Stefan Ortmann. Münster: Waxmann, 2010. 13–19.

GESIS – Leibniz-Institute for the Social Sciences. *Europäische Wertestudien (EVSS) (1981–2008)*. http://www.datacite.org/GESIS (15.08.2014).

Günthner, Susanne. „Höflichkeitspraktiken in der interkulturellen Kommunikation: am Beispiel chinesisch-deutscher Interaktionen". *Höflichkeitsstile*. Hg. Heinz-Helmut Lüger. Frankfurt/Main et al.: Peter Lang, 2001. 295–313.

Heringer, Hans Jürgen. *Interkulturelle Kommunikation. Grundlagen und Konzepte*. Tübingen und Basel: Francke, 2004.

Hofstede, Geert. *Culture's Consequences. Comparing Values, Behaviors, Institutions and Organizations across Nations*. Thousand Oaks: Sage, ^{2}2003.

HUAWEI TECHNOLOGIES Deutschland GmbH in Zusammenarbeit mit GIGA German Institute of Global and Area Studies. *Deutschland und China – Wahrnehmung und Realität – Die Huawei-Studie 2014*. http://www.huawei-studie.de/ (15.08.2014).

Kochanek, Doris. „Welche Werte den Deutschen wichtig sind". *Reader's Digest* (2007): 53–59.

Li, Cheng. „Analyse des Werteorientierungswandels von heutigen Studenten auf der Ebene der kulturellen Unterschiede zwischen China und dem Westen" [übersetzt von der Verfasserin des vorliegenden Beitrags]. *Educator (China)* 6 (2008): 65–66.

Liang, Yong. „Interkulturelle Kommunikation und wissenschaftliche Weiterbildung. Zum Kommunikationsverhalten zwischen Deutschen und Chinesen". *Jahrbuch Deutsch als Fremdsprache* 22 (1996): 141–169.

Liang, Yong. *Höflichkeit im Chinesischen: Geschichte – Konzepte – Handlungsmuster*. München: iudicium, 1998.

Liang, Yong. „Harmonie und Interkulturalität – neue Diskurse über ein altetabliertes Konzept in China". *Interkulturelle Kommunikation Deutsch-Chinesisch*. Hg. Zhu Jianhua, Hans-Rüdiger Fluck, Rudolf Hoberg und Siegfried Grosse. Shanghai und Frankfurt/Main: Lang, 2006. 33–45.

Lin-Huber, Margrith A. *Chinesen verstehen lernen*. Bern et al.: Huber, 2001.

Liu, Yue. „,Kulturspezifisches" Kommunikationsverhalten? Eine empirische Untersuchung zu aktuellen Tendenzen der chinesisch-deutschen Begegnungen*. München: iudicium, 2010.

Mintzel, Alf. „Kultur und Gesellschaft. Der Kulturbegriff in der Soziologie". *Kulturbegriff und Methode. Der stille Paradigmenwechsel in den Geisteswissenschaften; eine Passauer Ringvorlesung.* Hg. Klaus P. Hansen. Tübingen: Narr, 1993. 171–199.

Müthel, Miriam. *Erfolgreiche Teamarbeit in deutsch-chinesischen Projekten.* Wiesbaden: Deutscher Universitätsverlag, 2006.

Pohl, Karl-Heinz. „Chinesische und asiatische Werte. Die chinesische Welt als zentraler Kultur- und Wirtschaftsraum Ostasiens". *Religion, Werte und Wirtschaft. China und der Transformationsprozess in Asien.* Hg. Hans G. Nutzinger. Marburg: Metropolis, 2002. 105–128.

Shi, Xiuyin. „Wandlung der chinesischen Wertorientierung seit Ende der 70er Jahre". *Society* 7 (1991): 13–18.

Thomas, Alexander, und Eberhard Schenk. *Beruflich in China: Trainingsprogramm für Manager, Fach- und Führungskräfte.* Göttingen: Vandenhoeck und Ruprecht, 2001.

Wang, Junxiu, und Yang Yiyin (Hg.). *Annual Report on Social Mentality of China.* Beijing: Social Sciences Academic Press, 2011.

Weißflog, Anita, und Jürgen Bolten. Zur Verwendung von Nationalstereotypen in Bezug auf Deutschland. Ergebnisse einer Untersuchung unter Studierenden in 21 Ländern. Ergebnisse einer internationalen empirischen Untersuchung. 2005. http://www.interkulturelles-portal.de/ (02.03.2009).

Wobst, Martina. „Deutschland und China. Die wechselseitige Wahrnehmung in den vergangenen 15 Jahren". *China und die Wahrnehmung der Welt.* Hg. Antje Richter und Helmolt Vittinghoff. Wiesbaden: Harrassowitz, 2007. 321–329.

Xie, Hongzhong. *Values Orientation of Undergraduate Students.* Beijing: Social Sciences Academic Press, 2010.

Xuan, Zhaokai. *Zustand der sozialen Werte in China und ihre Entwicklungstendenzen* [übersetzt von der Verfasserin des vorliegenden Beitrags]. Beijing: People's Press, 2011.

Zhao, Mengying. *Eintritt in die Tür der Moderne. Reportage über die sozialen Werte des gegenwärtigen Chinas* [übersetzt von der Verfasserin des vorliegenden Beitrags]. Beijing: Beijing Normal University Publishing Group, 2007.

Zhang Tao
Die ‚Jugendzeit' und Generationenverhältnisse und -konflikte im aktuellen chinesischen und deutschen Film

Eine vergleichende Analyse

1 Jugendzeit im heutigen Deutschland und China

Die Konstellationen der ‚Jugendzeit' sind seit Jahrzehnten ein beliebtes Thema im internationalen Film, so dass sich der ‚Coming-of-Age Film' als eigenes Genre entwickelt hat (vgl. Gao 2006, 51). In ihm wird zumeist die Adoleszenz, der Übergang von der Kindheit zum Erwachsensein problematisiert (vgl. Benyahia et al. 2006, 271). In den letzten Jahrzehnten ist in Deutschland eine Verlängerung der Jugendphase zu beobachten, die mit einer ausgedehnteren Berufsausbildung und einer Verzögerung der Arbeitsintegration einhergeht (vgl. Sardei-Biermann 2006, 119). Dies führt dazu, dass man heutzutage mit Ende Zwanzig bzw. Anfang Dreißig noch zur Jugend zählt, wobei diese neue junge Generation mit einer speziellen Situation konfrontiert ist.[1]

In China ist die Sichtweise auf die Jugendzeit eine andere. Die Menschen werden nach dem Jahrzehnt ‚kategorisiert', in dem sie geboren sind. Da sich die chinesische Gesellschaft in den letzten Jahrzehnten so schnell und erheblich verändert hat, identifizieren sich die Menschen am meisten mit denjenigen, die im gleichen Jahrzehnt wie sie selbst geboren sind. Ungefähr im Abstand von zehn Jahren entwickeln die Menschen verschiedene gemeinsame Erinnerungen (vgl. Ding und Xu 2015, 133). Deswegen gibt es Bezeichnungen wie die ‚80er-Generation', die ‚90er-Generation' etc., die jeweils die Menschen umfassen, die in den 1980er bzw. in den 1990er Jahren geboren sind. Anders als in Deutschland, wo die Jugendzeit verlängert wird, beginnt man in China wie derzeit die ‚80er-Generation' bereits mit Anfang Dreißig, sich an die ‚vergangene Jugendzeit' zu erinnern und sich selbst damit als ‚nicht mehr jung' zu bezeichnen. In diesem Kontext bilden die Jugend und die Generationenverhältnisse sowohl in Deutschland als auch in China ein kontroverses Thema für eine junge Generation von Filmmachern.

---

1 Vgl. auch die Aufsätze von Hans Bertram und Almut Hille in diesem Band.

Sie beginnen in den letzten Jahren, es (teilweise) experimentell zu bearbeiten, auch in formaler Hinsicht. Mitunter tragen die Arbeiten autobiografische Züge: Einige junge deutsche Regisseure setzen sich in ihren Debütspielfilmen intensiv mit den Geschichten gleichaltriger junger Leute auseinander, wobei sie oft auch als Drehbuchautoren fungieren. In China ist in den letzten Jahren eine populäre Strömung namens „Qingchun-Film" [Jugend-Film] (Jing 2015, 16) entstanden, die intensiv die Jugendzeit der ‚80er-Generation' beobachtet und deren Arbeiten zum großen Teil von Filmemachern aus derselben Generation stammen. Diese ähnlichen Phänomene in Deutschland und in China lassen eine Gegenüberstellung der Filme hinsichtlich der medialen Darstellungen der jungen Generation sowie der thematisierten Generationenverhältnisse in beiden Ländern ergiebig erscheinen.

Im Hinblick auf die verschiedenen gesellschaftlichen Kontexte werden die ‚Jugendzeit' und die Generationenverhältnisse in den deutschen und chinesischen Filmen differenziert betrachtet. Einige Filme entsprechen angesichts der Altersverschiebung zwar nicht ganz dem typischen Kennzeichen des Coming-of-Age-Films, sprechen aber im weiteren Sinne einige Kernprobleme junger Leute beim Erwachsenwerden an. Sowohl die Filmhandlungen als auch die Charakterisierungen der Figuren veranschaulichen die Unterschiede, die einerseits aus der Perspektive des gesellschaftlichen Wandels, andererseits in filmästhetischer Hinsicht besonders relevant sind. Die Generationenverhältnisse und Generationskonflikte können in diesem Zusammenhang als exemplarisch für den gesellschaftlichen Wandel gelten.

Um die Darstellung der unterschiedlichen Problematiken einer jungen Generation sowie deren Beziehungen zu älteren Generationen zu untersuchen, sollen im Rahmen der folgenden Studie zwei deutsche und zwei chinesische Filme vergleichend betrachtet werden. Sie sind Debütfilme von Regisseuren, die mit einem Alter von Ende Zwanzig bzw. Anfang Dreißig selbst einer ‚jüngeren' Generation von Filmemachern zuzurechnen sind:

Oh Boy (2012; Regie: Jan-Ole Gerster, geb. 1978)

Am Himmel der Tag (2012; Regie: Pola Schirin Beck, geb. 1982)

80'后 (englischer Titel: *Heaven Eternal, Earth Everlasting*; 2009; Regie: Li Fangfang, geb. 1979)

致我们终将逝去的青春 (englischer Titel: *So Young*; 2013; Regie: Zhao Wei, geb. 1978).

2 Problematiken einer jungen Generation im Film im Vergleich

Bevor ich zum thematischen Schwerpunkt der Generationenverhältnisse komme, sollen als Erstes die allgemeinen Problemstellungen der Filme untersucht werden, um den Kontext der Darstellung von Generationenverhältnissen umreißen zu können. Die chinesischen und deutschen Filme behandeln sowohl gemeinsame als auch unterschiedliche Problemfelder, die im Folgenden anhand verschiedener thematischer Kategorien untersucht werden.

Liebesbeziehungen und Sexualität

Während die Liebesbeziehungen der Protagonisten in den beiden chinesischen Filmen ein zentrales Thema sind, spielen sie in den beiden deutschen Filmen nur eine Nebenrolle. Untergeordnete Themen wie der Verrat in der Liebe und der One-Night-Stand sind sowohl in den chinesischen als auch den deutschen Filmen zu sehen, werden aber in keinem der Filme moralisch kritisch kommentiert, sondern als eine natürliche Erscheinung des Alltags der jungen Leute dargestellt. Die Herausforderung der Liebe in Fernbeziehungen wird eher in den chinesischen Filmen thematisiert. In der heutigen globalisierten Zeit ist die Fernliebe die Lebens-und Liebesform, in der die Arbeitsmarktflexibilität zum Identitäts- und Organisationsprinzip des eigenen Lebens geworden ist (vgl. Beck und Beck-Gernsheim 2013). In diesem Zusammenhang wird hier durch die Thematisierung der Fernbeziehung die Studien-und Arbeitssituation junger Leute in China mit hohen Anforderungen an die Mobilität widergespiegelt. Darüber hinaus ist in beiden chinesischen Filmen die Problematik der jeweiligen Liebesbeziehung explizit mit den Persönlichkeitsentwicklungen der Figuren verbunden, so dass am Ende der Geschichte immer eine klare Aussage zur Liebesbindung gemacht wird. Im Gegensatz zum Motiv der Herstellung einer emotionalen Bindung in den chinesischen Filmen ist in den deutschen Filmen eher ein Distanz bewahrendes Verhalten der Protagonisten zu beobachten. Beispielsweise lehnt Niko es im Filmvorspann von *Oh Boy* am Morgen ab, sich mit der Frau, bei der er übernachtete, am Abend noch einmal zu treffen. In einer späteren Sequenz wird durch ein älteres Foto von Niko mit der Frau angedeutet, dass sie eigentlich schon seit langem zusammen sind. Es wird deutlich, dass er in der Beziehung zu der Frau distanziert bleibt (Abb. 1).

Was die Sexualität angeht, kann man Unterschiede in der Darstellung feststellen. So wird beispielsweise in *So Young* zwar ein One-Night-Stand themati-

Abb. 1: Niko bleibt auf Distanz gegenüber der Partnerin (*Oh, Boy*)

siert, die Sexualität wird jedoch kaum direkt dargestellt, wohingegen in *Am Himmel der Tag* der ‚schnelle Sex' von Lara mit dem Barkeeper in der Toilette in einer Szene deutlich gezeigt wird. Laras Mimik wird sogar in Nahaufnahmen intensiv dokumentiert. Auch in *Oh Boy* ist eine ähnliche Szene zu sehen, in der Niko und eine ehemalige Mitschülerin in einer Toilette Sex haben wollen, wozu es letztendlich aber wegen Nikos Zweifeln doch nicht kommt. Es liegt einerseits sicherlich daran, dass in China aufgrund der Abwesenheit eines *motion picture rating systems* die direkte Darstellung von Sexualität im Kinofilm bislang generell kaum zu sehen ist. Andererseits könnte dies auf die Tradition der indirekten Erwähnung privater Themen im alltäglichen chinesischen Kontext zurückzuführen sein. In diesem Zusammenhang wird besonders die Sexualität als Tabu in der alltäglichen Kommunikation der chinesischen Gesellschaft betrachtet (vgl. Nie 2005, 25).

Der Tod als Kontrast zur ‚blitzenden Jugend'

In allen Filmen steht das Thema Tod im starken Kontrast zur lebhaften Jugend der Protagonisten, wodurch ein besonders dramatischer Effekt erzeugt wird. In *Heaven Eternal, Earth Everlasting* wird er sogar mehrfach inszeniert: Der Vater der Protagonistin Xingchen und der Vater von Ming Yuan sterben beide während des Filmverlaufs, ebenso wie der jüngere Bruder von Xingchen. In *So Young*

Abb. 2: Wei begleitet Guan zur Abtreibung (*So Young*)

kommt eine der Protagonistinnen, Guan, bei einem Autounfall ums Leben; hinzu kommt die Erwähnung der Abtreibungen von Guan und einer weiteren Studentin, die auf eine andere Art und Weise den Tod anspricht. In *Oh Boy* ist am Ende der Geschichte der Tod eines alten Mannes zu sehen, den Niko in einer Bar kennengelernt hat. In *Am Himmel der Tag* stirbt Laras Baby und wird operativ entfernt. In der Szene im Krankenhaus wird in einer langen Einstellung intensiv gezeigt, wie Lara sich traurig von ihrem bereits toten Sohn verabschiedet.

In der Auseinandersetzung mit Abtreibungen in den chinesischen und deutschen Filmen sind einige wesentliche Unterschiede erkennbar: Während die Frauenfiguren in den chinesischen Filmen den Willen des Sexualpartners als einziges Kriterium für die Abtreibungsfrage betrachten, wird die Entscheidung in den deutschen Filmen vor allem von den Frauen getroffen. Die Abtreibungen werden in den chinesischen Filmen immer nur mit einer Szene im Wartezimmer einer Klinik angedeutet (vgl. Abb. 2).

Anders als die abstrakten Tode der Babys in den chinesischen Filmen wird in *Am Himmel der Tag* in einer Szene sehr authentisch gezeigt, wie die junge Frau – Lara – ihr totes Baby in den Armen hält (Abb. 3). Dadurch wird der Tod tatsächlich präsent. Diese unterschiedlichen Inszenierungen sind in den kulturellen Traditionen bezüglich des Umgangs mit dem Tod in Deutschland und China verwurzelt. Während man im deutschen Kontext den Tod direkt erwähnen kann, gilt der Tod in der chinesischen Tradition als Tabuthema, sodass das Wort 死 (Tod) in der alltäglichen Kommunikation möglichst vermieden werden sollte (vgl. Huang et al. 2012, 116). Dies übt im heutigen China immer noch einen Einfluss aus und könnte eine Erklärung für die indirekte Darstellung der Abtreibung in den chinesischen Filmen bieten.

Abb. 3: Lara verabschiedet sich von ihrem toten Sohn (*Am Himmel der Tag*)

Elemente der Generationserinnerungen im chinesischen Film

In den beiden chinesischen Filmen ist in erster Linie auffallend, dass die Regisseurinnen zahlreiche typische Elemente aus dem gesellschaftlichen, alltäglichen und kulturellen Kontext verschiedener Zeiten Chinas einsetzen, um ein gemeinsames Gedächtnis der jungen Generation zu evozieren und eine entsprechende Zuschauerresonanz zu erreichen.

In *Heaven Eternal, Earth Everlasting* sind einige bedeutende Ereignisse (z. B. die Sars-Krise und die Olympischen Spiele in Beijing) als gemeinsame Erinnerungen der ‚80er-Generation' chronologisch in die Geschichte montiert. Wie die Regisseurin Li in einem Interview äußert, will sie mit diesem Film einem emotionalen Bedürfnis der chinesischen ‚80er-Generation' nach Gemeinsamkeit entgegenkommen (vgl. Li 2010, 55). Diese Intention realisiert sie durch die Montage der Ereignisse, die einerseits die gesellschaftlichen Kontexte ansprechen und andererseits konkrete Zeitpunkte in den Handlungssträngen markieren. Außer den konkreten Ereignissen werden im Film, anhand repräsentativer Darstellungen der individuellen Figuren, die gesamte wirtschaftliche Entwicklung sowie der gesellschaftliche Wandel Chinas während des Zeitlaufs der Geschichte sichtbar.

In *So Young* wird ein Lebensabschnitt der Protagonisten vom Anfang des Studiums bis hin zu einigen Jahren nach dessen Abschluss gezeigt, wobei die gemeinsamen Generationserinnerungen nicht wie in *Heaven Eternal, Earth Everlasting* in Form bedeutender Ereignisse, sondern anhand von Elementen eines gemeinsam erlebten Alltags (z. B. Popkultur aus Hongkong, Wohnheimszenen, Zugszenen, die berufliche Entwicklung sowie die Auswanderung in westliche Länder) aufgerufen werden.

Abb. 4: Lara und Nora küssen sich (*Am Himmel der Tag*)

(Alltags-)Erfahrungen einer jungen Generation im deutschen Film: Drogen, Multikulti, Homosexualität und die Suche nach dem Sinn

Anstelle von (politischen) Ereignissen und Alltagselementen als Bestandteilen gemeinsamer Generationserinnerungen werden in den beiden deutschen Filmen Erfahrungen aus dem aktuellen Leben junger Leute inszeniert. So wird der Konsum von Drogen in beiden Filmen dargestellt: Während in *Oh Boy* der Protagonist Niko im Bekanntenkreis nur davon hört, aber nicht selbst involviert ist, wird in *Am Himmel der Tag* gezeigt, wie Lara in der Disco selbst Drogen nimmt. Diese Darstellungen entsprechen offensichtlich einer gewissen Realität in Deutschland: Laut einer aktuellen Statistik machen 19,9 Prozent der Jugendlichen in Deutschland bereits mit 17 Jahren erste Erfahrungen mit illegalen Drogen (vgl. Berk 2011, 517).

In *Am Himmel der Tag* wird die Freundschaft zwischen Lara und einem isländischen Nachbarn namens Elvar dargestellt, wodurch eine Multikulturalität aufscheint, die in gewissem Maße typisch für die gegenwärtige deutsche Gesellschaft ist.

Als gesellschaftliche Realität wird auch die Homosexualität in beiden deutschen Filmen erwähnt. In *Oh Boy* wird die Homosexualität eher als negative Abweichung vom Normalen angesehen: Nikos Vater betrachtet einen Assistenten und meint kommentierend, dass er wie ein Schwuler aussieht. In einer anderen Szene, in der Nikos ehemalige Mitschülerin Julika sich mit einigen betrunkenen Jungen auf der Straße auseinandersetzt, benutzt sie ‚schwul' als eine negative Zuweisung, um sie zu beschimpfen. In *Am Himmel der Tag* wird ein gewisses quasi-

Abb. 5: Xiaobei hat ein jungenhaftes Auftreten (*So Young*)

homosexuelles Verhalten am Anfang des Films inszeniert: Lara und ihre beste Freundin Nora kuscheln miteinander (Abb. 4), was sogar in Nahaufnahmen der Münder beider Frauen gezeigt wird. Im Verlauf der Geschichte wird deutlich, dass Lara und Nora keine homosexuellen Partnerinnen sind. Aber sie imitieren tatsächlich in gewissem Maße homosexuelle Verhaltensweisen, wobei die mögliche Vielfältigkeit des Begehrens junger Leute sowie ihre Erkundungen im Bereich der Sexualität ohne bewertende Inszenierung dargestellt werden.

Im Gegensatz dazu wird in den beiden chinesischen Filmen Homosexualität kaum beschrieben. In *So Young* gibt es allerdings die Figur der Studentin Xiaobei Zhu, die mit ihren ganz kurzen Haaren, mit jungenhafter Kleidung und Verhaltensweisen ein androgynes Frauenbild zeigt (vgl. Abb. 5).

Um eine angebliche homosexuelle Zuneigung von Xiaobei auszuschließen, wird sie in einer Szene von einer Mitbewohnerin direkt gefragt, ob sie einen Freund hat. Sie antwortet, dass sie seit langem einen Jungen mag, er ihr aber nie richtige Aufmerksamkeit geschenkt hat. Dass Homosexualität kein Thema in den chinesischen Filmen ist, liegt sicher nicht darin begründet, dass es sie in der chinesischen Wirklichkeit nicht gibt. Sie wird nur in Kinofilmen selten gezeigt.[2]

---

[2] Im chinesischen Film sind bisher hauptsächlich zwei Arten der Darstellungen von Homosexualität zu beobachten: a) Für den chinesischen *Independent Film* ist Homosexualität fast eines der regulären Themen geworden, wodurch häufig auch gesellschaftliche sowie politische Kritik geübt werden. Zu den bekannten Beispielen zählen *East Palace, West Palace* (东宫西宫, 1996, Regie: Zhang Yuan) und *Lan Yu* (蓝宇, 2001, Regie: Stanley Kwan); b) Im aktuellen *Mainstream Film* kommen mit der Zeit auch homosexuelle Figuren vor, die bislang aber zumeist noch als ‚komische Ungewöhnliche' dargestellt werden, um amüsante Effekte zu realisieren. Das augenfälligste Beispiel ist der erfolgreiche Kinofilm *If You Are the One* (非诚勿扰, 2008, Regie: Feng

Außer den genannten Aspekten sind in beiden deutschen Filmen auch einige ‚metaphysische' Überlegungen zu beobachten, die vor allem zwei Thematiken zugeordnet werden können und in chinesischen Filmen kaum zu sehen sind: die individuelle Suche junger Leute nach dem Lebenssinn sowie eine Reflexion geschichtlicher Ereignisse. Die individuelle Suche nach dem Lebenssinn spielt in beiden Filmen eine zentrale Rolle. In *Oh Boy* lebt Niko durch die Unterstützung seines Vaters bis zum Tag der Filmhandlung immer finanziell abgesichert. In einem Gespräch mit der früheren Mitschülerin Julika äußert er das Gefühl, dass die Menschen um ihn herum manchmal so merkwürdig sind: Wenn man darüber aber länger nachdenke, würde man merken, dass man selber das Problem sei. Anhand dieser Aussage wird deutlich, dass Niko sich immer stärker in eine selbstreflexive Position begibt. Sein Distanz wahrendes Verhalten gegenüber anderen Menschen scheint dies zu bestätigen: Er ist auf der Suche nach sich selbst und nach etwas Sinnvollem. Auch bei Lara in *Am Himmel der Tag* ist eine ähnliche Suche zu beobachten. Sie lebt mit der finanziellen Unterstützung ihrer zur Mittelschicht gehörenden Eltern, sodass sie sich bislang im Leben kaum anstrengen musste. Die Schwangerschaft betrachtet sie als persönliche ‚Wende' und versucht, ein ‚ordentliches' Leben zu beginnen. Am Ende der Geschichte schwindet mit dem unerwarteten Tod des Babys der gefundene Sinn wieder und Lara muss sich erneut auf die Suche begeben.

Neben dieser individuellen Suche nach dem Sinn des Lebens und des eigenen Handelns spielt in *Oh Boy* auch eine geschichtliche Reflexion eine Rolle, die in den chinesischen Filmen kaum vorhanden ist. In zwei zufälligen Begegnungen Nikos werden Erinnerungen an das Dritte Reich virulent: Am Drehort eines Filmteams begegnet er zusammen mit seinem Freund Matze einem von dessen Bekannten, einem Schauspieler in Nazi-Uniform. Der Bekannte erzählt, dass der Film von einer Liebesgeschichte eines Nazi-Offiziers mit einer jüdischen Frau handelt. Im Kontrast zwischen der an sich berührenden Erklärung des Schauspielers und Nikos ‚rationalen' Anmerkungen, unterbrochen durch das peinliche Klingeln seines Handys, wird wiederum eine distanzierte Position Nikos sichtbar. Einem möglicherweise kitschigen, melancholischen Drama über die Nazi-Zeit steht er kritisch gegenüber.

In der letzten Begegnung des einen Tages, in dem die gesamte Filmhandlung komprimiert ist, trifft Niko einen alten Mann in einer Kneipe. Niko hört konzentriert und nachdenklich zu, während dieser über seine Erlebnisse in der Reichskristallnacht spricht (Abb. 6).

Xiaogang), in dem ein Homosexueller, der von dem in China bekannten Schauspieler Feng Yuanzheng gespielt wird, mit einigen übertrieben frauenhaften Merkmalen komisch wirkt.

Abb. 6: Niko hört dem alten Mann zu (*Oh, Boy*)

Nach einer plötzlichen Ohnmacht des alten Mannes begleitet Niko ihn ins Krankenhaus und bleibt die ganze Nacht, bis er am nächsten Morgen von dessen Tod erfährt. Er fragt bei der Krankenschwester nach dem Namen des alten Mannes und erhält sogar als Unbekannter ausnahmsweise eine Antwort. Deutlich wird, dass Niko dem alten Mann ernsthaft begegnet und sich um ihn sorgt, was im Gegensatz zu seiner vorherigen geistesabwesenden Haltung (am Drehort) steht. Durch diesen Vergleich ist zu erkennen, dass Niko zwar zur Parodie der Nazi-Geschichte eine kritische Haltung einnimmt, geschichtliche Betrachtungen, erst recht in persönlicher Perspektive, aber durchaus ernst nimmt. Das Erlebnis des Todes, der das ‚Ende der Geschichte' symbolisiert, veranlasst Niko dazu, sich ebenfalls von seinem (letzten) Tag zu verabschieden.

Die Thematisierung des Nationalsozialismus knüpft an Traditionen der Bewegung des Neuen Deutschen Films an, in der junge Filmemacher der 1960er und 1970er Jahre sich bewusst mit politischen Themen und der deutschen Geschichte auseinandersetzten. Besonders die Szene zu Dreharbeiten eines Films über die Zeit des Dritten Reiches in *Oh Boy* weist Parallelen zu Wim Wenders' Film *Der Himmel über Berlin* (1987), einem ebenfalls in Berlin spielenden Schwarzweißfilm, auf. Wenders fügte in den Film ebenso eine Sequenz zu Dreharbeit eines Films über das Dritte Reich ein, wobei einige Schauspieler in Wehrmachtsuniformen erscheinen.

3 Die Darstellungen der Generationenverhältnisse im Vergleich

Anhand der genannten Problemfelder, mit denen die junge Generation konfrontiert ist, lässt sich erkennen, dass Fragen nach den Generationenverhältnisse den jeweiligen Film durchgängig prägen. Obwohl die Beziehungen zwischen Jung und Alt in allen vier Filmen thematisiert werden, ist zu beobachten, dass Generationenkonflikte aufgrund von unterschiedlichen Wertevorstellungen sowie Lebensweisen der verschiedenen Generationen in den deutschen Filmen viel intensiver diskutiert werden als in den chinesischen Filmen.

In *Oh Boy* wird gezeigt, wie Nikos wohlhabender Vater über seine mühevollen jungen Jahre mit Arbeit und Familie spricht und Niko wegen der Verantwortungslosigkeit seines Studienabbruchs heftige Vorwürfe macht. Er entzieht ihm die weitere finanzielle Unterstützung. In *Am Himmel der Tag* ist zu sehen, dass Laras Mutter das chaotische Leben ihrer Tochter einmal mehr kritisiert, als sie von deren ‚verantwortungsloser' Schwangerschaft nach einem One-Night-Stand erfährt. Lara entgegnet verärgert, sie meine, eine gute Mutter sein zu können. Die Protagonisten der beiden Filme sind einerseits von ihren Eltern finanziell abhängig, wollen andererseits aber ein völlig anderes Leben als ihre Eltern führen, wodurch Konflikte vorprogrammiert zu sein scheinen. Die finanzielle Abhängigkeit und der Versuch geistiger Eigenständigkeit demonstrieren eine ambivalente Situation der jungen Generation: Die finanzielle Freiheit ermöglicht ihr ungezielte Reflexionen und Selbstsuche, deren Legitimität aber aufgrund der materiellen Abhängigkeit zugleich in Frage gestellt wird.

In den chinesischen Filmen werden die Generationenverhältnisse ganz anders dargestellt. In *Heaven Eternal, Earth Everlasting* herrscht ein gewisses individuelles Generationenproblem: Ming Yuans Vater hat alleine die Schuld an einem Schmuggel übernommen, in den eigentlich auch seine Frau involviert war, und wurde daraufhin ins Gefängnis gebracht. Als er davon erfuhr, dass Yuans Mutter eine Beziehung zu einem anderen Mann begonnen hat, beging er Selbstmord. Ming Yuan hasst seine Mutter seit dem Selbstmord seines Vaters. Dies ändert sich durch ein ausgiebiges Gespräch zwischen Ming Yuan und seiner Mutter, bei dem die Mutter sich auch bereit zeigt, ihre Beteiligung an dem Schmuggel zuzugeben, damit Ming Yuan nach einer langjährigen Unruhe endlich befreit leben kann. In dem anderen Film, *So Young,* können die Darstellungen der Generationenverhältnisse eher als etwas Typisches für die chinesische Gesellschaft angesehen werden: Xiaozheng, der aus einer sozial schwächeren Familie stammt, nimmt die Erwartungen seiner alleinerziehenden Mutter sehr ernst und ist in Studium und Karrierestart extrem fleißig, um sie nicht zu enttäuschen. Der gesellschaftliche Status bzw. die finanziellen Möglichkeiten der Eltern spielen auch eine wichtige Rolle in den Verhältnissen der jungen Leute untereinander, so dass beispielsweise Weijuan am Beginn einer möglichen Beziehung in erster Linie die gesellschaftlichen sowie finanziellen Umstände der Familie des Gegenübers betrachtet. Dies steht für eine gewisse Realität im heutigen China: Die Angehörigen jüngerer Generationen werden dem großen Einfluss ihrer Herkunftsfamilien auf ihr Leben entsprechend häufig nach den finanziellen Umständen sowie den gesellschaftlichen Positionen ihrer Eltern als ‚reiche zweite Generation' oder ‚arme zweite Generation', ‚zweite Generation der Offiziere' oder ‚zweite Generation der Bauern' gekennzeichnet (vgl. Zhang 2013, 49). Im Kontext der *Class Solidification* im heutigen China steht die Intention vieler junger Leute, durch eine Heirat einen Aufstieg in eine höhere gesellschaftliche Klasse zu realisieren. Aufgrund des unausgeglichenen *Ressourcenbesitzes* zwischen den Geschlechtern ist diese Intention hauptsächlich bei jungen Frauen zu sehen, wofür die Figur Weijuans repräsentativ ist.

Generationenverhältnisse: zwei Szenenanalysen aus den Filmen *Oh Boy* und *Heaven Eternal, Earth Everlasting*

Szenenanalyse von *Oh Boy*

Im Folgenden wird jeweils eine Szene aus dem deutschen Film *Oh Boy* sowie aus dem chinesischen Film *Heaven Eternal, Earth Everlasting* detailliert untersucht. Da der Esstisch als ein Zentrum des Familienlebens gilt und sowohl im Film als auch im Theater als besondere Metapher für die Verhältnisse der Familienmitglieder verwendet wird (vgl. Dreysse 2015, 257), wurden hier gezielt Szenen am Tisch beim Essen bzw. Trinken ausgewählt. Diese Szenen spielen nicht zuhause sondern inszenieren im öffentlichen Raum intensiv die Konfrontation zweier Generationen und sind damit für die Analyse der Generationenverhältnisse besonders aussagekräftig.

Die zugrunde gelegte Szene (00:36,05–00:40,36) aus dem Film *Oh Boy* zeigt das bereits erwähnte Gespräch zwischen dem Protagonisten Niko und dessen Vater über Nikos Studienabbruch. Die Szene beginnt mit einer Totalen, in der zwei Arbeiter im Vordergrund Unkraut jäten, während im Hintergrund die Terrasse eines Restaurants zu sehen ist. Gleichzeitig hört man die Stimme des Assistenten von Nikos Vater: „*Ja, dann hole ich Getränke.*" Anschließend sieht man Niko, Nikos Vater und dessen Assistenten Schneider in der Halbtotale am Tisch. Während

Die ‚Jugendzeit' und Generationenverhältnisse(-konflikte) —— 241

Abb. 7: Niko, Nikos Vater und Schneider sitzen am Tisch (*Oh Boy*)

Nikos Vater und Schneider beide weiße Hemden tragen, ist Niko als einziger mit einer dunklen Jacke bekleidet (Abb. 7).

Auf Schneiders Frage nach seinem Getränkewunsch äußert Niko, er hätte gern einen Kaffee, den er sich bereits seit Anfang des Tages wünscht, aber nie erhält. Auch jetzt wird Nikos Wunsch nicht erfüllt, sondern durch den Vorschlag des Vaters, lieber einen Schnaps zu trinken, beiseite gewischt – obwohl Niko entgegnet, dass es noch zu früh am Tag für Schnaps sei. In einem Schuss-Gegenschuss-Verfahren werden Niko und Nikos Vater dabei zwar beide aus der Halbnahen gezeigt, Niko wirkt aber durch den größeren Bildanteil von der Schulter des Vaters nahezu bedroht.

Nachdem Schneider den Schnaps holen gegangen ist, lobt der Vater diesen vor seinem Sohn und betont, dass Schneider im letzten Jahr gerade mit seinem Jurastudium fertig geworden sei, obgleich er sogar ein Jahr jünger ist als Niko. Als Niko aus Scham behauptet, dass er nächstes Jahr fertig werde, fragt der Vater nach Nikos Professor und tut so, als ob er nichts von dem Studienabbruch seines Sohnes wüsste. Niko lügt weiter und erkundigt sich dann ängstlich nach dem aufgetretenen Problem mit seiner Bankkarte. Als sein Vater merkt, dass er offenbar nicht von sich aus über seinen Studienabbruch reden möchte, gibt er dem gerade mit dem Schnaps zurückgekommenen Schneider das Geld für die Getränke und lässt ihn das Auto holen. Bis zu dem Zeitpunkt, an dem Schneider wieder erscheint, wird das Gespräch weiterhin durch ein Schuss-Gegenschuss-Verfahren aus der Halbnahen dargestellt, wobei Niko in der Aufnahme durch

Abb. 8: Niko im Over-the-shoulder-shot (*Oh Boy*)

eine sich bewegende Kamera mit einem relativ größeren Anteil der Schulter bzw. des Hinterkopfs seines Vaters gezeigt wird (Abb. 8).

Im Gegensatz dazu sieht man den Vater in stabileren Aufnahmen. Während des Gesprächs nimmt der Vater seinen Hut, setzt ihn auf und schaut Niko dabei ununterbrochen direkt in die Augen, wohingegen Niko in einer nervösen Haltung dasitzt und versucht, dem Blick auszuweichen. Während Nikos Vater stets das Wort hat und aktiv Fragen stellt, wirkt Niko passiv und unsicher. Durch diese filmische Darstellung wird das Machtverhältnis zwischen Vater und Sohn, das durch den nachfolgenden Dialog noch deutlicher herausgestellt wird, bildhaft inszeniert (Abb. 9).

Nachdem Schneider sich höflich von Niko verabschiedet hat und aufgebrochen ist, um das Auto zu holen, entlarvt Nikos Vater die Lügen seines Sohnes. Hierbei ist zu beobachten, dass der Vater seinen Assistenten aus Stolz nichts vom Misserfolg seines Sohnes wissen lassen möchte, was seine leistungsorientierten Wert- bzw. Normvorstellungen zeigt. Er fragt, was Niko während der letzten zwei Jahre mit dem Geld gemacht hat, das er ihm überwiesen hatte. Als Niko ihm antwortet, dass er über ihn und sich selbst sowie über alles nachgedacht habe, wird der Vater wütend. Er wirft seinem Sohn heftig vor, dass dieser seine berufliche Perspektive aufgegeben habe, wohingegen er selbst schon mit vierundzwanzig als Vater Verantwortung für seine Familie übernommen hat. Zutiefst enttäuscht konstatiert er, Niko sei wie seine Mutter. In diesem Dialog macht die finanzielle Abhängigkeit Nikos vom Vater die unterschiedliche wirtschaftliche Situation der

Abb. 9: Nikos Vater in stabileren Aufnahmen (*Oh Boy*)

verschiedenen Generationen und die Machtverhältnisse zwischen ihnen deutlich. Auch die wahrscheinlich gescheiterte Ehe der Eltern und deren problematisches Verhältnis zueinander werden thematisiert, was die Fragilität der Familie in der heutigen Gesellschaft konnotiert.

Am Ende des Gesprächs steht Nikos Vater auf, gibt seinem Sohn hundert Euro, meint, dass er ihn nicht mehr finanziell unterstützen wird, und fordert ihn auf, sich einen Job zu suchen, wobei sich der sitzende Niko durch den Rücken des aufgestandenen Vaters im Bild wiederum in der Defensive befindet. Der Vater klopft Niko auf die Schulter, meint ironisch, dass das Treffen sehr schön gewesen sei, und geht ungerührt davon (Abb. 10). Im Hintergrund sieht man ihn anschließend jedoch heftig auf eine Blumendekoration einschlagen und damit seine Wut herauslassen.

In der folgenden Halbnahaufnahme trinkt Niko seinen Schnaps aus und steckt das Geld in die Hosentasche. Bevor er die Terrasse verlässt, trinkt er nach kurzem vorsichtigen Umschauen sogar den übrigen Schnaps aus dem Glas des Assistenten seines Vaters. Diese Szene betont einerseits Nikos instabile wirtschaftliche Situation, veranschaulicht andererseits aber auch eine Art Desinteresse Nikos gegenüber den Vorwürfen seines Vaters und gesellschaftlichen Konventionen.

Während des gesamten Gesprächs wirkt der Vater aufrecht und gespannt, wohingegen Niko sich zurückhaltend, ausweichend und unsicher verhält. Obwohl die Wut des Vaters auf seinen Sohn durch die Handlung nachvollziehbar wird, kann Niko durch die Nahaufnahme immer noch eine Art Sympathie gewin-

Abb. 10: Nikos Vater klopft Niko auf die Schulter (*Oh Boy*)

nen. Der Assistent Schneider, der genau wie Nikos Vater im weißen Office-Hemd erscheint und sich ebenso höflich wie Nikos Vater verhält, vertritt die Wertevorstellung der Vätergeneration, nach der Karriere und gesellschaftliche Anerkennung das Allerwichtigste sind. Die vom Zuschauer bereits durchschaute heuchlerische Höflichkeit von Nikos Vater lässt erahnen, dass die Höflichkeit von Schneider ebenfalls vorgeschützt ist. Besonders durch den Kontrast zwischen Niko und Schneider, der hier emotionsarm als persönlichkeitsloser Berufseinsteiger charakterisiert wird, wirkt Niko trotz seiner Unzuverlässigkeit und seines Misserfolgs durch die Sinnsuche und den nachdenklichen Charakter sympathisch und lebendig.

Die gesamte Szene lässt erkennen, dass das Vater-Sohn-Treffen von Niko aus rein finanziellen Gründen gewollt wird. Trotz ihrer körperlichen Kontakte und der geheuchelten Höflichkeit des Vaters bestehen zwischen Vater und Sohn kaum emotionale Bindung oder Vertrauen.

Auf sozialwissenschaftlicher Ebene werden drei grundlegende Modelle von Generationenverhältnissen unterschieden: das Modell der negativen Interdependenz, das Modell der positiven Interdependenz und das Modell einer Segregation (vgl. Franz 2010, 26). Wenn Nikos Vater die finanzielle Unterstützung seines Sohnes beendet, wird metaphorisch dessen Nabelschnur durchtrennt, eine positive Interdependenz wandelt sich zu einer Segregation.

Szenenanalyse von *Heaven Eternal, Earth Everlasting*

Als Vergleich zur vorangehenden Szenenanalyse aus *Oh Boy* bietet sich das Versöhnungsgespräch (01:05,45–00:08,55) zwischen Ming Yuan und seiner Mutter in *Heaven Eternal, Earth Everlasting* an: Es findet ebenfalls in einem Restaurant statt und stellt die Generationenverhältnisse in ebenso verdichteter Form dar. Die Szene beginnt mit einer halbnahen Einstellung, wobei die Mutter auf der rechten Seite und der Protagonist Ming Yuan auf der linken Seite des Tisches sitzt. Im Vordergrund bringt ein Kellner ein Gericht an den Tisch und nennt dessen Namen: mit Essig gekochter Fisch aus dem Westsee, eine Spezialität aus Hangzhou, die den Ort des Geschehens konkret benennt. Anschließend kommt ein zweiter Kellner dazu und bringt ein weiteres Gericht. Beide Kellner erscheinen in einem schwarzen Hemd und haben Funkgeräte an der Taille, was die Professionalität des Restaurants und damit auch die wohlhabende Stellung der Mutter signalisiert. Anders als Niko und sein Vater in *Oh Boy*, die an einem kleinen Tisch nebeneinander Platz genommen haben, sitzen Ming Yuan und seine Mutter sich an einem viel größeren Tisch gegenüber. Dieser Unterschied ist einerseits auf die generell weniger große körperliche Nähe in der chinesischen Kultur zurückzuführen, andererseits vermittelt er einen distanzierten Eindruck von der dargestellten Mutter-Sohn-Beziehung. Darüber hinaus kann das gemeinsame Essen statt des gemeinsamen Trinkens in *Oh Boy* auf einen generellen Unterschied zwischen den chinesischen und deutschen Kommunikations- bzw. Tischkulturen verweisen.

Während die Kellner weitere Speisen bringen, beginnt die Mutter zu reden, wobei die Kamera ständig in der Halbnahen verharrt. Sie sagt zu Ming Yuan, dass sie lange nicht mehr zusammen gegessen hätten und sie nicht wisse, was ihm schmecke. Während Ming Yuan mit kalter Stimme fragt, was es mit der wichtigen Angelegenheit auf sich habe, die seine Mutter bei ihrem Anruf erwähnt habe, wechselt die Einstellung in eine Totale aus einer leichten Aufsicht. Man hört keine Antwort der Mutter, nur ein leises Klappern des Porzellangeschirrs. Danach wird eine halbnahe Einstellung gewählt, in der Ming Yuans Hinterkopf zu sehen ist und hinter ihm seine Mutter, die ihm Suppe reicht und dabei erklärt, dass sie nach diesem Mahl ihr Geständnis bei der Polizei ablegen wird. Von diesem Moment an hört man sanfte Hintergrundmusik und ein Schuss-Gegenschuss-Verfahren beginnt: Während die Mutter überwiegend im Over-the-shoulder-shot über Ming Yuans Schulter gezeigt wird, ist Ming Yuan stets in einer unbewegten halbnahen Aufnahme allein zu sehen. Die Mutter erzählt von ihren Gefühlen der letzten Jahre und betont, dass sie sich an Ming Yuans Unglück schuldig fühlt. Besonders die Tatsache, dass Ming Yuan die ganze Zeit über illegal eine Pistole für sie aufbewahrt hat, plagt ihr Gewissen. Sie kündigt an, dass sie die Pistole zur

Polizei bringen wird und befiehlt Ming Yuan, nicht bei der Polizei anzugeben, dass die Pistole bei ihm war, weil er sonst ebenfalls bestraft werde. Anschließend erinnert sie sich an die Zeit der Sars-Krise, als sie Ming Yuan telefonisch nicht erreichen konnte und in Sorge war. Für diese Erinnerung wird eine Supertotale in starker Vogelperspektive verwendet, in der die Mutter während der Sars-Zeit alleine auf einer leeren Straße steht und versucht, Ming Yuan anzurufen. Die Einführung der Supertotale betont die Emotion der Mutter, wobei sie extrem hilflos erscheint. Während Ming Yuan seiner Mutter zuhört, wird seine berührte Mimik durch eine nahe Aufnahme gezeigt. In dem darauffolgenden Schuss-Gegenschuss-Verfahren setzen sich die Nahaufnahmen fort. Die Mutter schüttet Ming Yuan ihr Herz aus, entschuldigt sich bei ihm und drückt ihre Liebe zu ihrem Sohn aus. Sie sagt ihm, dass sie als Mutter lieber selbst ins Gefängnis gehe, statt dass ihr Sohn ihretwegen betraft würde. Während des Gesprächs, in dem beide zu weinen beginnen, werden die Gesichter der beiden intensiv gezeigt. Nachdem Ming Yuan die Ausführungen seiner Mutter angehört hat, sagt er unerwartet in ernstem Tonfall: „Worüber redest du? Wo gibt es denn eine Pistole?" Als er aufsteht und gehen möchte, ruft die Mutter seinen Namen. Darauf antwortet Ming Yuan, dass er niemals eine Pistole gesehen habe und die Mutter nicht zur Polizei gehen lasse. Er bittet seine Mutter noch, auf sich aufzupassen. Mit einer Totalen, in der Ming Yuan die Mutter allein lässt, endet die Szene.

Im Gegensatz zu dem Vater-Sohn-Verhältnis in *Oh Boy* wirkt hier die Mutter in der Mutter-Sohn-Beziehung schuldig und unterlegen, wohingegen Ming Yuan das moralisch Höherstehende repräsentiert. Während das Treffen von Vater und Sohn in *Oh Boy* wegen der Problems mit seiner Geldkarte vom Sohn initiiert wird und mit dem Einstellen der finanziellen Unterstützung endet, dreht sich hier das Mutter-Sohn-Treffen um eine emotionale Auseinandersetzung. In dieser Szene geht Verzeihen vom Sohn aus, so dass die Harmonie innerhalb der Familie am Ende tatsächlich hergestellt wird, obwohl Mutter und Sohn im Umgang miteinander körperlich distanziert bleiben. Als Kontrast dazu ist in *Oh Boy* zu sehen, dass Vater und Sohn trotz einer körperlichen Nähe und der vermeintlich ‚schönen Begegnung' de facto noch immer heftige Konflikte miteinander austragen, die sogar zu einer Art Segregation führen. In dem chinesischen Film wird im Gegensatz dazu eine „positive Interdependenz" (Franz 2010, 26) der Generationen wiederhergestellt. Und diese „positive Interdependenz" ist in der Realität der chinesischen Gesellschaft tatsächlich vorhanden: Die Generationen in der Familie gehen im Vergleich zu Deutschland generell solidarischer miteinander um.

Diese Familienkonstellation, in der die ältere Generation sich wegen ihrer Schuld bei der jüngeren Generation entschuldigt und um Verzeihung bittet, wird auch in *So Young* und anderen aktuellen chinesischen Filmen thematisiert. Sie bringt gewissermaßen eine früher stärker unterdrückte rebellierende Einstellung der jungen Generation gegenüber dem traditionellen Konfuzianismus zum Ausdruck, in dem die Älteren als Autoritäten fungieren.

Allgemeine filmische Darstellungen im Vergleich

Auf der Produktionsebene und bezüglich der filmischen Darstellungen sind ebenfalls einige Unterschiede zwischen den chinesischen und deutschen Filmen festzustellen, die teilweise eine Intermedialität demonstrieren und die Gesellschaften beider Länder differenziert zeigen können: Zunächst haben beide chinesischen Filme eine beliebte literarische Vorlage. Während in den chinesischen Filmen immer ein Gruppenbild der jungen Leute in einem langjährigen Geschehen vermittelt wird, erzählen die deutschen Filme eher die Geschichte eines einzelnen Hauptprotagonisten in einem kurzen Lebensstück. Während die chinesischen Filme die gemeinsamen Erinnerungen einer jungen Generation ins Gedächtnis rufen und eine gewisse kollektive Nostalgie zu erzeugen versuchen, verursachen die deutschen Filme mit ihren individuellen Geschichten ein ‚fragmentiertes' Mitfühlen. Arbeiten die chinesischen Filme zumeist mit dramatischen Handlungen und mehreren dramatischen Wenden, werden in den deutschen Filmen mehr Details und Nuancen behandelt. Es lässt sich zeigen, dass in den Erzählmotivationen der chinesischen und deutschen Filme ein wesentlicher Unterschied besteht: Während die chinesischen Filme die Darstellungen der Jugendzeit als Anlass gemeinsamer Nostalgie einer Generation konstituieren, versuchen die deutschen Filme anhand der Geschichten ihrer jungen Protagonisten, deren Suche nach Sinn im Leben in der Übergangsphase zur Integration in die ‚Welt der Erwachsenen' zu thematisieren. In diesem Verfahren sind in den chinesischen Filmen die in einer Gruppe auftretenden Protagonisten ständig in einem engen Beziehungsnetz zu sehen, während die einzelnen Protagonisten in den deutschen Filmen eher aus ihrer eigenständigen Perspektive die Welt und ihr Leben betrachten.

4 Fazit und Ausblick

Anhand der Analysen lässt sich zusammenfassen, dass die chinesischen und deutschen Filme in divergenten Darstellungen sowohl gemeinsame als auch unterschiedliche Problematiken einer jungen Generation thematisieren. Die unterschiedlichen thematischen sowie filmästhetischen Darstellungen im chinesischen und deutschen Film sind teils auf die unterschiedlichen Mentalitäten der Menschen und die gesellschaftlichen Realitäten beider Länder, teils auf die verschiedenen Darstellungsweisen der Filmemacher zurückzuführen. Den in den einzelnen Kapiteln dargestellten Analyseergebnissen sind tief verwurzelte kulturelle Unterschiede auf beiden Seiten zu entnehmen: Während in der deutschen Kultur individuelle Bedürfnisse und Probleme einer Person betont werden, stehen in der chinesischen Kultur kollektive Erinnerungen und gemeinsame Bedürfnisse im Mittelpunkt, was einen Individualismus-Kollektivismus-Kontrast zwischen den beiden Kulturen widerspiegelt.

Ein weiterer grundlegender Unterschied lässt sich in den jeweiligen direkten und indirekten Darstellungen von Sexualität und Tod erkennen. In den deutschen Filmen werden Sexualität und Tod direkt ins Bild gesetzt, da diese Themen in der deutschen Kultur weniger tabuisiert sind. In chinesischen medialen Repräsentationen ist es ungewöhnlich, die beiden Themen direkt bildlich zu inszenieren, was als Ausdruck der eher ‚indirekten' chinesischen Kultur betrachtet werden könnte (vgl. Faust und Yang 2012, 73).

Anhand der geleisteten Szenenanalysen, die hauptsächlich die Darstellung der Generationenverhältnisse untersuchen, ist zu beobachten, dass in dem Vater-Sohn-Verhältnis in *Oh Boy* trotz der nahen körperlichen Kontakte und der oberflächlichen Höflichkeit wenig emotionale Bindung vorhanden ist, während in der Mutter-Sohn-Beziehung in *Heaven Eternal, Earth Everlasting* ungeachtet der räumlichen Distanz doch eine starke emotionale Bindung herausgestellt wird.

Im aktuellen chinesischen Filmbetrieb setzt sich die Jugendnostalgie weiter fort. 2014 gewannen zwei weitere Filme über die Jugendzeit – *Fleet of Time* (匆匆那年) und *My Old Classmate* (同桌的你) – große Aufmerksamkeit und zahlreiche Kinobesucher.[3] Die Tendenz verbreitet sich in der gesamten Populärkultur Chinas bzw. des chinesischsprachigen Raums. 2015 erzielten zwei Filme von taiwanesischen Regisseuren mit der Thematisierung der Jugendzeit große Publikumserfolge: *Our times* (我的少女时代) und *The left ear* (左耳). Auch in Deutschland sind weitere, prämierte Filme von jungen Filmemachern zu sehen, die sich mit ihrer Generation auseinandersetzen. In ihrem ersten abendfüllenden Spielfilm *Staub auf unseren Herzen* (2012) beschäftigt sich Hanna Doose (geb. 1979) intensiv mit einer Mutter-Tochter-Beziehung. Katrin Gebbe (geb. 1983) erzählt mit ihrem Langfilmdebüt *Tore tanzt* (2013) die Geschichte des jungen Tore, der innerhalb einer anscheinend familiären Gruppe religiöser Punks mit extrem schwierigen Situationen konfrontiert ist und sich trotz starker Konflikte zu entwickeln versucht.

---

3 *Fleet of Time* (匆匆那年) spielt an den Kinokassen 456 hundert Millionen RMB ein und *My Old Classmate* (同桌的你) spielt 579 hundert Millionen RMB ein. Vgl. Sun 2015, 35.

Es scheint ergiebig, die Forschungen zu Generationenverhältnissen und -konflikten weiter zu verfolgen und mögliche Veränderungen und Entwicklungen filmischer Repräsentationen zu berücksichtigen. Eine vergleichende Perspektive auf die chinesische und deutsche Filmkultur kann Einblicke in gesellschaftliche Diskurse gewähren, in denen junge Leute auf verschiedene Weisen ihre Positionen im Leben und im Generationengefüge in Familie und Gesellschaft zu finden und zu behaupten versuchen.

Literatur

Beck, Ulrich, und Elisabeth Beck-Gernsheim. *Fernliebe. Lebensformen im globalen Zeitalter*. Berlin: Suhrkamp, 2013.
Benyahia, Sarah Casey, Freddie Gaffney und John White. *AS Film Studies. The Essential Introduction*. Abingdon: Routledge, 2006.
Berk, Laura E. *Entwicklungspsychologie*. München: Pearson, ^{5}2011.
Ding, Min, und Xu Jie. *The Chinese Way*. London und New York. Routledge, 2015.
Dreysse, Miriam. *Mutterschaft und Familie: Inszenierungen in Theater und Performance*. Bielefeld: transcript, 2015.
Faust, Peter, und Yang Gang (Hg.). *China-Sourcing. Beschaffung, Logistik und Produktion in China*. Berlin: Springer, ^{2}2012.
Franz, Julia. *Intergenerationelles Lernen ermöglichen: Orientierungen zum Lernen der Generationen in der Erwachsenenbildung*. Bielefeld: wbv, 2010.
Huang, Ning, Roman Retzbach und Knut Kühlmann. *China-Knigge: Chinakompetenz in Kultur und Business*. München: Oldenbourg, 2012.
Nie, Jing-Bao. *Behind the silence. Chinese voices on abortion*. Lanham, Md.: Rowman & Littlefield Publishers, 2005.
Sardei-Biermann, Sabine. „Soziale Nahwelt und Lebensverhältnisse in subjektiver Einschätzung". *Jugendliche und junge Erwachsene in Deutschland. Lebensverhältnisse, Werte und gesellschaftliche Beteiligung 12- bis 29-Jähriger*. Hg. Martina Gille. Wiesbaden: VS Verlag, 2006. 87–130.
Selbo, Jule. *Film Genre for the Screenwriter*. New York: Routledge, 2015.
Li, Fangfang. „《80'后》:绝望的渴望被爱——李芳芳访谈 [,Heaven Eternal, Earth Everlasting'. Der verzweifelte Wunsch, geliebt zu werden – Interview mit der Regisseurin Li Fangfang]". 电影艺术 [*Film Art*] 9 (2010): 53–58.
Hei, Lei. „《致青春》引发全民怀旧潮 [,So Young' führt zur Massennostalgie]". 黄金时代 [*Golden Age*] 6 (2013).
Gao, Shan. „"全民"青春"事件下的怀旧消费——从《致我们终将逝去的青春》观国产青春片的市场际遇 [Konsum der Nostalgie durch die Massenjugendereignisse – die Marktchancen des chinesischen ,Youth Films' am Beispiel von ,So Young']". 当代电影 [*Contemporary Cinema*] 7 (2013): 50–52.
Jing, Danyuan. „对当下国产青春片"怀旧"叙述的反思 [Reflexion der nostalgische Narration im aktuellen chinesischen Jugend-Film]". 文艺研究 [*Literature & Art Studies*] 10 (2015): 16–22.

Sun, Hui. „从《匆匆那年》看校园怀旧青春片的类型策略 [Die Strategien des nostalgischen Youth Films am Beispiel von ‚Fleet of Time']". *当代电影* [*Contemporary Cinema*] 2 (2015): 35–36.

Zhang, Jie. „"富二代""官二代"媒介话语建构的共振与差异 (2004-2012) [Die Gemeinsamkeiten und Unterschiede der Diskurse ‚reiche zweite Generation' und ‚zweite Generation der Offiziere' in den Medien (2004–2012)]". *现代传播＜中国传媒大学学报＞* [*Modern Communication (Journal of Communication University of China)*] 3 (2013): 49–54.

Filme

Der Himmel über Berlin. Regie: Wim Wenders. BRD 1987.
Oh Boy. Regie: Jan Ole Gerster. BRD 2012. DVD: Warner Home Video, 2013.
Am Himmel der Tag. Regie: Pola Schirin Beck. BRD 2012. DVD: Kinostar Home Entertainment, 2013.
Staub auf unseren Herzen. Regie: Hanna Doose. BRD 2012.
Tore tanzt. Regie: Katrin Gebbe. BRD 2013.
80'后 [englischer Titel: *Heaven Eternal, Earth Everlasting*]. Regie: Li Fangfang. China 2009.
致我们终将逝去的青春 [englischer Titel: *So Young*]. Regie: Zhao Wei. China 2013.
同桌的你 [englischer Titel: *My old Classmate*]. Regie: Guo Fan. China 2014.
匆匆那年 [englischer Titel: *Fleet of Time*]. Regie: Zhang Yibai. China 2014.
我的少女时代 [englischer Titel: *Our times*]. Regie: Chen Yushan. Taiwan 2015.
左耳 [englischer Titel: *The left ear*]. Regie: Su Youpeng. China 2015.

IV **Lebensphasen und Generationszugehörigkeiten**

Hans Bertram und Carolin Deuflhard
Rushhour, wirtschaftliche Entwicklung und die Zukunft mit Kindern

1 Der ökonomische Hintergrund der Rushhour

Die Finanz- und Wirtschaftskrise hatte 2008 weltweit tiefgreifende ökonomische Erschütterungen hervorgerufen. Deutschland erlebte bis 2010 einen Rückgang des Bruttoinlandsproduktes von 3,5 Prozent, konnte diesen Rückgang aber nicht nur ausgleichen, sondern in den Folgejahren wieder eine positive wirtschaftliche Entwicklung erreichen (Bertram 2016). Andere Länder, etwa Italien, hatten mit 11 Prozent viel größere Verluste, aber auch nordeuropäische Länder wie Finnland hatten Rückgänge von etwa 8 Prozent, die in ihrer Größenordnung mit der Weltwirtschaftskrise von 1929 vergleichbar waren. Daher verwundert es nicht, dass der damalige amerikanische Notenbankchef Bernanke die Entwicklungen der Finanzkrise mit denen der Weltwirtschaftskrise von 1929 verglichen hat (Bernanke 2011).

Der Blick auf die Arbeitsmarktentwicklung in Deutschland seit 2008 macht deutlich, warum Deutschland die Krise schneller überwinden konnte als andere europäische Länder. Während viele europäische Länder erst über Anreizprogramme und später durch Sparbemühungen versucht haben, ihre wirtschaftliche Entwicklung wieder in Gang zu setzen, zeigen die deutschen Arbeitsmarktstatistiken, dass sich die Überwindung der Krise zu einem deutlichen Teil durch eine veränderte Politik für Familien und Kinder erklären lässt, die zu erheblichen Investitionen des Staates im Sozialbereich geführt hat; das lässt sich auch in Zahlen ausdrücken (vgl. Abb. 1).

Zwischen 2009 und 2013 stieg der Anteil der erwerbstätigen Frauen in Deutschland um 4,2 Prozentpunkte, und der größte Teil dieses Zuwachses ist auf die Bereiche Gesundheit, Sozialwesen, Erziehung und Unterricht zurückzuführen. Fasst man die Bereiche Gesundheit und Sozialwesen (plus 265.000), Erziehung und Unterricht (plus 178.000) und öffentliche Verwaltung (plus 64.000) zusammen, so sind hier im öffentlichen Sektor zwischen 2009 und 2013 mehr als 500.000 neue Arbeitsplätze entstanden, die im Wesentlichen durch politische Entscheidungen und öffentliche Finanzierungen möglich wurden. Mit anderen Worten: Die Politik in Bund, Ländern und Gemeinden hat in Deutschland durch gemeinsame politische und finanzielle Anstrengungen und erhebliche Investitionen rund 70 Prozent der neu entstandenen Arbeitsplätze für Frauen geschaffen.

Erwerbstätige Frauen nach Wirtschaftszweigen (in 1000): Deutschland

WZ2008 (Abschnitte)	2009	2010	2011	2012	2013	Wachstum seit 2009
Gesundheits- und Sozialwesen	3507	3624	3698	3767	3772	265
Erziehung und Unterricht	1607	1635	1687	1735	1785	178
Handel, Instandhaltung und Reparatur von Kfz	2762	2794	2793	2743	2874	112
Freiberufliche, wiss. u. techn. Dienstleistungen	959	975	1002	987	1048	89
Öff. Verwaltung, Verteidigung, Sozialversicherung	1297	1310	1308	1311	1361	64
Sonstige Wirtschaftszweige	7558	7553	7533	7595	7585	27
Erwerbstätige insgesamt	17690	17891	18021	18138	18425	735
Beschäftigungszuwachs insg. in % (2009=100%)	100	101,1	101,9	102,5	104,2	4,2%

Quelle: Statistisches Bundesamt, Wiesbaden 2015 (Datenquelle: Mikrozensus, WZ 2008); Stand: 23.07.2015. Anmerkung: Ab 2011: Hochrechnung anhand der Bevölkerungsfortschreibung auf Basis des Zensus 2011.

Abb. 1: Erwerbstätige Frauen nach Wirtschaftszweigen

Mit dieser konsequenten Investition von Bund, Ländern und Gemeinden in den sozialen Dienstleistungsbereich und in die Schaffung von Arbeitsplätzen für Frauen setzt sich in Deutschland eine Wirtschaftspolitik fort, die die Entwicklung der letzten 40 Jahre kennzeichnet. Viele Länder, vor allem die USA, haben ihre industriellen Arbeitsplätze deutlich abgebaut, von der Idee getrieben, dass nur die intellektuellen Leistungen von den hoch qualifizierten Ingenieuren in den USA erbracht werden, und gleichzeitig die Produktion selbst in so genannte Niedriglohnländer ausgelagert, mit der fatalen Konsequenz, dass gut bezahlte und sichere Arbeitsplätze in der Industrie verloren gegangen sind. Demgegenüber hat Deutschland darauf gesetzt, und dies vor allem in Süddeutschland, die Industrie und die industriellen Arbeitsplätze so zu spezialisieren, dass die Industriegüter aus Deutschland im internationalen Wettbewerb als besonders spezialisierte und qualifizierte Güter immer noch besonders stark nachgefragt werden. Diese traditionell männliche Arbeitswelt hat sich für etwa 40 Prozent der Männer, die noch heute in der Industrie arbeiten und meist über das duale System der Berufsausbildung qualifiziert sind, in den letzten 40 Jahren nicht sehr verändert.

Die neuen Anforderungen der globalen Wirtschaft mit möglichst gut qualifizierten Mitarbeitern und effizienten Formen von weltweit auch sprachlich vernetzter Bürokommunikation, der Ausbau der sozialen Dienstleistungen, neue Formen der Finanzdienstleistungen und der immense Bedarf an Lehrpersonal infolge der Bildungsreform der 1970er und 1980er Jahre wie auch heute beim Ausbau der kindlichen Betreuung wurden im Wesentlichen dadurch gedeckt, dass junge qualifizierte Frauen diese Arbeiten übernahmen.

Für jeden ökonomischen Erfolg ist aber auch ein Preis zu bezahlen. Ähnlich wie in Schweden, das einen vergleichbaren Weg gegangen ist und heute weltweit eine Mischung aus industrieller Güterproduktion und Dienstleistungen zur Verfügung stellt, wenn auch in kleinerem Maßstab, ist in Deutschland ein großer Unterschied zwischen den Einkommen von Männern und Frauen von etwa 22 Prozent festzustellen (Gender Pay Gap; Statistisches Bundesamt 2016). Denn die klassischen Industriearbeiterberufe und technischen Tätigkeiten werden auch aufgrund des guten Organisationsgrads der Gewerkschaften in diesen Bereichen oft viel besser bezahlt als die Arbeit in der Bürokommunikation, in den sozialen Dienstleistungen und im Unterricht.

Doch auch ein zweiter Preis war dafür zu bezahlen, nämlich die Unfähigkeit von Deutschland und vielen anderen Ländern, die neuen Qualifikationsstrukturen und die neuen Berufe und Arbeitserfordernisse so in den Lebenslauf einzubinden, dass sich darin auch die Fürsorge für Kinder integrieren lässt, um beide Lebensbereiche, nämlich die beruflichen Erwartungen und die Fürsorglichkeit für Kinder, sinnvoll aufeinander zu beziehen. Hier scheint das Dilemma auf, dass der ökonomische Erfolg Deutschlands in den letzten Jahren im Wesentlichen der stärkeren Integration der Frauen in das Erwerbsleben und der Entwicklung entsprechender sozialer Dienstleistungen und Infrastrukturen zu verdanken ist, es aber bis heute keine überzeugende Antwort auf die Integration der Fürsorgeaufgaben für Kinder – und damit auch für die Sicherung des Humanvermögens der Gesellschaft – gibt.

2 Die Rushhour: Lebenszeit und Alltagszeit

Im Vergleich der Qualifikation der heutigen Müttergeneration mit der der Müttergeneration der 1970er Jahre lässt sich diese Entwicklung nur als ein tiefgreifender Umbruch und eine Neudefinition weiblicher Lebensentwürfe interpretieren (vgl. Abb. 2).

1976 wurden auf 100 Frauen rund 190 Kinder geboren, in 2008 noch etwa 140 Kinder. Die Mehrzahl der Mütter in den 1970er Jahren hatte allerdings keinen beruflichen Abschluss, von 190 Kindern wuchsen nur 84 Kinder bei einer Mutter mit einer beruflichen Qualifikation auf. Heute wachsen hingegen 113 von 140 Kindern bei einer Mutter mit einer beruflichen Qualifikation auf; entsprechend leben nur 27 von 140 Kindern bei einer Mutter ohne beruflichen Ausbildungsabschluss. Im Vergleich dazu wächst in den USA auch heute noch die Mehrzahl der Kinder bei Müttern nur mit Highschool-Abschluss auf, nämlich 116 der ungefähr 190 Kinder, die pro 100 Frauen geboren werden. Hingegen haben nur 54 Kinder eine Mut-

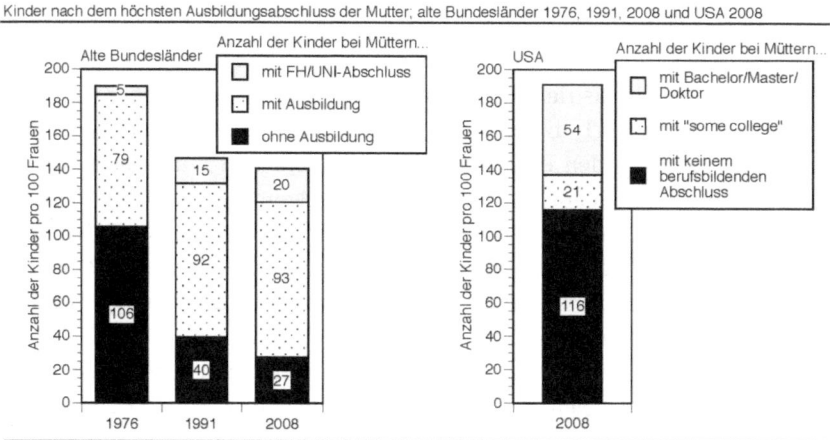

Kinder nach dem höchsten Ausbildungsabschluss der Mutter; alte Bundesländer 1976, 1991, 2008 und USA 2008

[Figure: Zwei Balkendiagramme. Alte Bundesländer 1976/1991/2008 mit Anzahl der Kinder pro 100 Frauen: 1976 – ohne Ausbildung 106, mit Ausbildung 79, mit FH/UNI-Abschluss 5; 1991 – 40, 92, 15; 2008 – 27, 93, 20. USA 2008: mit keinem berufsbildenden Abschluss 116, mit "some college" 21, mit Bachelor/Master/Doktor 54. Legende: mit FH/UNI-Abschluss, mit Ausbildung, ohne Ausbildung / mit Bachelor/Master/Doktor, mit "some college", mit keinem berufsbildenden Abschluss.]

Quelle: Scientific Use Files Mikrozensus 1976, 1991 und 2008; USA: Fertility of American Women 2008; eigene Berechnung und Darstellung.
Anmerkungen: Zu Grunde liegende Grundgesamtheit: 37-43-jährige Frauen am Hauptwohnsitz.

Lesebeispiel: 1976 kommen auf 100 Frauen 190 Kinder (TFR=1,9). Davon wachsen 106 Kinder bei Müttern ohne beruflichen Abschluss, 79 Kinder bei Müttern mit Ausbildung und 5 Kinder bei Müttern mit FH- oder Universitätsabschluss auf.

Abb. 2: Kinderzahl und Qualifikation der Mütter, 1976 bis 2008, Deutschland und USA

ter mit einer akademischen Qualifikation. Die deutschen Mütter haben bei diesem Ausbildungsniveau die Chance, qualifizierte Berufe in den Bereichen zu ergreifen, die sie in ihrer Ausbildung selbst gewählt haben.

Dabei ist bei diesem Vergleich zu beachten, und das gilt für viele Länder, dass in Deutschland die Berufe, die im dualen Berufsausbildungssystem an Fachschulen eine Qualifikation ermöglichen, in vielen anderen Ländern einen akademischen Abschluss voraussetzen. Der Qualifikationsschub in Deutschland ist allerdings im bestehenden Ausbildungs- und Berufssystem erfolgt, das sich in der Industriegesellschaft herausgebildet hat.

Dieses industriegesellschaftliche Muster sah für Frauen aber keine kontinuierliche Erwerbstätigkeit im Lebensverlauf vor, sodass die schon damals vorzugsweise von Frauen gewählten Berufe nicht auf eine lebenslange Karriere hin konzipiert wurden. Denn viele dieser Berufe, die es heute noch in gleicher Weise vor allem im sozialen Bereich gibt, beruhten auf der Annahme, dass eine junge Frau nach Abschluss der Hauptschule und einer beruflichen Qualifikation eine Zeitlang für die Aussteuer arbeitete und sich dann im Wesentlichen ihrer Familie und ihren Kindern widmete, weil der Vater als Haupternährer der Familie die ökonomische Existenz der Familie sicherte. Als Konsequenz dieser Erwartung verzichteten damals viele junge Frauen nach dem Schulabschluss auf eine qualifizierte Ausbildung und sparten als angelernte Arbeiterinnen die Aussteuer für die spä-

Wöchentliche Arbeitszeit (in Stunden) und durchschnittliche Kinderzahl im Haushalt von Frauen nach Alter: alte Bundesländer: 1973 und 2011

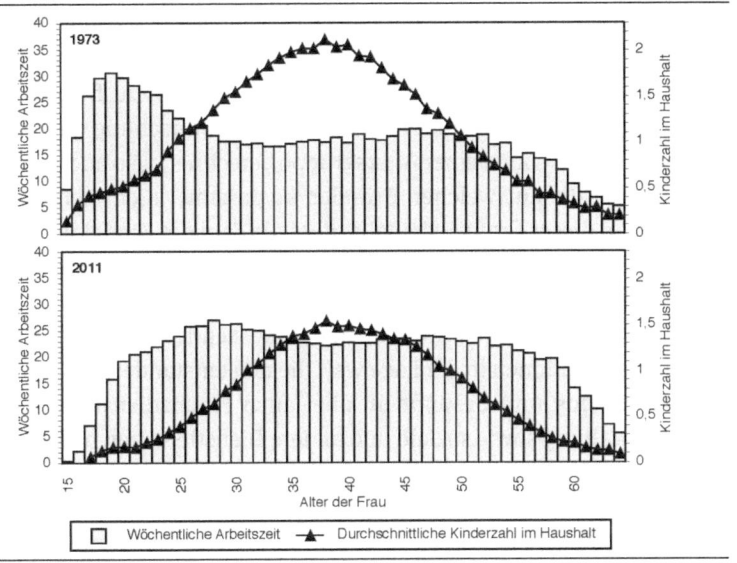

Wöchentliche Arbeitszeit ☐   Durchschnittliche Kinderzahl im Haushalt ▲

Quelle: Scientific Use Files der Mikrozensus 1973 und 2011; eigene Berechnung und Darstellung. Anmerkung: Für die Berechnung der durchschnittlichen Kinderzahl im Haushalt wurde die Grundgesamtheit auf Frauen eingeschränkt, die nicht (mehr) selbst als Kinder im Haushalt leben.

Abb. 3: Wöchentliche Arbeitszeit und Kinderzahl von Frauen in Westdeutschland, 1973 und 2011

tere Familiengründung zusammen. Noch 1965 konnte von Friedeburg zeigen, dass die Mehrzahl der Eltern wie auch der Jungen und Mädchen die Auffassung vertraten, dass für einen Jungen eine qualifizierte Ausbildung wichtig sei, für ein Mädchen jedoch die Aussteuer.

Arlie Hochschild (1995) nennt dieses Familienmodell „traditionell-warm", weil hier die Fürsorge für Kinder dadurch gewährleistet wurde, dass sich die Mutter, sobald dies ökonomisch möglich war, ganz dem Haushalt und den Kindern widmen konnte. Aus Sicht der Kinder war das eine außerordentlich positive Situation, weil ein Erwachsener mit persönlicher Bindung zu den Kindern den ganzen Tag für sie zur Verfügung stand. Aber schon damals wurde dieses Modell stark kritisiert. Selbst konservativen Familienministern, wie Bruno Heck im Ersten Familienbericht (1968), war klar, dass vielen anderen gesellschaftlichen Bereichen damit ein erhebliches Potenzial an Kompetenzen verloren ging, unabhängig davon, dass die ökonomische Abhängigkeit der Frau vom Mann dem Gleichheitsgebot der Verfassung der Bundesrepublik Deutschland widersprach.

Dieses innerfamiliäre Rollenmodell hat sich in den letzten 30 bis 40 Jahren deutlich gewandelt (vgl. Abb. 3). 1973 haben die jungen Frauen vor allem zwischen dem 18. und 25. Lebensjahr gearbeitet, um die Aussteuer zu verdienen. In 2011 besteht ein kontinuierlicher Anstieg, der um das 30. Lebensjahr ein bestimmtes Niveau erreicht, das sich danach bis zum 55. Lebensjahr kaum noch ändert. In diesen Grafiken sind immer nur Angaben bis etwa 30 Stunden zu finden; das hängt damit zusammen, dass die internationale Zeitbudgetforschung die Zeiten immer bezogen auf alle Personen einer Altersgruppe berechnet, also auch immer diejenigen mitrechnet, die aus welchen Gründen auch immer nicht berufstätig sind. Deutlich wird an dieser Grafik jedenfalls, dass die Zahl der Kinder im Haushalt und die berufliche Tätigkeit der Mütter 1973 in einem sehr engen Zusammenhang standen, was heute nicht mehr zutrifft.

Diese Entwicklung war möglich, weil die nachwachsende Generation durch ihre beruflichen Qualifikationen in der Lage war, die neu entstandene Nachfrage in den Bereichen Bildung und Gesundheit, aber auch Finanzdienstleistungen und öffentliche Verwaltung sowie soziale und andere Dienstleistungen zu bedienen. Der Ausbau der Qualifikation erfolgte weitgehend in den traditionellen Strukturen des dualen Systems. Auch der Ausbau der akademischen Qualifikation war eher eine Expansion der bestehenden Strukturen und die Innovationen bezogen sich im Wesentlichen auf neue Inhalte oder Organisationsformen des Studiums. Eine neue Perspektive hinsichtlich der Organisation des Lernens im Lebenslauf war überhaupt kein Thema. Im deutschen Bildungssystem dominiert die Erstausbildung, d. h. man erwirbt eine Qualifikation mit einem bestimmten Abschluss, der den Zugang zu bestimmten Berufsbereichen reguliert; weitere Ausbildungen im späteren Lebensverlauf werden meist nur als Ergänzung der Erstausbildung interpretiert. Im US-amerikanischen System kann man hingegen nach der Highschool einen Bachelor-Abschluss machen, der ergänzt durch Berufstätigkeit zu einem Master-Abschluss führen kann, der mit dem ursprünglichen ersten Ausbildungsabschluss nichts zu tun haben muss. Wir werden später noch auf dieses Problem zurückkommen.

Der relativ reibungslose Übergang vom klassischen Familienmodell der Industriegesellschaft mit einem Hauptenährer zu einem Zweiverdienermodell wurde auch dadurch begünstigt, dass die Kinderzahlen im Verlauf dieser Entwicklung deutlich zurückgingen, also die Fürsorgezeiten sanken; gleichzeitig konnte weltweit die körperlich anstrengende Hausarbeit durch die Rationalisierung im Haushalt deutlich reduziert werden.

Suzanne Bianchi (2011) hat die amerikanischen Zeitbudgetstudien seit 1965 ausgewertet und zeigt, dass die berufliche Zeit für Mütter 1965, im Wochendurchschnitt und bezogen auf alle Mütter, bei etwa 9 Stunden lag; dazu kamen 32 Stunden Hausarbeit, 10 Stunden Kinderbetreuung und etwa 7 Stunden Einkaufen; damit hatten die Mütter im Durchschnitt eine 50-Stundenwoche (vgl. Abb. 4).

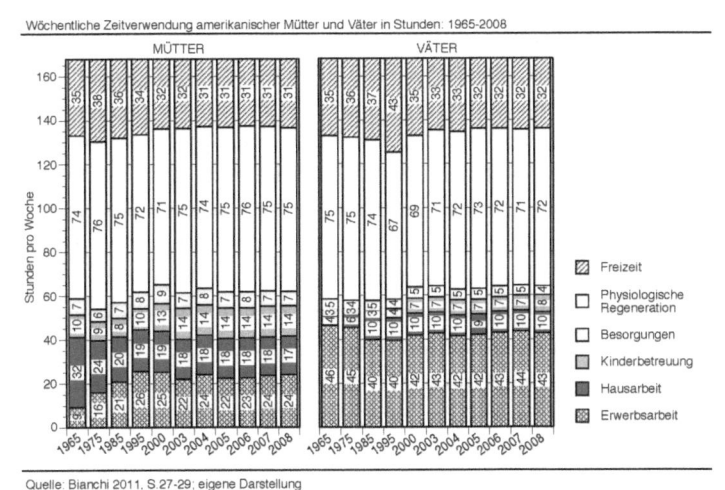

Abb. 4: Wöchentliche Zeitverwendung amerikanischer Mütter und Väter in Stunden, 1965 bis 2008

Diese 50 Stunden waren harte Arbeit, weil dafür ein Verbrauch von 3600 Kalorien zu kalkulieren war (Archer et al. 2013). Heute hat sich die Hausarbeit halbiert und der Kalorienverbrauch beträgt weniger als ein Drittel (Archer et al. 2013); die Kinderbetreuung hat sich um 4 Stunden erhöht; die bei der Hausarbeit eingesparten Stunden fließen nun in die Berufsarbeit, die im Durchschnitt aller Mütter bei 24 Stunden liegt. Für die Männer hat sich viel weniger geändert. Sie haben allerdings ihre Zeiten an der Hausarbeit von etwa 4 auf 10 Stunden deutlich erhöht und die Kinderbetreuung von 3 auf 8 Stunden; das Einkaufen ist mit 4 Stunden unverändert. Freizeit und Regenerationszeit sind bei Vätern und Müttern etwa gleich geblieben.

Die europäischen Daten zur Zeitverwendung von Familien, die allerdings nicht so weit zurückreichen, sind nicht sehr verschieden. Mit Kindern bis zu 6 Jahren wenden Frauen in den nordeuropäischen Ländern Schweden und Finnland ebenso wie in Deutschland, Frankreich und England als mittel- und westeuropäischen Ländern und in den südeuropäischen Ländern Spanien und Italien pro Woche rund 45 Stunden für Hausarbeit und Kinderbetreuung auf; die Väter, nach Ländern etwas unterschiedlich, bringen zusätzlich zu diesen 45 Arbeitsstunden noch einmal knapp 20 Arbeitsstunden in den Familienhaushalt ein. Auch die Zunahme der Zeit mit Kindern ist sowohl in Deutschland als auch in anderen europäischen Ländern zu beobachten, vergleichbar zu den USA (Bertram 2016; Meier-Gräwe und Klünder 2015). Das ist wesentlich dadurch zu erklären, dass die höheren Qualifikationsanforderungen an die Kinder in weiterführenden Schulen notwendigerweise zu einem höheren Zeitaufwand der Eltern führen.

Alle diese Veränderungen machen deutlich, dass die Zeit für Eltern etwa zwischen dem 27. und dem 35. bis 40. Lebensjahr nicht nur knapp wird, sondern auch zunehmend schwieriger zu organisieren ist. Die im Haushalt verbrachte Zeit lässt sich mit den Bedürfnissen nach Fürsorge der Kinder relativ gut koordinieren, anders als die im Beruf verbrachte Zeit. Berufliche Tätigkeiten lassen sich gerade in vielen Frauenberufen in sozialen oder anderen Dienstleistungen nicht mehr gut koordinieren. Denn soziale Dienstleistungen, ob ambulante Pflege, Arbeit im Krankenhaus oder im Kindergarten oder Dienstleistungen im Handel, sind notwendigerweise auf die Bedürfnisse der Patienten, der Kinder im Kindergarten und der Kunden ausgerichtet. Lange Öffnungszeiten im Handel bedeuten, dass selbst bei einer guten Infrastruktur für die Kinderbetreuung bei einer Spätschicht irgendjemand da sein muss, der für das Essen der Kinder sorgt. Wenn bei ambulanter Pflege morgens um 7:00 Uhr entsprechende Bedürfnisse anfallen, müssen die auch befriedigt werden. Erwachsene und auch Jugendliche sind in der Regel in der Lage, ihre unmittelbaren persönlichen Bedürfnisse solchen Erfordernissen anzupassen, Kinder können das jedoch nicht. Fürsorgezeiten für Kinder sind im Gegensatz zu beruflichen Zeiten kaum flexibel zu gestalten; die Zeiten für Schlafen, Essen oder zum Waschen und viele andere Formen der Fürsorge folgen einem festen Tagesrhythmus, der sich nicht immer mit den flexiblen Zeiterwartungen im Beruf in Übereinstimmung bringen lässt.

Anne-Marie Slaughter (2015), als politische Direktorin unter Hillary Clinton tätig, hat diese Tätigkeit wieder aufgegeben und ist an die Universität Princeton zurückgekehrt. Sie beschreibt sehr anschaulich, dass es nicht nur um die Struktur der Arbeitszeiten geht, sondern oft auch um die Notwendigkeit, an einem anderen Ort zu arbeiten, als die Kinder leben, weil der Partner oder die Partnerin bei den Kindern lebt und arbeitet. Die Fürsorge für die Kinder, und zwar auch für ältere Kinder, und das eigene Bedürfnis, mit den Kindern zusammen zu sein, lassen sich dann überhaupt nicht mehr mit den beruflichen Anforderungen in Übereinstimmung bringen.

Denn nicht nur in solchen hochrangigen Positionen ist die berufliche Arbeit zwar häufig flexibel geworden, erfordert aber trotz der Flexibilität eine hohe Anpassungsbereitschaft der Mitarbeiter an die zeitlichen Erwartungen des Berufes; das gilt für den technischen Dienstleister, der sich nach den Bedürfnissen seiner Kunden zu richten hat ebenso wie für die schon erwähnte Krankenschwester.

Die Rushhour des Lebens entsteht aber nicht allein dadurch, dass die Organisation der alltäglichen Arbeitszeit mit den Bedürfnissen von Kindern nicht immer in Übereinstimmung gebracht werden kann und dann, wenn der Partner in gleicher Weise beruflich eingespannt ist, die Organisation des Familienalltags immer schwieriger wird. Vielmehr entsteht sie gerade auch dadurch, dass vor allem für die qualifizierten Berufe mit längeren Ausbildungszeiten die Integration in den Beruf und die Entscheidung für Kinder, Partnerschaft und einen gemeinsamen Lebensmittelpunkt in eine sehr kurze Zeitspanne zwischen dem 27. bzw. 28. und etwa dem 35. Lebensjahr fällt. Denn in dieser Zeit werden nicht nur die Kinder geboren, sondern muss auch der Berufseintritt gelingen und die eigene Karriere vorangetrieben werden, wenn das in diesem Beruf vorgesehen ist.

Diese Entwicklung lässt sich auch in Zahlen ausdrücken. Die Eltern, die sich in den späten 1960er Jahren für Kinder entschieden, bekamen in der Regel ihr erstes Kind, wenn die Mutter zwischen 23 und 25 Jahre alt war, und das letzte, häufig dritte Kind, mit etwa 34 Jahren. Das war auch unproblematisch, weil berufliche Qualifikation und Integration ins Erwerbsleben nicht im Zentrum des Interesses der Mütter standen. Heute fällt die Entscheidung für das erste Kind mit 27 bis 29 Jahren und selbst für ein drittes Kind mit spätestens 33 bis 34 Jahren. In der gleichen Zeit muss aber parallel auch die Integration ins Berufsleben und die eigene Karriere gesichert werden.

Nun könnte man meinen, dass der Staat als öffentlicher Arbeitgeber auf diese neuen Herausforderungen angemessen reagiert hat. Beim Vergleich der Lebensereignisse von Akademikerinnen in den eher konservativen Bundesländern Bayern und Baden-Württemberg mit den neuen Bundesländern ist aber festzustellen, dass diese wie alle anderen Bundesländer die Rushhour des Lebens bewusst oder unbewusst noch zusätzlich verschärft haben (vgl. Abb. 5). Aufgrund der starken Expansion der akademischen Qualifikation von jungen Frauen und der nicht immer gegebenen Passung zwischen akademischer Qualifikation und beruflichen Anforderungen im öffentlichen Dienst sind alle Bundesländer dazu übergegangen, nach dem Abschluss einer akademischen Qualifikation, die unter Einschluss der Fachhochschulen mit etwa 24 Jahren erreicht wird, den jungen Erwachsenen keine Arbeitsstellen mit klarer Perspektive anzubieten, sondern Projektarbeit mit kurzfristigen Arbeitsverträgen, die nach etwa vier Jahren für die Hälfte der Akademikerinnen in ein festes Angestellten- oder Beamtenverhältnis überführt wird. Diese Entwicklung ist in beiden Teilen Deutschlands völlig parallel verlaufen, wie der Vergleich der alten und neuen Bundesländer für 1991 und 2008 zeigt.

Auch der demografische Effekt ist gut zu sehen. Die Geburt des ersten Kindes schiebt sich genau um diese vier Jahre ‚Projektarbeit' nach hinten. Damit verschärft sich selbst in einem Bereich, der ein hohes Maß an Sicherheit bieten sollte, genau jene Rushhour, weil nun Familiengründung und Karriereentwicklung völlig parallel verlaufen. Das gilt nicht nur für den öffentlichen Dienst,

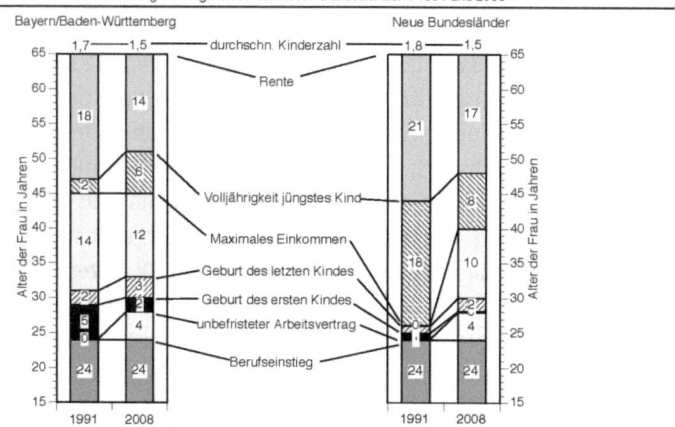

Alter beim Erreichen wichtiger Lebensereignisse in Beruf und Familie von Akademikerinnen im öffentlichen Dienst: Bayern und Baden-Württemberg im Vergleich zu den neuen Bundesländern: 1991 und 2008

[Figure: Bayern/Baden-Württemberg vs. Neue Bundesländer, 1991 und 2008. Durchschnittliche Kinderzahl: 1,7 – 1,5 (Bayern/BW) und 1,8 – 1,5 (Neue Bundesländer). Markierungen für Rente, Volljährigkeit jüngstes Kind, Maximales Einkommen, Geburt des letzten Kindes, Geburt des ersten Kindes, unbefristeter Arbeitsvertrag, Berufseinstieg.]

Quelle: Scientific Use Files der Mikrozensus 1991 und 2008, eigene Berechnung.
Anmerkungen: Das Alter bei Berufseinstieg wurde über die offizielle Länge der Ausbildungsjahre geschätzt; das gesetzliche Rentenalter wurde zu Grunde gelegt; alle anderen Mittelwerte sind mit dem Mikrozensus berechnete Mediane; beim Einkommen wurde das persönliche, inflationsbereinigte Nettoeinkommen in Euro verwendet.

Abb. 5: Lebensereignisse in Beruf und Familie von Akademikerinnen

sondern auch für die großen deutschen Unternehmen, für die eine Unternehmensberatung (A. T. Kearney 2013) den Nachweis geführt hat, dass mit 30 Jahren der Anteil der jungen Frauen und Männer, die als Führungsnachwuchskräfte eingeschätzt werden, etwa bei 20 Prozent liegt. Mitte 30 hat sich der Anteil der Männer auf einem etwas höheren Niveau stabilisiert, während sich der Anteil der Frauen halbiert hat; betrachtet man die zweite Führungskräfteebene mit Mitte 40, so hat sich der Anteil der Frauen in diesem Bereich weiter reduziert, weil die Entscheidung für Kinder und Fürsorge in den kritischen Jahren zwischen dem 30. und 35. Lebensjahr die Lebenswege deutlich auseinander differenziert hat.

Wesentliche Ursachen für diese Rushhour des Lebens sind damit zum einen die zunehmende zeitliche Flexibilisierung der Berufsarbeit, die mit den relativ fest liegenden Fürsorgezeiten für Kinder kollidiert, die Mobilitätserfordernisse, aber auch die Präsenzerfordernisse von Dienstleistungsberufen auf den unterschiedlichen Hierarchieebenen sowie die Schwierigkeiten für Paare, jeweils am gleichen Ort eine berufliche Tätigkeit zu finden, die den eigenen Qualifikationsvorstellungen entspricht.

Diese zeitlichen Herausforderungen, die vor allem die Kinder bis zum sechsten Lebensjahr betreffen, werden dann aber dadurch weiter verschärft, dass die Berufsverläufe sich immer noch nach den sehr traditionellen klassischen Mustern der Industriegesellschaft richten, ohne Rücksicht auf die Fürsorge für Kinder. Das gilt sowohl für den öffentlichen Dienst als auch für die Wirtschaft, denn die entscheidenden Weichen für die weitere Entwicklung werden vor allem in qualifizierten Berufen zu einem Zeitpunkt gestellt, an dem auch die Fürsorge für Kinder einen besonders großen Umfang erreicht, den Arlie Hochschild ganz zu Recht als „zweite Schicht" bezeichnet (Hochschild und Machung 1989).

Darüber hinaus hat der Staat diese Rushhour in seinem eigenen Bereich durch eine Reihe von Maßnahmen noch zusätzlich verschärft, weil gerade für die akademischen Qualifikationen jene vorgezeichneten Karrieremuster aufgelöst wurden, die für den öffentlichen Dienst traditionell typisch waren. Eine Auflösung der Rushhour wird also nur möglich sein, wenn sich für die zeitlichen Verläufe von Qualifikation, Fürsorge und beruflicher Entwicklung Konzepte entwickeln lassen, in denen die Fürsorge für Kinder zu einem integralen Bestandteil des Lebenslaufs von Männern und Frauen gemacht wird.

3 Die Rushhour des Lebens: Es fehlt das Geld

Es gehört zu den Paradoxien der gegenwärtigen Entwicklung, dass das Senioritätsprinzip als Grundlage von Beförderung und Bezahlung im Beruf in vielen Bereichen aufgegeben wird, etwa bei der Besoldungsstruktur von Wissenschaftlern. Gleichzeitig zeigt aber eine Analyse des Einkommensverlaufs während des Berufslebens deutlich, dass die Ungleichheit bei den Einkommen zwischen den Altersgruppen heute ein Ausmaß erreicht hat, das es seit Beginn der Messungen durch den Mikrozensus noch nie gegeben hat.

Grundlage für den Vergleich der Einkommen von jungen und älteren Erwachsenen (vgl. Abb. 6) ist das Pro-Kopf-Einkommen auf der Basis der OECD-Skala; hier wird das erste Haushaltsmitglied mit 1 gewichtet, das zweite und jedes weitere Haushaltsmitglied ab 14 Jahren mit 0,5 und die Haushaltsmitglieder unter 14 Jahren mit 0,3, um die Vorteile des gemeinsamen Wirtschaftens im Haushalt zu berücksichtigen (Skalenvorteile; Rainwater und Smeeding 2003).

Anfang der 1970er Jahre konnte ein junges Paar zu Beginn der Familiengründung über ein relativ gutes Einkommen verfügen, das sich nur zwischen dem 35. und 45. Lebensjahr etwas verminderte, weil im damaligen Modell ein Teil der Mütter, vor allem bei mehreren Kindern, zu Hause blieb. Denn die Einkommenshöhe entsprach schon im 30. Lebensjahr dem Einkommen der älteren Generation mit 55 bis 60 Jahren, und das zu einer Zeit, als so gut wie alle Berufe nach dem Senioritätsprinzip bezahlt wurden. Grundlage für diese Entwicklung war die Dominanz der Industriearbeiter in der Beschäftigtenstruktur, bei denen Ausbildung, Erfahrung, Körperkraft und Durchhaltevermögen in jungen Jahren ihr gutes

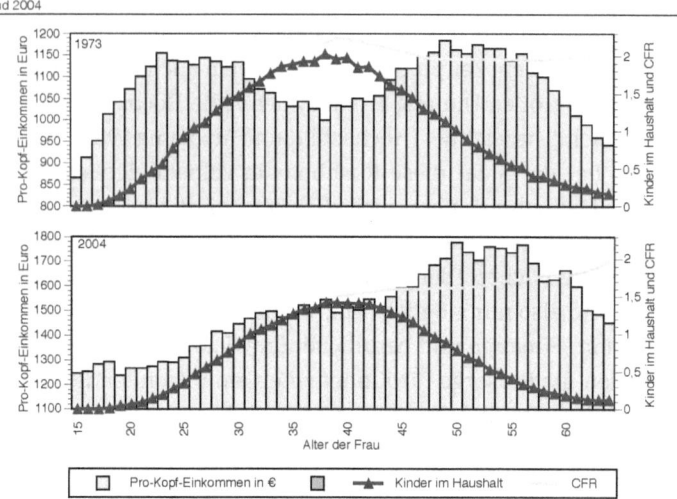

Pro-Kopf-Einkommen, Kinder im Haushalt und Geburtenrate (CFR) von Frauen nach Alter, alte Bundesländer: 1973 und 2004

Quelle: Scientific Use Files der Mikrozensus 1973 und 2004, eigene Berechnungen und Darstellung.
Anmerkung: Das Pro-Kopf-Einkommen wurde nach dem Verbraucherpreisindex inflationsbereinigt (Basisjahr=2005) und nach der neuen OECD-Skala gewichtet: Gewicht 1 = Haushaltsvorstand bzw. erste Person im Haushalt; Gewicht 0,5 = weitere Personen im Alter von 14 und mehr Jahren; Gewicht 0,3 = weitere Personen im Alter von unter 14 Jahren;

Abb. 6: Pro-Kopf-Einkommen im Zeitvergleich, 1973 und 2004

Einkommen sicherten, sodass sie in der Lage waren, mit ihrem Einkommen tatsächlich die Bedürfnisse der ganzen Familie abzudecken.

Bis 2004 hat sich diese Struktur völlig verändert. Die Einkommen der jungen Haushalte sind verhältnismäßig gering: Das durchschnittliche Pro-Kopf-Einkommen 30-jähriger Frauen liegt deutlich unter dem Einkommen 50- bis 60-Jähriger und entspricht in etwa dem Einkommen eines Rentnerhaushalts mit 65 Jahren. Die höhere Qualifikation der nachwachsenden Generation hat entsprechend nicht dazu geführt, dass diese besser qualifizierten jungen Erwachsenen ein höheres Einkommen erzielen als ihre Eltern, die in der Regel eine schlechtere Ausbildung haben. Im Gegenteil haben sich die Einkommensstrukturen in Deutschland heute dahingehend gewandelt, dass die besser qualifizierte, jüngere Generation ein deutlich geringeres Einkommen erzielt als die eigene Elterngeneration.

Das Ergebnis dieser Entwicklung lässt sich eigentlich nur ironisch zusammenfassen: Die Gesellschaft insgesamt profitiert außerordentlich von der Investition in das Humankapital der nachwachsenden Generation, weil – wie weiter oben gezeigt – die Nachfrage nach vielen neuen Berufen im administrativen, sozialen und Bildungsbereich gedeckt werden konnte. Gleichzeitig ist aber einfach festzustellen, dass diese Gewinne im Wesentlichen der älteren Generation zugutekommen, nicht den jungen Erwachsenen selbst.

Einkommensentwicklung im Lebenslauf von Akademikern im öffentlichen Dienst; Männer, Frauen mit Kindern und kinderlose Frauen, Gesamtdeutschland: 2008 und 1991

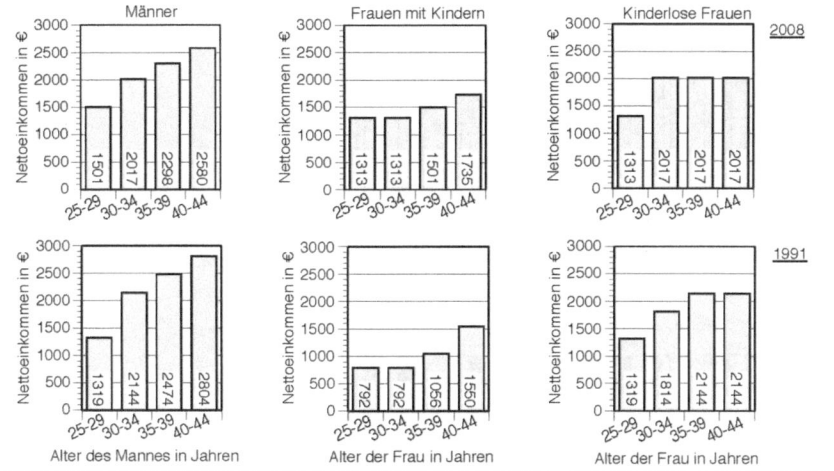

Männer (2008): 25-29: 1501; 30-34: 2017; 35-39: 2298; 40-44: 2580
Frauen mit Kindern (2008): 25-29: 1313; 30-34: 1313; 35-39: 1501; 40-44: 1735
Kinderlose Frauen (2008): 25-29: 1313; 30-34: 2017; 35-39: 2017; 40-44: 2017

Männer (1991): 25-29: 1319; 30-34: 2144; 35-39: 2474; 40-44: 2804
Frauen mit Kindern (1991): 25-29: 792; 30-34: 792; 35-39: 1056; 40-44: 1550
Kinderlose Frauen (1991): 25-29: 1319; 30-34: 1814; 35-39: 2144; 40-44: 2144

Quelle: Scientific Use Files der Mikrozensus 2008 und 1991; eigene Berechnung und Darstellung.
Anmerkungen: 2008 werden Frauen mit Kindern von kinderlosen Frauen darüber unterschieden, ob sie jemals Kinder geboren haben; 1991 werden sie danach unterschieden, ob sie Kinder im Haushalt haben; das persönliche Nettoeinkommen wurde nach dem Verbraucherpreisindex inflationsbereinigt (Basisjahr=2005).

Abb. 7: Akademiker im öffentlichen Dienst: Einkommensvergleich

Hier ist nicht der Raum, um diese Entwicklung für alle Berufsgruppen nachzuzeichnen. Aber am Beispiel des öffentlichen Dienstes lässt sich zeigen, dass die Einkommensentwicklung seit 1991 nicht mit der Inflationsrate mitgehalten hat (vgl. Abb. 7), sodass ein Akademiker 2008 im öffentlichen Dienst weniger verdiente als ein gleichaltriger Akademiker 1991; die Einkommensverluste sind mit mehr als 10 Prozent auch nicht unerheblich. Ähnliche Einkommensverluste zeigen sich auch bei den kinderlosen Akademikerinnen, wenn auch nicht ganz so deutlich. Nicht vermindert haben sich demgegenüber die deutlichen Einkommensunterschiede zwischen Akademikern und Akademikerinnen im öffentlichen Dienst. Die Berufe, für die sich junge, qualifizierte Frauen im öffentlichen Dienst entscheiden, werden systematisch schlechter bezahlt als die Berufe, für die sich Männer entscheiden. Diese Unterschiede lassen sich auch nicht auf die Mutterrolle zurückführen, weil hier nur die Differenzen zwischen kinderlosen Frauen und allen Männern verglichen wurden. Es ist nur als erstaunlich zu bezeichnen, dass die Bundesregierung öffentlich immer wieder die Gleichheit der Löhne fordert, aber nicht einmal im eigenen Bereich in der Lage ist, bei gleicher Qualifikation in gleicher Weise geschlechtsneutral zu bezahlen. Die Gewinnergruppe sind die berufstätigen Mütter, deren Einkommen im öffentlichen Dienst

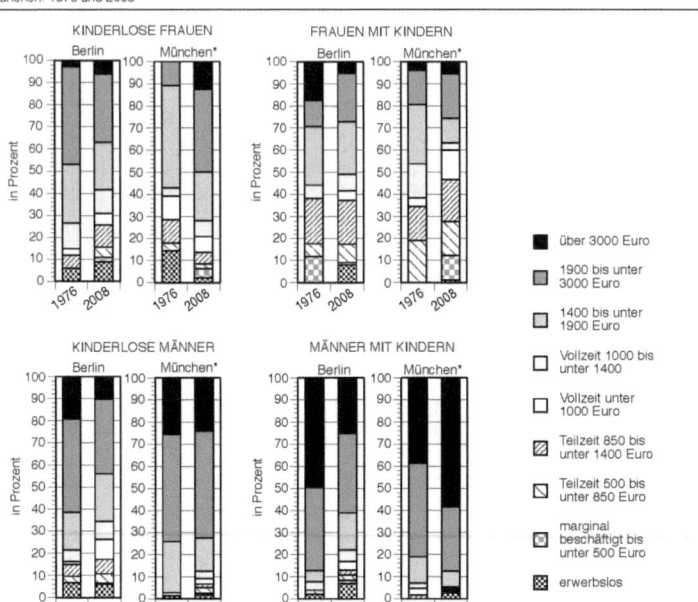

Arbeitszeit- und Einkommensmuster 30- bis 40-jähriger Akademikerinnen und Akademiker mit und ohne Kinder; Berlin und München: 1976 und 2008

Quelle: Scientific Use Files der Mikrozensus 1976 und 2008; eigene Berechnungen und Darstellung.
Anmerkungen: zu Grunde liegende Fallzahlen: Kinderlose Frauen: 1976 - München: N=28, Berlin: N=34, 2008 - München: N=96. Frauen mit Kindern: 1976 - München: N=26, Berlin: N=34, 2008 - München N=96. Kinderlose Männer: 1976 - Berlin: N=76, München: N=74; Männer mit Kindern: 1976 - Berlin: N=103, 2008 - München N=113. Alle anderen Fallzahlen sind größer als 120; zu Grunde liegt das nach dem Verbraucherpreisindex inflationsbereinigte (Basisjahr=2005), persönliche Nettoeinkommen sowie die normale Arbeitszeit in Wochenstunden. *Die Angaben beziehen sich 1976 auf München und 2008 auf München und Augsburg (Großstädte mit über 500.000 Einwohnern in Bayern).

Abb. 8: Junge Akademiker und Akademikerinnen in Berlin und München: Arbeitszeit und Einkommen, 1976 und 2008

gestiegen ist, dies aber nicht, weil sie besonders gut bezahlt würden, sondern weil die durchschnittliche Arbeitszeit dieser Gruppe von Frauen deutlich gestiegen ist.

Die Paradoxie dieser Daten liegt darin, dass bei einer besseren Qualifikation, aber einer durchschnittlich geringeren Bezahlung die Notwendigkeit deutlich gestiegen ist, dem Arbeitsmarkt zur Verfügung zu stehen. Daher verbringt die jetzt nachwachsende junge Elterngeneration mehr Zeit am Arbeitsmarkt als die eigene Elterngeneration und investiert gleichzeitig mehr Zeit in ihre Kinder, bekommt aber dafür insgesamt viel weniger Geld als die Eltern. Dabei ist festzuhalten, dass dies nicht irgendwelchen gesellschaftlichen Kräften zuzurechnen ist, sondern dass der Staat selbst als Akteur in seinem Bereich viel dazu beiträgt, die Rushhour für die nachwachsende Generation durch höhere Zeiterfordernisse zu verstärken.

Der öffentliche Dienst stellt mit der schlechteren Bezahlung der nachwachsenden Generation trotz besserer Qualifikation keine Ausnahme dar. Das lässt sich auch anhand des Vergleichs der Arbeitszeit- und Einkommensmuster 30- bis 40-jähriger Akademiker und Akademikerinnen mit und ohne Kinder in Berlin und München zeigen, wodurch zusätzlich regional unterschiedliche Trends sichtbar werden (vgl. Abb. 8). 1976 konnten in Berlin 50 Prozent der Väter mit Kindern bei einem akademischen Abschluss davon ausgehen, inflationsbereinigt ein persönliches Nettoeinkommen von über 3000 Euro zu erwirtschaften; nur etwa 12 Prozent mussten damit rechnen, unter 1900 Euro zu verdienen. Heute hat sich der Anteil mit einem Einkommen von unter 1900 Euro auf 40 Prozent erhöht, während nur noch 25 Prozent der Akademiker mit Kindern auf ein Nettoeinkommen von über 3000 Euro kommen. Die Entwicklung in München verlief völlig anders: Waren 1976 nur 40 Prozent in der Spitzengruppe, so sind es heute 60 Prozent, und über Nettoeinkommen von unter 1900 Euro verfügen nur rund 10 Prozent, während das 1976 immerhin noch 20 Prozent waren. Berlin als eine ‚coole und kreative' Großstadt mit einer großen Zahl von hoch qualifizierten und innovativen, akademisch gebildeten jungen Erwachsenen ist jedenfalls in Bezug auf die Einkommensentwicklung von München abgehängt worden.

Bei den kinderlosen Akademikern hat sich in München seit 1976 verhältnismäßig wenig geändert, während sich in Berlin der Anteil mit Nettoeinkommen von über 3000 Euro von etwa 20 auf 10 Prozent fast halbiert hat und knapp 60 Prozent im Vergleich zu ehemals 40 Prozent unter 1900 Euro verdienen. Ein Studium hat sich für diese Gruppe mit Sicherheit nicht gelohnt, da ein Metallarbeiter, der bereits mit 21 Jahren angefangen hat zu arbeiten, über das gleiche Einkommen verfügt. Bei den kinderlosen Frauen hat sich die Situation in Berlin analog zu den kinderlosen Männern deutlich verschlechtert. In den beiden obersten Einkommensgruppen (1900 Euro und mehr) befinden sich in Berlin nur noch knapp 40 Prozent gegenüber knapp 50 Prozent in 1976. Auch hier schneidet München besser ab, weil in der obersten Einkommensgruppe immerhin mehr als 10 Prozent 3000 Euro und mehr verdienen und sich auch in der zweitobersten Einkommensgruppe noch weitere 40 Prozent befinden. Für die anderen gilt wieder, dass kein Einkommensgewinn durch Qualifikation zu erkennen ist, weil die Einkommen der Mehrheit der Akademikerinnen, auch der kinderlosen, auch durch eine duale Ausbildung erreicht werden können.

Bei den Frauen mit Kindern befinden sich in Berlin und in München etwa 30 Prozent in den beiden obersten Gruppen. Aber im Kontrast dazu gibt es doch erschreckende Tendenzen. Von den Müttern in München, die Vollzeit arbeiten, erwirtschaften etwa 10 Prozent trotz Vollzeitstelle lediglich 1000 Euro, 10 Prozent erzielen als marginal Beschäftigte weniger als 500 Euro; bei Teilzeitbeschäftigung liegen etwa 15 Prozent zwischen 500 und 850 Euro, um nur die signifikanten Ziffern zu nennen. Damit wird deutlich, dass sich selbst in einer reichen Stadt wie München, in der die männlichen Akademiker mit Kindern ebenso wie die kinderlosen Männer recht gut bezahlt werden, die Nettoeinkommen der akademischen Mütter inflationsbereinigt zu einem Teil in der Größenordnung von Hartz IV bewegen. Nur ist bei allen Vergleichen zur Bestimmung der Einkommensentwicklung inflationsbereinigt immer auch mit bestimmten Unschärfen zu rechnen, und insofern sind auch diese Zahlen nur als Richtwerte zu betrachten. Trotzdem ist das hier aufscheinende Bild, und zwar sowohl für die kinderlosen Frauen als auch für die Frauen mit Kindern, trotz hoher Qualifikation nur als erschreckend zu bezeichnen.

Das Versprechen, das allen Bildungsreformen in Deutschland zu Grunde lag, dass sich nämlich die Investitionen in Bildung auch ökonomisch positiv auf den eigenen Lebensweg auswirken, ist eigentlich nur in Bezug auf die männlichen Akademiker mit Kindern in München empirisch zu belegen. In Berlin hingegen haben die Investitionen in Bildung von 1976 bis 2008 keinen zusätzlichen Gewinn gebracht. Bei den Frauen hat sowohl in München als auch in Berlin nur eine sehr kleine Gruppe von Akademikerinnen gegenüber anderen Berufsgruppen einen Gewinn gemacht. Die Gesellschaft hat gewonnen, weil nun flexible, gut qualifizierte, in der Regel über mehrere Sprachen verfügende Mitarbeiterinnen in ausreichendem Umfang zur Verfügung stehen, sodass die öffentlichen und privaten Arbeitgeber für sehr wenig Geld extrem qualifiziertes Personal einstellen können. Der dadurch entstehende Druck, sich immer wieder um neue Stellen zu bemühen und auch die Bedingungen zur Arbeitszeit seitens des Arbeitgebers zu akzeptieren, ist gut nachzuvollziehen und trägt mit Sicherheit nicht dazu bei, diese Lebensphase als eine ruhige und entspannte Lebensphase zu erleben.

4 Die Rushhour des Lebens: Die fehlenden Strukturen

Das Familienmodell der Industriegesellschaft hatte eine klare Aufgabenteilung zwischen dem Vater als Hauptenährer und der Mutter als ‚Fürsorgender', das Hochschild als ‚traditionell-warm' bezeichnet (Hochschild 1995). In der Industriegesellschaft war der Lohn, den der Vater erwirtschaftete, als Familienlohn ausgestaltet. Das ist in Deutschland noch heute an der Organisation der sozialen Sicherungssysteme abzulesen, die nicht nur die beitragsfreie Mitversicherung von nicht erwerbstätigen Müttern und Kindern kennen, sondern im Todesfall des

Vaters auch die Witwenrente und die Waisenrente, beide am Einkommen des Vaters orientiert. Ariès und Duby zeigen in ihrer *Geschichte des privaten Lebens* am Beispiel Englands, dass das Konzept des Familienlohns die politischen und ökonomischen Auseinandersetzungen im 19. Jahrhundert wesentlich beeinflusst hat (Ariès und Duby 1989).

Dieses Modell hat sich allerdings aufgelöst. Infolge der zunehmenden Qualifikation haben die Lebensoptionen und die Möglichkeiten, ihr Leben zu gestalten, für die jungen Frauen deutlich zugenommen, zugleich hat die Hausarbeit an zeitlicher und körperlicher Belastung verloren. Darüber hinaus war die wirtschaftliche Entwicklung seit den 1970er Jahren mit der Entstehung neuer sowie der Ausweitung bestehender Dienstleistungen überhaupt nur möglich, weil diese gut qualifizierten Frauen und Mütter sich zunehmend in den Arbeitsmarkt integrierten. Dass dieses Modell in einem klaren Widerspruch zu einer Vorstellung von Wahlfreiheit zwischen Beruf und Familie steht, ist ebenso evident wie der Widerspruch zu einer Vorstellung von Geschlechtergerechtigkeit, die davon ausgeht, dass in unserer Gesellschaft die Teilhabe am Beruf letztlich auch die Position des Einzelnen in der Gesellschaft bestimmt.

Ein Zurück in die Industriegesellschaft, in der dieses Modell auch nur von einem Teil der Bevölkerung gelebt werden konnte (Coontz 1992), ist aus ökonomischen, politischen und kulturellen Gründen nicht möglich. Die nordeuropäischen Länder haben, ähnlich wie Frankreich, schon seit Anfang der 1970er Jahre versucht, diesen Widerspruch im ‚traditionell-warmen' Modell dadurch aufzulösen, dass sie erheblich in öffentliche Betreuungsangebote investierten und diese Angebote schon frühzeitig mit der Freistellung der Mütter im ersten Lebensjahr oder auch etwas länger kombiniert haben. Das war im Grundsatz auch das Modell, das in der früheren DDR realisiert wurde, die sich in vielem an Frankreich orientiert hat. Hinter diesem Modell steht die Vorstellung, dass es eine bestimmte Zeit im Leben von Kindern gibt, in der die personale Bindung und Fürsorge für das Kind im familiären Kontext ganztägig zur Verfügung steht und diese mit zunehmendem Alter des Kindes durch qualitativ gute zusätzliche Betreuungsangebote ersetzt wird. Elemente dieses Modells waren auch schon in der alten Bundesrepublik eingeführt worden, etwa mit dem Ausbau des Kindergartens, dem Elternurlaub bis zum dritten Lebensjahr und der Garantie, auch nach drei Jahren wieder an den ursprünglichen Arbeitsplatz zurückkehren zu können. Aber erst die Reformen zum einkommensabhängigen Elterngeld und der forcierte Aufbau einer Kinderbetreuungsinfrastruktur ab dem ersten Lebensjahr (Bertram und Deuflhard 2013) führten zu einer vollständigen Übernahme dieses Modells.

Die These der Rushhour des Lebens spiegelt jedoch die Auffassung, dass dieses Modell gescheitert ist und auch scheitern musste. Es scheitert nicht daran,

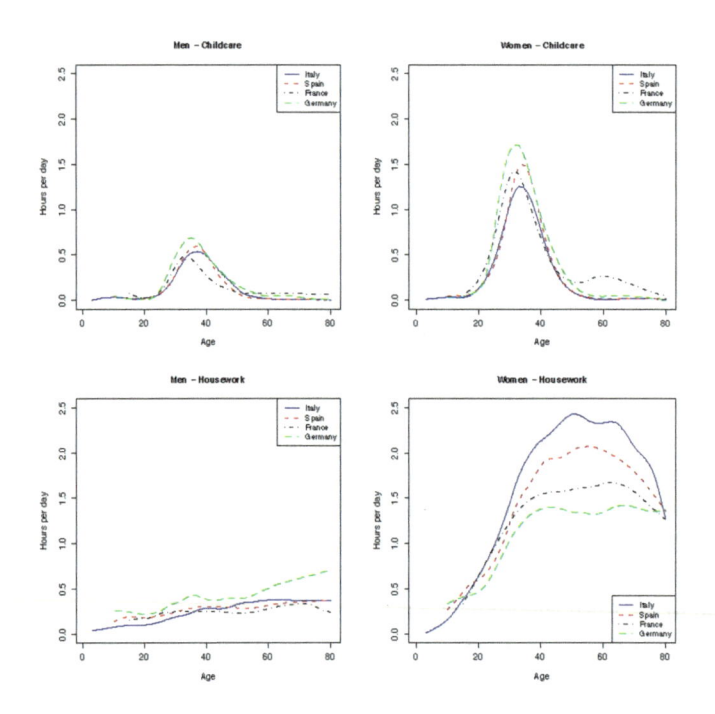

Abb. 9: Zeitverwendung produktiver Tätigkeit von Männern und Frauen im Lebensverlauf (Quelle: Zagheni und Zanella 2013, 945. Datengrundlage: Multinational Time Use Study)

dass der Ausbau der Kinder-Infrastruktur auch für die unter 3-jährigen Kinder die Eltern nicht unterstützt und die kindliche Entwicklung nicht positiv beeinflussen kann; es scheitert auch nicht daran, dass mit diesem Modell die Rückkehr in das Berufsleben nicht gewährleistet ist; es scheitert vielmehr daran, dass die Politik viel Energie und mit dem einkommensabhängigen Elterngeld auch viele finanzielle Ressourcen aufgewandt hat, um Familien ökonomisch zu unterstützen, wenn nach der Geburt des Kindes zeitweise ein Einkommen ausfällt; gleichzeitig hat die Politik dafür Sorge getragen, dass in sehr kurzer Zeit auch die Betreuungsinfrastruktur für Kinder ausgebaut wurde. Doch hat sich die zeitliche Belastung der jungen Eltern dadurch nicht reduziert.

Zagheni und Zanella (2013) zeigen auf der Basis europäischer Zeitbudgetdaten, dass Frauen in Frankreich ebenso wie in Italien, Spanien und Deutschland zwischen dem 30. und 40. Lebensjahr pro Tag im Durchschnitt 1,3 bis 1,7 Stunden Zeit für die Kinder aufwenden, die Männer in der gleichen Zeit etwa 0,3 Stunden; der Haushalt schlägt bei den Frauen noch einmal mit etwa 1,2 bis 2,5 Stunden zu Buche und bei den Männern mit etwa 20 bis 30 Minuten (vgl. Abb. 9). Im europäischen Durchschnitt dieser Länder mit sehr unterschiedlichen Betreuungskulturen – Frankreich hat ein extrem gut ausgebautes System ab dem ersten Lebensjahr und eine Vorschule ab dem dritten Lebensjahr – variiert der Aufwand für die Betreuung im Vergleich zu Deutschland pro Tag um etwa 10 bis 15 Minuten. Hier stellt sich allerdings die Frage, ob das nicht der Tatsache geschuldet ist, dass die Frauen in Deutschland weniger Hausarbeit leisten als beispielsweise die Französinnen, Spanierinnen und insbesondere Italienerinnen. Dafür leisten die Männer in Deutschland in Relation zu den anderen Ländern die meiste Hausarbeit.

Aber hier interessiert nicht der Ländervergleich, sondern die überraschende Gleichförmigkeit der zeitlichen Belastung im Lebensverlauf in den einzelnen Ländern. Selbst bei einer sehr guten Betreuungsstruktur wie in Frankreich ist der Zeitaufwand für die Kinder kaum geringer als in Deutschland; auch wenden die deutschen Männer in Relation zu den Männern in den anderen Ländern die meiste Zeit auf. Das bestätigt noch einmal die hier deutlich artikulierte These, dass die Fürsorgezeit für Kinder im Lebensverlauf auch dann zusätzlich anfällt, wenn Staat und Gesellschaft erheblich in die Betreuungsinfrastruktur investieren. Diese Ergebnisse sind an anderer Stelle (Bertram 2016) auch für die nordeuropäischen Länder nachgezeichnet und entsprechen in etwa den hier präsentierten Berechnungen.

Wenn Männer und Frauen in gleicher Weise zur ökonomischen Entwicklung der Gesellschaft beitragen sollen, ist es nach diesen Ergebnissen theoretisch erforderlich zu akzeptieren, dass die Zeit der Fürsorge für Kinder in bestimmten Lebensphasen der Eltern auftritt und insofern auch im Lebensverlauf – und zwar explizit im beruflichen Lebensverlauf – angemessen berücksichtigt werden muss. Sonst bedeutet die Entscheidung für Kinder grundsätzlich, dass der- oder diejenige, der/die sich für die Fürsorge für Kinder entscheidet, entweder beruflich zurückgesetzt wird oder sich einem entsprechenden Zeitdruck aussetzen muss. An diesen Daten lässt sich auch sehr gut zeigen, dass eine Umverteilung zwischen Männern und Frauen nur wenig hilft, denn das Umverteilungspotenzial beträgt bei der Kinderbetreuung etwa 30 Minuten, um von etwa 90 Minuten bei den Frauen auf 60 Minuten und bei den Männern von 30 auf 60 Minuten zu kommen; beim Haushalt sind vielleicht 40 Minuten umzuverteilen. Das ändert aber nichts an der Tatsache, dass diese zusätzliche Zeit nicht nur geleistet werden muss, sondern wesentlich an den festen Lebensrhythmus des Kindes gebunden ist. Zudem ist inzwischen vor allem in Deutschland der Anteil der Männer und Frauen, der in diesem Alter allein und nicht mit Kindern zusammenlebt, so groß geworden, dass die Arbeitgeber auf die Fürsorgezeit für Kinder nicht notwendigerweise Rücksicht nehmen müssen.

Die bisherigen politischen Maßnahmen haben sich im Wesentlichen darauf konzentriert, die tägliche Arbeitszeit zu flexibilisieren. Es fehlen aber Modelle, wie sich solche Fürsorgezeiten in Lebensverläufe, und zwar explizit auch in Karriereverläufe, integrieren lassen. Dazu gibt es ein Grünbuch der EU (Europäische Kommission 2005), in dem der frühere niederländische Ministerpräsident Kok vorschlägt, die Zeitunterbrechungen im Lebensverlauf systematisch in die Berufskarrieren einzubauen. Solche Unterbrechungen können für Bildung, aber auch für Fürsorge oder für zivilgesellschaftliches Engagement genutzt werden; die Finanzierung sollte seiner Meinung nach aus Rentenmitteln erfolgen, weil sich diese Unterbrechungszeiten aufgrund der längeren Lebenserwartung ohne Schwierigkeit an das gesetzliche Renteneintrittsalter anhängen lassen.

Ein solches Modell könnte sicherlich einen Teil des Rushhourproblems lösen. Doch führen die vorhandenen männlichen Karrieremuster auch dazu, dass man in Deutschland in jungen Jahren möglichst viel an Erfahrung oder in der Wissenschaft an Publikationen und verschiedenen Projekten gesammelt haben muss, um Karriere zu machen. Dies lässt sich nur durchbrechen, wenn die klassischen deutschen Karrieremuster infrage gestellt werden, die davon ausgehen, dass die erste Entscheidung für die Ausbildung auch die gesamte spätere Berufslaufbahn determiniert. Dazu hat der Siebte Familienbericht (Bertram et al. 2006) vorgeschlagen, beispielsweise einer jungen Frau, die sich entschieden hat, Erzieherin zu werden, die Möglichkeit zu geben, nach vielleicht zehn Jahren noch einmal neu anzufangen und einen akademischen Abschluss – etwa für den Einstieg in den Lehrerberuf – zu erwerben, nach weiteren zehn Jahren den Einstieg mit einer weiteren Ausbildung zur Gymnasiallehrerin und möglicherweise bis hin zur Universität. Das Gleiche lässt sich für viele Bereiche der beruflichen Aufgaben vorstellen. Warum sollte eine Krankenschwester nicht mit 40 Jahren in der von Wim Kok vorgeschlagenen Auszeit Medizin studieren, um dann vom 45. bis zum 70. Lebensjahr als Ärztin zu praktizieren? Warum sollte eine Sozialarbeiterin nicht nach einem Jurastudium bis zum 75. oder 80. Lebensjahr als Richterin tätig sein?

Diese Perspektiven klingen jetzt sehr utopisch, machen aber deutlich, dass die heute noch vorherrschenden männlichen Karrieremuster, die alle mehr oder minder aus dem Militär stammen, aufgebrochen werden müssen und wir mit der Vorstellung leben lernen, im Laufe des Lebens unterschiedliche Lebensperspektiven zu entwickeln und sich entsprechend auch beruflich und privat immer wieder neu zu positionieren. Erstaunlicherweise ist diese Vorstellung im familiären Bereich schon weitgehend akzeptiert; niemand wird heute diskriminiert, wenn er sich für eine Partnerschaft ohne Ehe entscheidet, und wenn eine Ehe auseinandergeht, wird das nicht mehr als gesellschaftlich verwerflich angesehen. Aber ausgerechnet im Berufsbereich bleiben wir bei einer Lebensvorstellung von Kontinuität und Kumulation von Verdiensten, ohne zu prüfen, ob das tatsächlich eine angemessene Zukunftsgestaltung ist. Die Rushhour des Lebens ist jedenfalls nur dann zu überwinden, wenn wir über einen neuen Zuschnitt von Beruf, der beruflichen Entwicklung und der Integration verschiedener Lebensbereiche, wie der Fürsorge für andere und zivilgesellschaftlichen Engagements, ein integratives Modell im Lebensverlauf begreifen. Ohne diese Integration werden sich die hier beschriebenen Benachteiligungen der nachwachsenden Generation nicht aufbrechen lassen.

Literatur

A. T. Kearney. *Pro Momentum. Förderung von Mitarbeiterpotenzialen in Unternehmen. Personalstammdatenanalyse*. Diskussionspapier, September 2013.

Archer, Edward, et al. „45-Year Trends in Women's Use of Time and Household Management Energy Expenditure". *PLoS ONE* 8.2 (2013). http://dx.doi.org/10.1371/journal.pone.0056620 (09.05.2016).

Ariès, Philippe und George Duby (Hg.). *Geschichte des privaten Lebens*. 5 Bände (1989–1993). Frankfurt/Main: Fischer, 1989.

Bernanke, Ben S. *The Near- and Longer-Term Prospects for the U.S. Economy. Chairman Ben S. Bernanke at the Federal Reserve Bank of Kansas City Economic Symposium*. Jackson Hole, Wyoming, 2011.

Bertram, Hans, et al. *Siebter Familienbericht. Familie zwischen Flexibilität und Verlässlichkeit – Perspektiven für eine lebenslaufbezogene Familienpolitik*. Berlin: Bundesministerium für Familie, Senioren, Frauen und Jugend, 2006.

Bertram, Hans, und Carolin Deuflhard. „Das einkommensabhängige Elterngeld als Element einer nachhaltigen Familienpolitik". *Zeitschrift für Familienforschung* 25.2 (2013): 154–172.

Bertram, Hans. *Kinder der Krise? Wohlfahrtsstaat und Sozialpolitik in der Finanzkrise. Abschlussbericht pzum Forschungsprojekt „Teilhabe von Kindern und Jugendlichen in europäischen Metropolen. Gefördert von der Robert Bosch Stiftung*. Unveröffentlichtes Manuskript. Stuttgart 2016.

Bianchi, Suzanne. „Family Change and Time Allocation in American Families". *The ANNALS of the 2 American Academy of Political and Social Sciences* 638.1 (2011): 21–44.

Bundesministerium für Familie und Jugend. *Erster Familienbericht. Bericht der Bundesregierung über die Lage der Familien in der Bundesrepublik Deutschland*. Bonn: Deutscher Bundestag, 1968.

Coontz, Stephanie. *The Way We Never Were. American Families and the Nostalgia Trap*. New York: Basic Books, 1992.

Europäische Kommission. *Grünbuch – „Angesichts des demografischen Wandels – eine neue Solidarität zwischen den Generationen"*. Brüssel: Europäische Kommission, 2005.

Friedeburg, Ludwig von. „Zum Verhältnis von Jugend und Gesellschaft". *Jugend in der modernen Gesellschaft*. Hg. Ludwig von Friedeburg. Köln und Berlin: Kiepenheuer & Witsch, 1965. 176–190.

Hochschild, Arlie Russell, und Anne Machung. *The Second Shift. Working Parents and the Revolution at Home*. New York: Viking, 1989.

Hochschild, Arlie Russell. „The Culture of Politics: Traditional, Postmodern, Cold-Modern, and Warm-Modern Ideals of Care". *Social Politics* 2.3 (1995): 331–346.

Meier-Gräwe, Uta, und Nina Klünder. *Ausgewählte Ergebnisse der Zeitbudgeterhebungen 1991/92, 2001/02 und 2012/13*. Gießen: Heinrich-Böll-Stiftung e.V., 2015.

Rainwater, Lee, und Timothy M. Smeeding. *Poor Kids in a Rich Country*. New York: Russell Sage Foundation, 2003.

Slaughter, Anne-Marie. *Unfinished Business. Women Men Work Family*. New York: Random House, 2015.

Statistisches Bundesamt. *Gender Pay Gap. Verdienststrukturerhebung, vierteljährliche Verdiensterhebung 2016*. https://www.destatis.de/DE/ZahlenFakten/Indikatoren/QualitaetArbeit/Dimension1/1_5_GenderPayGap.html (12.04.2015).

Zagheni, Emilio, und Marina Zannella. „The Life Cycle Dimension of Time Transfers in Europe". *Demographic Research* 29 (2013): 937–948.

Almut Hille
Generation Praktikum oder *Habenichtse*?

Globalisierungserfahrungen und Generationenbilder in der aktuellen deutschsprachigen Literatur

Literarische Generationenbilder und besonders die Auto-Porträts verschiedener Generationen – die oft erst über Auto-Porträts als solche etabliert werden – verzeichnen in den letzten Jahren beachtliche Erfolge auf dem literarischen Markt. Dies zeigen Porträts wie *Generation Golf* (2001) von Florian Illies oder, für eine vorrangig weibliche Leserschaft geschrieben, *Generation Ally* (2002) von Katja Kullmann dies zeigen auch so genannte Praktikantenromane wie *Copy Man* (2009) von Henrik Markus oder *Die Lebenspraktikanten* (2006) von Nikola Richter. Besonders erfolgreich war 2014 ein Slam-Poetry-Text: *one day/ reckoning* von Julia Engelmann. Im Sommer 2013 bei einem Hörsaal-Slam der Universität Bielefeld zum ersten Mal präsentiert, wurde das nachfolgend auf YouTube eingestellte Video Anfang 2014 binnen kürzester Zeit über fünf Millionen Mal angeklickt.[1] Formal und performativ bieten der Text wie der Auftritt Julia Engelmanns, die der deutschsprachigen Poetry-Slam-Szene kaum zuzurechnen ist,[2] wenig Innovatives. Was dem Video zu dem riesigen Erfolg verholfen hat, ist wohl, dass so „viele sich angesprochen [fühlen], aus unterschiedlichsten Gründen" (Gasteiger 2014): *One day/reckoning* thematisiert diffuse Werte- und Zukunftsorientierungen einer jüngeren, abwartenden Generation, die in deutschen Hörsälen sitzt und doch eigentlich zu ‚leben' beginnen möchte – sie weiß nur nicht wie. Der Text scheint einen Nerv zu treffen, besonders – wenn auch nicht ausschließlich – in der Altersgruppe der Anfang 20-Jährigen. „Generation Mutlos" nannte Carolin Gasteiger sie in ihrer Rezension der Süddeutschen Zeitung. Und als solche ist diese Generation in jüngerer Zeit vielfach präsent, im Alltag und in der Literatur. Sie ist gut vernetzt und gut ausgebildet, sie ist mobil und flexibel, sie ist nur noch nicht

---

1 Das Video blieb zunächst ohne größerer Resonanz; erst nachdem es in einem Blog empfohlen wurde, erreichte es plötzlich ein Millionenpublikum.
2 Als Poetry-Slams werden hier, im Gegensatz zu den Texten einer Slam-Poetry, die Bühnenwettbewerbe der Poetinnen und Poeten bezeichnet. Julia Engelmann tritt an sich nicht bei Slams auf, ist in der Slam-Szene kaum vernetzt. Nach dem Erfolg ihres Videos hat sie vorrangig auf kommerziellen Erfolg gesetzt, so zum Beispiel mit der Publikation des Bandes *Eines Tages, Baby* (2014) im Goldmann Verlag.

ganz angelangt in der Welt der Erwachsenen.[3] Anders als von Jochen Schimmang in seinem Roman *Das Beste, was wir hatten* noch für die Generation der 1989er postuliert,[4] hält sie sich nicht „für das Ziel der Geschichte" (Schimmang 2009, 309), und sie glaubt auch nicht an deren Ende.[5] Sie ist überzeugt, dass noch etwas kommen wird und dass sie es gestalten muss, sie weiß nur noch nicht recht auf welche Weise angesichts äußerst komplexer, auch widersprüchlicher und jüngere Generationen benachteiligender gesellschaftlicher Entwicklungen in Zeiten einer beschleunigten Globalisierung. Wie soll sie Ziele oder gar Utopien entwickeln, wenn alles immer undurchschaubarer, unsicherer und gefährlicher zu werden scheint? Wie soll sie sich überhaupt entscheiden zwischen all den verschiedenen Möglichkeiten, dem eigenen Leben ‚Profil' zu geben? Wie soll sie Positionen in Wirtschaft, Politik oder anderen Bereichen des öffentlichen Lebens, denen (Gestaltungs-)Macht innewohnt, erlangen, wenn all diese Positionen schon besetzt zu sein scheinen?[6] Das gezeichnete Generationenbild scheint auch in anderen Slam-Poetry-Texten wie *Generation Praktikum* von Marc-Uwe Kling, *Und wenn ich nun einfach nichts tue?* von Nadja Schlüter oder *Meine Generation* („Generation Fragezeichen") von Sebastian 23 auf, aber auch in einem Auto-Porträt wie *Früher war ich unentschlossen, jetzt bin ich mir da nicht mehr so sicher* (2015) von Jule Müller. Es ist Teil der Narrative, in denen gegenwärtig sowohl Globalisierungs- auch als Generationenerfahrungen erzählt werden.

Man kann die Globalisierung als Meta-Narrativ unserer Zeit betrachten.[7] Es prägt die gesellschaftlichen Diskurse im frühen 21. Jahrhundert und ist nach der postmodernen Kritik am Holismus, an den ‚großen Erzählungen', zu einer neuen ‚großen Erzählung' geworden, ausgreifend in Vergangenheit und Zukunft.[8] Es hat die – von Doris Bachmann-Medick in ihrer Analyse von *cultural turns* vor kurzem noch diagnostizierte – „Krise der Narrativität und überhaupt den Verlust des Vertrauens in große Theorien angesichts der zersplitterten Verhältnisse in einer globalisierten Welt" (Bachmann-Medick 2009, 151–152) zur Disposition gestellt.

---

3 Zum verzögerten Berufsstart der heute 20- bis 30-Jährigen und verlängerten Adoleszenzphasen vgl. Bebnowski 2012, 197, 201.
4 Als sozialwissenschaftlicher Versuch, die Generation der 1989er zu porträtieren bzw. zu etablieren, gilt Leggewie 1995.
5 Zum ‚Ende der Geschichte' vgl. Fukuyama 1992.
6 Zum schwierigen Berufseintritt jüngerer Generationen gegenwärtig in Deutschland und anderen europäischen Staaten vgl. Busch et al. 2010.
7 Vgl. etwa Budde et al. 2006, 11.
8 Zu Versuchen, die gesamte industrielle Moderne oder gar die Entwicklung der menschlichen Gemeinschaft seit dem 15. Jahrhundert unter der Klammer der Globalisierung zu erzählen, vgl. Sassen 2008.

In dem Meta-Narrativ der Globalisierung – so offen, ausgreifend und damit wenig konkret es scheinen mag – werden gegenwärtige Phänomene und alltägliche Erfahrungen, werden ‚zersplitterte Verhältnisse' erzählt. In den Sozial- und Kulturwissenschaften wird der Begriff der Globalisierung – definiert über die zunehmende Transzendenz von Nationalstaaten, das fortwährende Zusammenspiel von globalen und lokalen Faktoren in der menschlichen Gemeinschaft und ihrer Umwelt sowie die zunehmende Hybridisierung von Kulturen (vgl. Leggewie 2003, 15–16) – auch als ‚Konzeptschlagwort' [*contested concept*] im Sinne der von Walter B. Gallie entwickelten Philosophie historischen Verstehens aufgefasst (vgl. Amann et al. 2010, 7). Es charakterisiert ein Gegenstandsfeld als aktualhistorisches Phänomen, dessen Bedeutungsumfang nicht endgültig festgelegt, sondern weiterhin offen gehalten ist. Die Auffassung trägt dem Prozesscharakter der Globalisierung und ihrem bislang nicht voraussehbaren ‚Ende' Rechnung.[9] Schließlich ist kaum zu ermessen, wie weit die Globalisierung und mit ihr eine dritte industrielle Revolution, basierend auf der fortschreitenden digitalen Kommunikation und der Nutzung erneuerbarer Energien, in fünfzig oder einhundert Jahren vorangeschritten sein werden. In aktuellen gesellschaftlichen Diskursen, als deren Teil auch die (deutschsprachige) Literatur aufzufassen wäre, wird von der Globalisierung in Narrativen wie

- Neue Arbeitswelt,
- Neue Armut,
- ‚Fernliebe' (vgl. Beck und Beck-Gernsheim 2011),
- Virtuelles Geld,
- Neue Medien,
- Angst vor Terror und Krieg,
- Angst vor der Klimakatastrophe,
- Neue Wertschätzung der Natur,
- Migration,
- Neue Generationenverhältnisse

---

9 Helmuth Berkings vergleichbar klingende Bezeichnung der Globalisierung als ‚Konzeptmetapher' – enger im sozialwissenschaftlichen Diskurs verankert – zielt auf die Erfassung „neue[r] Formen der sozialräumlichen Vergesellschaftung", die sich herausbilden, seit „die räumliche Organisation sozialer Beziehungen, genauer: die Suche nach raumtheoretischen Konzepten [...], die sich zunächst negativ – in der Kritik der Container-Theorie des Raumes und der Verabschiedung des ‚methodologischen Nationalismus' [...] – artikulieren", zur Disposition steht (Berking 2010, 110).

erzählt. Gerade in Deutschland, in dessen (Sozial-)Geschichte dem Konzept der Generationen – allgemein als Altersgemeinschaften verstanden, die sich in bestimmten gesellschaftlichen Konstellationen anhand ausgewählter Merkmale spezifisch konstituieren[10] – eine besondere Bedeutung zugemessen werden kann, führte eine Vielzahl von gesellschaftlichen Brüchen gerade im 20. Jahrhundert doch oft zu völlig veränderten Lebensumständen schon der nächsten, jüngeren Generation (vgl. Roseman 2005, 180–181), erfahren auch die veränderten Generationenverhältnisse der Gegenwart starke Beachtung. Neben literarischen Generationenbildern und -porträts erscheinen sozialwissenschaftliche Studien, beispielsweise von Heinz Bude (1995) über die Generation der 1968er und von Claus Leggewie (1995) über die der 1989er. Mit Blick auf jüngere, hier in Frage stehende Generationen diagnostizierte Claus Leggewie schon vor zwanzig Jahren in einer Fortsetzung von Entwicklungen, die sich seit den 1970er Jahren, seit den ersten ‚Dellen' in den steten Wachstumsversprechungen, andeuteten: „Die heute 20- bis 30jährigen werden [...] die erste Gruppe seit 1945 sein, die auf niedrigerem ökonomischem Niveau landen wird als Eltern und Großeltern – ein Umstand, der einer Kulturrevolution nahekommt." (Leggewie 1995, 22) Für die heute – 2015 – 20- bis 30-Jährigen trifft die Prognose einmal mehr zu. Das stete Wachstums- und damit Sicherheits- und Aufstiegsversprechen, das allen vorausgehenden Nachkriegsgenerationen in West- und unter ganz anderen Vorzeichen auch in Ostdeutschland gegeben wurde, gilt nicht mehr. Die heutige jüngere Generation, sicher recht weit zu fassen in den Geburtsjahrgängen zwischen 1975 und 1990, gilt als erste ‚Abstiegsgeneration' der deutschen Nachkriegszeit. Das Motto „Du sollst es einmal besser haben", seit den 1950er Jahren das Großziehen der Kinder in den Familien und ihre geplanten Positionierungen in der Gesellschaft betitelnd, steht zur Disposition (vgl. auch Leggewie 1995, 16). Die Maxime einer besseren Zukunft für die nachfolgenden Generationen ist auch in politischer Perspektive, im Alltag des Regierens kaum (noch) handlungsleitend. Sie wird kurzfristigen Zielen politischen Machterhalts und ökonomischer Konsolidierung untergeordnet. Ein solidarischer Generationenvertrag, grundlegend für die soziale Marktwirtschaft in der Bundesrepublik, wird in der Gegenwart zur Disposition gestellt. Schwierig genug – so wird der Öffentlichkeit in vereinfachten medialen Bildern und Schlagzeilen vermittelt – sind die Zeiten in der seit 2008 während der Finanz- und Wirtschaftskrise. Sie muss zunächst bewältigt werden und das kann am besten im Rahmen der bestehenden Leitlinie von Wachstum und Austerität gelingen. Eine

---

10 Zur sozialwissenschaftlichen Diskussion und Ausdifferenzierung des Konzepts in der Nachfolge von Karl Mannheims paradigmatischem Text *Das Problem der Generationen* (1928) vgl. Jureit und Wildt 2005.

solche Position impliziert: „An die Zukunft können wir später denken" bzw. „Es wird schon nicht so schlimm werden". Die gegenwärtige Finanz-, Wirtschafts- und Sozialpolitik der deutschen Bundesregierung auf Kosten nachfolgender Generationen wird – so pointieren es Claus Leggewie und Harald Welzer in ihren Überlegungen zur Zukunft der Demokratie – „nicht betrieben, um einen nachhaltigen Umbau der Industriegesellschaft zu finanzieren, sondern um den laufenden maroden Betrieb aufrechtzuerhalten. [...] Niemals in der Geschichte moderner Gesellschaften ist der Generationenvertrag so kaltschnäuzig gebrochen worden wie in der Gegenwart." (Leggewie und Welzer 2009, 55–56) Die allmähliche Aufkündigung der Solidarität zwischen den Generationen als Preis für die kurzfristige Sicherung erreichten Wohlstands prägt die neuen Generationenverhältnisse auf vielfältigen Ebenen. Zum einen sind die Älteren schon heute die größte und solventeste Wählergruppe in der Bundesrepublik und stellen starke Anforderungen an politisches Handeln und gesellschaftliche Angebote. Gleichzeitig entwickeln sie als ‚junge Alte' einen Lebensstil, der von ähnlichen habituellen Ausprägungen bestimmt ist wie der jüngerer Menschen. Damit rauben sie der Jugend „ihr einziges Privileg" – das Jungsein (vgl. Leggewie 1995, 31). Wie sich die ‚aufgekündigte' Solidarität zwischen den Generationen und ihr gleichzeitiges ‚habituelles Zusammenrücken' weiter auswirken, wird in Zukunft zu beobachten sein. Bislang rebellieren die jüngeren Altersgruppen nicht. Gerade die heute 20- bis 30-Jährigen scheinen mit der Suche nach Möglichkeiten, doch noch hinein zu gelangen in die Welt der Erwachsenen und besonders in die Berufswelt, beschäftigt. Dabei verbindet sie der „Wunsch nach Sicherheit in der Abstiegsgesellschaft" (Bebnowski 2012, 173), resultierend aus einer Angst vor dem Abstieg, die seit den 1990er Jahren und noch stärker seit Implementierung der *Agenda 2010* in den Jahren 2003 bis 2005 in Deutschland auch die Mittelschicht erfasst hat. Auf familiärer Ebene führen die neuen Verhältnisse wenn schon nicht zu verstärkten Rebellionen so doch zu einer (neuen) Gleichgültigkeit, einer „lautlosen Distanz" (Leggewie 1995, 32) zwischen den Generationen, gleichzeitig aber auch zu einem engeren Zusammenrücken, einem stärkeren Engagement gerade der Eltern der Mittelschicht für ihre Kinder und deren längere (finanzielle) Sicherung in Familiennetzwerken.[11]

---

11 Das familiäre Netzwerk als Sicherung für die Jüngeren wird in der sozialwissenschaftlichen Forschung eher für Ost- und Südeuropa nachgewiesen (vgl. etwa Kopycka und Sackmann 2010 und Grekopoulou 2010), für Deutschland sind entsprechende Generationenverhältnisse empirisch noch nicht signifikant.

In der Literatur werden die neuen Generationenverhältnisse – Konflikte sind es tatsächlich (noch) nicht[12] – vielfältig beobachtet. Da werden die Eltern einerseits gleichgültig und in ihrer Selbstbezogenheit uninteressiert betrachtet. Andererseits erscheinen sie tatsächlich als Rettungsanker in unsicheren Zeiten, bei denen man zur Not wieder einzieht, wenn die ersten selbstständigen Schritte im Misserfolg endeten, mit denen man aber auch zum Yoga und zum Feiern gehen kann, wenn man sich einsam fühlt (vgl. Müller 2015, 245–247, 293–295). Eine Novität ist, dass die Eltern gerade den beruflichen Anforderungen und aus ihnen resultierenden Lebensentwürfen ihrer Kinder angesichts der technischen und strukturellen ökonomischen wie sozialen Veränderungen recht hilflos gegenüber stehen. Ihre Ratschläge und Ermunterungen laufen oft ins Leere. Für ostdeutsche Familien- und Generationenverhältnisse nach der ‚Wende' 1989 diagnostizierten dies bereits Jana Hensel und Sabine Rennefanz in ihren Generationen-Auto-Porträts *Zonenkinder* (2002) beziehungsweise *Eisenkinder* (2013). Das Phänomen der „hilflosen Eltern" (Leggewie 1995, 16) wird aber breiter beobachtet, beispielsweise auch von Katja Kullmann für die Eltern der *Generation Ally*, die noch immer in den während der 1970er Jahre in Westdeutschland entstandenen Eigenheimsiedlungen leben. Sie konnten, ebenso wenig wie die Alt-68er-Lehrer, ihre Kinder nie motivieren, vorausgehenden Generationen gleich auf der Straße für die eigene Zukunft zu kämpfen – eine Protestbewegung der Jüngeren ist in Deutschland bis heute nicht in Sicht. Wir verspüren „eine starke Abneigung gegen jede Art der Kollektivierung" (Kullmann 2002, 58). Es entspräche kaum einem stark individualisierten Selbstbild zuzugeben, dass es einem selbst wie hunderttausenden Anderen geht. Öffentlich – wie etwa in großen Demonstrationen der Génération Précaire 2005 in Frankreich – zu zeigen, dass viele in einer ähnlich schwierigen Situation sind und daraus vielleicht Stärke zu ziehen, steht in Deutschland offenbar nicht zur Debatte. Umso wichtiger scheinen die heimliche Selbstverständigung und die Bestätigung zu sein, dass man doch zu einem größeren Ganzen gehört und nicht allein ist. Sie garantieren den Erfolg der genannten Bücher und Texte und damit auch der (Selbst-)Inszenierungsstrategien ihrer Autorinnen und Autoren.

Das Dilemma der Jüngeren, sich nicht recht wehren zu können oder zu wollen gegen die Zumutungen einer Berufswelt, deren Spielregeln von denen aufge-

---

12 Zur Definition von Generationenkonflikten vgl. Leggewie 1995, 77: „Kriterium eines Generationskonflikts ist, daß die übliche Einbindung der jüngeren Generation (wo der Austausch zwischen ‚Erfahrung' und ‚Erneuerung' stattfindet und Generationsunterschiede mit wachsendem Alter gegen Null tendieren) scheitert, wenn sich das übertragene Wissen als zu selektiv, der historischen Situation unangemessen und letztlich nicht krisenfest erweist."

stellt werden, die ‚drin' sind, beobachtet Marc-Uwe Kling in seinem Slam-Poetry-Text *Generation Praktikum*, mit dem er 2006 die Deutschsprachigen Poetry Slam Meisterschaften gewann. Der Text inszeniert ein Vorstellungsgespräch im Kampf um ein Praktikum bei einer Filmproduktionsfirma in Berlin – der ‚Traum' so vieler junger Leute – und eine subtile Kampfansage an all jene, die Praktikantinnen und Praktikanten scheinbar genussvoll ausbeuten.[13] Die „allgemeine Wirtschaftslage" ermögliche es allen – privaten wie öffentlichen – Arbeitgebern, junge Leute auch nach einer abgeschlossenen Ausbildung unbezahlt für sich arbeiten zu lassen:[14] „Was dem Gutsherren der Sklave war, ist heuer dem Werbefachmann der Praktikant [...]. Alle sind sie geködert von der Aussicht auf einen Job, den es in Wirklichkeit schon längst nicht mehr gibt, weil die Arbeit an andere Praktikanten verteilt worden ist." Mögliche Zusammenhänge zwischen Phänomenen des Arbeitsmarktes werden im Vorfeld des Vorstellungsgesprächs reflektiert: „Zig Millionen Arbeitslose, und warum? Weil alle Firmen und öffentlichen Stellen nur noch Praktikanten beschäftigen. Ist logisch, weil Praktikanten kosten nichts und haben keinerlei Rechte." Das Vorstellungsgespräch selbst und vor allen Dingen das Agieren der Mitarbeiter der Filmproduktionsfirma während dieses Gesprächs wird von dem potenziellen Praktikanten ironisch reflektiert:

> Unter Tausenden von Bewerbern war ausgerechnet ich erwählt worden, vorbeischauen zu dürfen. Eine furchtbar verbissene Frau und ein ekelhaft lockerer Typ, beide Mitte 30, empfingen mich ... am Set ... würde ich natürlich nicht arbeiten können. Und mit dem eigentlichen Produktionsprozess „an sich" hätte ich auch nicht soooo viel zu tun. Es gehe mehr um Anrufe beantworten, Briefe öffnen, Kaffee kochen und nun ja, äh, freitags das Büro putzen. Als reine Selbstverständlichkeit stand im Raum, dass jegliche Vergütung bei der aktuellen Wirtschaftslage natürlich völlig unmöglich wäre. [...] „Wahrscheinlich sollte ich das jetzt nicht erwähnen," sagte die Frau, „das ist ja eine kleine Indiskretion, aber ich mag Sie, deshalb erwähne ich, dass eine Mitbewerberin von Ihnen uns angeboten hat, jeden Monat 200 Euro an die Firma zu überweisen. Vielleicht könnten Sie sich ja da etwas Ähnliches vorstellen? In einem Bereich um die 250 Euro? Das würde Ihre Chancen erheblich verbessern."

Am Ende kehrt der Praktikant die Situation hypothetisch um:

> Warum zum Teufel will ich Praktikant werden? Warum stell ich mir nicht lieber selber Praktikanten ein? Ja, auch ich habe genügend blöde Aufgaben zu verteilen. Ich hol mir einen

---

13 Performt von Marc-Uwe Kling ist der Text auf YouTube zu finden. https://www.youtube.com/watch?v=cttYn-bKgx8 (12.05.2015); alle Textzitate im Folgenden als Transkription nach dieser Seite.

14 Auch aus den neuen Regelungen zum Mindestlohn in Deutschland sind Praktika unter bestimmten Voraussetzungen ausgenommen; sie müssen nicht mit mindestens 8,50 € pro Stunde vergütet werden.

Praktikanten, der an mein Telefon geht und die Marktforschungsinstitute beschimpft, einen, der meinen Abwasch macht und einen dritten, der meinen Arsch abputzt. Ich hol mir einen Praktikanten, einen großen starken, der sich für mich in öffentlichen Verkehrsmitteln mit Nazis prügelt, und ich hol mir einen Praktikanten, der in Zukunft meine Texte für mich schreibt. Ich stell mir einen Praktikanten ein, der mir neue Praktikanten einstellt, die mir neue Praktikanten einstellen, die mir neue Praktikanten einstellen, die mir neue Praktikanten einstellen – bis alle Menschen Praktikanten sind! MEINE PRAKTIKANTEN! Und zum Lohn bekommen sie alle von mir einen Zettel, auf dem steht, dass sie bei mir ein Praktikum gemacht haben.

Gelernt hätten sie dann, „wie die Ausbeutung im 21. Jahrhundert funktioniert". Angehörige vorausgehender Generationen – besonders die Mutter – erscheinen als diejenigen, die „das Leben geführt [haben], das ich mir für mich auch gewünscht hätte", mussten sie doch noch nicht mit den Widrigkeiten des heutigen Arbeits-, Wohnungs- und Beziehungsmarktes kämpfen. Im ‚besten' Fall haben sie – wie Andreas Baader – gekämpft gegen das, was ihnen missfällt: Auch Baader hat „1963 ein Praktikum gemacht [...] und er hat dieses Praktikum bei der Bild-Zeitung gemacht. [...] Da war mal wirklich ein Praktikum wichtig für den Lebenslauf."

Der Text spielt, ähnlich wie die Slam-Poetry-Texte *Und wenn ich nun einfach nichts tue?* von Nadja Schlüter oder *Meine Generation* von Sebastian 23, mit Versatzstücken beziehungsweise Schlagworten gängiger Diskurse. Mit dem Titel *Generation Praktikum* schreibt er einen Begriff fort, der 2005 von Matthias Stolz in der Wochenzeitschrift *Die Zeit* in einer Analyse problematischer Berufseinstiege von Hochschulabsolventinnen und -absolventen geprägt wurde und seitdem eine starke Konjunktur erfahren hat: 2006 erreichte er bei der Wahl des „Wortes des Jahres" Platz zwei. Anders als ihr Pendant in Frankreich, das sich selbst als Génération Précaire bezeichnet und erstmals 2005 mit großen Protestdemonstrationen in Paris auf sich aufmerksam machte, scheint die *Generation Praktikum* in Deutschland ein wenig mutlos beziehungsweise unentschlossen. Die Angst vor dem Abstieg und der Prekarisierung, aber auch schon vor der falschen Entscheidung, die vielleicht in eine berufliche und private Sackgasse führen könnte, verunsichern sie (vgl. auch Bebnowski 2012, 189, 194). Vieles ‚mitzubringen', jedes Angebot anzunehmen und den Job auch ausfüllen zu können, ist angesagt – Jule Müller zeigt es in ihrem Generationenporträt. Wie sie glauben die Jugendlichen und jungen Erwachsenen, dass ihnen auf diese Weise ein Berufseinstieg und später ein erfülltes Leben (in angemessen bezahlter Arbeit) gelingen werden. Im Grunde sind sie zuversichtlich,[15] und sie versichern sich gegenseitig dieser Zuver-

---

15 Vgl. auch die Shell-Jugendstudien der letzten Jahre.

sicht. Die literarischen Generationenbilder und Auto-Porträts sind in dieser Hinsicht auch als Instrumente zu verstehen: Sie ermöglichen Verständigung, ein gegenseitiges Erkennen und eine Selbstvergewisserung im großen Kontext einer Generation, die selbstverständlich eine Zukunft hat. Es scheint offensichtlich, dass „das Ich die imaginäre Gruppe der Gleichaltrigen braucht, um sich seiner besonderen Lage im historischen Gesamtprozeß zu versichern." (Bude 1995, 39) Die Auto-Porträts der ‚Generation Unentschlossen' (mutlos ist sie nicht) leisten dies für eine recht große Altersgruppe, die sich so in den unübersichtlichen Prozessen einer beschleunigten Globalisierung ihrer selbst, höchst mobil und jederzeit flexibel, vergewissert. In den sprachlichen Pointen liegen dabei auch Komplexitätsreduktionen, die vorrangig von Angehörigen der Mittelschicht genossen (und geschrieben) werden.[16]

Die Zusammenhänge zwischen (globaler) Ökonomie und Arbeit, die Auswirkungen struktureller Veränderungen in Wirtschaft und Politik auf das soziale und individuelle Leben rücken auch, und mitunter komplexer, in literarischen Generationenbildern in den Fokus, die nicht als Auto-Porträts einer einzelnen Generation angelegt sind. Romane wie Ernst Wilhelm Händlers *Wenn wir sterben* (2002), Kathrin Rögglas *wir schlafen nicht* (2004), Katharina Hackers *Die Habenichtse* (2006), Thomas Melles *Sickster* (2011) oder Christian Schüles *Das Ende unserer Tage* (2012) beobachten und inszenieren Globalisierung polyphon, in den Perspektiven verschiedener sozialer Gruppen und auch Generationen. In Katharina Hackers Erfolgsroman *Die Habenichtse*, 2006 mit dem Deutschen Buchpreis ausgezeichnet, spielen vielfältige Ausprägungen von Generationenverhältnissen eine besondere Rolle. Sie sollen hier näher betrachtet werden.

Die Hauptfiguren des Romans – Jakob und Isabelle – gehören zu jener Generation, die nach einem gewissen Anlauf endlich ihr Leben ‚in den Griff bekommen' will. Besonders in der Figur Isabelles wird dieses ‚endlich Loslegen' explizit. Nach längerem Driften – durch das Studium, durch den Alltag erst in Freiburg und dann in Berlin –, nach dem längeren Trauern um eine vergangene Liebe entschließt sie sich plötzlich, Jakob zu heiraten und mit ihm nach London zu gehen, wo er einen aussichtsreichen Job in einer renommierten Anwaltskanzlei erhält. Sie selbst kann – der digitalen Ökonomie sei Dank – auch von dort aus Entwürfe für ihre Berliner Werbeagentur anfertigen, und so gelingt es den beiden, in London als Angehörige jener von Saskia Sassen charakterisierten neuen Klasse hochbezahlter mobiler Wissensarbeiter (vgl. Sassen 2010, 477) Fuß zu fassen. Isabelle

---

16 Die Auto-Porträts etikettierter Generationen wie der *Generation Golf*, der *Generation Ally* oder *Generation Praktikum* sind „Mittelschichtsprojekte": Sie gelten vorrangig Angehörigen der Mittelschicht, werden von ihnen verfasst und gelesen. Vgl. auch Maase 2005, 225, 230.

hat mit dem Umzug nach London und der zuvor von Jakob als Rückversicherung in Berlin gekauften Wohnung endgültig auch ihr Elternhaus verlassen, eine „Schuhschachtel [...], eine graue und längst unmoderne Schuhschachtel, als Bühne für Dramen und Unglück lächerlich ungeeignet" (Hacker 2007, 57). Das Lebensmodell und die Träume ihrer Eltern erscheinen als *fakes*; selbst die „graue Schuhschachtel" ist von falschem Wein überwuchert (Hacker 2007, 78). Die Eltern ihrerseits verstehen den Lebensentwurf ihrer Kinder, „das *Zapping* zwischen Berufen, Lebenspartnern oder Wohnorten" (Alt 2009, 51), kaum: Alles geht schnell, selbst das Heiraten oder der Umzug in ein anderes Land scheinen keine größere Bedeutung zu haben (vgl. Hacker 2007, 144). Eine neue Unverbindlichkeit breitet sich aus; für das Verhältnis zwischen den Generationen bedeutet sie – darin kaum eine Novität – zunehmend Unverständnis, Gleichgültigkeit oder Schweigen.[17]

Auch Jakob bedeuten sein Elternhaus und der Vater, mit dem er kaum spricht, wenig. Aber er arbeitet sich ab an dieser Vaterfigur, die noch für die unmittelbare Verbindung zur Generation der nationalsozialistischen Täter steht. Nach dem deutschen Einigungsvertrag von 1990 bangt der Vater um das Familienunternehmen, ehemals „zu einem sehr anständigen Preis dem jüdischen Partner von Jakobs Großvater abgekauft" (Hacker 2007, 18). Die zahlreichen ängstlichen, Unschuld vorgebenden Anrufe seines Vaters erregen in Jakob kein Mitleid, führen ihn allerdings zu seinem späteren Berufsfeld: dem Engagement für die Regelung offener Vermögensfragen, hauptsächlich der Rückübertragung ehemals jüdischen Eigentums in Deutschland. Es geht ihm mit dieser Tätigkeit, im Text oft wiederholt, um die Wiederherstellung von Gerechtigkeit und Wahrheit (vgl. etwa Hacker 2007, 185). In der Figurenkonstellation von Jakobs Familie wird ein Generationenkonflikt diachron transferiert: Rebellierten eigentlich die 68er gegen ihre Väter und deren ‚überschwiegene' Täterschaft im Nationalsozialismus, so hat Jakobs Vater dies versäumt und stattdessen das Familienerbe gesichert, was seinen Sohn nun zur Rebellion gegen ihn und imaginär auch gegen den Großvater bringt. Jakob übt sich in moralischer Autorität, erhöht sich in dieser mit seinem beruflichen Engagement und findet dabei in London Unterstützung durch Kanzleichef Bentham. Dieser wird für ihn zu einer neuen (Groß-)Vaterfigur. Er leitet Jakob behutsam in dessen Sehnsucht nach Gerechtigkeit und

---

17 Vgl. auch Bude 2005, 37: „Die Abkehr der Jüngeren von den Älteren kann sich genauso als müdes Desinteresse wie als schulterzuckendes Abwinken äußern."

Wahrheit, er wird zu seinem Mentor.¹⁸ In ihrem Verhältnis wird das Schweigen zwischen den Generationen gebrochen. Als jüdisches Kind in den 1930er Jahren allein nach London geschickt und dort heute ein erfolgreicher Anwalt ‚verlorenen Eigentums' erscheint Bentham, einer der wenigen Überlebenden seiner Familie, als Korrektiv zu Jakobs Großvater und Vater. Das gemeinsame Bemühen um die (Wieder-)Herstellung von Gerechtigkeit und Wahrheit – wie schwer diese Begriffe und die in ihnen gefassten Konzepte auch zu definieren sein mögen – wird zu einer Klammer der Identitätsentwürfe verschiedener Generationen.¹⁹

Im Leben einer gegenwärtigen jüngeren Generation, hier figuriert in Jakob und Isabelle, scheint einerseits alles ambivalent und letztlich auch ein wenig gleichgültig zu sein (vgl. Hacker 2007, 231, 253). Weder geben noch nehmen sie viel, sie sind zu einer gewissen Anteilnahme an ihrer Umgebung bereit, zu echter Teilnahme jedoch nicht fähig (vgl. Hacker 2007, 258) – Eigenschaften, die sie fast mit ihren Eltern zu teilen scheinen, die irgendwann nur noch als Finanziers im Leben ihrer Kinder auftauchen, sie schicken Geld „zur freien Verfügung, [...] jede Weihnachten und jeden Geburtstag" (Hacker 2007, 14). Empathie oder gar Solidarität erscheinen als „lexikalische Leerstelle[n]" (Alt 2009, 56) in transitorischen Identitätsentwürfen. Andererseits versuchen sie, sich zu engagieren und Verantwortung zu übernehmen – was kaum gelingt, wie in Jakobs Gerichtsverfahren um offene Vermögensfragen und Isabelles ambivalenten Bemühungen um das Mädchen Sara in der Nachbarschaft deutlich wird. Es sind Versuche, in die „eigenen Umrisse" (Hacker 2007, 190) hineinzufinden und eine ‚zeitgemäße' stabile und gleichzeitig flexible Identität auszuprägen.

Die Klammern zwischen den Identitätsentwürfen verschiedener Generationen vermögen es, den verunsicherten Biografien Konturen zu verleihen – Konturen, in denen die Regulierung sozialer Beziehungen als eine wichtige Funktion von Generationenverhältnissen kenntlich wird (vgl. auch Seidler 2010, 159). *Die Habenichtse* – auch dies ein möglicher Begriff zur Beschreibung der in Frage stehenden jüngeren Generation – sind aber nur mitunter gemeinsam mit den Älteren auf der Suche nach Vergewisserung über das eigene Leben und dessen Ort zwischen Vergangenheit, Gegenwart und Zukunft.

---

18 Zur Konjunktur verschiedener „Mentorenverhältnisse" zwischen Älteren und Jüngeren angesichts der an individuellen Lebens- und Identitätsentwürfen und -angeboten so reichen Gegenwart vgl. auch Leggewie 1995, 74.
19 Vgl. auch Seidler 2010, die anhand narratologischer Analysen von Figurenmodellen, Alterskonzepten und Altersrepräsentationen in der deutschsprachigen Gegenwartsliteratur den gegenwärtigen Strukturwandel des Alters und die grundlegende Umgestaltung des öffentlichen Bildes des Alter(n)s in Deutschland und anderen europäischen Staaten analysiert und an wirkmächtige literarische Altersrepräsentationen seit der Antike anschließt.

In der Literatur werden gesellschaftliche Phänomene und Diskurse verdichtet, metaphorisiert und in den subjektiven Perspektiven ihrer Figuren differenziert. Das Meta-Narrativ der Globalisierung wird polyphon in vielfältigen Dimensionen und Perspektiven entfaltet, oft mit experimentellen sprachlichen Mitteln. Es scheint gerade die Literatur zu sein, in der die gegenwärtigen jüngeren Generationen beobachtet werden bzw. sich selbst beobachten, wobei so ‚schnellen Genres' wie der Slam-Poetry sicher eine besondere Bedeutung zukommt.[20]

In seinen Überlegungen zu den Kulturwissenschaften in einem globalen Feld hat Arjun Appadurai gefordert, auch literarische Texte als Grundlagen von Analysen und Modellbildungen zu betrachten, da die „Fiktion, die Literatur [...], wie der Mythos auch einen Bestandteil des begrifflichen Repertoires moderner Gesellschaften dar[stellt]" (Appadurai 1998, 28). Appadurai geht davon aus, dass „viele Leben heute unauflöslich mit Darstellungsweisen verknüpft sind", es also gar keine andere Möglichkeit gibt, „als die vielfältigsten Darstellungsformen (Filme, Romane, Reiseberichte)" in Analysen einzubeziehen (Appadurai 1998, 36–37). Entsprechende Vorgehensweisen sind auch in den Sozialwissenschaften zu finden. So schrieb Claus Leggewie sein Porträt der Generation der 1989er in Reflexion des Auto-Porträts der *Generation X* von Douglas Coupland und unterstrich explizit, auch als Sozialwissenschaftler literarische Quellen würdigen zu müssen (vgl. Leggewie 1995, 19). David Bebnowski nutzt in seiner Studie *Generation und Geltung* (2012) literarische Generationenporträts um neuere Generationen, insbesondere die *Generation Praktikum*, überhaupt beschreiben zu können; er sieht in ihnen soziale Phänomene ‚verarbeitet', die sich sonst kaum detailliert betrachten ließen (vgl. Bebnowski 2012, 30, 185–187). Die Literatur ist eine „ausgezeichnete Form der Selbstbeobachtung von Gesellschaften" (Böhme 1998, 482). In Zeiten einer beschleunigten Globalisierung wächst ihr offensichtlich die (neue) Funktion zu, komplexe gesellschaftliche Verhältnisse und mögliche Konflikte, auch zwischen den Generationen, in der Fiktion zu ‚beschreiben', sie im Detail zu ‚erklären' und in subjektiven Perspektiven nachvollziehbar zu machen.

---

20 Zu Slam-Poetry (und Blogs) als „schnelle[r]" und „wirklich gegenwärtige[r]" Literatur im Globalisierungskontext vgl. Stockhammer 2010, 336.

Literatur

Alt, Constanze. *Zeitdiagnosen im Roman der Gegenwart. Bret Easton Ellis' „American Psycho", Michel Houellebecqs „Elementarteilchen" und die deutsche Gegenwartsliteratur*. Berlin: Trafo Verlag, 2009.
Amann, Wilhelm, Georg Mein und Rolf Parr. „Gegenwartsliteratur und Globalisierung. Vorüberlegungen zu einem komplexen Beziehungsverhältnis". *Globalisierung und Gegenwartsliteratur. Konstellationen – Konzepte – Perspektiven*. Hg. Wilhelm Amann, Georg Mein und Rolf Parr. Heidelberg: Synchron, 2010. 7–15.
Appadurai, Arjun. „Globale ethnische Räume. Bemerkungen und Fragen zur Entwicklung einer transnationalen Anthropologie". *Perspektiven der Weltgesellschaft*. Hg. Ulrich Beck. Frankfurt/Main: Suhrkamp, 1998. 11–40.
Bachmann-Medick, Doris. *Cultural Turns. Neuorientierungen in den Kulturwissenschaften*. Reinbek b. Hamburg: Rowohlt, ³2009.
Bebnowski, David. *Generation und Geltung. Von den „45ern" zur „Generation Praktikum" – übersehene und etablierte Generationen im Vergleich*. Bielefeld: transcript, 2012.
Beck, Ulrich, und Elisabeth Beck-Gernsheim. *Fernliebe. Lebensformen im globalen Zeitalter*. Berlin: Suhrkamp, 2011.
Berking, Helmuth. „Global Images. Ordnung und soziale Ungleichheit in der Welt, in der wir leben". *Große Armut, großer Reichtum. Zur Transnationalisierung sozialer Ungleichheit*. Hg. Ulrich Beck und Angelika Poferl. Frankfurt/Main: Suhrkamp, 2010. 110–133.
Budde, Gunilla, Sebastian Conrad und Oliver Janz. „Vorwort". *Transnationale Geschichte. Themen, Tendenzen und Theorien*. Hg. Gunilla Budde, Sebastian Conrad und Oliver Janz. Göttingen: Vandenhoeck & Ruprecht, 2006. 11–14.
Bude, Heinz. „'Generation' im Kontext. Von den Kriegs- zu den Wohlfahrtsstaatsgenerationen". *Generationen. Zur Relevanz eines wissenschaftlichen Grundbegriffs*. Hg. Ulrike Jureit und Michael Wildt. Hamburg: Hamburger Edition, 2005. 28–44.
Bude, Heinz. *Das Altern einer Generation. Die Jahrgänge 1938–1948*. Frankfurt/Main: Suhrkamp, 1995.
Busch, Michael, Jan Jeskow und Rüdiger Stutz (Hg.). *Zwischen Prekarisierung und Protest. Die Lebenslagen und Generationsbilder von Jugendlichen in Ost und West*. Bielefeld: transcript, 2010.
Coupland, Douglas. *Generation X. Geschichten für eine immer schneller werdende Kultur*. München: Aufbau, 1994.
Engelmann, Julia. *Eines Tages, Baby. Poetry-Slam-Texte. Mit Illustrationen der Autorin*. München: Goldmann, 2014.
Fukuyama, Francis. *Das Ende der Geschichte. Wo stehen wir?* München: Kindler, 1992.
Gasteiger, Carolin. „Generation Mutlos meldet sich zu Wort". *Süddeutsche.de* (21.01.2014). http://www.sueddeutsche.de (11.02.2014).
Grekopoulou, Paraskevi. „Generation ohne Aufstieg: Griechenlands Jugend zwischen Prekarisierung, selektivem Wohlfahrtsstaat und familialem Wandel". *Zwischen Prekarisierung und Protest. Die Lebenslagen und Generationsbilder von Jugendlichen in Ost und West*. Hg. Michael Busch, Jan Jeskow und Rüdiger Stutz. Bielefeld: transcript, 2010. 101–130.
Hacker, Katharina. *Die Habenichtse*. Frankfurt/Main: Suhrkamp, 2006.
Henrik, Markus. *Copy Man. Ein Praktikantenroman*. Frankfurt/Main: Eichborn, 2009.
Hensel, Jana. *Zonenkinder*. Reinbek b. Hamburg: Rowohlt, 2002.

Illies, Florian. *Generation Golf. Eine Inspektion.* Frankfurt/Main: Suhrkamp, 2001.
Jureit, Ulrike, und Michael Wildt (Hg.). *Generationen. Zur Relevanz eines wissenschaftlichen Grundbegriffs.* Hamburg: Hamburger Edition, 2005.
Kling, Marc-Uwe. *Generation Praktikum.* https://www.youtube.com/watch?v=cttYn-bKgx8 (12.05.2015).
Kopycka, Katarzyna, und Reinhold Sackmann. „Ambivalente Generationenverhältnisse hinter der Génération Précaire. Am Beispiel eines deutsch-polnischen Vergleichs". *Zwischen Prekarisierung und Protest. Die Lebenslagen und Generationsbilder von Jugendlichen in Ost und West.* Hg. Michael Busch, Jan Jeskow und Rüdiger Stutz. Bielefeld: transcript, 2010. 131–154.
Kullmann, Katja. *Generation Ally. Warum es heute so kompliziert ist, eine Frau zu sein.* Frankfurt/Main: Eichborn, 2002.
Leggewie, Claus. *Die 89er. Portrait einer Generation.* Hamburg: Hoffmann und Campe, 1995.
Leggewie, Claus. *Die Globalisierung und ihre Gegner.* München: C. H. Beck, 2003.
Leggewie, Claus, und Harald Welzer. *Das Ende der Welt, wie wir sie kannten. Klima, Zukunft und die Chancen der Demokratie.* Frankfurt/Main: Fischer, 2009.
Maase, Kaspar. „Farbige Bescheidenheit. Anmerkungen zum postheroischen Generationsverständnis". *Generationen. Zur Relevanz eines wissenschaftlichen Grundbegriffs.* Hg. Ulrike Jureit und Michael Wildt. Hamburg: Hamburger Edition, 2005. 220–242.
Müller, Jule. *Früher war ich unentschlossen, jetzt bin ich mir da nicht mehr so sicher. Wie ich meine Zwanziger überlebte.* München: Knaur, 2015.
Rennefanz, Sabine. *Eisenkinder. Die stille Wut der Wendegeneration.* München: Luchterhand Literaturverlag, 2013.
Richter, Nikola. *Die Lebenspraktikanten.* Frankfurt/Main: Fischer, 2006.
Roseman, Mark. „Generationen als ,Imagined Communities'. Mythen, generationelle Identitäten und Generationenkonflikte in Deutschland vom 18. bis zum 20. Jahrhundert". *Generationen. Zur Relevanz eines wissenschaftlichen Grundbegriffs.* Hg. Ulrike Jureit und Michael Wildt. Hamburg: Hamburger Edition, 2005. 180–199.
Sassen, Saskia. „Wem gehört die Stadt? Die Globalisierung und das Entstehen neuer Ansprüche". *Große Armut, großer Reichtum. Zur Transnationalisierung sozialer Ungleichheit.* Hg. Ulrich Beck und Angelika Poferl. Frankfurt/Main: Suhrkamp, 2010. 474–499.
Sassen, Saskia. *Das Paradox des Nationalen. Territorium, Autorität und Rechte im globalen Zeitalter.* Frankfurt/Main: Suhrkamp, 2008.
Schimmang, Jochen. *Das Beste, was wir hatten.* Hamburg: Edition Nautilus, 2009.
Schlüter, Nadja. *Und wenn ich nun einfach nichts tue?* https://www.youtube.com/watch?v=uXI-dBpCD8k (12.05.2015).
Sebastian 23. *Meine Generation.* https://www.youtube.com/watch?v=22wjYwgLNU4 (12.05.2015).
Seidler, Miriam. *Figurenmodelle des Alters in der deutschsprachigen Gegenwartsliteratur.* Tübingen: De Gruyter, 2010.
Sloterdijk, Peter. *Die schrecklichen Kinder der Neuzeit. Über das anti-genealogische Experiment der Moderne.* Berlin: Suhrkamp, 2014.
Stockhammer, Robert. „und: Globalisierung, sprachig – Literatur (Gegenwart?, deutsch?)". *Globalisierung und Gegenwartsliteratur. Konstellationen – Konzepte – Perspektiven.* Hg. Wilhelm Amann, Georg Mein und Rolf Parr. Heidelberg: Synchron, 2010. 333–352.

Christoph Wulf
Eine Herausforderung für das Verhältnis der Generationen

Im Unterschied zu vielen asiatischen Ländern, deren Struktur durch viele Kinder und Jugendliche bestimmt wird, haben fast alle spätmodernen Gesellschaften der Gegenwart eine kontinuierlich wachsende Zahl von Alten. Was dies für die Gesellschaften und insbesondere für das Verhältnis der Generationen bedeutet, ist eine wichtige Frage. Der folgende Artikel untersucht daher, worin die sozialen, kulturellen und gesellschaftlichen Herausforderungen des Alters liegen. Dazu wird zunächst der Zusammenhang zwischen Zeiterfahrung und Altern thematisiert. Was bedeutet die Veränderung der Zeiterfahrungen für unser Verständnis des Lebens? Wie Zeit und Alter erfahren werden, ist in historischer und kultureller Hinsicht unterschiedlich. Heute wird das hohe Alter von viel mehr Frauen als Männern erreicht. Dadurch ergibt sich hier eine ausgeprägte Genderkomponente. Neben vielen zum Teil mit dem Verlassen der Arbeitswelt und dem physischen Alterungsprozess zusammenhängenden Faktoren ist diese Genderkomponente ein wichtiges Merkmal der Generation der Alten. Besonders deutlich wird nun die Hinfälligkeit des Lebens erlebt. Es kommt zur Entwicklung einer eigenen Kultur des Alters mit zahlreichen für die Beziehungen zwischen den Generationen wichtigen Merkmalen. Die gegenwärtigen Bedingungen des Alters ermöglichen neue Austauschprozesse zwischen den Generationen und machen deutlich, dass die Gestaltung der Generationenverhältnisse zu den wichtigsten gesellschaftlichen Aufgaben gehört.

Zeiterfahrung und Altern

Erfährt der einzelne Mensch das Vergehen der Zeit in seinem Älter-Werden, so zeigt es sich der Menschheit in der Abfolge der Generationen. Mithilfe der Reproduktion, der Entstehung und Weitergabe des Lebens entsteht nicht nur individuelles Leben, sondern es wird auch das Weiterleben und die Entwicklung der Menschheit gesichert. Auf das Altern der Individuen und auf die Austauschbeziehungen der Generationen hat die jeweilige geschichtliche Zeit Einfluss, deren Wirkungen nachhaltig sind. Je nach den historischen Perioden und Kulturen sind diese Wirkungen unterschiedlich. Heute wird das Generationengefüge wesentlich dadurch bestimmt, dass drei, manchmal sogar vier Generationen gleichzeitig leben. Der Grund dafür liegt in der starken Zunahme der Lebenserwartung.

Jede geschichtliche Periode schafft zentrale Bedingungen, durch die die Generationen verbunden und getrennt werden. Jede Generation ist durch eine spezifische Gleichzeitigkeit charakterisiert. Alte Menschen sind mit anderen Alten zusammen alt und unterscheiden sich dadurch von den Angehörigen anderer Generationen, mit denen sie in der gleichen historischen Periode zusammenleben. Jede Generation ist durch die Gleichaltrigkeit ihrer Zeitgenossen bestimmt. Alle Generationen sind mit ihren generationsspezifischen Differenzen miteinander in einer historischen Zeit zusammengespannt. Für eine Generation stellt eine historische Periode Kindheit und Jugend dar, für eine andere Generation das Erwachsenenalter mit eigenen Kindern, für die dritte Generation das Alter mit erwachsenen Kindern; für die vierte ist sie die Zeit des hohen Alters und des Zusammenlebens mit drei nachwachsenden Generationen. „Jeder lebt mit Gleichaltrigen und Verschiedenaltrigen in einer Fülle gleichzeitiger Möglichkeiten. Für jeden ist die gleiche Zeit eine andere Zeit, nämlich ein anderes Zeitalter seiner selbst, das er nur mit Gleichaltrigen teilt" (Pinder 1926, 21). Die jeweilige historische Periode gehört zu den wichtigsten eine ‚Generation' konstituierenden Bedingungen. Wie eine historische Zeit in den Generationen erlebt wird, ist unterschiedlich. Doch bestimmt das Verhältnis zur jeweiligen historischen Periode jede einzelne Generation und die wechselseitigen Beziehungen zwischen den Generationen.

Mit dem Altern verhält es sich wie mit der Zeit. Man weiß was es ist, wird man jedoch aufgefordert, es zu erklären, gerät man in Schwierigkeiten (Bovenschen 2008). Altern ist ein Synonym für Leben, das sich seiner Zeitlichkeit und Vergänglichkeit bewusst ist. Im engeren Wortsinn bezeichnet Altern spezifische Veränderungsprozesse in den späteren Phasen menschlichen Lebens. Lediglich in Begriffen wie Jugendalter und Kindesalter werden wir noch an die Bedeutungsnähe zwischen Alter und Leben erinnert. Altern und Alter sind unscharfe Begriffe. Ihre Unschärfe verweist auf ihre Vielschichtigkeit und auf ihren konstruktiven Charakter. Altern und Alter bezeichnen keine feststehenden Sachverhalte. Ihre jeweilig unterschiedlichen Bedeutungen sind das Ergebnis differenter Werte, Vorstellungen und Bestimmungen.

Altern und Alter umfassen biologische und medizinische, psychische und soziale, philosophische und literarisch-ästhetische, historische und ethnologische Aspekte. Wie Leben überhaupt sind Altern und Alter rätselhaft und lassen sich weder von den Humanwissenschaften und der Philosophie noch von der Kunst und der Literatur ausreichend begreifen. Um vorschnelle Gewissheiten über Altern und Alter zu vermeiden, gilt es sich ihrer Rätselhaftigkeit bewusst zu bleiben. Altern ist ein unausweichlicher schicksalhafter Prozess, der jedem widerfährt und der im zeitlichen Charakter des Lebens begründet liegt (Meitzler 2011;

Baltes und Mittelstraß 1992; Veysset-Puijalon und Savier 1991; Kertzer und Klein 1984; Levinas 1984).

Mit der Zeugung bzw. mit der Empfängnis beginnt menschliches Leben (Wulf et al. 2008), mit dem Tode endet es. Dazwischen liegt Lebens- bzw. Alterungszeit. Unter Leben und Lebenszeit wird Unterschiedliches verstanden. Sogar die Endlichkeit menschlichen Lebens lässt sich bezweifeln. So ist das Christentum von der Auferstehung des Menschen und seines Leibes überzeugt. Das Leben endet nur vorläufig und findet nach dem Tode eine Fortführung. Hinduismus und Buddhismus gehen von der Wiedergeburt in einer veränderten Erscheinungsform aus. Wenn Menschen nicht an eine über den Tod hinausreichende Kontinuität des Lebens glauben, erlangen Endlichkeit und Zeitlichkeit jedoch eine bedrohliche Unausweichlichkeit.

Im Verlauf des letzten Jahrhunderts haben wir zwei Jahrzehnte Lebenszeit hinzugewonnen. Doch was hilft uns dieser Gewinn angesichts der Tatsache, dass wir den Glauben an ein Leben nach dem Tode und damit die ‚Ewigkeit' verloren haben? Aus dem Verlust der ‚Ewigkeit' in Folge des von Nietzsche so prägnant artikulierten Todes Gottes ergeben sich gravierende Konsequenzen. Von nun an gibt es eine unwiderrufliche radikale Endlichkeit des Lebens. Diese Situation führt zu dem Wunsch nach dessen Intensitätssteigerung. Möglichst nachhaltig soll gelebt und genossen werden. Das Bewusstsein der Einmaligkeit jedes Moments wird zur bestimmenden Erkenntnis. Was bedeutet diese Einsicht für den Einzelnen, unsere Gesellschaft, unsere Kultur? Jeder ist aufgefordert, aus dieser Situation für sich die Konsequenzen zu ziehen.

Ist die christliche Vorstellung vom Paradies durch Zeitlosigkeit und Fülle des Lebens gekennzeichnet, so entsteht mit dem Verlust des Paradieses der Tod und mit ihm der Mangel an Lebenszeit. Wahrscheinlich war die Erfahrung des Mangels an Lebenszeit in der Antike und im Mittelalter noch nicht so bestimmend wie heute. In der Neuzeit wird sie zum Zentrum des Lebensgefühls. Der Mangel an Zeit wächst mit dem Untergang der ‚alten Welt', mit dem das auf die Erde zentrierte Weltbild des Ptolemäus durch das heliozentrische des Kopernikus abgelöst wird. Die vorstellbaren Zeithorizonte lösen sich auf, das individuelle Leben mit seiner geringen Zeitspanne stürzt in die Bedeutungslosigkeit. Eine ins Unvorstellbare ausgeweitete Zeitdimension und ein knappes Jahrhundert begrenztes individuelles Leben stehen sich unversöhnlich gegenüber. Der in Antike, Mittelalter und Neuzeit im Bewusstsein der Menschen so fest verankerte zyklische Wechsel der Jahreszeiten verliert angesichts der kosmischen Zeitspannen seine Bedeutung als Maßstab für Alterungsprozesse. Der Verlust der Welt als Ort menschlicher Heimat erscheint unausweichlich.

Um den durch den Verlust der Ewigkeit entstandenen Mangel an Zeit auszugleichen, um die Kluft zwischen eng begrenzter individueller Lebenszeit und Weltzeit zu verringern (Blumenberg 1986), kommt es mit der Akzeleration der Zeit zur Beschleunigung des Lebens, die alle Generationen erfasst. Die Beschleunigung des Lebens bedient sich technischer Mittel: seit dem 19. Jahrhundert der Eisenbahn, seit dem 20. Jahrhundert des Flugzeugs und der elektronischen Medien. Letztere erlauben die zeitgleiche Ubiquität aller Informationen. Geschwindigkeit wird die Botschaft. Sie nivelliert die Differenzen der Inhalte oder bringt sie sogar ganz zum Verschwinden. Die Beschleunigung vernichtet den Raum, die Beheimatung in ihm und macht die Wirklichkeit zu Bildern und Bildwelten, die als elektronische Zeichen die Welt umkreisen.

Im Alter kommt es zu einem stärkeren Gewahr-Werden der Kluft zwischen Lebenszeit und Weltzeit, zwischen dem sozial verankerten Konzept einer beschleunigten Zeit und der metabolischen Eigenzeit des viel langsameren Körpers. Häufig wird diese Einsicht als Differenz zur Sozialität und zur Gesellschaft erfahren. So wird das Ende der individuellen Lebenszeit, das die Beschleunigung der Zeit fast hat vergessen lassen, im Alter in neuer Weise aktuell. Die Fragwürdigkeit des Versuchs, die Beschleunigung der Zeit als Strategie gegen die Zeitlichkeit des Lebens und gegen das Altern zu verwenden, wird unabweisbar. Es kommt zu einer Entbergung aus dem sozial akzeptierten Zeitverhältnis mit Gefühlen der Ratlosigkeit, Einsamkeit und Angst.

Altern: Historische Relativität und kulturelle Differenz

Im Hinblick auf die Anthropologie des Alterns ist es wie in der Anthropologie im Allgemeinen nicht sinnvoll, von *dem* Menschen zu sprechen. Auch die Rede von dem Alter oder von der Anthropologie des Alters ist wenig überzeugend. Die Rede von dem Menschen ist zeitgebunden. Sie entstand mit dem Bürgertum der Neuzeit und entwickelte sich über die bürgerliche Anthropologie des 18. Jahrhunderts (Rousseau, Kant, Hegel) und die Philosophische Anthropologie der ersten Hälfte des 20. Jahrhunderts (Scheler, Plessner, Gehlen) bis zu den Bemühungen um eine „Neue Anthropologie" der 1960er und 1970er Jahre (Landmann, Gadamer und Vogel). Im Unterschied zu diesen Ansätzen muss Anthropologie heute als Historische Anthropologie begriffen und betrieben werden. Historische Anthropologie beinhaltet Skepsis gegenüber der Rede von *dem* Menschen und führt zu einer historischen Relativierung des anthropologischen Diskurses, der auch

Anthropologiekritik einschließt. Anthropologische Aussagen werden in einer bestimmten historischen und kulturellen Situation gemacht, die ihren Anspruch auf Angemessenheit begrenzt (Wulf 2013; Marquard 2013).

Für meine Überlegungen zum Alter, zum Prozess des Alterns und zur Generation der Alten bedeutet dies: Aussagen über das Alter mit universellem Geltungsanspruch sind kaum möglich. Zu groß sind die Unterschiede des Alterns von Kultur zu Kultur, von einer geschichtlichen Periode zur nächsten, von Individuum zu Individuum. Alter ist nicht allein Ergebnis eines physischen Prozesses, sondern auch eines kulturellen Konstruktionsprozesses. Alter und Altern bedeuten daher in verschiedenen Kulturen und historischen Epochen Unterschiedliches. Was jeweils als Alter erlebt wird, ist von Kultur zu Kultur, von Epoche zu Epoche, von Generation zu Generation und selbst von Individuum zu Individuum verschieden. Einen allgemeinen Begriff des Alters zu unterstellen, erscheint nicht sinnvoll. Vielmehr bedarf es einer historischen und kulturellen Relativierung unserer Auffassung über Alter und Altern. Erst mit Hilfe des Verzichts auf allgemeine Aussagen wird die Vielgestaltigkeit dieser Lebensphase erfahrbar und kann ein pluraler Begriff des Alters entwickelt werden, der dessen Plastizität gerecht wird. Alter ist in den Industrienationen durch eine starke Entdifferenzierung gekennzeichnet: Es gibt zunehmend vielfältige und differente Formen des Alters. Das Spektrum der Möglichkeiten erscheint annähernd so bunt wie in anderen Lebensphasen. Die Unterschiede zwischen alten Menschen sind ähnlich groß wie die Variabilität zwischen jungen Menschen und Erwachsenen. Der Blick, der das Alter zu einer homogenen Lebensphase werden lässt, vereinfacht und bedarf der Korrektur. Trägt man den Unterschieden nicht Rechnung, läuft man Gefahr, das Spezifische des Alterns nicht zu erfassen, um das es im Folgenden gehen soll.

In den Industriegesellschaften sind wir heute mit einer für die Menschheit neuen Situation konfrontiert. In den letzten Jahrzehnten ist die Lebenserwartung für jeden von uns um annähernd 20 Jahre gestiegen. Sie beträgt zurzeit in den USA 70,5 Jahre für Männer und 78,5 Jahre für Frauen. In wenigen Jahrzehnten hat sich der Anteil der über 60-Jährigen an der Bevölkerung fast verdoppelt, der über 80-Jährigen fast vervierfacht. In Deutschland machen die über 65-Jährigen Ende 2013 fast 21 Prozent der Bevölkerung aus. Bis zum Jahre 2035 wird ihr Anteil voraussichtlich auf 25 bis 30 Prozent steigen. In Westeuropa gibt es mehr Alte als Kinder. Auf 50 Millionen Menschen, die weniger als 15 Jahre alt sind, kommen 70 Millionen, die älter als 60 Jahre sind. Dass diese Situation das Verhältnis der Generationen in Europa verändert, liegt auf der Hand.

Altern ist genetisch und kulturell bestimmt. In allen industrialisierten Ländern verzeichnen wir eine erhebliche Ausdehnung der Lebenszeit, eine ‚demographische Alterung'. Die zentralen Gründe für diese Entwicklung liegen in der Änderung der Fruchtbarkeits-, der Mortalitäts- und der Migrationsraten. Unter diesen Faktoren kommt der Veränderung der Fertilitätsraten die größte Bedeutung zu. Zur Zeit der Gründung des ,Deutschen Reichs' vor fast 150 Jahren waren nur etwa 6,5 Prozent der Männer und 7,5 Prozent der Frauen 65 Jahre alt oder älter. 1986/88 waren dies schon 15 Prozent der Männer und 20 Prozent der Frauen. Noch stärker wuchsen der Anteil der 85-jährigen Männer, der sich um das Achtfache erhöhte, und der Anteil der 85-jährigen Frauen, der sogar um das Vierzehnfache stieg.

Die ,Übersterblichkeit' des männlichen Geschlechts stellt nach wie vor ein Rätsel dar. Sie beginnt bereits bei der Geburt und macht in den meisten Ländern eine Differenz von fünf bis sieben Jahren aus. Trotz der Annahme multifaktorieller Gründe sind die Differenzen zwischen den Geschlechtern in Bezug auf die Sterblichkeitsrate bislang nur unzulänglich geklärt. Die Vermeidung von Risikofaktoren wie Rauchen, exzessivem Alkoholkonsum und bestimmten Ernährungsbestandteilen spielt für die steigende Lebenszeiterwartung und für die Verkürzung der Morbiditätsphasen eine große Rolle. Nach heutigem Wissen tragen angemessene Ernährung und genügende Bewegung nicht nur zur Verlängerung, sondern auch zur Erhöhung der Qualität des Lebens im Alter bei. Mortalität und Morbidität stehen also in einem engen Wechselverhältnis.

Was bedeutet diese Situation für uns in Deutschland? Wie können wir mit diesen im Verhältnis zu früheren Generationen gewonnenen Jahren umgehen? Können wir sie sinnvoll gestalten? Oder werden diese Jahre zu einer leeren Zeit, in der wir, von der Mehrzahl der Lebensbezüge abgeschnitten und von den Krankheiten des Alters bedrängt, dahinleben? Im Unterschied zu anderen Lebensphasen, für die es historisch und kulturell vorgeprägte Lebensformen gibt, ist das Alter ein Alter ohne Vorbild. Wir wissen oft nicht, wie Alter gelebt wird und welche Möglichkeiten und Grenzen es für das Altern heute gibt. Erst allmählich entwickelt unsere Gesellschaft Lebensformen des Alters, die es zu einem mit anderen Lebensphasen ,gleichberechtigten' Lebensabschnitt machen. Um hier Fortschritte zu erzielen, bedarf es viel gesellschaftlicher Imagination, politischer Entschlusskraft und sozialen Engagements.

Die Eigengestaltung des Lebens ist angesagt. Mit ihr erhöht sich der Spielraum für individuelle Entscheidungen. Prinzipiell soll jeder entscheiden, welche Lebensformen er übernehmen will bzw. leben kann. Mit dem Alter wächst die Erfahrung der Grenzen der Gestaltbarkeit des Lebens. Alte Menschen erleben oft Ereignisse, ohne dass sie in der Lage wären, diese aktiv zu gestalten. Diese Einschränkung ergibt sich vor allem im hohen Alter, in dem die körperliche, seelische und geistige Situation die Möglichkeiten der Selbstbestimmung und Entscheidungsfreiheit begrenzt und Erfahrungen des Ausgeliefertseins und der Ohnmacht unausweichlich werden.

In vorindustriellen Gesellschaften spielen zyklische Zeitformen, wie sie etwa durch den Verlauf des Jahres mit seinen Jahreszeiten gegeben sind, eine viel stärkere Rolle als in den modernen Industrienationen. Auch wird Zeit in diesen Kulturen oft nicht als eine eigene, das Leben des Stammes und des einzelnen Menschen bestimmende Größe wahrgenommen. Vielmehr erscheint Zeit eher in Verbindung mit magischen Vorstellungen über die Ursprünge der Welt, des Stammes und des Lebens. In vorindustriellen Gesellschaften lassen sich vier Typen der sozialen und kulturellen Konstruktion von Alter unterscheiden (Elwert 1992, 261):
- eine physisch-funktionale Differenzierung: Frauen gelten beispielsweise als alt, wenn die Menopause eintritt, Männer, wenn die Zeugungsfähigkeit nachlässt und sie die physischen Anstrengungen der Jagd nicht mehr bewältigen können;
- ein Alters- und Generationsklassensystem: Hier gehört jeder Mensch zu einer bestimmten Altersklasse, in der und mit der er, unabhängig von seiner individuellen Befindlichkeit, altert. So rücken die als ‚gleichaltrig‘ Angesehenen z. B. in rituell bestimmten Jahreszyklen in die jeweils höhere Altersgruppe;
- eine Differenzierung nach Positionen im Reproduktionszyklus: In manchen Gesellschaften bestimmt vor allem bei Frauen der Ehestatus das Alter. So wird zwischen heiratsfähigen, verheirateten, geschiedenen und verwitweten Frauen unterschieden. Unverheiratete oder Verwitwete können in diesen Gesellschaften gar nicht den Status von Alten erhalten;
- ein Senioritätssystem: Mit dem Vorrücken im Alter erfolgt ein Zuwachs an Macht. Das Alter wird unter Bezug auf die nachwachsende Generation bestimmt. Alter korrespondiert mit Macht und Ansehen, mit Besitz und Wohlstand. Wer allerdings alt wird, ohne eine entsprechende soziale Position als ein ‚Ältester‘ zu erreichen, kann auch ausgegrenzt und marginalisiert werden.

In vielen Kulturen unterscheiden sich die Alterungsprozesse von Frauen und Männern. Oft finden im Alter ein Rückzug der Männer von der Macht und ein Zuwachs der Macht der Frauen statt. In den Gesellschaften, in denen Frauen vor allem bei ihren Kindern altern, haben sie eine hohe soziale Position. Besonders Mütter von Söhnen können eine starke Machtposition erreichen. Kinderlose Frauen hingegen werden häufig marginalisiert.

Wie alle Generationsformen ist Altern nicht nur ein physischer Prozess, sondern wesentlich eine gesellschaftliche Konstruktion auf der Basis physischer Prozesse. Insofern jeder Mensch alt in Bezug auf andere Menschen ist, etwa Eltern im Verhältnis zu ihren Kindern, ist Alter ein relationaler Begriff, zu dessen Bestimmung differente Faktoren herangezogen werden. In den Industriegesellschaften wird Alter vor allem bestimmt unter Bezug auf die Zahl der Lebensjahre, auf das Verhältnis zu anderen Menschen und auf die subjektive Befindlichkeit des Einzelnen. In nicht-industriellen Gesellschaften scheint der Zeit nicht die gleiche Definitionsmacht zuzukommen wie in industriellen Gesellschaften. So gelten in manchen nicht-industriellen Gesellschaften Unverheiratete, selbst wenn sie älter sind, als jünger als Verheiratete. Alter im Sinne von Autorität wird auch durch Positionen mit Macht geschaffen. In manchen Kulturen wird dem Ältesten jedes Geschlechts in einer Verwandtschaftslinie eine besondere Alters-Position zugeordnet. In wieder anderen Fällen wird jüngeren Menschen, die soziale Macht ausüben, die Autorität des Alters und alter Menschen zugeschrieben. In solchen gesellschaftlichen Konstruktionen mischen sich Elemente des Reproduktionszyklus mit denen eines Senioritätssystems.

In unserer Gesellschaft gehen wir davon aus, dass die Versorgung älterer Menschen etwas Natürliches ist. Dies muss aber nicht der Fall sein. In manchen Gesellschaften gab es die Altentötung, die oft, aber nicht ausschließlich, ökonomische Gründe hatte. Zu den gebräuchlichen Formen des Senizids gehörten Lebendbegraben, Verhungernlassen, Erwürgen und Erschlagen. In anderen Gesellschaften findet man eher Formen der Vernachlässigung und Verfolgung oder der nicht unterstützenden Behandlung alter Menschen. Eine Vernachlässigung alter Menschen trifft man auch in Gesellschaften, in denen diese Haltung der sozialen Norm widerspricht. Im Allgemeinen kosten alte Menschen die Gesellschaft mehr als sie einbringen. Die Rechtfertigung dieser Aufwendungen erfolgt in unserer Gesellschaft mit dem Hinweis auf den Generationenvertrag und die in ihm enthaltene Einsicht, dass die alten Menschen ihren Beitrag zur Aufzucht der heute gesellschaftlich mächtigen Generation geliefert haben. Dennoch verhindert dieser Gesichtspunkt die Erörterung einer angemessenen Verteilungsgerechtigkeit zwischen der Generation der Alten, der Erwachsenengeneration und der Generation der Jungen nicht.

Altern heute

Die gesellschaftlichen Institutionen zur Sicherung des Alters umfassen ein breites Spektrum. In den vorindustriellen Gesellschaften werden Alten oft magische Kräfte zugeschrieben, die sie vor anderen Altersgruppen auszeichnen und ihren sozialen und gesellschaftlichen Status sichern. In den industriellen Gesellschaften sind es vor allem Eigentum, Prestige und Wissen, die den sozialen Status der Alten verstärken. In Deutschland hat sich der unmittelbare Wechsel von der Arbeitswelt in die Nicht-Arbeitswelt des Alters innerhalb weniger Jahre durchgesetzt und ist zur Norm der Abgrenzung des Alters geworden. Strukturell bestimmt dieser unmittelbare Wechsel die Eigenart des Alters. So lässt sich die Verabschiedungs- bzw. Pensionierungsfeier als ein Übergangsritus begreifen, in dem die soziale Wertschätzung des nun ins Alter entlassenen Menschen und der Machtverlust beim Übergang in die Altersphase gleichzeitig szenisch arrangiert werden.

In der Arbeitsgesellschaft wird Alter weitgehend durch das dauerhafte Fehlen von Arbeit nach langer arbeitsreicher Lebenszeit bestimmt. Von den meisten Menschen wird diese gesellschaftliche Ordnung mit ihrer nachhaltigen Freistellung der Alten von der Arbeit als ‚natürlich' angesehen. Dabei ist sie kaum mehr als einige Jahrzehnte alt. Auch hat sie sich nur in wenigen Industrienationen durchgesetzt und wird allmählich wieder in Frage gestellt. Auch hieran wird deutlich: Menschliche Lebensalter sind zu einem erheblichen Ausmaß Ergebnis einer gesellschaftlichen Konstruktion, die eng mit Macht- und Gewaltfragen verbunden ist. So ist es mehr als fraglich, ob die mit der Verrentung gegebenen Funktionsverluste durch die Übernahme anderer Aufgaben und Rollen ausgeglichen werden können. Wie mit alten Menschen umgegangen wird, ist nicht nur ein Problem für diese, sondern auch für die Gesellschaft insgesamt. Die Modernisierung der Gesellschaft bewirkt im Zuge der Ausgliederung alter Menschen aus der Arbeitswelt auch deren wachsende Isolierung und Entwertung. Eine negative Einstellung zum Alter ist die Folge; ihre Bedeutung für die Entstehung der normativen „Realität des Alters" (Kohli 1992) ist beträchtlich. Auch die wirtschaftliche Entwicklung, der Ausbau des Gesundheitswesens, die Urbanisierung und die Entwicklung des Bildungswesens wirken an der Herausbildung dieser stillschweigend akzeptierten normativen Realität mit.

Mit dem Trend zum frühen Ruhestand wird die Phase nach der Arbeit ausgedehnter und wichtiger. Das 65. bzw. 67. Lebensjahr verliert heute als Grenzjahr zwischen Erwerbswelt und Ruhestand langsam an Gewicht. „Die Erwerbsbeteiligung der Männer über 65 sank von 68 Prozent (USA 1900), 66 Prozent (Frankreich 1901), 62 Prozent (Schweden 1910), 57 Prozent (Großbritannien 1911) und 47 Prozent (Deutschland 1925) auf zwischen 17 und 29 Prozent im Jahre 1970" (Kohli 1992, 239). Der Ruhestand wird zu einem normalen Teil der Biografie, der als dritte Phase der aktiven Erwerbstätigkeit und der Vorbereitung der Erwerbstätigkeit folgt. Die im Erwerbsleben bestehenden Ungleichheiten wachsen im Alter weiter. Insbesondere im jüngeren Alter verfügen einige Menschen noch über Macht und Einfluss; andere hingegen sind dann bereits marginalisiert.

Insgesamt entstehen bisher unbekannte Handlungsspielräume und Handlungsanforderungen an die Gesellschaft und an den Einzelnen. Altern erfolgt mehr denn je ohne vorgeprägte Lebensformen in einer neuen Situation, in der es keine Vorbilder gibt und in der jeder Einzelne seinen Weg finden und entwickeln muss. Das Alter ist heute durch Entberuflichung, Verjüngung, Feminisierung, Singularisierung und Hochaltrigkeit gekennzeichnet (Baltes und Mittelstraß 1992):

Entberuflichung

Den staatlichen Versuchen der Heraufsetzung des Rentenalters stehen die Wünsche vieler Menschen und vieler Betriebe nach vorzeitiger Verrentung entgegen. Der Vorruhestand hat eine erhebliche Attraktivität gewonnen, so dass er heute kaum mehr finanzierbar erscheint. In den meisten Fällen besteht zurzeit lediglich eine Wahlmöglichkeit zwischen voller Berufstätigkeit oder vollständiger Entberuflichung. Angemahnt werden zu Recht Alternativen zur Entberuflichung des Alters. Gefordert werden dazu: Anpassung der Arbeitswelt an die Anforderungen alter Menschen; präventiver Arbeits- und Gesundheitsschutz; Flexibilisierung der Arbeitszeit; lebenslanges Lernen, Fort- und Weiterbildung.

Verjüngung

Dass so viele Menschen ein hohes Alter erreichen, schafft eine gesellschaftlich neue Situation. Außerdem sind angesichts der Veränderungen der Arbeitswelt, der Verbesserungen des Gesundheitswesens und der um annähernd zwei Jahrzehnte gestiegenen Lebenserwartung viele Arbeitnehmer noch viele Jahre nach ihrer Verrentung voller Spannkraft und Leistungsfähigkeit und wirken viel ‚jugendlicher' als ihre Eltern oder Großeltern im gleichen Alter.

Feminisierung

Auf Grund der früheren Sterblichkeit der Männer um sieben bis acht Jahre, die sich in allen Industrienationen seit einigen Jahrzehnten zeigt, besteht die Generation der Alten und besonders der Hochaltrigen aus mehr bzw. viel mehr Frauen. Hinzu kommt, dass im Alter viele Fähigkeiten, die traditionellerweise als männlich gelten, weniger gefragt sind und der Raum für Fähigkeiten wächst, die traditionellerweise als weiblich gelten, so dass Männer mehr Gelegenheiten haben, ihre weiblichen Seiten zu entwickeln. Bezogenheit und Empathie werden wichtiger als Leistung und Macht. Schließlich gleicht sich die soziale Rolle älterer Männer der traditionellen Rolle der Frauen auch insofern an, als ältere Männer häufig nicht mehr die im Berufsleben gewohnte Aufmerksamkeit und soziale Beachtung erhalten.

Singularisierung

Im Alter erfolgt eine Zunahme des Alleinlebens. Im hohen Alter steigt die Zahl der alleinlebenden Frauen in Folge des Todes ihrer Lebenspartner weiter. Obwohl alte Menschen in der Regel nicht weniger mit ihrem Leben zufrieden sind als jüngere, nehmen häufig Formen der Isolierung und Vereinzelung infolge der Singularisierung zu. Die Tendenz zur steigenden Individualisierung der Lebensführung zeigt ihre Ambivalenz deutlich.

Hochaltrigkeit

Während sich der Anteil der hochaltrigen Männer in den letzten Jahrzehnten verachtfachte, nahm der Anteil der Frauen vierzehnfach zu. Daher leben in dieser Altersphase viel mehr Frauen als Männer. Unter den Hochaltrigen nehmen die Krankheiten zu. Insgesamt treten chronische Krankheiten vermehrt auf. Auch zeigen sich häufig mehrere Krankheiten gleichzeitig und werden in dieser Verbindung chronisch ('Multimorbidität'). Während funktionelle Störungen wie Angst und Depression abnehmen, steigen die auf generative Hirnveränderungen zurückgehenden Krankheiten. Zu den häufigsten Krankheiten dieser Jahre gehört die Demenz, die mit einer Rate von einem Prozent im Alter von Anfang 60 beginnt, sich etwa alle fünf Jahre verdoppelt und ein Drittel aller über 90-Jährigen erfasst.

Einschränkungen des Lebens

Einschränkungen des Lebens werden in erster Linie im Älter-Werden des eigenen Körpers erfahren. Der alte Körper verliert an Attraktivität. Zugleich meldet er sich mit Unzulänglichkeiten und Einschränkungen. Angst vor dem Altern ist weitgehend Angst vor dem alten Körper, vor seinem Verfall, den damit verbundenen Leiden und der damit gegebenen Abhängigkeit und Ohnmacht.

So bedeutet Altern auch, in verstärktem Maße mit Krankheiten leben lernen. Etwa zwei Drittel der Patienten der Inneren Medizin gehören zu den über 65-Jährigen. Der Umgang mit Krankheiten im Alter ist oft geprägt von der Unmöglichkeit völliger Heilung. Dann kommt es darauf an, die gesundheitliche Situation alter Menschen so zu verbessern, dass sie in einer für sie optimalen Situation leben können. So gilt es, destruktive Veränderungen des alternden Organismus aufzufangen und ihn bei der Erhaltung seiner Funktionsfähigkeit zu unterstützen. Zu den altersbedingten Veränderungen des Organismus gehören Veränderungen von Organfunktionen, etwa der Gefäßwände, der Herz-Kreislauf-Funktion oder des Muskel- und Knochenstoffwechsels durch Veränderungen im Mineralhaushalt, sowie die Alterung des Skeletts. Charakteristisch ist das verstärkte Auftreten bestimmter Krankheiten wie Diabetes, Prostatakarzinom, Arthrosen, Frakturen, Funktionseinbußen von Organen.

Im höheren Alter sind Krankheiten ähnlich vielfältig wie in anderen Lebensphasen. Allerdings sind die Krankheitsverläufe unterschiedlich. Die chronischen Krankheiten nehmen zu. Häufig treten mehrere Krankheiten gleichzeitig auf und werden in dieser Verbindung chronisch. Auch altersbedingte psychische Störungen und Krankheiten nehmen zu, wie etwa Demenz. Der größte Teil der pflegebedürftigen Demenzkranken wird zu Hause versorgt. Die dadurch für das Leben der Angehörigen in physischer und psychischer Hinsicht entstehenden Beeinträchtigungen sind erheblich.

Zwar gibt es im Alter somatische und psychische Veränderungsprozesse, die sich in verstärktem Ausmaß der Kontrolle und Steuerung entziehen, doch ist die Mehrzahl dieser Prozesse individuell und gesellschaftlich beeinflussbar. In jedem Fall zeigt sich eine hohe Variabilität der Möglichkeiten des Alterns. Bei aller Unterschiedlichkeit zwischen einzelnen Personen ändern sich Gedächtnis und Intelligenz und entstehen neue Formen der Verarbeitung von altersbedingten Erscheinungen und Defiziten bei gleichzeitiger Kontinuität individueller Problemlösungsmuster. Bezogen auf psychische Altersveränderungen lassen sich eine Reihe von Elementen angeben (Weinert 1992, 183). Zu diesen gehören:
- die Reduzierung körperlicher und psychischer Leistungsmöglichkeiten;
- Altersphänomene, die durch Übereinstimmung kultureller, historischer und sozial-struktureller Lebensbedingungen entstehen;
- die großen Unterschiede zwischen den Menschen;
- der Erwerb neuer Kompetenzen und individuell vielfältiger Kompensationsmöglichkeiten;
- die subjektiven Deutungen der eigenen Situation.

Wie in anderen Phasen menschlichen Lebens kommt es im Alter zu erwünschten und unerwünschten Veränderungen. Allerdings überwiegen im hohen Alter häufig die unerwünschten Funktionseinbußen gegenüber den erwünschten Kompetenzzuwächsen. Solange ältere Menschen in der Lage sind, ihre Lebensprozesse weitgehend selbst zu bestimmen, scheinen sie häufig eher zufrieden zu sein. Erst erhebliche Beeinträchtigungen des körperlichen und seelischen Bereichs führen zu einschneidenden negativen Veränderungen des Lebensgefühls. Dabei wird die Selbstwahrnehmung der älteren Menschen im Allgemeinen durch ihre soziale Situation und durch ihre tatsächliche Leistungsfähigkeit bestimmt. Viele der im Lebenslauf erworbenen psychischen, sozialen und geistigen Kompetenzen bleiben erhalten und entwickeln sich weiter.

Lebenserfahrung und Kultur des Alters

Inwieweit werden im Alter Kompetenzen entwickelt, über die jüngere Menschen nicht im gleichen Ausmaß verfügen? Die Grundstruktur einer Persönlichkeit ändert sich im Allgemeinen nicht. Bis ins hohe Alter scheint es ein relativ stabiles Selbstbild und die Fähigkeit zu geben, auftretende Einschränkungen zu kompensieren. Die dazu gewählten Verarbeitungsformen sind in der Biografie des Einzelnen angelegt und unterscheiden sich individuell in Ausmaß und Plastizität. Auf Grenzen stoßen die individuellen Verarbeitungsformen des Alterns dort, wo gesellschaftlich vorgegebene Zeitmarken die individuelle Biografie gliedern und bestimmen. So lassen sich in jeder Gesellschaft Normallebensläufe idealtypisch konstruieren, von denen es positiv und negativ bewertete Abweichungen gibt. Diese Differenzen ergeben sich durch Länge und Qualität der Lebenszeit. Für diese spielen ökonomische, soziale und physisch-psychische Faktoren und die systematische Reduzierung von Risikofaktoren eine entscheidende Rolle.

Im Zentrum des Alters steht die Lebenserfahrung. Sie bildet sich, indem Ereignisse erlebt und im Nachhinein reflektiert und eingeordnet werden. Sie entsteht durch Erinnerungen und durch den reflektierenden Umgang mit ihnen. Leben im Alter ist narrativ. Mit Hilfe von auf das frühere Leben bezogenen Erzählungen bastelt der ältere Mensch an seiner Biografie, versucht er ihre ‚radikale Nicht-Identität' identisch zu machen und sich dadurch mit der Diesseitigkeit und Zeitlichkeit seines Lebens abzufinden. Der ältere Mensch versucht, seinem Leben Lebensqualität zu geben. Er bemüht sich, eine ‚Kultur des Alters' zu entwickeln, in der die Fähigkeiten, über die er nicht mehr verfügt, weniger Gewicht erhalten und im Rahmen derer er neue Fähigkeiten und Kompetenzen betont wie: auf Kontrolle verzichten können, Gelassenheit, Empathie und Weisheit.

Lebenserfahrung konstituiert sich im Lauf der Lebenszeit und steht im Zusammenhang mit den Grundbedingungen menschlichen Lebens wie Emotionalität, Sexualität, Krankheit und Sterblichkeit. Sie bildet sich in der Konfrontation mit Lebensproblemen und ihrer Bewältigung. Sie entsteht aus Versuchen, mit Hilfe mimetischer Prozesse Lebenssinn zu erzeugen. Mimetisch bedeutet hier, sich das vergangene Leben in der Erinnerung zu vergegenwärtigen, es nachahmend noch einmal zu leben und es so sich und anderen abermals erlebbar zu machen. Der sich erinnernde Mensch setzt sich in Beziehung zu den zentralen Bildern seines Lebens, versucht sich in ihnen auszudrücken und sich ihrer im Erzählen zu vergewissern. Dieser Prozess der Anähnlichung an vergangenes Leben und die damit verbundene Intensivierung des Vergangenen ist eine mimetische Verarbeitung des vergangenen Lebens. Als solche ist sie Rekonstruktion und kreative Nach- und Neugestaltung des Vergangenen. Auf das eigene Leben gerichtetes mimetisches Verhalten kann das Individuum zu einer neuen Sicht seines Lebens und seiner künftigen Möglichkeiten führen. Mimesis bewirkt eine Wiederbelebung, eine das gelebte Leben akzeptierende und korrigierende Haltung, die sich im Nachgehen vergangener Erlebnisse bildet und diese zu Erfahrungen werden lässt. Erfahrungen bilden sich im Bewusstsein der Einmaligkeit, der Zeitlichkeit und der Vergänglichkeit jedes menschlichen Lebens. Der Reichtum individuellen Lebens ist mit seiner Zeitlichkeit verbunden. Von Anfang an ist der Tod als Bedingung des Lebens mitgegeben. Darin liegen Würde und Schrecken menschlichen Lebens (Wulf 2013; Wulf 2005).

Austausch zwischen den Generationen

In unserem Kulturkreis gilt wie für andere Lebensphasen auch für das Alter der Anspruch, ein ‚eigenes Leben' zu führen (Beck et al. 1995). Zumindest im frühen Alter besteht die Herausforderung, eigene Lebensformen des Alterns und des Lebens im Alter zu entwickeln. Leben im Alter ist in wachsendem Maße enttraditionalisiertes, individuelles und experimentelles Leben. Die Aufforderung zur Selbstbestimmung, Eigengestaltung und Selbstverantwortung ist unabweisbar. Da es dafür aber bisher wenige Vorbilder gibt, steht die Wahl des ‚rechten Lebens' in dieser Lebensphase vor besonderen Schwierigkeiten. Fehlentscheidungen werden individuell angelastet. Schwere Krankheiten gelten häufig als Ausdruck individuellen Scheiterns. Präventive, allgemeine und gezielte Rehabilitation stellen Strategien zum Umgang mit den Krankheiten des Alters dar. Der ärztliche und der Pflegedienst, Psychotherapie, Massagen und Bäder, Ergotherapie, Logopädie, Sozialdienst sind wichtige Hilfen zur Pflege alter Menschen. In der diesbezüglichen Rede von der Solidarität der Generationen gilt es, zwischen der öffentlichen Solidarität des Staates und seiner Institutionen und der familialen Solidarität zu unterscheiden. Über beide einander ergänzende Formen der Solidarität werden die Beziehungen zwischen den Generationen geregelt. Diese Beziehungen lassen sich als Austauschverhältnisse begreifen. In ihnen bestimmen Geben, Nehmen und Erwidern die Beziehungen zwischen den Generationen (Mauss 1978).

Noch vor wenigen Jahren waren die Alten die Generation der ‚Erwachsenen' zwischen den Alten von damals und der Generation der Kinder und Jugendlichen. Als Zwischen-Generation obliegt es den erwerbstätigen ‚Erwachsenen' für die nachwachsende und die vorausgegangene Generation zu sorgen. Indem sie den Alten helfen, ihr Leben zu führen, geben sie dieser Generation etwas von dem zurück, was sie als Kinder und Jugendliche von den heutigen Alten erhalten haben. Außerdem gibt die Generation der ‚Erwachsenen' der nachwachsenden Generation materielle und immaterielle Güter, so dass diese Generation eines Tages die ihr zuteilgewordene Fürsorge erwidern kann. Insofern Menschen im Verlauf ihres Lebens die Generationsfolge von Kindheit bis Alter durchlaufen, haben sie entsprechend ihrer jeweiligen Generationszugehörigkeit unterschiedliche Möglichkeiten und Pflichten etwas zu geben, zu nehmen und zu erwidern.

Über die materiellen Austauschprozesse zwischen den Generationen wird das Generationsgefüge gesichert. Dies geschieht umso nachhaltiger, als mit dem Austausch materieller Güter auch immaterielle, d. h. symbolische, soziale und affektive ‚Güter' ausgetauscht werden, durch die ein Beziehungsnetz zwischen den Generationen geknüpft wird. Die Angehörigen der mittleren Generation, die im Vergleich zu den anderen beiden Generationen in besonderem Maße in der Lage sind zu geben, erhalten später von ihren Eltern und ihren Kindern etwas zurück. Die Möglichkeit der Zwischengeneration, geben zu können, ist Ausdruck ihres gesellschaftlichen Einflusses und bewirkt ihre Anerkennung und ihr soziales Ansehen. Geben-Können und Geben setzen materiellen Besitz und gesellschaftliches Potenzial voraus. Trotz zahlreicher auch durch diese Struktur bedingten Spannungen und Konflikte zwischen den Generationen ist die gesellschaftliche Position der mittleren Generation dadurch gekennzeichnet, dass die Angehörigen der anderen beiden Generationen von ihr abhängig sind. Diese Situation beinhaltet auch die soziale Anforderung, aus der Position der Nehmenden heraus zu treten und auch etwas zurückzugeben. Das Erbe, das die Generation der Alten der mittleren Generation hinterlässt, lässt sich in diesem Zusammenhang auch als ein Versuch der Erwiderung empfangener ‚Leistungen' begreifen. Indem die Generation der Alten der mittleren Generation etwas vererbt, gibt sie ihr etwas von dem zurück, was sie von ihr in materieller und immaterieller Hinsicht erhalten hat. Dadurch legt sie es der Generation der Erwachsenen nahe, das von den Verstorbenen erhaltene durch ein ehrenvolles Andenken zu erwidern. Ähnliches gilt für das Verhältnis der mittleren Generation zur Generation der Kinder und Jugendlichen. Auch hier gewinnt die Zwischen-Generation ihre besondere gesellschaftliche Stellung dadurch, dass sie für ihre Kinder in materieller und immaterieller Hinsicht sorgt. Auch dieses Generationenverhältnis impliziert die Aufforderung, das Geschuldete eines Tages zu erwidern.

Den Austauschprozessen zwischen den Generationen und ihren Angehörigen liegt eine mimetische Struktur zugrunde (Wulf 2005; Wulf 2014). Im Zyklus von Geben, Nehmen und Erwidern erfolgt nicht die Widergabe desselben, sondern eine Erwiderung der Handlung des Gebens. Da sich die historische Situation mit ihren materiellen und sozialen Bedingungen ändert, sind nicht dieselben Formen und Inhalte des Gebens als Erwiderung angemessen. Vielmehr bedarf es in der Bezugnahme auf den Akt des Gebens materieller und immaterieller Güter, die jede Generation von der vorausgehenden erhalten hat, einer neuen Bestimmung der als äquivalente Erwiderung angesehenen Güter. Wenn das Verhältnis zwischen Geben, Nehmen und Erwidern mimetisch ist, so ist damit die Herstellung einer „Familienähnlichkeit" (Wittgenstein 1982, I, 67, 3) zwischen den Gaben und den Akten des Gebens gemeint. Mit Hilfe einer mimetischen Zuwendung bezieht sich jede Generation auf vorausgegangene Handlungen anderer Generationen und versucht, durch diesen Bezug angemessene eigene Handlungen zu vollziehen. Es entsteht eine mimetische Spirale in den Austauschprozessen zwischen den Generationen, mit der die Solidarität zwischen ihnen gesteuert wird. Akzeptiert man den mimetischen Charakter der Austauschprozesse zwischen den Generationen, so wird deutlich, dass jede Generation gibt, nimmt und erwidert und dass für das Gelingen der Austauschprozesse zwischen den Generationen dem Zeitraum zwischen den verschiedenen Handlungen zentrale Bedeutung zukommt. Denn diese Zeitspanne macht es erforderlich, dass das Erwidern von Gaben jeweils zu einer neuen Handlung des Gebens unter Bezug auf die einst erhaltenen Güter wird.

Der mimetische Charakter des Austauschs zwischen den Generationen ist im Bereich der Familie und der familialen Solidarität besser greifbar als auf der Ebene des Staates und der staatlichen Solidarität. Deutlich zeigt sich der mimetische Charakter in den vielfältigen Verwandtschaftsbeziehungen der zu verschiedenen Generationen gehörenden Individuen, von denen nur ein kleiner Teil aktiv gelebt wird, der jedoch in Krisensituationen eine erstaunliche Vitalität und hohe funktionale und affektive Solidarität zeigt. Der mimetische Charakter der Generationsbeziehungen beinhaltet einen wechselseitigen Bezug der Angehörigen verschiedener Generationen aufeinander. Diese Beziehung umfasst zwei Komponenten. Die eine zielt darauf, die Angehörigen anderer Generationen im Austausch materieller und immaterieller Güter so ähnlich zu behandeln, wie man selbst behandelt worden ist und behandelt werden will. Anähnlichung bzw. Nachahmung an den Anderen ist dabei das Ziel. Die andere Komponente resultiert aus dem mit der Anähnlichung zugleich gegebenen Wunsch, sich zu unterscheiden und anders zu sein als die Personen, auf die man sich im intergenerativen Austausch bezieht. Aus diesem Wunsch resultieren die intergenerative Rivalität und der Kampf um Anerkennung, den die jüngere Generation gegen die ältere Generation führt, um die gleichen Rechte zu erhalten (Gebauer und Wulf 1992; Gebauer und Wulf 1998; Gebauer und Wulf 2003; Wulf 2005).

Für die Solidarität in den Intergenerationsverhältnissen kommt der Beziehung zwischen Mutter und Tochter eine besondere Funktion zu. Empirische Untersuchungen zeigen, dass sich Töchter um ihre zur Generation der Alten gehörenden Mütter besonders kümmern und dass sich über diese Bindung auch Zuwendung und Sorge für die Väter realisiert. Wenn allerdings in der Generation der erwachsenen Kinder keine Töchter, sondern ausschließlich Söhne vorhanden sind, übernehmen diese und ihre Frauen die Sorge für Mutter und Vater in ähnlichem Ausmaß wie anderenfalls die Töchter. Wenn Söhne und Töchter unter den erwachsenen Kindern sind, sorgen Töchter eher für ihre Eltern. Demnach scheint die Intensität der Mutter-Tochter-Beziehung einen Schwerpunkt in den personalen Austauschverhältnissen zwischen den Generationen auszumachen. Erstaunlich ist die Tatsache, dass im Falle einer zweiten oder einer dritten Ehe der Töchter ihre Bindung an ihre Eltern und ihre Herkunftsfamilie signifikant nachlässt (Kellerhals et al. 1995).

Im Austausch zwischen den Generationen gehen materielle Zuwendungen in stärkerem Maße von den Eltern zu den Kindern. Hingegen sind Zuwendungen von Zeit und Sorge zwischen den Generationen eher ausgeglichen (Schaber 1995). Das Ausmaß der materiellen Zuwendungen hängt von der sozialen Schicht und den damit gegebenen materiellen Möglichkeiten ab. Beim Erwerb einer eigenen Wohnung spielt die materielle Hilfe von Seiten der älteren Generation eine besondere Rolle. Manchmal wird sie dadurch erwidert, dass den alt gewordenen Eltern von ihren Kindern Möglichkeiten des Zusammenwohnens eingeräumt werden. Die Zuwendungen der Eltern-Generation sind nicht auf den Bereich des Materiellen begrenzt. Sie umfassen auch den Sozialstatus und den Bereich der personalen Entwicklung, in dem Prozesse sozialer Mimesis besonders nachhaltig wirken.

Im Hinblick auf die Dynamik des Austauschs materieller Güter zwischen den Generationen lassen sich idealtypisch drei Situationen unterscheiden:

- Eltern und Kinder sind wohlhabend. Über Vererbung und andere wechselseitige Zuwendungen lässt sich diese Situation des Wohlstands für beide oder sogar für drei bzw. vier Generationen erhalten und gegebenenfalls vermehren.
- Eltern und Kinder haben ungleiche materielle Ressourcen. Wenn die familialen Bande stark sind, gibt es hier eine Tendenz zur Kompensation der Ungleichheit zwischen den Generationen.
- Eltern und Kindern mangelt es in gleicher Weise an materiellen Ressourcen. In diesen Fällen stößt der Anspruch auf wechselseitigen Austausch und Solidarität auf enge Grenzen und kann leicht zur Belastung aller Beziehungen zwischen den Generationen werden.

Wie Alter erfahren wird, ist von vielen Faktoren abhängig. Generalisierende Aussagen sind nur schwer möglich. Eigene und gesellschaftlich verbreitete Einstellungen zur Zeit und zur Zeitlichkeit des Lebens spielen im Erleben des Alters eine wichtige Rolle. Nicht weniger bedeutend sind die Sichtweisen der jüngeren Generationen auf das Alter. Sie tragen wesentlich dazu bei, wie alte Menschen das Alter erfahren. Das Spektrum dieser Erfahrungen reicht von Abwertung, Ausgrenzung und Isolierung bis zu Achtung, Anerkennung und Integration in alltägliche Lebensprozesse.

Literatur

Baltes, Paul B., und Jürgen Mittelstraß (Hg.). *Zukunft des Alterns und gesellschaftliche Entwicklung.* Berlin: De Gruyter, 1992.
Beck, Ulrich, Wilhelm Vossenkuhl und Ulf E. Ziegler. *Eigenes Leben: Ausflüge in die unbekannte Gesellschaft, in der wir leben.* München: C. H. Beck, 1995.
Blumenberg, Hans. *Lebenszeit und Weltzeit.* Frankfurt/Main: Suhrkamp, 1986.
Bovenschen, Silvia. *Älter werden.* Frankfurt/Main: Fischer, 2008.
Deleuze, Gilles. *L'image – temps.* Paris: Éditions de Minuit, 1985.
Elwert, Georg. „Alter im interkulturellen Vergleich". *Zukunft des Alterns und gesellschaftliche Entwicklung.* Hg. Paul B. Baltes und Jürgen Mittelstraß. Berlin: De Gruyter, 1992. 260–282.
Gebauer, Gunter, und Christoph Wulf. *Mimesis. Kunst, Kultur, Gesellschaft.* Reinbek bei Hamburg: Rowohlt, 1992.
Gebauer, Gunter, und Christoph Wulf. *Spiel, Ritual, Geste. Mimetische Grundlagen des Sozialen.* Reinbek bei Hamburg: Rowohlt, 1998.
Gebauer, Gunter, und Christoph Wulf. *Mimetische Wege zur Welt.* Stuttgart: Kohlhammer, 2003.
Graf, Friedrich W. (Hg.). *Über Glück und Unglück des Alters.* München: C. H. Beck, 2010.

Kellerhals, Jean, Josette Coenen-Huther und Malik van Almen. „Les formes du réseau de soutien dans la Parent". *Les solidarités entre générations.* Hg. Claudine Attias-Donfut. Paris: Nathan, 1995. 131–141.

Kertzer, David I., und Jennie Klein (Hg.). *Age and Anthropological Theory.* Ithaca und London: Cornell University Press, 1984.

Kohli, Martin. „Altern in soziologischer Sicht". *Zukunft des Alterns und gesellschaftliche Entwicklung.* Hg. Paul B. Baltes und Jürgen Mittelstraß. Berlin: De Gruyter, 1992. 231–259.

Marquard, Odo. *Endlichkeitsphilosophisches. Über das Altern.* Stuttgart: Reclam, 2013.

Meitzler, Matthias. *Soziologie der Vergänglichkeit. Zeit, Altern, Tod und Erinnern im gesellschaftlichen Kontext.* Hamburg: Kovac, 2011.

Mauss, Marcel. *Soziologie und Anthropologie.* 2 Bände. Frankfurt/Main: Ullstein, 1978.

Pinder, Wilhelm. *Das Problem der Generation in der Kunstgeschichte Europas.* Berlin: Frankfurter Verlags-Anstalt, 1926.

Schaber, Gaston. „Don de temps, don d'argent, don d'espace". *Les solidarités entre générations.* Hg. Claudine Attias-Donfut. Paris: Nathan, 1995. 97–115.

Veysset-Puijalon, Bernadette, und Lucette Savier. *Etre vieux: de la négation à l'échange.* Paris: Editions Autrement, 1991.

Virilio, Paul. *Geschwindigkeit und Politik.* Berlin: Merve, 1980.

Weinert, Franz Emanuel. „Altern in psychologischer Perspektive". *Zukunft des Alterns und gesellschaftliche Entwicklung.* Hg. Paul B. Baltes und Jürgen Mittelstraß. Berlin: De Gruyter, 1992. 180–203.

Wittgenstein, Ludwig. *Philosophische Untersuchungen.* Frankfurt/Main: Suhrkamp, ³1982.

Wulf, Christoph. *Zur Genese des Sozialen. Mimesis, Performativität, Ritual.* Bielefeld: transcript, 2005.

Wulf, Christoph. *Geburt in Familie, Klinik und Medien. Eine qualitative Untersuchung.* Opladen und Farmington Hills: Verlag Barbara Budrich, 2008.

Wulf, Christoph. *Anthropology. A Continental Perspective.* Chicago: The University of Chicago Press, 2013.

Wulf, Christoph. *Bilder des Menschen. Imaginäre und performative Grundlagen der Kultur.* Bielefeld: transcript, 2014.

Michael Jaeger
Das Ende der Utopie vom neuen Menschen

Tiziano Terzanis Reportagen über die Zeitenwende des ausgehenden 20. Jahrhunderts

Für Hartmut Eggert

„China und die Hoffnung auf Glück", so lautet der Titel einer 1973 erschienenen bekannten philosophiehistorischen Studie des deutschen Ostasienspezialisten und Sinologen Wolfgang Bauer. Auch im Blick auf die Reportagen und Bücher Tiziano Terzanis könnten wir keinen treffenderen Titel wählen, wenn wir ihn noch etwas allgemeiner fassen, von Asien und der Hoffnung auf Glück sprechen und wenn wir Glück, passend zum kritischen und protestierenden Zeitgeist der 60er und 70er Jahre des 20. Jahrhunderts in Westeuropa und in Nordamerika, als Emanzipation und als emanzipatorische Alternative zum Politik- und Gesellschaftsmodell des Westens verstehen. (Bauer 1974)[1]

1 West-östliche Generationenkonflikte: Studentenprotest und Kulturrevolution

Emanzipation ist als das für die westeuropäische und nordamerikanische politische Debatte der 1960er und 1970er Jahre charakteristische Schlüsselwort anzusehen; Emanzipation ist weiterhin das Leitmotiv der sogenannten 68er-Bewegung und des während dieser Dekade in den westlichen Gesellschaften ausbrechenden heftigen Generationenkonflikts.

---

[1] Auf eine subtile – ideengeschichtliche – Weise antwortet die philosophie- und literaturhistorische Studie Bauers auf die westeuropäische und nordamerikanische China- und Utopiebegeisterung der 60er und 70er Jahre des 20. Jahrhunderts, wie sie in dieser Zeit nun gerade auch von Tiziano Terzani repräsentiert wird. Besonders aufschlussreich zum Utopiepotenzial des maoistischen China das letzte Kapitel in Bauers Buch unter der Überschrift „Das neue Reich und die Rettung der Welt" (Bauer 1974, 508–578; hier bes. Bauer 1974, 554–556, 563–565) zur politischen Symbolik und zum höchst widersprüchlichen, vor allem aber polemischen Verhältnis des modernen, in diesem historischen Moment maoistischen China zur Tradition. – Über die Utopievorstellungen der chinesischen Geistesgeschichte weit hinausgehend, erschien (postum) dreißig Jahre später Bauers historische Darstellung der großen chinesischen Philosophenschulen (Bauer 2001).

Ins Zentrum der Umbruchsepoche, ihrer Ideale und Enttäuschungen, gelangen wir auf den Spuren des italienischen Journalisten, Schriftstellers, Asienkenners und großen Asienverehrers Tiziano Terzani. 1938 in Florenz geboren, studiert Terzani zunächst Rechtswissenschaften. Nach dem Examen ist er für die Firma Olivetti tätig – seinerzeit ein Hort der Modernität in Italien – und besucht als Firmenvertreter Mitte der 1960er Jahre zum ersten Mal Asien. Stipendien führen ihn daraufhin in die USA, wo er Geschichte und Sinologie studiert und gleichzeitig journalistisch arbeitet. Es ist die Zeit der großen Demonstrationen gegen den Vietnamkrieg, jene Epoche also, in der die kommunistischen Revolutionen in Asien, die Kulturrevolution in China vor allem, in den Augen der jüngeren Generation die Faszinationskraft der realisierbaren Utopie gewinnt. Mao Zedong und Ho Chi Minh heißen die prominentesten Repräsentanten dieses Versprechens.

Blicken wir auf die Generationenkonflikte in Deutschland und China und fügen wir die während der 60er und 70er Jahre des 20. Jahrhunderts höchst prekär werdenden deutschen Generationenverhältnisse in den westeuropäischen und darüber hinaus in den allgemein westlichen, also auch amerikanischen Kontext ein, geraten wir in jene Gefilde der antiautoritären Jugendrevolte der westlichen Welt, in denen die Kulturrevolution in China die enthusiasmierende Aura des realen kompromisslosen Kampfes der revolutionären Jugend gegen die Eltern und die Alten sowie gegen das Alte schlechthin angenommen hatte.

Auf exemplarische Weise repräsentiert Tiziano Terzani diese China-Faszination der protestierenden jungen Generation. Als er 1967 an der New Yorker Columbia University das Sinologiestudium aufnahm, war er hier zugleich in einem der Zentren der amerikanischen Studentenrevolte angekommen. In der autobiografischen Retrospektive teilt er uns über die bemerkenswerte Ost-West-Verbindung im Zeichen eines zu diesem Zeitpunkt scheinbar globalen Generationenkonflikts mit:

> Von der Columbia University aus gesehen, in deren Räumen ich über diese Texte gebeugt saß [darunter das ‚Kleine rote Buch' Maos, Anm. d. Verf.], während draußen der Widerstand gegen den Vietnamkrieg tobte, ist die Faszination, die der Maoismus auf uns ausübte, mehr als verständlich. Und auch die Kulturrevolution, die in China ausgebrochen war – und sich hinterher als eine entsetzliche Tragödie erwies, mit unzähligen Opfern, schrecklichen Blutbädern und all dem Rest –, war theoretisch gesehen unglaublich interessant. Auf dem Papier – und, wie gesagt, das waren die Jahre der Studentenbewegung, der Revolution der Phantasie – machte das alles Sinn. Das war genau das, was mich interessierte. (Terzani 2007)[2]

---

[2] Man wird die in diesem Buch in Gesprächsform vorliegende Autobiografie als ein Resümee von Terzanis historischen Erfahrungen und von seinen politischen und philosophischen Reflexionen zur Zeitgeschichte ansehen können. Deshalb, nicht zuletzt aber auch aus Platzgründen,

Auch wenn „hinterher", in den Augen also des späteren Asien- und Chinaexperten Terzani, deutlich werden sollte, dass sich „von der Columbia University aus gesehen" und „auf dem Papier" den gegen das politische und gesellschaftliche Establishment des Westens aufbegehrenden Studenten lediglich ein Wunsch- und Phantasiegemälde der Kulturrevolution gezeigt hatte, so verschaffte doch die faktische Koinzidenz der westlichen und östlichen Ereignisse der chinesischen Perspektive in den Jugend- und Studentenbewegungen Europas und Nordamerikas eine gewaltige Suggestionskraft.

Mao-Porträt und ‚Mao-Bibel' rückten neben Che Guevara- und Jimi-Hendrix-Bildnisse und konnten im Umfeld von Teach-ins und Sit-ins zu Vietnamkrieg, Kolonialismus und Imperialismus zu Ikonen des Protests gegen Eltern, Lehrer, Professoren und etablierte Parteien, ja schließlich zu Bildthemen einer bald raumgreifenden allgemeinen Pop-Art werden, in der Mao in der Porträtversion Andy Warhols gar zum Pop-Star aufstieg. Mag auch in der Wahrnehmung von uns Heutigen der historische Befund bizarr erscheinen, dass sich im Generationenkonflikt Europas und Nordamerikas die revoltierenden Schüler und Studenten von Maos Mobilisierung der revolutionären Jugend und zugleich vom antiautoritären Gestus der Hippie- und Pop-Kultur angesprochen fühlten, so scheint – diesseits aller Ahnungslosigkeit hinsichtlich der politischen Wirklichkeit in China – die Jugendrevolte des Westens ein untrügliches Gespür entwickelt zu haben für den realen Radikalismus der Kulturrevolution, die eben in der Tat auch eine Jugendrevolte war, wenngleich eine ‚von oben' angestoßene.

Terzani wird offenbar in Bann gezogen durch den nun gerade von der Kulturrevolution ausgehenden Extremismus des Protests gegen die Überlieferung, gegen den tradierten Politik- und Bildungskanon vor allem, und begibt sich auf einen langen Weg nach Osten. Von dort aus nimmt sich der Generationenkonflikt in den Gesellschaften des Westens während der 1960er Jahre dann allerdings nur noch als ein weit entfernter Anfangspunkt einer ganz anderen und unerwarteten individuellen Bewusstseinsrevolution aus, die sich nun gerade den von der Kulturrevolution zurückgelassenen Resten der chinesischen Geschichte verdankt.

---

sind im vorliegenden Aufsatz die Zitate aus Terzanis Werk beschränkt auf *Das Ende ist mein Anfang*. – Das von Terzani genannte ‚Kleine rote Buch' war auch – als ‚Mao-Bibel' – in der deutschen Studentenbewegung weit verbreitet, seit es erstmals 1967 in deutscher Übersetzung (und seither mehrfach in großen Neuauflagen) erschienen war (Mao 1967). – En détail rekonstruiert Gerd Koenen die Begeisterung für den Maoismus und für die chinesische Kulturrevolution, die in Deutschland manche Aktivisten der Studentenbewegung ergriffen hatte (vgl. Koenen 2002). Hier bes. das Kapitel *Meer der Jugend. Eine phantasmagorische Internationale der Jugend* (Koenen 2002, 67–94).

Dieser Wechsel der Perspektive denunziert zwar nicht im Nachhinein den ursprünglichen Generationenkonflikt als eine Folge hysterischer Verblendung, aber er taucht die ehedem enthusiastische Revolte der Jugend- und Studentenbewegung des Westens sowie ihre Ideale ins Licht einer unaufhebbaren Melancholie.

2 Asiens Politik, Asiens Mysterien

Erfasst von der Begeisterung für die politische Alternative und mit dem Plan, die Revolution in Asien vor Ort mitzuerleben, kehrt Terzani Anfang der 1970er Jahre zunächst nach Europa zurück. Beim deutschen Wochenmagazin *Der Spiegel* findet er ein Engagement als Asienkorrespondent. Berühmt werden seine Reportagen aus Vietnam über die amerikanische Niederlage gegen die Truppen des Vietkong, über den Fall Saigons und über die radikale Revolution der Roten Khmer in Kambodscha. 1980, vier Jahre nach Maos Tod, ist Terzani schließlich in China, in dem Land seiner ursprünglich dezidiert politischen Hoffnung, angekommen und arbeitet dort als Korrespondent des *Spiegel*. Im März 1984 wird er wegen konterrevolutionärer Aktivitäten aus China ausgewiesen. Vor allem seine Berichte über den seinerzeit beginnenden Abriss der Pekinger Altstadt haben ihn bei den chinesischen Behörden in Verruf gebracht.[3]

Terzani bleibt auch in den folgenden Jahren mit seiner Familie in Asien. Er wendet sich jedoch mehr und mehr dem Studium der alten Kulturen, der Religionen und Philosophien dieses Kontinents zu. TerzanisKonversion von der politischen zur kulturellen Alternative Asiens findet erstmals 1995 Ausdruck in dem Buch *Fliegen ohne Flügel. Eine Reise zu Asiens Mysterien*. Es ist eine Reise zu jener, vom Standpunkt des Westens aus gesehen, ganz anderen Welt Asiens, die im Zuge der globalen Modernisierung verschwindet (Terzani 1996).

Terzanis Bücher schildern zunächst die Reise eines Journalisten in die Krisenregionen Asiens, insbesondere Indochinas, wo das Zeitalter des westlichen

---

[3] Terzani lebte seit 1972 mit seiner Familie in Asien. Seine Frau, die Autorin und Übersetzerin Angela Terzani-Staude, und die beiden Kinder begleiteten Tiziano Terzani auch nach China. Über den chinesischen Alltag dieser Epoche, der Übergangszeit vom Ende der Mao-Ära zu der von Deng Xiaoping zunächst eingeleiteten Reformpolitik, hat Angela Terzani eine Dokumentation in Tagebuchform geschrieben (Angela Terzani 1986). – Ganz unter dem Eindruck der Ausweisung aus China und der Enttäuschung der politischen Hoffnung, die Tiziano Terzani mit der chinesischen Revolution ursprünglich verband, steht der Band, in dem 1984 eine Sammlung von China-Reportagen Terzaniserschien (Terzani 1984). – Eine Auswahl von Terzanis Asien-Reportagen aus drei Jahrzehnten bietet der Sammelband *In Asien. Mentalität – Kultur – Politik* (Terzani 2003).

Kolonialismus während der 70er Jahre des 20. Jahrhunderts ans Ende zu kommen scheint. Weiterhin führt uns der politische Beobachter Terzani zu den signifikantesten Plätzen der Weltgeschichte des ausgehenden 20. Jahrhunderts, nach Kambodscha und nach China. Nach der Niederlage des Kolonialismus sollte hier das Projekt der Moderne verwirklicht werden: die zweite Schöpfung von Mensch und Gesellschaft allein nach Maßgabe der Rationalität. In einem dritten, höchst paradoxen Sinn nehmen wir schließlich teil an Terzanis Reise zu den alten Kulturen Asiens, die zunächst vom Kolonialismus des Westens und fortan kaum weniger durch das Rationalisierungsprojekt eines nunmehr globalen Modernisierungsprozesses bedroht werden. Wie ein Archäologe beschreibt Terzani die letzten, verschwindenden Spuren einer alten und einzigartigen, bislang unkolonisierten Welt.

Und schließlich erzählt Terzani in einer existentiellen, spirituellen und philosophischen Perspektive von der großen Reise seines Lebens zu sich selbst. Sein reales und zugleich symbolisches Ziel ist in den Bergen des Himalaja erreicht in der denkbar größten Entfernung sowohl zum westlichen Imperialismus wie auch zum modernen Rationalismus. Der rote Faden aber, der diese ungleichen Reiserouten miteinander verbindet, ist die Idee der Emanzipation in ihren verschiedenen Aspekten.

3 Unzeitgemäße Meditationsübungen

Betrachten wir zunächst den – seit 1997 im Bewusstsein einer unheilbaren Erkrankung schreibenden – Asienidealisten Terzani und dessen idealistischen Emanzipationsbegriff. Die Berge des Himalaja sind der Zielpunkt seiner philosophischen Lebensreise, wo sich der emanzipatorische Aufstieg des Bewusstseins zu sich selbst und zur Freiheit vollendet.[4] Emanzipation bedeutet in diesem Fall

---

4 Die Gegenüberstellung von westlicher und östlicher Kultur im allgemeinen – aus der Perspektive des unheilbar an Krebs Erkrankten – und der Kontrast von moderner naturwissenschaftlicher Medizin einerseits und jenen in den Ländern Asiens, insbesondere in China und Indien, überlieferten Heilverfahren einer alternativen Medizin und ihren charakteristischen Kontemplations- und Meditationstechniken andererseits prägt weiterhin jenen außergewöhnlichen Text Terzanis der 2004 noch zu seinen Lebzeiten unter dem Titel *Un altro giro di giostra* erscheint und der als autobiografische Kombination von Krankengeschichte und Reisebericht anzusehen ist (Terzani 2005). – Zuletzt erschien eine Auswahl aus Terzanis umfangreichen Tagebuchnotaten, in die gleichermaßen politische Beobachtungen und Selbstreflexionen eingehen (Terzani 2015).

Befreiung von Angst, zuletzt von Todesangst. „Philosophieren heißt Sterbenlernen", so lautet das Urmotiv der sokratischen Kontemplation, das in unseren europäischen Ohren anklingt, wenn sich Terzani als Adept der fernöstlichen Meditation zeigt, die uns Einsicht gewährt in die Nichtigkeit unseres Verlangens, unseres Besitzes, unserer Macht und unseres Ehrgeizes. Weniger dem meisterlichen Exerzitium gilt sein Interesse als der Einsicht in das angstberuhigende Prinzip der Konzentrationsübungen. Das ist der befreiende Zusammenhang von Konzentration und Expansion des Bewusstseins. Auf die asketische Einschränkung des Selbst folgt die bewusstseinserweiternde Erfahrung, Teil zu sein eines großen und bedeutungsvollen Ganzen, das gegenwärtig ist in der Anschauung der autonomen, unkolonisierten Natur. So verbinden sich Konzentration des Selbst und Kontemplation der Welt in dem neuen Bewusstsein, einem Kosmos anzugehören, der allem individuellen und vergänglichen Sein unermessliche Bedeutung verleiht.

Die entsprechenden Bekenntnisse lauten, um nur einige exemplarische Sätze zu zitieren:

> Nur durch Konzentration [...], wenn du alles draußen lässt, draußen, draußen ... bleibt schließlich nur noch diese *Leere*, wenn du so willst, und die bist *du* [...] jenes Du, das Teil eines großen Ganzen ist ... nicht einmal der Menschheit. Des Kosmos!" Oder: „Dort oben, im Angesicht dieses Meeres aus Stein und Eis, konnte ich spüren, wie lebendig ich war [...]. Das war es letztendlich, was mir Größe verlieh. Ich war erfüllt von Unermesslichkeit." Oder: „Es gibt ein kosmisches Wesen, und wenn du einmal gespürt hast, dass du ihm angehörst, brauchst du nichts anderes mehr. (Terzani 2007, 271, 368, 371).

Für die Weltliteratur der Spiritualität, zu der Terzanis späte Texte zweifellos gehören, ist es kennzeichnend, dass sich die gleichsam mystische Erfahrung der Einheit von Selbst und Welt – im Sinne des chinesischen Synkretismus wäre vom taoistischen, konfuzianischen oder buddhistischen Ideal einer Übereinstimmung von menschlichem und kosmischem Sein zu sprechen – immer auch der Kontemplation der Natur verdankt. In der Schönheit der Natur ist für das meditativ erweiterte Bewusstsein der alles Dasein umschließende Sinn des Ganzen präsent, in dem das betrachtende Individuum seine eigene Bedeutung erkennt. Daher ist die kontemplative Erkenntnis, als individuelles Sein teilzuhaben am Kosmos der Welt, verknüpft mit deren emphatischer Bejahung.[5]

---

5 Was zunächst paradox klingen mag zumindest hinsichtlich der askesetypischen (Negations-) Praktiken der Entselbstigung im Taoismus. Im hintergründigen Sinne aller Mystik führen dieselben jedoch zugleich zur „vollkommenen Selbstbehauptung in der Erkenntnis des Tao", welches das „höchste Gut der Welt" und „Quelle alles Seienden und aller Werte" ist, weshalb jene Askeseübungen ebenso gut als vergöttlichende Affirmation des Seienden verstanden werden kön-

Das tragische Faszinosum der Bücher Terzanis besteht darin, dass er von der spirituellen Erfahrung der Bejahung der Welt und dem mystischen Erlebnis der emanzipatorischen Übereinstimmung von Selbst und Welt genau in dem historischen Augenblick berichtet, da dieselben alten Kulturen Asiens, die ihm jene ideelle Befreiung ermöglicht haben, zerstört werden im Namen der ganz anderen Emanzipationsidee der Moderne, deren typischer intellektueller Gestus jene kompromisslose Verneinung ist, die das kulturell und historisch immer schon vorgeprägte politische und gesellschaftliche Terrain planieren soll für den Aufbau einer ganz neuen Welt. Gerade aber als Parteigänger dieser modernen Emanzipationsidee der Revolution und ihrer Utopie der Weltneukonstruktion bricht Terzani ursprünglich nach Asien auf, wie so viele Angehörige seiner Generation schockiert von der Politik des Westens in Indochina und zugleich hoffnungsvoll auf die bevorstehende Niederlage des Kolonialismus schauend sowie auf das Versprechen der Revolution, die ersehnte politische Alternative zu verwirklichen. Die Reise des politischen Journalisten Terzani führt uns seit den 1970er Jahren in jene Länder Asiens, in denen der Mythos der Moderne, der die Vollendung der Emanzipation des Menschen verspricht, in der Politik Gestalt annehmen soll.

Das Schlüsselereignis im Mythos der Moderne ist der Protest des Menschen, nicht nur gegen die jeweils historisch konkreten Bedingungen seiner Existenz, sondern gegen die unverfügbare Bedingtheit des menschlichen Seins als solches, gegen dessen metaphysische und ontologische Voraussetzungen, gegen ein kosmisches A priori. Lehren uns die Mysterien Asiens jene Kontemplation, in der wir zur Übereinstimmung zwischen dem individuellen Sein und der kosmischen Ordnung gelangen, dieselbe bejahen und infolgedessen befreit werden von unseren Angst- und Zwangsvorstellungen, so entwirft der Mythos der Moderne, wir können auch sagen der Mythos des Westens, ein ganz anderes Emanzipationsprogramm: Er inspiriert uns zum radikalen Protest gegen die Idee einer metaphysischen, kosmischen, naturgegebenen, immer schon vorgängigen Bedingtheit unserer Existenz.

---

nen (Heiler 1959, 118–119). Vergleichbares lässt sich – diesseits der Nirvāna-Idee – über das mystische Einheitsstreben im Buddhismus sagen, dessen fundamentales ethisches Gebot die Verinnerlichung des absoluten Wohlwollens sowie der grenzenlosen Liebe und Freundschaft allem anderen Dasein und allen Lebewesen gegenüber einfordert (Heiler 1959, 271–272); zum landläufigen Vorurteil, welches das buddhistische Nirvāna im Sinne der radikalen Negation gleichsam als „schieres Nicht" und „Ewig-Leeres" begreifen will, vgl. Heiler 1959, 279.

4 Der Mythos der Moderne

Die prominenteste Heldenfigur im Mythos der Moderne ist Prometheus, der gegen den antiken Götterhimmel protestiert und mithin gegen die religiöse Eingrenzung seiner Existenz: „Hier sitz ich forme Menschen / Nach meinem Bilde / Ein Geschlecht das mir gleich sei [...], / Und dein nicht zu achten / Wie ich", so lautet, in Goethes Version, der Protest, den Prometheus Zeus entgegenschleudert, in dieser historischen Fassung des ausgehenden 18. Jahrhunderts den Anspruch zunächst des genialischen und dann des dezidiert modernen Subjekts auf die Schöpferposition ankündigend.[6]

Und in der Originalfassung bei Aischylos und Epikur sendet Prometheus den Fluch zum Olymp: „Mit einem Wort, ganz haß' ich all' und jeden Gott", ein Bekenntnis, das Karl Marx veranlasste, Prometheus zum „vornehmste(n) Heilige(n) und Märtyrer im philosophischen Kalender" zu ernennen.[7] Prometheus ist seit Aischylos der Heros der ‚techné', in der Moderne wird er zum Held der Technik. Und seit Marx hat die Technik eine revolutionäre Funktion, weil sie uns zu der Erkenntnis verhilft, dass es im sozialen Raum der Menschenwelt schlechterdings nichts gibt, das nicht ein Resultat menschlicher Arbeit ist, dass also die Wirklichkeit in all ihren Dimensionen von Menschenhand hergestellt, mithin ein Produkt und eine Konsequenz der Produktionsverhältnisse ist.

---

6 Goethe 1985a, 231. – Goethe, offenbar selbst erschrocken über die Wirkungsmacht seines Protestgesangs – der, wie es später in Dichtung und Wahrheit heißt, „zum Zündkraut einer Explosion" dienen sollte (Goethe 1985b, 681) – hat allerdings die *Prometheus*-Dichtung stets nur in Verbindung mit dem Gedicht *Ganymed* veröffentlicht, darin der explosive Titanenanspruch auf absolute und alleinige Schöpfungsgewalt wieder zurückgenommen wird.

7 Marx und Engels 1977, 262–263. – Auch wenn Marx in seiner Dissertation den Prometheusfiguren von Epikur und Aischylos das Wort gibt, ist in diesen Zitaten – in einem radikalisierten Ton – der Prometheus der Goetheschen Hymne gegenwärtig. – Mit einer Erörterung des Prometheismus in seiner symbolischen und programmatischen Bedeutung in der „Weltgeschichte des Kommunismus" seit der Französischen Revolution sowie in der mit dem Kommunismus auf notwendige Weise verbundenen neueren Geschichte des Atheismus beginnt David Priestlands universalhistorische Darstellung der wirkungsmächtigsten politischen Bewegung der Moderne (Priestland 2009, 18–19) zu Prometheus als dichterischem „Schlüsselsymbol der Emanzipation" u. a. bei Goethe und zur politischen Bedeutung dieses Symbols bei Marx, der dann in Priestlands Perspektive gar als ein „deutscher Prometheus" agiert (vgl. Priestland 2009, 43–93). Besonders Priestland 2009, 53–54 zur kompromisslosen Negation der Überlieferung während der Kulturrevolution in China; zu ihrem radikalen Kampf gegen die „vier Alten" – „alte Ideen, alte Kultur, alte Sitten und alte Gewohnheiten" – Priestland 2009, 436.

In der Prometheusperspektive der Moderne gibt sich insbesondere die Geschichte als ein durch Arbeit hergestellter Zusammenhang zu erkennen, als Arbeitsmaterie und als solche Gegenstand der ‚Gesellschaftstechnik'. Auf der Suche nach der großen emanzipatorischen politischen Alternative führt Terzanis Reise nach Asien, weil dort, in China insbesondere, das große „gesellschaftstechnische Experiment" durchgeführt wird. Hier soll, wie „beim Bau einer Brücke", auch die Neukonstruktion der Gesellschaft allein nach rationalen Kriterien erfolgen. (Terzani 2007, 45) Im Moment der Niederlage des Kolonialismus öffnet sich auf dem Terrain Indochinas und Chinas die Möglichkeit, den Plan der rationalisierenden Modernisierung zu verwirklichen, eine Perspektive, die die gesellschaftskritische junge Generation in Europa euphorisierte:

> Das bestärkte uns noch in der Vorstellung, wenn man nur die Materie kannte, wenn man nur ihre historischen Regeln kannte, könne man gezielt eingreifen, um diese neuen Gesellschaften zu gerechteren, fortschrittlicheren [...] Gesellschaften zu machen, im Sinne von mehr Gleichheit und weniger Ungerechtigkeit. (Terzani 2007, 46)

5 Die Utopie der zweiten Schöpfung

Die politische Begeisterung Terzanis für das „gesellschaftstechnische Experiment" im Zeichen der antikolonialistischen Emanzipation führt exakt an den Ort, wo der Plan der Weltneukonstruktion in ultimativer Radikalität vollstreckt wird, nach Kambodscha. Zu den fesselndsten Passagen des politischen Reise- und Lebensberichts Terzanis zählt die Darstellung der unwillkürlichen Anziehungskraft dieses Orts, der er sich überlässt gegen jede lebenskluge Vorsicht, gegen den Flüchtlingsstrom, eine Attraktion, die ihn indessen mitnichten in die Gefilde wahrhafter Emanzipation, sondern an den Punkt äußerster Angst führt. An der Stelle, wo die Roten Khmer das moderne Prometheusprojekt der Revolution – den Protest gegen die alten Götter – auf die Spitze treiben, ist die Krise der intellektuellen Biografie Terzanis erreicht: „Sie wollten einen neuen Menschen schaffen. Das ist ein ganz wichtiger Punkt [...] dessen Wahnsinn es zu verstehen gilt." (Terzani 2007, 148)

Man kann den „Wahnsinn" verstehen, weil er der technischen Logik des prometheischen Rationalisierungsprojektes folgt: „Dieses Projekt ist an eine Weltanschauung gebunden, die auch Mao mit seiner Kulturrevolution verwirklichen wollte, nur ist Pol Pot in seinem Fanatismus noch weiter gegangen." (Terzani 2007, 149) In dieser Weltanschauung ist die Wirklichkeit insgesamt als Resultat menschlicher Arbeit und als Materie der menschlichen Arbeitstechnik anzusehen. Daraus geht der Plan hervor, „man könne Gesellschaften mit Hilfe von Techniken konstruieren, indem man ähnlich wie in der Chemie Reaktionen erzeugte. Pol Pots Ziel war es, eine völlig neue Gesellschaft zu schaffen, einen völlig neuen Menschen, ohne Erinnerung, ohne Bezug zur antisozialistischen, unmenschlichen bürgerlichen Kultur der Vergangenheit." (Terzani 2007, 149)

In radikaler Auslegung erfordert der Plan einer kompletten Neukonstruktion der Gesellschaft also nicht nur den Abbruch des herkömmlichen ‚bürgerlichen' Bezugssystems, sondern die Negation aller Ideen, die die menschliche Existenz beziehen auf eine unverfügbare, immer schon daseiende Ordnung, deren Name Zeus, Jahwe, Krishna, Buddha oder Tao sein kann und die dem kontemplativen Bewusstsein im Kosmos der unkolonisierten Natur gegenwärtig ist. Im Horizont der absoluten Emanzipation ist die Negation aller nicht durch menschliche Arbeit selbst gemachten Bezüge logisch: „[...] um die neue Gesellschaft zu errichten mussten die Keime des Überkommenen restlos erstickt werden. Aus demselben Grund wurden die buddhistischen Bibliotheken zerstört und die Mönche umgebracht. Um den neuen Menschen zu schaffen, musste man den alten töten." (Terzani 2007, 149) Man muss ihn deshalb töten, weil das alte Bezugssystem, das er verinnerlicht hat, noch in seinen alltäglichsten Gewohnheiten wirksam ist. Jedes Ding – in Asien sogar jeder Stein – kann ein Bedeutungsträger des alten Bezugssystems sein, eine Aura haben, und als solches steht es dem Projekt der Herstellung ganz neuer Bezüge im Weg.

Im Zentrum des Projektes der radikalen Emanzipation erkennen wir in Terzanis Darstellung jene Szene im Mythos der Moderne wieder, in der der entfesselte Prometheus die alte Zeusordnung – in China die alte Kultur des Konfuzianismus, Taoismus und Buddhismus – zerstört: Denn hier verwirklicht sich die moderne Emanzipationsidee in der Negation des spirituellen Emanzipationsmodells der alten Kulturen Asiens. Diese Szene des modernen Prometheismus in der Realität Asiens als Augenzeuge mitzuerleben, macht Terzani zum entscheidenden Wende- und Erkenntnismoment seiner Autobiografie: „Aber das Alte war doch wunderschön, verdammt noch mal!" (Terzani 2007, 204), ruft er aus, als kritischer Beobachter bereits außerhalb der abstrakten, rein technischen Perspektive des modernen Rationalisierungsunternehmens stehend. In einem „gottverlassenen Dorf" der chinesischen Provinz öffnet er die Tür zu einer verfallenden Pagode und steht vor einem zwanzig Meter hohen Buddha: „Mein Gott, das ist also das Alte, was Mao vernichten wollte, weil er meinte, es fessle das Land an seine Vergangenheit! Dabei sind das doch Chinas Wurzeln! Tatsächlich ist China nicht mehr China, seit Mao [...] die Wurzeln jener uralten Kultur ausgerissen hat." (Terzani 2007, 204)

6 Der entfesselte Prometheus

Einmal gänzlich entfesselt, durchtrennt Prometheus alle Bezüge, die die Gegenwart mit der Vergangenheit verbinden. Er vollzieht diesen Bruch radikal im Wortsinne, bis zur Wurzel, auf dass er ohne jede Rücksicht den revolutionären Anspruch erfüllen kann, die neue, rationale und gerechte Welt herzustellen. Die moderne Utopie der absoluten Emanzipation ist zugleich der Traum von der absoluten Verfügbarkeit über die Wirklichkeit in allen ihren Aspekten. Anstatt menschliche Existenz zu verstehen als Dasein innerhalb eines unverfügbaren Kosmos und in Bezug auf einen in diesem Kosmos waltenden autonomen Logos oder auf ein Tao – der Natur, der Schöpfung –, postuliert der moderne Prometheismus, so wie er uns in Terzanis kritischer Perspektive entgegentritt, menschliches Dasein und Handeln als Arbeits- und Produktionsprozess, in dem die Gesellschaft den Menschen, die Welt, ihre Ordnung und Geschichte selbst macht und den darin waltenden Logos selbst herstellt. Das prometheische Konzept der maoistischen Kulturrevolution verlangt daher zwingend die Auslöschung der chinesischen Tradition, weil in den alten Pagoden und Bibliotheken, in den Häusern und Straßen der Altstadt Pekings der Logos des alten Bezugssystems überlebt.

Diesen radikalen Traditionsbruch vor Augen, übernimmt Terzani die Rolle eines Archäologen der alten Kulturen Asiens, der gleichsam im allerletzten Augenblick ihrer Geschichte deren Überreste entdeckt und dann das große Abrissunternehmen dokumentiert, z. B. den Abriss der Pekinger Altstadt. Keineswegs jedoch ist Terzanis Phänomenologie der zusammenbrechenden Tradition eingeschränkt in ihrer historischen Perspektive auf die Entwicklung in China und auf die seinerzeit mit China verbündeten Staaten. Dass Terzanis kritische Perspektive gerade mitnichten blind ist im Blick auf die Verhältnisse in jenen Staaten Asiens, die in der Epoche des kalten, in Indochina freilich auch realen Krieges der von den Vereinigten Staaten angeführten westlichen Partei angehörten und die im Freund-Feind-Schema des Blockdenkens dem kapitalistischen Lager zuzurechnen waren, das wird nirgends deutlicher als in seinen Reportagen aus Japan. Hatte er aus China, niederschmetternd genug in seinen Augen, über die gegenwärtig sich vollziehende Zerstörung der alten Kulturen Asiens berichtet, die sich paradoxerweise bis zu diesem Zeitpunkt auch unter den Bedingungen des Kommunismus erhalten hatten, so schaut Terzani in Japan auf ein im Sinne der westlichen Moderne bereits komplett kolonisiertes Land, dessen eigenständige Kultur längst zerstört und in ein trostloses Trümmerfeld oder, beinahe noch deprimierender, unterdessen in touristische Kunst- und Ersatzwelten verwandelt wurde. An keiner Stelle seines Gesamtwerks wird der Ton des politischen Korrespondenten und Kulturhistorikers Terzani noch polemischer und noch fatalistischer als in seinen Japan-Reportagen und Japan-Erinnerungen.[8]

Im Unterschied zu solchen Ausblicken auf den längst vollendeten Kolonisationsprozess richtet der China-Korrespondent – und Sinologe! – Terzani seine Aufmerksamkeit auf das zwar hoffnungslos ungleiche, aber auf dem asiatischen Kontinent eben noch nicht abgeschlossene Gefecht zwischen Überlieferung und Moderne. Angesichts der Fragmente der alten Kultur, in denen er noch im chinesischen Alltag der 1980er Jahre auf Schritt und Tritt den ganz anderen Logos des Konfuzianismus, Taoismus und Buddhismus wiederentdeckt, spricht Terzani sein Urteil über die Emanzipationsidee des revolutionären Prometheusprojektes, dessen Faszination doch ursprünglich der Anlass für seine große Asienreise war: „Der Wunsch aller Revolutionäre, einen neuen Menschen zu schaffen, ist an sich frevelhaft." (Terzani 2007, 206). Er ist an und für sich ein Frevel, weil er das Individuum jener absoluten Bedeutung beraubt, die ihm als Teilhaber und Repräsentant des Kosmos und seines Logos von Natur aus zukommt – einer Bedeutung, die in dem in China dominierenden konfuzianischen Denken vor allem aber verbunden war mit dem Kosmos der Familie und mit dem Logos der historisch ausdifferenzierten Gesellschaft. Stattdessen weist die Revolution dem Individuum eine gesellschaftliche Daseinsberechtigung ausschließlich auf Grund seiner Mitwirkung beim technischen und durchrationalisierten industriellen Produktionsprozess zu.

7 Das Verschwinden der Alternativen

Die Konstellation, in die uns diese Asienreise führt, könnte paradoxer nicht sein: Ursprünglich war sie inspiriert durch den die westlichen Gesellschaften während der 1960er und 1970er Jahre erschütternden Generationenkonflikt. Gerade in den

---

[8] Dabei unterscheidet sich die Planierung der Tokioer Altstadt in Terzanis Darstellung nicht wesentlich vom Abriss der Altstadtquartiere in Peking (Terzani 2007, 235–236). Aber seine ihn von Beginn an umtreibende Frage, „ob die alten Kulturen [Asiens, Anm. d. Verf.] eine gesellschaftliche und wirtschaftliche Alternative für unsere westliche Welt darstellen konnten" (Terzani 2007, 238), scheint in Japan von vornherein ins Leere zu gehen, weil sich dort längst – seit Mitte des 19. Jahrhunderts – das westliche Modell der Moderne als unbedingt nachahmenswertes System durchgesetzt habe. Mit dem im Zeitalter der Globalisierung erst recht um sich greifenden „sorglosen Selbstmord" Asiens „zugunsten eines westlichen Modells von Fortschritt" (Terzani 2007, 239), so Terzanis bitterer Befund, hätte man in Japan am radikalsten, am frühzeitigsten und in seinen Augen auf „schlichtweg Furcht erregende" Weise Ernst gemacht (Terzani 2007, 241, 237–247).

Augen der gegen das politische und kulturelle Establishment in Westeuropa und in den USA protestierenden jüngeren Fraktion gewannen die antikolonialistischen und antiwestlichen politischen Bewegungen Asiens ein identifikatorisches Potenzial und verkörperten schließlich gar die Realisierbarkeit der einst utopischen Alternative. Nach dem Triumph jedoch der Befreiungsbewegungen Indochinas Mitte der 1970er Jahre und nach dem Beginn der ‚Großen Proletarischen Kulturrevolution' in China seit Mitte der 1960er Jahre setzt sich, so die fundamentale Desillusionierung der Geschichtsschreibung Terzanis, die Tragödie Asiens in einer Art Selbst- und Binnenkolonisation fort. Hier verkehrt sich vor Terzanis Augen die moderne Utopie der absoluten Emanzipation in die Realität der totalen Unterwerfung. Der siegreiche Prometheus verwandelt sich, so die bittere Ironie der Geschichte des antikolonialistischen Befreiungskampfes, selbst wiederum in einen Kolonisator, der das tut, was seit jeher alle Kolonisatoren tun: das ganz Andere, Fremde – nicht zuletzt auch des eigenen Bewusstseins und der eigenen Herkunft – als etwas Nichtiges, Barbarisches, Primitives, Chaotisches, Irrationales anzusehen, das Kultivierung, Rationalisierung und Modernisierung erheischt. Auch der chinesische Prometheus, jener der Kulturrevolution insbesondere, schleudert seinen Hass den alten Göttern, nun den Göttern Asiens und ihren Mysterien entgegen, zertrümmert ihre Tempel und Pagoden, schleift die Klöster und löscht den herkömmlichen Kult und seine Kultur aus.

Terzanis historisches Bewusstsein kennt keine hegelianische oder marxistische List der Geschichte, die über die Tragödien der realen Politik oder gar durch dieselben den Fortschritt zur Freiheit in einem dialektischen Prozess vollstrecken könnte. Lakonisch stellt er im Rückblick auf seine Lebensreise fest, „dass es eine typisch westliche Illusion ist, die Zeit für etwas Geradliniges zu halten, für Fortschritt." (Terzani 2007, 402)

Beunruhigenderweise kennt Terzanis moderne Geschichte Asiens jedoch eine Hinterlist der historischen Ereignisse. Am Ende nämlich der epochalen Tragödie Asiens, die doch als Revolution im Namen der Befreiung vom Kolonialismus begann, wird das Versprechen der kommunistischen Revolution, die Welt und die Menschen durch Arbeit neu produzieren und befreien zu können, bruchlos ersetzt durch die Verheißung des Kapitalismus, die Menschen erlösen zu können durch schrankenlosen Konsum in der neuen Welt der immer neuen Produkte, die eine stets wachsende, endlos innovative Produktion herstellt. Abermals gerät in dieser Konstellation die Emanzipationsidee der spirituellen Welt- und Selbstkontemplation, wie sie in den Kulturen Asiens gelehrt wurde, in eine aussichtslose Konkurrenz zur prometheischen Emanzipationsidee, die auch in kapitalistischer Version verspricht, den Menschen in der von ihm komplett selbst produzierten Welt zu befreien. Die Produkte dieser industriell bewerkstelligten zweiten Schöpfung, vornehmlich aus Beton und Plastik, bedecken im fassungslosen Blick Terzanis die Tabula rasa der ehedem ganz anderen, eigenen Welt Asiens und ihrer Mysterien. Fortan vollzieht sich die kolonisierende Modernisierung Asiens in rasender Geschwindigkeit unter kapitalistischen Vorzeichen, mitunter freilich weiterhin in einem sozialistischen Rahmen.

Nicht zu überhören ist daher der Ton der Resignation in Terzanis Büchern, die „aus einer Welt" berichten, „die es nicht mehr gibt."[9] Stets deutlich zu vernehmen ist freilich auch bis zuletzt Terzanis Anarchismus, der uns an die emanzipatorische Idee der großen Alternative und an ihre ganz andere „Hoffnung auf Glück" nun gerade angesichts einer scheinbar alternativlosen Wirklichkeit erinnert.

Literatur

Bauer, Wolfgang. *China und die Hoffnung auf Glück. Paradiese, Utopien, Idealvorstellungen in der Geistesgeschichte Chinas*. München: dtv, 1974.
Bauer, Wolfgang. *Geschichte der chinesischen Philosophie. Konfuzianismus, Daoismus, Buddhismus*. Hg. Hans van Ess. München: C. H. Beck, 2001.
Cardani, Franco (Hg.). *La Porta d'Oriente. Rivista di studi sugli Orienti* 7 (2009). Speciale Tiziano Terzani. Firenze/Roma 2009.
Goethe, Johann Wolfgang von. *Sämtliche Werke*. Bd. 1.1: *Der junge Goethe*. Hg. Karl Richter. Münchner Ausgabe (MA). München: Hanser, 1985.
Goethe, Johann Wolfgang von. *Sämtliche Werke*. Bd. 16: *Aus meinem Leben, Dichtung und Wahrheit*. Hg. Peter Sprengel. Münchner Ausgabe (MA). München: Hanser, 1985.
Marx, Karl, und Friedrich Engels. *Werke. Ergänzungsband. Erster Teil: Schriften, Manuskripte, Briefe bis 1844*. Berlin: Dietz, 1977.
Heiler, Friedrich. *Die Religionen der Menschheit in Vergangenheit und Gegenwart*. Stuttgart: Reclam, 1959.

---

9 Gleichsam als Quintessenz dieser reflektierten Resignation wird man den Band ansehen, der Fotografien und Texte aus Terzanis Nachlass versammelt und noch einmal ein Panorama des in Tiziano Terzanis Werk festgehaltenen Epochenwandels bietet (Terzani 2010). – Längst haben Terzanis Bücher ein großes Publikum gewonnen. Dank zahlreicher Übersetzungen findet die Rezeption unterdessen in einem weiten internationalen Rahmen statt. Das gilt auch für die wissenschaftliche Erschließung dieses Oeuvres. Terzanis umfangreiche Bibliothek und sein Nachlass befinden sich mittlerweile im Studienzentrum der Fondazione Giorgio Cini auf der Isola di San Giorgio Maggiore in Venedig und sind dort im Archivio Terzani der Forschung zugänglich. Unter den zu Terzanis Werk inzwischen erschienenen Studien sind vor allem zu erwähnen der Sonderband der Zeitschrift *La Porta d'Oriente* (Cardini 2009) sowie der Sammelband *Tiziano Terzani. Guardare i fiori da un cavallo in corsa* (Loreti 2014).

Koenen, Gerd. *Das rote Jahrzehnt. Unsere kleine deutsche Kulturrevolution. 1967–1977*. Frankfurt/Main: Fischer Taschenbuch, 2002.
Loreti, Ålen (Hg.). *Tiziano Terzani. Guardare i fiori da un cavallo in corsa*. Milano: Rizzoli, 2014.
Mao, Zedong. *Das rote Buch. Worte des Vorsitzenden Mao Tse-tung. Eingeleitet und herausgeben von Tilemann Grimm*. Frankfurt/Main: Fischer, 1967.
Priestland, David. *Weltgeschichte des Kommunismus. Von der Französischen Revolution bis heute*. München: Siedler, 2009.
Terzani, Angela. *Chinesische Jahre. 1980–1983*. Hamburg: Hoffmann und Campe, 1986.
Terzani, Tiziano. *Fremder unter Chinesen. Reportagen aus China*. Hamburg: Rowohlt, 1984.
Terzani, Tiziano. *Fliegen ohne Flügel. Eine Reise zu Asiens Mysterien*. Hamburg: Spiegel-Buchverlag, 1996.
Terzani, Tiziano. *In Asien. Mentalität – Kultur – Politik*. München: Riemann, 2003.
Terzani, Tiziano. *Noch eine Runde auf dem Karussell. Vom Leben und Sterben*. Hamburg: Hoffmann und Campe, 2005.
Terzani, Tiziano. *Das Ende ist mein Anfang. Ein Vater, ein Sohn und die große Reise des Lebens*. Hg. Folco Terzani. München: Deutsche Verlags-Anstalt, 2007.
Terzani, Tiziano. *Meine asiatische Reise. Fotografien und Texte aus einer Welt, die es nicht mehr gibt*. Hg. Folco Terzani. München: Spiegel-Buchverlag, 2010.
Terzani, Tiziano. *Spiel mit dem Schicksal. Tagebücher eines außergewöhnlichen Lebens. Mit einem Vorwort von Angela Terzani Staude*. Hg. Ålen Loreti. München: Spiegel-Buchverlag, 2015.

V Literarischer Appendix

Li Shuangzhi und Wang Bo
Aprilscherz mit 17 Jahren von Huang Fan

Der Schriftsteller Huang Fan, geboren 1963 in Huanggang in der südchinesischen Provinz Hubei, verbrachte seine Kindheit und Jugendzeit in den 60er und 70er Jahren des letzten Jahrhunderts, der ‚betrüblichsten Zeit Chinas'. Vor allem während der Kulturrevolution (1966–1976) geriet das Land in einen tiefen Sumpf aus Tumult, Gewalt und Unordnung, wobei das Bildungssystem so gut wie ganz gelähmt war und chinesische Intellektuelle – Schriftsteller, Künstler und Wissenschaftler – unerhörter Schmähung, Beleidigung, ja sogar Lebensgefahr ausgesetzt waren. Dies alles prägte tiefgreifend und nachhaltig die Generationsverhältnisse in chinesischen Familien. Die älteren Generationen, die seit den 1950er Jahren als Betroffene und teilweise Opfer des ‚Klassenkampfs' leb(t)en, wurden traumatisiert von der Unterdrückung und Verfolgung der Gebildeten und mussten zugleich häufig mit ansehen, wie die eigene Autorität in der familiären Struktur verlorenging. Denn die Söhne und Töchter, die in der pseudo-anarchischen Luft der Kulturrevolution heranwuchsen, wurden ebenfalls verwickelt in die gesellschaftliche Turbulenz, nicht ohne eigene gewalttätige, pubertär geprägte ‚antiautoritäre Umtriebe'. Ein Teil von ihnen entwickelte jedoch eine alternative autodidaktische Selbstsuche, die von der Lektüre verbotener, westlicher Literatur gekennzeichnet war und für Argwohn und Angst auf Seiten der Eltern sorgte. Die Skizze einer solchen Entwicklungsgeschichte in einer dramatischen Familiensituation findet man in der Erzählung *Aprilscherz mit 17 Jahren* des Autors Huang Fan, der in den 1980er Jahren zu schreiben begann und seit den späten 1990ern Ansehen als Repräsentant einer neueren Autorengeneration gewonnen hat.

2014 wurde er in einem gemeinsamen Projekt der Universität Göttingen sowie der Goethe-Institute Göttingen und Nanjing gefördert. Er lebte und lehrte einen Monat lang als Writer in Residence in Göttingen. Seine Werke, die nicht zuletzt seine Jugenderinnerungen verarbeiten und damit eine Sonderstellung in der chinesischen Gegenwartsliteratur beanspruchen können, sind bislang ins Englische, Deutsche und Italienische übersetzt worden.

Der hier erstmals gedruckte Auszug aus der Erzählung *Aprilscherz mit 17 Jahren* wurde von Studierenden der Universität Göttingen und der Universität Nanjing übersetzt.

Huang Fan
Aprilscherz mit 17 Jahren

Seit ich die Kampferholztruhe meiner Mutter zu mir genommen hatte, traute mir mein Vater nicht mehr. Die Truhe war damals bereits zwanzig Jahre alt, glänzte aber immer noch wie am ersten Tag. Meine Mutter hatte sie als Mitgift in die Ehe gebracht. Sie wollte damals unbedingt einen Eisenbahnarbeiter wie meinen Vater heiraten, um die Schande, Tochter eines Großgrundbesitzers zu sein, zu überwinden. Dass mein Vater, ganz entgegen ihren Erwartungen, sowohl eine Kniegeige als auch eine Gitarre besaß, war eine freudige Überraschung. Er mochte zwar nur traurige Musik, aber die Instrumente machten ihr Eheleben dennoch bunter.

In der Holztruhe bewahrte meine Mutter ihre persönlichen Sachen auf, gepflegte alte Kleider etwa. Auf dem Grund lagen einige schöne silberne Armbänder, ein Schuhlöffel aus Kupfer und sogar ein buddhistischer Rosenkranz, den sie oft zum Beten verwendet hatte. Ich war auf die Idee gekommen, die Holztruhe zu nehmen, weil es sich um die größte Truhe in unserem Haus handelte und ich sie brauchte, um die überall verstreuten Bücher wegzuschaffen. Als mein Vater merkte, dass ich die Arbeit bei der Eisenbahn aufgeben wollte, lag nicht nur Besorgnis, sondern auch sichtlicher Ärger in seinem Blick. Er begann, meine Lektüre literarischer Werke einzuschränken, und versuchte mich gleichzeitig davon zu überzeugen, dass ich es meiner Schwester gleichtun und zumindest der Arbeit bei der Bahn weiterhin nachgehen sollte, denn allein von der Literatur könne man nicht satt werden: „So ist das halt im Leben!" Dann stand er auf, strich ungehalten sein Hemd glatt, wandte mir den Rücken zu und knirschte mit den Zähnen. Nach einiger Zeit wurde mir mit Schrecken klar, dass meine Bücher, die überall im Haus herumlagen, immer weniger wurden. An einem unruhigen Wochenende ging ich zum nahegelegenen Piluo-Tempel, um ein Bambusstäbchen zu ziehen, das mir die Zukunft voraussagen würde. Es waren nicht sehr viele Menschen dort und so hatte jeder Zeit, sich bei den anderen nach ihren Weissagungen zu erkundigen. Als ich ein Stäbchen mit einer sehr schlechten Prophezeiung zog, ergriff ich die Flucht vor der Menschengruppe. Ohne anzuhalten rannte ich bis zu dem kleinen Hügel außerhalb der Tempelanlage und starrte verzweifelt die Zeichen des handgeschriebenen buddhistischen Gebetsspruchs „Namo Amitabha" an der Tempelwand an. Ich setzte mich auf eine Steintreppe, mein Herz raste immer noch heftig. Das Bambusstäbchen hatte mir eine Katastrophe prophezeit. Nachdem ich gründlich darüber nachgedacht hatte, wurde mir langsam klar: Ich konnte nicht länger zu Hause bleiben! Mein Vater und ich hatten beide den gleichen eigensinnigen Charakter und würden wegen der Literatur noch in einen schrecklichen Konflikt geraten. Erregt von der Prophezeiung konnte ich mich mit der scheinbaren Ruhe im Haus nicht mehr zufrieden geben.

Ich kippte die Holztruhe auf dem Bett aus, sodass mein Zimmer aussah wie nach einem Überfall, füllte sie mit Büchern und bat einen Freund, mir unter die Arme zu greifen. Mit Ach und Krach schleppten wir die Truhe aus dem Haus ins Freie, wo der kühle Wind zwar in unsere Gesichter blies, aber den Schweiß nicht aufhalten konnte. Meine Eltern waren auf den Markt gegangen, um Totengeld für das kommende Totenfest zu kaufen. Diese Gelegenheit nutzte ich, um still und heimlich von zu Hause auszuziehen. Viel Geld hatte ich nicht bei mir, fühlte mich aber ganz frei. Ich hatte vor, für eine ganze Weile bei meinem Freund zu wohnen, einem Menschen, der alle Alltagsgegenstände wie Aschenbecher, Bücher, Emailletassen und Tintenfüller immer penibel an ihrem festen Platz behalten möchte. Er war ein alter Freund aus meiner Schulzeit, mittlerweile arbeitete er jedoch und hatte eine Position inne, die mein Vater sehr bewunderte: Er war Reiseleiter bei der Liangang-Reiseagentur. Sein einziger Zeitvertreib bestand darin, gleichzeitig mit verschiedenen Frauen Beziehungen zu unterhalten. Auch wenn er es nicht aussprach, wusste ich nur allzu gut, dass es seine Wunschvorstellung war, in jeder Stadt eine Geliebte zu haben. Er musste öfters nach Zhouzhuang, Hangzhou, Xidi usw. und verbrachte daher nicht viel Zeit zu Hause, um seiner einsamen Mutter Gesellschaft zu leisten. So war es ihm nur recht, dass ich für längere Zeit bei ihm wohnte.

Als ich ausgezogen war, gab mein Vater angeblich allein meiner Mutter und der übertriebenen Demokratie, die bei uns geherrscht habe, die Schuld. Mutter konnte nichts anderes tun, als indische Räucherstäbchen anzuzünden und dafür zu beten, dass es mir gut ginge. Es war nicht die Art meines Vaters, sich ablenken zu lassen und seine Wut zu unterdrücken. Er war ein attraktiver Mann, dessen gutes Aussehen ihm bei seinen Kollegen auf der Arbeit Anerkennung und Komplimente einbrachte. Da ich wie ein Rebell von zu Hause weggelaufen war, fühlte er sich von mir in seiner Ehre angegriffen und versuchte nun wie verrückt, alle Freunde und Kollegen sowie meine Schwester zu mobilisieren, um mein Versteck ausfindig zu machen. Seit ich mit der Truhe ausgezogen war, ging ich nicht mehr zur Arbeit. Mit 16 Jahren hatte ich die Stelle meiner pensionierten Mutter bei der Bahn übernommen und seitdem in der Fabrikhalle der Inspektion gearbeitet. Während der Arbeit hatte ich stets die schwachen Lichter und den feuchten und öligen Boden betrachtet und mich gefragt, ob ich hier überhaupt dazugehörte. Am Totenfest nahmen mein Freund und ich reichlich Alkohol zu uns und waren entsprechend betrunken. Im Anschluss schickte ich dem Leiter der Arbeitseinheit ein mild formuliertes Kündigungsschreiben. So lag es an meinem Vater, anderen Leuten mein Verhalten zu erklären. Ich konnte mir gut vorstellen, was er sagte, aber dass er es auch meiner Schwester gegenüber äußerte, war nicht hinnehmbar. So konnte ich eines Tages nicht mehr anders, als meine Schwester von einer Telefonzelle aus bei der Arbeit im Durchsagenzentrum des Bahnhofs anzurufen. Sogar durch den Hörer konnte ich an ihrem leichten Keuchen hören, dass sie gerade erst auf die Arbeit gekommen war. Sie litt an Hepatitis B und ihr Gesundheitszustand war labil. Wenn sie von unserem Zuhause im Vorort aus zur Arbeit fuhr, war sie bei der Ankunft immer sehr erschöpft. Hatte sie beim Verlesen der langweiligen Fahrplandurchsagen zwischendurch Zeit, versüßte sie sich diese mit dem Lesen von Gedichten. Sie war es auch gewesen, die mich zuerst zum Lesen gebracht hatte, und so konnte ich später ihre Begeisterung für die Literatur teilen.

Ich konnte mir vorstellen, wie sie ihre schönen Augenbrauen hochzog, während sie etwas Genaueres erfahren wollte.

„Was ist denn eigentlich los?"

„Nichts, früher oder später hätte ich diesen Schritt sowieso machen müssen."

„Haben dir die Eltern etwas getan?" Durch den Hörer konnte ich das Rascheln ihres Kleides hören.

„Nein, ich will einfach ungestört lesen und schreiben."

„Es ist alles meine Schuld. Ich habe dich auf diesen Weg geführt." In ihrer Stimme hörte man Selbstvorwürfe.

„Wie kannst du daran schuld sein? Ich bin dir sogar dankbar."

„Kommst du wieder nach Hause?", fragte sie schließlich vorsichtig.

„Ich glaube nicht." Ich fürchtete, dass meine Antwort sie sehr traurig machen würde, und meine Stimme war so leise wie der Wind in den Baumwipfeln.

Doch ich hatte meinen Vater unterschätzt. Insgeheim wartete ich darauf, dass der Sturm vorüberginge und er es leid würde, sich überall nach mir zu erkundigen. Aber eigentlich hätte ich es besser wissen müssen, hatte er sich doch sogar selbst das Notenlesen beigebracht und konnte ziemlich gut musizieren. Als er eines Tages lächelnd bei meinem Freund zu Hause hereinplatzte und vor mir stand, war ich sprachlos vor Staunen. Mit gelassenem Gesichtsausdruck nahm er die schwere Truhe auf die Schulter, und ich hatte ein schlechtes Gewissen. Alles war umsonst gewesen. Früher hatte mein Vater Eisenbahnschienen getragen und seine Schulter- und Rückenmuskulatur war noch immer durchtrainiert, sodass er jetzt von ihr Gebrauch machen konnte. Ich lief ihm ängstlich und mit schwerem Herzen hinterher. Meine Haare rochen noch nach dem Shampoo, das ich am Tag zuvor benutzt hatte. Die Angewohnheit meines Freundes, jeden Tag zu duschen, hatte ich vor knapp zwei Wochen übernommen. Bei ihm zu Hause gab es im Bad nämlich einen Boiler, um den ich ihn sehr beneidete. Bei uns gab es nicht einmal ein Badezimmer, sondern nur ein Gemeinschaftsklo, das von mehreren Familien benutzt wurde. Dementsprechend war es überhaupt nicht möglich, jeden Tag zu duschen. Angesichts der Kosten konnte jedes Familienmitglied nur einmal pro Woche duschen, und zwar in einem Gemeinschaftsbadezimmer, das zudem noch einen Kilometer entfernt war.

Als meine Mutter mich sah, weinte sie heftig, jedes ihrer Worte verwandelte sich in Tränenbäche. Ich hatte solche Angst, meine Mutter würde sich das Leben nehmen, dass meine Stimme zitterte. Früher hatte sie mich oft auf diese Weise bestraft. Sie wusste, dass ich mich nicht mehr auflehnen würde, wenn sie nur stundenlang weinte und mein Herz so von aller Unzufriedenheit leerte.

Mein Vater vergab mir, entgegen all seinen Prinzipien, zum ersten Mal in seinem Leben und nahm nicht wieder jenen berüchtigten Ledergürtel zur Hand, der bleibende Spuren auf meinem Hintern hinterlassen hatte. Überraschenderweise herrschte in meiner Familie ab diesem Zeitpunkt Frieden. Mein Vater duldete nicht nur, dass ich die ganze Nacht lang Bücher las, er drängte mich auch nicht mehr, zur Arbeit zu gehen. Ab und zu unterhielt ich mich mit meiner Schwester und ging mit ihr auf den nach feuchtem Gras duftenden Feldern spazieren. Ansonsten blieb ich lieber in meinem Zimmer und blätterte in besonders gestalteten Zeitschriften wie *Bergblumen*. Für solche bizarren Bücher und Zeitschriften gab ich den Großteil meines Geldes aus; die Aufregung, die sie in mir auslösten, war nicht in Worte zu fassen. Auf die Neugierde meiner Eltern hin konnte ich nur grinsen. Diese Zeit, in der wir harmonisch zusammenlebten, kann ich bis heute nicht vergessen. Scheinbar genoss ich in der Familie nun die größte Freiheit. Mein Vater war zu einer freundlichen und zuvorkommenden Person geworden. Er ging sehr vorsichtig mit den Büchern um, die ich las, und ebenso mit den Worten, die ich sprach, und sagte mir keine Dinge mehr ins Gesicht wie: „Auf dem Feld zu arbeiten ist sinnvoller, als auf dem Papier zu fantasieren."

Autorenverzeichnis

Arnd Bauerkämper, Prof. Dr., Professor für die Geschichte des 19. und 20. Jahrhunderts an der Freien Universität Berlin. Forschungsschwerpunkte: Geschichte des Faschismus in Europa; historische Erinnerungsforschung; Geschichte Deutschlands nach 1945. Publikationen (Auswahl): *Die „radikale Rechte" in Großbritannien. Nationalistische, antisemitische und faschistische Bewegungen vom späten 19. Jahrhundert bis 1945*. Göttingen: Vandenhoeck & Ruprecht, 1991; *Ländliche Gesellschaft in der kommunistischen Diktatur. Zwangsmodernisierung und Tradition in Brandenburg 1945–1963*. Köln et al.: Böhlau, 2002; *Die Sozialgeschichte der DDR*. München: Oldenbourg, 2005; *Der Faschismus in Europa, 1918–1945*. Stuttgart: Reclam, 2006; *Das umstrittene Gedächtnis. Die Erinnerung an Nationalsozialismus, Faschismus und Krieg in Europa seit 1945*. Paderborn: Schöningh, 2012.

Hans Bertram, Prof. Dr., em. Professor für Mikrosoziologie an der Humboldt-Universität zu Berlin. Forschungsschwerpunkte: Kindliche Sozialisationsforschung; ökonomischer und demografischer Wandel; die Rolle des Wohlfahrtsstaats im europäischen Vergleich. Publikationen (Auswahl): *Familie, Sozialisation und die Zukunft der Kinder*. Opladen, Berlin, Toronto: Budrich, 2009 (Mitautor); *Familie, Bindungen und Fürsorge. Familiärer Wandel in einer vielfältigen Moderne*. Opladen, Berlin, Toronto: Budrich, 2011 (Mitherausgeber); *Die überforderte Generation: Arbeit und Familie in der Wissensgesellschaft*. Opladen, Berlin, Toronto: Budrich, 2014 (Mitautor).

Carolin Deuflhard, M. A., wissenschaftliche Mitarbeiterin am Institut für Sozialwissenschaften der Humboldt-Universität zu Berlin. Forschungsschwerpunkte: Wandel von Ökonomie und Lebensformen; neue soziale Ungleichheiten; Arbeitsmarkt- und Familienpolitik. Publikationen (Auswahl): *Die überforderte Generation: Arbeit und Familie in der Wissensgesellschaft*. Opladen, Berlin, Toronto: Budrich, 2014 (Mitautorin); „Das einkommensabhängige Elterngeld als Element einer nachhaltigen Familienpolitik". *Zeitschrift für Familienforschung* 2 (2013): 154–172 (Mitautorin).

Guo Yi, Dr., Institute of German Studies und Institute of China Studies der Zhejiang-Universität in Hangzhou/China. Forschungsschwerpunkte: chinesisch-europäische Beziehungen im politischen und sozialen Bereich, besonders chinesisch-deutsche Beziehungen. Publikationen (Auswahl): *Chinapolitik der Bundesrepublik Deutschland von 1998 bis 2009*. Hamburg: Kovac, 2013; *Strategien zur Verstärkung der Wettbewerbsfähigkeit der Bundesrepublik Deutschland im globalen Kampf um Hochqualifizierte*. Beijing 2016 (in chinesischer Sprache, Mitautor).

Almut Hille, Prof. Dr., Juniorprofessorin für Deutsch als Fremdsprache: Kulturvermittlung an der Freien Universität Berlin. Forschungsschwerpunkte: Literatur des 20./21. Jahrhunderts; Deutsch-chinesische Literaturbeziehungen; Kultur-, Literatur- und Mediendidaktik im Fach Deutsch als Fremdsprache. Publikationen (Auswahl): *Identitätskonstruktionen. Die „Zigeunerin" in der deutschsprachigen Literatur des 20. Jahrhunderts*. Würzburg: Königshausen & Neumann, 2005; *Weltfabrik Berlin. Eine Metropole als Sujet der Literatur. Studien zu Literatur und Landeskunde*. Würzburg: Königshausen & Neumann, 2006 (Mitherausgeberin); *Deutsch-Chinesische Annäherungen. Kultureller Austausch und gegenseitige Wahrnehmung in der*

Zwischenkriegszeit. Köln et al.: Böhlau, 2011 (Mitherausgeberin); *Globalisierung – Natur – Zukunft erzählen. Aktuelle deutschsprachige Literatur für die Internationale Germanistik und das Fach Deutsch als Fremdsprache*. München: iudicium, 2015 (Mitherausgeberin).

Michael Jaeger, PD Dr., Privatdozent für Deutsche Philologie an der Freien Universität Berlin. Forschungsschwerpunkte: Goethe und die Goethe-Rezeption; Ideengeschichte der Moderne. Publikationen (Auswahl): *Fausts Kolonie. Goethes kritische Phänomenologie der Moderne*. Würzburg: Königshausen & Neumann, 2004 (^{3}2010); *Global Player Faust oder das Verschwinden der Gegenwart. Zur Aktualität Goethes*. Berlin: wjs, 2008 (^{5}2013); *Wanderers Verstummen, Goethes Schweigen, Fausts Tragödie – oder: Die große Transformation der Welt*. Würzburg: Königshausen & Neumann, 2014 (^{3}2015).

Ralf Klausnitzer, PD Dr., wissenschaftlicher Mitarbeiter am Institut für deutsche Literatur der Humboldt-Universität zu Berlin sowie in einem wissenschaftsgeschichtlichen Projekt an der Universität Hamburg. Forschungsschwerpunkte: Theorie und Geschichte der Geisteswissenschaften; literarische Epistemologie; Gattungswissen. Publikationen (Auswahl): *Wissenstransfer. Konditionen, Praktiken, Verlaufsformen der Weitergabe von Erkenntnis*. Frankfurt/Main et al.: Peter Lang, 2013 (Mitautor); *Ethos und Pathos der Geisteswissenschaften. Studien zur wissenschaftlichen Persona seit 1750*. Berlin und Boston: De Gruyter, 2015 (Mitherausgeber).

Olivia Kraef-Leicht, M. A., Wissenschaftliche Mitarbeiterin am Institut für Sinologie an der Freien Universität Berlin. Forschungsschwerpunkte: chinesische ethnische Minderheiten (Yi/Nuosu); kulturelle Identität und Medien in der Volksrepublik China. Publikationen (Auswahl): „Of Canons and Commodities: The Cultural Predicaments of Nuosu-Yi ‚Bimo Culture'". *Journal of Current Chinese Affairs* 43.2 (2014): 145–179; „Strumming the ‚Lost Mouth Chord' – Discourses of Preserving the Nuosu-Yi Mouth Harp". *Music as Intangible Cultural Heritage: Policy, Ideology and Practice in the Preservation of East Asian Traditions*. Hg. Keith Howard. Surrey: Routledge, 2012. 77–98.

Benjamin Langer, Dipl.-Germ., Koordinator der Zusammenarbeit mit dem Zentrum für Deutschlandstudien (ZDS) Peking und Doktorand an der Freien Universität Berlin. Forschungsschwerpunkte: Repräsentationen von Alterität; Raumkonstruktionen in der Literatur; Reiseliteratur; Literatur des 20. Jahrhunderts. Publikationen (Auswahl): *Reading the City. Urban Space and Memory in Skopje*. Berlin: Universitätsverlag der TU, 2010 (Mitherausgeber); *Erzählte Städte. Beiträge zu Forschung und Lehre in der Europäischen Germanistik*. München: iudicium, 2013 (Mitherausgeber).

Li Shuangzhi, Dr., Junior-Professor an der Fudan-Universität in Shanghai/China. Forschungsschwerpunkte: Deutsche Literatur um 1900; Wissenspoetik in der klassischen Moderne; chinesisch-deutsche Literaturbeziehungen. Publikationen (Auswahl): *Die Narziß-Jugend. Eine poetologische Figuration in der deutschen Dekadenzliteratur um 1900 am Beispiel von Leopold von Andrian, Hugo von Hofmannsthal und Thomas Mann*. Heidelberg: Universitätsverlag Winter, 2013; „‚Noch spür ich ihren Atem auf den Wangen'. Betrachtung einer konstanten Konfiguration bei Hugo von Hofmannsthal". *Literaturstraße. Chinesisch-deutsches Jahrbuch für Sprache, Literatur und Kultur* 14 (2014): 67–77; „Dorferfahrungen und Weltliteratur: Ein Vergleich zwischen Mo Yan und Herta Müller". *Social Science in Nanjing* 2 (2013): 118–125;

„Ortswechsel des Schreibens. Gegenwarts- literarische Beispiele für deutsch-chinesische Rezeptionsprozesse". *Re-Visionen. Kulturwissenschaftliche Herausforderungen interkultureller Germanistik.* Hg. Ernest W. B. Hess-Lüttich, Corinna Albrecht und Andrea Bogner. Frankfurt/Main: Peter Lang, 2012. 195–208 (Mitautor).

Liu Yue, Ao. Prof. Dr., Associate Professor im Institute of German Studies der Zhejiang-Universität in Hangzhou/China. Forschungsschwerpunkte: interkulturelle und interlinguale Kommunikation; Auslandschinesen weltweit (besonders in Europa); kulturelle Identitäten der Nachwuchsgenerationen ‚neuer Migranten' aus China in Europa. Publikationen (Auswahl): *‚Kulturspezifisches' Kommunikationsverhalten? Eine empirische Untersuchung für aktuelle Tendenzen in deutsch-chinesischen Begegnungen.* München: iudicium, 2010; *Chinesen in Deutschland: Integration und Entwicklungstendenzen.* Zhejiang 2016 (in chinesischer Sprache, in Vorbereitung).

Ma Jian, Ao. Prof. Dr., Associate Professor für Germanistik an der Peking Universität/China. Forschungsschwerpunkte: Neuere deutsche Literatur; deutschsprachige Lyrik. Publikationen (Auswahl): *Stufen des Ich-Seins, Untersuchungen zur „Ich"-Problematik bei Hermann Hesse im europäisch-ostasiatischen Kontext.* Berlin: Logos-Verlag, 2007; *Hesse und chinesische Kultur.* Peking 2010; „Ich und Kunst – das literarische Schaffen von Gottfried Benn". *Studien zu ausländischen Literaturen* 1 (2003): 62–68; „Das Unendliche im Endlichen – Zum Thema der Zeit in Schillers Gedichten". *Beida-Deutschlandstudien* 1 (2005): 71–80.

Katja Pessl, Doktorandin und Lektorin für Chinesischen Film am Ostasiatischen Seminar sowie Forschungskoordinatorin am Centre for Modern East Asian Studies der Georg-August-Universität Göttingen. Forschungsschwerpunkte: chinesischer Film; soziale Mobilität von Migranten aus China.

Susanne Scharnowski, Dr., wissenschaftliche Mitarbeiterin am Institut für Deutsche und Niederländische Philologie der Freien Universität Berlin: Leitung des kulturwissenschaftlichen Studienprogramms für internationale Gaststudierende der FUB. Forschungsschwerpunkte: Heimat in Kultur, Literatur und Film; Repräsentationen und Konstruktionen von Natur und Umwelt. Publikationen (Auswahl): „Die Wiederkehr des Ästhetischen in der Rede über Natur und Umwelt. Vom Nutzen einer reflektierten Kulturgeschichte der Natur". *Kulturökologie und Literaturdidaktik.* Hg. Berbeli Wanning und Sieglinde Grimm. Göttingen: Vandenhoeck & Ruprecht, 2016. 358–373; „‚Unser Wissen ist ein bloßes Propädeutikum'. Bullau. Versuch über Natur als Naturessay". *Globalisierung – Natur – Zukunft erzählen. Aktuelle deutschsprachige Literatur für die Internationale Germanistik und das Fach Deutsch als Fremdsprache.* Hg. Almut Hille, Sabine Jambon und Marita Meyer. München: iudicum, 2015. 10–25.

Inge Stephan, Prof. Dr., em. Professorin für Neuere deutsche Literatur an der Humboldt-Universität zu Berlin. Forschungsschwerpunkte: Deutsche Literatur vom 18. bis 20. Jahrhundert, Frauenforschung, feministische Literaturwissenschaft und Geschlechterstudien. Publikationen (Auswahl): *Medea. Multimediale Karriere einer mythologischen Figur.* Köln, Weimar, Wien: Böhlau, 2006; *Carmen. Ein Mythos in Literatur, Film und Kunst.* Köln, Weimar, Wien: Böhlau, 2011 (Mitherausgeberin); *Freud und die Antike.* Göttingen: Wallstein Verlag, 2011 (Mitherausgeberin); *Cold Fronts. Kältewahrnehmung in der Literatur und Kultur vom 18. bis zum 20. Jahr-

hundert. Themenheft Colloquia Germanica 43,1/2.2013 (Mitherausgeberin); *Gender-Studien. Eine Einführung*. 3. erw. Aufl. Stuttgart: J. B. Metzler, 2013 (Mitherausgeberin).

Wang Bo, M. A., Mitarbeiterin der Abteilung für Wissenschaft und Technologie der Österreichischen Botschaft Peking.

Christoph Wulf, Prof. Dr., Professor für Anthropologie und Erziehung, u. a. Mitglied des Interdisziplinären Zentrums für Historische Anthropologie, des Exellenzclusters „Languages of Emotion" (2008–2012) und des Graduiertenkollegs „InterArts Studies" (2006–2015) an der Freien Universität Berlin; Vizepräsident der Deutschen UNESCO-Kommission. Forschungsschwerpunkte: Historisch-kulturelle Anthropologie; Pädagogische Anthropologie; ästhetische und interkulturelle Erziehung; Performativitäts- und Ritualforschung; Emotionsforschung; Mimesis- und Imaginationsforschung. Publikationen (Auswahl): *Anthropology. A Continental Perspective*. Chicago und London: University of Chicago Press, 2013; *Handbuch Pädagogische Anthropologie*. Wiesbaden: Springer VS, 2014 (Mitherausgeber); *Bilder des Menschen. Imaginäre und performative Grundlagen der Kultur*. Bielefeld: transcript, 2014; *Hazardous Future. Disaster, Representation and the Assessment of Risk*. Berlin, München, Boston: De Gruyter, 2015; *Exploring Alterity in a Globalized World*. New York: Routledge, 2016.

Zhang Tao, Dr., Autorin im Programm *Grenzgänger China–Deutschland* der Robert Bosch Stiftung. Forschungsschwerpunkte: Deutscher Film, Chinesischer Film, Kinderfilm, Literaturverfilmungen, Gender Studies, Intertextualität und Interkulturalität. Publikationen (Auswahl): *Vom Premake zum Remake: Gender-Diskurse und intermediale Bezüge in den deutschen Verfilmungen von Erich Kästners Kinderromanen*. Heidelberg 2016 (in Vorb.); „Konservativ, innovativ oder pseudo-innovativ? Gender-Konstruktionen in der Kinderfilmserie *Die Wilden Kerle*". *Von Wilden Kerlen und Wilden Hühnern: Perspektiven des modernen Kinderfilms*. Hg. Christian Exner und Bettina Kümmerling-Meibauer. Marburg: Schüren, 2012. 216–232.

Personenregister

Adorno, Theodor W. 33
Aischylos 316
Andrian, Leopold von 51
Autier, Philippe 153
Axen, Hermann 117

Ba, Jin 55
Bahr, Hermann 50
Bauer, Max 69
Beck, Pola Schirin 13, 230
Benjamin 2, 11
Bernhardi, Friedrich von 54
Bernoulli, Maria 82
Beyer, Marcel 98
Bismarck, Otto von 54
Blüher, Hans 47
Böttcher, Jürgen 127
Brando, Marlon 10, 120, 122, 124, 129
Brandt, Willy 92
Brasch, Marion 39
Brasch, Thomas 41
Bruhns, Wibke 98
Brümmer, Franz 34
Brussig, Thomas 38
Buchholz, Horst 123

Cao, Fei 3
Cao, Xueqin 8, 34–35, 37–38
Cao, Yu 55
Chamisso, Adelbert von 3
Chen, Duxiu 53, 64
Chen, Joan 138
Chen, Kaige 137
Chen, Yinque 199
Clinton, Hillary 260
Coupland, Douglas 286

Dean, James 10, 120, 122, 129, 131
Deng, Xiaoping 40, 312
Dickens, Charles 33
Dilthey, Wilhelm 3–4, 25, 93–94
Doose, Hanna 248
Dostojewski, Fjodor M. 33
Dückers, Tanja 39, 98

Eeden, Frederik van 84
Eisner, Will 155
Engelmann, Julia 275
Epikur 316
Erpenbeck, Jenny 39

Fassmann, David 32
Feng, Xiaogang 137, 237
Feng, Yuanzheng 237
Freud, Sigmund 94
Friedrich II. 32, 62

Gadamer, Hans-Georg 292
Gallie, Walter B. 277
Gasteiger, Carolin 275
Gebbe, Katrin 248
Gehlen, Arnold 292
Gerster, Jan-Ole 13, 39, 41, 230
Goethe, Johann Wolfgang von 49, 55, 84, 316
Goullart, Peter 180
Grautoff, Otto 33
Grjasnowa, Olga 41
Gu, Jiegang 59
Guevara, Che 311
Guibert, Emmanuel 155
Guo, Moruo 54–55
Gutzkow, Karl 54

Hacker, Katharina 7, 15, 283
Hager, Kurt 117
Hahn, Ulla 39
Halbwachs, Maurice 93
Händler, Ernst Wilhelm 283
Haski, Pierre 153
Hegel, Georg Friedrich Wilhelm 292
Hein, Jacob 39
Heine, Heinrich 50, 54
Hendrix, Jimi 311
Hensel, Jana 39, 280
Hermann Hesse 77
Herrmann, Joachim 125
Hesse, Bruno 82
Hesse, Heiner 82
Hesse, Hermann 9, 51, 77–79, 81–86

Hesse, Martin 82
Himmler, Katrin 98
Ho, Chi Minh 310
Hofmannsthal, Hugo von 51
Hölderlin, Friedrich 50
Honecker, Erich 117
Hu, Mei 137
Huang, Fan 7
Huelsenbeck, Richard 9, 59, 61–63, 73–74
Hünninger, Hanna 39

Ide, Robert 39
Illies, Florian 14, 26, 275

Jiang, Kaishek 62, 69
Jiang, Wen 10, 136–138
Jirgl, Reinhard 39, 98

Kant, Immanuel 3, 292
Klein, Gerhard 123
Kling, Marc-Uwe 14, 276, 281
Kohlhaase, Wolfgang 123
Kubiczek, André 39
Kullmann, Katja 14, 275
Kummer, Friedrich 4
Kwan, Stanley 236

Laube, Heinrich 54
Lee, Hsien Loong 203
Lee, Kuan Yew 203
Lefèvre, Didier 155
Lemercier, Frédéric 155
Leo, Maxim 39
Li, Dazhao 53
Li, Fangfang 13, 230
Li, Kunwu 7, 11, 153–156, 160, 169
Li, Xiaojun 137
Liang, Qichao 52–53
Liebknecht, Karl 122
Liebmann, Irina 39
Lin, Fengmian 199
Locke, Gary Faye 203
Lorenz, Ottokar 4
Lu, Xun 9, 59, 61–62, 64–69, 73–74
Luxemburg, Rosa 122

Mädler, Peggy 39

Mann, Thomas 8, 32–34, 36–37, 41, 51
Mannheim, Karl 3–5, 29, 93–94, 278
Mao, Zedong 138–139, 143, 154, 156, 159, 163, 165, 168, 310–312
Markus, Henrik 14, 275
Marty, Wilhelm 33
Marx, Karl 4, 316
Meier-Graefe, Julius 4
Melle, Thomas 283
Mendel, Georg 3
Mielke, Erich 117
Modrow, Hans 125
Müller, Jule 276, 282
Mundt, Theodor 54
Musil, Robert 40

Novalis 50

Ortega y Gasset, José 4
Ôtié, P. 7, 11, 153–155

Parei, Inka 39
Petersen, Julius 4
Pierer, Heinrich A. 4
Pinder, Wilhelm 4, 25
Plessner, Helmuth 292
Polo, Marco 155
Pot, Pol 317
Presley, Elvis 129

Qianlong 35

Reich-Ranicki, Marcel 154
Rennefanz, Sabine 280
Richter, Nikola 14, 275
Rilke, Rainer Maria 51
Röggla, Kathrin 283
Romm, Mikhail 148
Roosevelt, Franklin D. 62
Rosendorfer, Herbert 32
Rousseau, Jean-Jaques 292
Ruge, Eugen 8, 39, 41

Sacco, Joe 155
Satrapi, Marjane 155
Schädlich, Susanne 39
Schalansky, Judith 39, 41

Scheler, Max 292
Schiller, Friedrich 41, 49
Schimmang, Jochen 276
Schirdewan, Karl 117
Schlegel, Friedrich 50
Schleiermacher, Friedrich 3
Schlüter, Nadja 14, 276, 282
Schmidt, Katrin 39
Schoch, Julia 39
Schüle, Christian 283
Schulze, Ingo 39
Schwarz, Rainer 32
Sebastian 23 14, 276, 282
Sindermann, Horst 117
Siqin, Gaowa 137
Song, Meiling 62
Spiegelman, Art 155
Stahnke, Günter 125
Stoph, Willi 117
Sun, Yat-sen 62

Ta, Men 3
Tang, Si 59
Tardi, Jaques 155
Tellkamp, Uwe 39
Terzani, Tiziano 16, 309–315, 317–321
Terzani-Staude, Angela 312
Tian, Zhuangzhuang 138
Timm, Uwe 39
Tolstoi, Leo 33
Treichel, Hans-Ulrich 98
Treitschke, Heinrich von 54
Tressler, Georg 121, 123
Turgenjew, Ivan S. 33

Ulbricht, Walter 117, 130

Verney, Jean-Pierre 155
Voigt, Jutta 39

Wackwitz, Stephan 39, 98
Wang, Shuo 135, 137–138
Wang, Xiaoshuai 138
Wang, Xueqi 137
Warhol, Andy 311
Washington, George 62
Wedekind, Frank 40, 51
Wei, Hui 2
Weingartner, Hans 39
Weizsäcker, Richard von 101
Wen, Ling 3
Wenders, Wim 238
Wieland, Christoph Martin 32
Wienbarg, Ludolf 54
Wilhelm II. 52
Wittgenstein, Ludwig 304
Wnendt, David 41
Woesler, Martin 32
Wölfflin, Heinrich 4
Wu, Junyong 3
Wyneken, Gustav 68

Xie, Jin 137

Yeoh, Michelle 203

Zeh, Julie 40
Zhang Nuanxing 137
Zhang, Lin 11
Zhang, Yang 138
Zhang, Yimou 137–138
Zhang, Yiyi 34
Zhang, Yuan 236
Zhao, Wei 13, 230
Zhou, Enlai 199
Zhou, Jinhua 3
Zhou, Shuren 64
Zola, Émile 33